KB200700

Great Characters of the Bible
by Alan Stringfellow

Copyright © 1980 by Virgil W. Hensley, Inc., © 2014 by Alan Stringfellow
Originally published in English under the title: *Great Characters of the Bible*
by Whitaker House, 1030 Hunt Valley Circle, New Kensington, PA 15068, U.S.A.
All rights reserved.

Korean edition copyright © 2015 by Duranno Ministry
38, Seobinggo—ro 65—gil, Yongsan—gu, Seoul, Republic of Korea

인물별 성경연구

지은이 | 앨런 스트링펠로우
편집 | 두란노서원 출판부
초판 발행 | 2016. 3. 14
18쇄 발행 | 2024. 10. 23
등록번호 | 제 1988-000080 호
등록된 곳 | 서울특별시 용산구 서빙고로 65길 38
발행처 | 사단법인 두란노서원
영업부 | 02)2078-3333   FAX | 080-749-3705
출판부 | 02)2078-3330

책값은 뒤표지에 있습니다.
ISBN 978-89-531-2521-6 04230
      978-89-531-2522-3 (세트)

독자의 의견을 기다립니다.
tpress@duranno.com www.duranno.com

두란노서원은 바울 사도가 3차 전도여행 때 에베소에서 성령 받은 제자들을 따로 세워 하나님의 말씀으로 양
육하던 장소입니다. 사도행전 19장 8-20절의 정신에 따라 첫째 목회자를 돕는 사역과 평신도를 훈련시키는 사
역, 둘째 세계선교(TIM)와 문서선교(단행본·잡지) 사역, 셋째 예수문화 및 경배와 찬양 사역, 그리고 가정·상담 사역
등을 감당하고 있습니다. 1980년 12월 22일에 창립된 두란노서원은 주님 오실 때까지 이 사역들을 계속할 것
입니다.

아담에서 예수까지 성경 속 인물들을 만난다

인물별
성경연구

앨런 스트링펠로우 지음 | 두란노서원 출판부 편집

두란노

차례

Bible Study

인물별 성경연구를 내면서

이제 당신은 성경에 나타난 실제 인물들과 함께 감격적인 성경 여행을 떠나게 될 것입니다. 이 〈인물별 성경연구〉는 예수님의 제자 요한과 바울을 비롯해 성경을 역으로 꿰뚫어 아담에 이르기까지 총 61명을 52주에 걸쳐 다루게 될 것입니다.

여기에 등장하는 모든 인물들은 실제로 이 세상에 살았던 남성과 여성이며, 이들은 실수투성이인 연약한 인간의 모습과 인간성을 통해 그들의 삶 속에 역사하시는 하나님의 섭리를 보여 줄 것입니다. 더 나아가 오늘을 사는 그리스도인의 실제적 생활 원리를 쉽게 적용할 수 있게 해 줄 것입니다. 하나님의 사람들이 직접 경험한 승리와 패배의 사건들이 지금 우리 삶 가운데서도 일어나고 있습니다. 그래서 성령님은 성경에 나오는 인물들이 살았던 삶을 오늘 우리를 위해 하나님의 말씀으로 들려주고 계십니다.

이 말씀 속에서 우리는 하나님의 영원하신 통치와 섭리 그리고 우리를 향하신 계획을 발견할 것입니다.

이 성경의 인물을 대하면서 여기에 나오는 인물들이 초인도 아니고 성자도 아님에 의아해할지도 모르겠습니다. 하지만 무엇보다 중요한 것은 이들도 모두 우리와 같은 성정을 가진 아담의 자손이었다는 것입니다.

"그들에게 일어난 이런 일은 본보기가 되고 또한 말세를 만난 우리를 깨우치기 위하여 기록되었느니라"(고전 10:11).

2016년 3월
두란노 출판부

효과적인 학습을 위한 지침

　52주 동안 최대의 지식과 풍부한 영감을 얻기 위해서 다음의 지시 사항들을 지켜야 합니다. 다음 사항은 하나님의 말씀으로 철저하게 훈련받기 위한 지침들입니다.

　1. 학습자가 지켜야 할 지침들
　• 52주 동안 빠짐없이 참석할 것
　• 매주에 주어진 과제(복습과 예습)들을 꼭 수행할 것
　• 중요한 성경 구절에 밑줄을 그을 것
　• 공부 시간에 필요한 내용들은 적어 둘 것
　• 공부 시간에 나오는 성경 구절들을 찾아 참고 사항을 적어 넣을 것. 밑줄 그은 성경 구절은 노트에 적어 둘 것
　• 매주 적어도 두 시간 이상 성경을 읽고 복습하기로 주님과 약속할 것
　그저 적당히 은혜스럽게 공부하겠다고 생각하면 효과적인 학습이 이루어지지 못합니다. 적극적으로 참여할 필요가 있습니다.

　2. 교사가 지켜야 할 지침들
　먼저 아래의 말씀을 읽고 교사 스스로 영적인 마음의 준비를 하십시오.
　고린도전서 2:12-14
　에베소서 1:17-18
　요한복음 14:26; 16:12-16
　교사들이여, 이 성경공부를 통해 성령이 학생들에게 은혜를 주고 말씀을 가르칠 것을 믿고 기대하십시오.
　교회에서 이 교재를 사용한다면 목사, 교육 지도자, 교회학교 교사들이 보면 좋겠습니다. 이 공부는 한 주일에 한 번씩 모여 진행하게 될 것입니다. 주어진 과를 좀 더 깊이 연구하려면 다음을 참고해 준비하시기 바랍니다.

만일 당신이 전체적인 윤곽을 모르고 가르친다면 학생들에게 중요한 핵심 내용을 제시할 수 없을 것입니다.

성구 사전들과 기타 참고 서적들을 활용하십시오.

당신이 맡고 있는 팀의 상황을 파악하고 그들에게 나올 수 있는 질문들과 대답들을 미리 준비하십시오.

- 매주의 주제를 떠나서 가르치지 말 것
- 학생들이 너무 원초적인 내용에만 집착하게 하지 말 것
- 핵심 주제를 포착할 것
- 매주의 아우트라인을 바꾸지 말 것
- 당신의 의견이나 말을 첨가할 수 있지만 중요한 포인트는 바꾸지 말 것
- 말보다는 인격으로 가르칠 것
- 학생들에게 주제를 꼭 제시할 것

매주마다 진행하는 데는 적어도 55분 이상의 시간이 소요될 것입니다. 성경공부를 시작하기 전에 너무 많은 시간을 허비하지 말고 간단히 기도하고 찬송가 한 곡 정도 부르고 시작하면 됩니다.

이 성경공부 교재는 간헐적으로 사용하기보다는 집중적으로 어떤 기간을 정해서 계속 진행하는 데 사용하면 효과적입니다.

이 교재를 공부하는 학생들과 교사들에게 하나님의 축복이 임하기를 바랍니다. 성령님이 친히 교사와 학생들을 가르치실 것입니다.

Week 01
아담

Ⅰ. 이름의 뜻

아담은 "땅−붉은 흙"이라는 의미이다.

Ⅱ. 중요한 성경 구절

창세기 1:26−31; 2:7, 15−20절; 3:1−5:5, 로마서 3:12−13, 고린도전서 15:22, 45−49절, 데살로니가전서 5:23.

Ⅲ. 가족 배경

아담은 하나님의 아들로서 첫 번째 인간이다(눅 3:38). 그는 하나님으로 말미암아 세상에 있는 재료들로 지어졌고, 하나님을 통해 생명이 주어졌다. 그는 최초의 인간이었기 때문에 가족적 배경이 없다.

Ⅳ. 구약성경은 아담에 관해 어떻게 말하고 있는가?

1. 그는 삼위일체 하나님으로 말미암아 창조되었다.

하나님이 이르시되 우리의 형상을 따라 우리의 모양대로 우리가 사람을 만들고. (창 1:26)

"우리가"라는 말과 "우리의"라는 말은 복수이다. 즉, 성부 하나님과 성자 하나님과 성령 하나님이라는 말이다.

2. 그는 하나님의 "형상"과 "모양"으로 창조되었다.

"형상"은 하나님의 모습을 의미한다. "모양"은 하나님의 품성과 모형을 의미한다.

에베소서 4:24을 써 보라.

골로새서 3:10 _____

3. 하나님이 아담을 흙으로 지으시고 생기를 불어넣으시니 생령이 되었다(창 2:7). 예수님은 이 사실을 마태복음 19:4에서 확증하셨다. _____

_____

4. 아담은 몸과 정신과 영혼을 소유하고 있는 삼위일체(형상과 모양)로 창조되었다(창 2:7).

데살로니가전서 5:23 _____

_____

_____

여기에서 바울은 우리 인간도 몸과 영과 혼으로 되어 있음을 말하고 있다.

5. 하나님은 인간을 위해 땅을 지으시고 땅을 위해 인간을 지으셨다(창 2:8, 15절). 아담은 하나님의 창조의 극치였다.

6. 하나님은 아담에게 생육하고 번성하여 땅과 그 위의 모든 것들을 정복하라고 말씀하셨다(창 1:28-30).

그래서 하나님은 아담의 옆구리에서 여인을 취하여서 아담에게 주셨다(창 2:21-25). 아담은 타락하기 전에는 그 여인의 이름을 지어 부르지 않았다. 후에 그녀를 하와("모든 산 자의 어미"라는 뜻)라고 불렀다(창 3:20). 우리는 이 이름의 뜻을 통해서 아담의 믿음을 알 수 있다.

7. 하나님은 인간에게 한 가지 한계선을 정해 놓으셨다(창 2:15-17).

인간은 하나님에게 복종하도록 되어 있고 그렇지 않으면 죽게 될 것이었다. 인간이 먹어서는 안 되는 나무는 무엇이라고 이름 지어졌는가?

_____

모두에게 생명이 있었을 때 하나님은 사망에 대해 말씀하셨다.

8. 유혹과 타락이 발견된다(창 3:1-7).

하와가 그 나무를 보았을 때 먹음직도 하고 보암직도 하고 지혜롭게 할 만큼 탐스럽기도 하여 그 실과를 따 먹고 자기와 함께한 남편에게도 주어 먹게 했다(6절). 그때 그들은 자신이 벌거벗었음을 깨닫게 되었고, 그들의 죄를 가리기 시작했다.

9. 하나님은 즉시 그들을 찾으셨고 지금까지도 인간들을 찾고 계신다(창 3:8-13).

10. 아담은 자기 아내와 더불어 구세주의 약속을 받았다(창 3:15).

이 구절을 쉬운 말(평신도가 사용하는 용어)로 풀어서 읽을 수 있다. "사탄(너의 후손)과 그리스도(여인의 후손) 사이에 격렬한 증오가 있을 것이다. 결과적으로 그리스도가 사탄의 머리를 부술 것이며 사탄은 단지 그리스도의 발뒤꿈치만을 상하게 할 것이다." 이것은 그리스도에 대한 최초의 직접적 예언이다(우리는 다음 주에 이것을 다시 생각할 것이다).

11. 타락(죄) 때문에 아담은 세상에서 저주(창 3:17)와 죽음을 선고받았다(19절).

12. 하나님은 그들의 죄를 가리셨다(창 3:21).

"하나님은 가죽옷을 지으셨다는 것"을 알아야 한다. 태초부터 죄를 가리기 위해 죽어야만 하는 제물이 필요했다.

13. 아담에게는 두 아들 가인과 아벨이 있었다.

창세기 4장에는 죄에 대한 극도의 사악함(최초의 살인 사건)이 기록되어 있다. 가인은 여호와의 면전에서 쫓겨났다. 그는 아내와 동침했고 그녀는 잉태했다.

14. 아담은 930세에 죽었다(창 5:5).

V. 신약성경은 아담에 관해 어떻게 말하고 있는가?

1. 그리스도의 계보는 아담에게로 거슬러 올라간다(눅 3:23-38).

2. 죄는 한 사람 아담으로 말미암아 세상에 들어왔다.

로마서 5:12 _____

_____

3. 첫째 아담과 둘째 아담

첫째 아담은 생령으로 지어졌다(고전 15:45).

창세기 2:7 _____

_____

고린도전서 15:46-47을 읽어 보라. 최초의 인간 아담은 땅에서 났고, 둘째 아담은 전에도 계셨고 지금도 하늘에 계신 주님이시다. 로마서 5:15-21을 읽어 보라. 여기에서 우리 모두가 죄인들일지라도 둘째 아담 되신 우리 주 예수 그리스도를 영접하는 자들에게 풍성한 은혜를 주신다는 사실을 발견하게 된다. 고린도전서 15:21-22을 읽고 이러한 말들이 당신 개인에게 주는 의미를 기록해 보라.

_____

_____

첫째 아담은 하나님의 호흡으로 말미암아 생령이 되었다는 것을 기억하라(창 2:7). 한편 마지막 아담 되신 예수님은 생명을 주는 영이시다. 그는 전에도 생명의 근원이셨고 지금도 다른 자들에게 그 생명을 주신다(요 1:4; 5:24).

요한복음 10:10 _____

첫째 아담 안에서는 모든 사람이 죽으나 그리스도(둘째 아담) 안에서는 모든 자들이 살아난다. 고린도전서 15:45을 써 보라.

_____

_____

VI. 이번 주에 배울 수 있는 교훈은 무엇인가?

첫째 아들보다 둘째 아들이 앞서는 원리: 먼저 성경 인물들의 연구에서 하나님 말씀의 한 원리를 이해해야 할 필요가 있다. 그것은 첫 번째보다 두 번째가 앞서는 원리이다. 고린도전서 1:26-27에서 우리는 하나님이 자신의 목적을 위해 아무런 조건 없이 선택하심을 알 수 있다. 큰 자보다 작은 자를 우선순위에 놓으시고, 처음 사람보다 나중 사람을 앞서 선택하시는 것을 알 수 있다. 왜냐하면 하나님이 연장자보다 연소자들을 선택하시는 것이 구속(救贖)의 전 과정을 흘러가는 특성이기 때문이다.

예를 들어 보자.

• 가인이 아니라 아벨과 그를 대신한 셋(창 4:25)
• 야벳이 아니라 셈(창 10:21)
• 이스마엘이 아니라 이삭(창 17:19)
• 므낫세가 아니라 에브라임(창 48:14)
• 아론이 아니라 모세(출 7:7)
• 첫째 왕 사울이 아니라 둘째 왕 다윗(삼상 15:28)
• 옛 언약이 아니라 새 언약(히 8:13)
• 첫째 아담이 아니라 둘째 아담(고전 15:45)

이와 같이 하나님은 계속적으로 둘째 것(히 10:9)을 세우기 위해 첫째 것을 버리신다. 그분은 스스로 강한 자들을 부끄럽게 하시려고 세상의 연약한 자들을 선택하신다(고전 1:27). 그분은 나중 된 자를 불러 첫째로 삼으시고, 처음 된 자가 나중 된 자가 되게 하신다(마 19:30). 아무 육체라도 하나님 앞에서 자랑하지 않고, 오직 자랑하는 자가 주 안에서만 자랑하도록 하기 위해 모든 것들이 이렇게 되는 것이다(고전 1:29-31). 계속적으로 성경 인물들을 언급해 나가는 중에 이 원리들은 우리 가운데 계신 하나님의 마음과 역사들을 이해하는 데 도움이 될 것이다.

복습

1. 아담이란 이름은 무엇을 의미하는가?

2. 아담은 어떻게 창조되었는가?

3. 누가 아담을 창조했는가?

4. 무엇이 있어 아담은 다른 창조물들과 구별되는가?

5. 어떻게 죄가 세상에 들어왔는가?

6. 누가 둘째 아담인가?

7. 당신은 지금 무슨 원리를 배웠는가?

예습

1. 성경 읽기

창세기 2-5:5, 고린도전서 11:3-12, 디모데전서 2:15, 에베소서 5:21-33.

2. 아담에 대해 공부한 것을 복습하고 재음미하라.

3. 성경에서 새롭게 깨달은 곳에 표시해 보자.

4. 성령님이 당신에게 필요한 모든 진리를 가르치시기를 기도하라.

Week 02
하와

I. 이름의 뜻

아담의 아내에게는 세 가지 이름들이 적용되고 있다.

• 여자 : 그녀는 "이쉬"(히브리어로 남자)에서 취해졌기 때문에 "이솨"(히브리어로 여자)라고 불린다("여자"는 남자에게서 취함을 받았다는 뜻).

• 사람 : 하와와 그녀의 남편은 모두 사람이라 불린다(창 1:27; 5:2 하나님이 "그들의 이름을 사람이라 일컬으셨더라").

• 하와 : 하와는 타락 후에 주어진 이름이다(창 3:20). 아담은 그녀를 "하와"라고 이름 지어 불렀다. 생명을 주는 모든 산 자의 어미라는 뜻이다. 즉 생명을 소유하고 있는 모든 자들의 어머니라는 의미이기도 하다. 이와 같이 그녀의 생명이 우리 모두에게 있다.

왜 아담은 그녀가 아담의 아내라는 사실을 알게 하는 일들을 하지 않았는가? 이는 그가 장차 올 영생으로 말미암아 여인의 후손에 대한 예언적 삶을 나타내는 이름을 그녀에게 주었기 때문이다.

II. 중요한 성경 구절

창세기 2-5:5, 고린도전서 11:3-12, 디모데전서 2:15, 에베소서 5:21-33.

III. 가족 배경

하와는 세상에서 살았던 최초의 여인이었다. 그녀는 하나님의 창조의 소산이다. 최초의 여성으로 태어난 자는 하와의 딸이었다(창 5:4). 하와는 출생한 것이 아니고 아담(사람)으로부터 창조되었음을 기억해야 한다. 창세기 2:21-22에서 하나님이 여자를 어떻게 만드셨는가를 보게 된다. 21절에 "갈빗대"라는 말이 사용되었는데 그 외 성경 어디에서도 갈빗대로 번역된 말을 찾아볼 수 없다. 모든 성경에서는 "곁"(side)이란 말이 "장막 곁에서, 방주 곁에서, 혹은 제단 곁에서"라는 의미로 사용되고 있다. 창세기 2:21의 번역은 "곁에서"(side)라는 뜻으로 봐야 한다. 하나님은 아담 곁에서 취하여 하와를 창조하셨다. 아담이 그녀를 보았을 때 표현한 말, 즉 창세기 2:23은 그녀의 탄생 배경을 설명해 주고 있다.

Ⅳ. 구약성경은 하와에 관해 어떻게 말하고 있는가?

1. 그녀는 최초의 여인이었다.

하나님은 아담과 하와에게 생육하고 번성할 것을 말씀하셨다(창 1:28).

2. 그녀는 최초의 아내였다(창 2:18).

중요한 구절들을 모두 읽어 보자.

창세기 2:24 _____

_____

3. 그녀는 내조자였다. 남자 위에나 아래에 있지 않고 곁에 있는 자이다.

하나님이 창조 역사 가운데 남자와 여자를 창조하셨기 때문에 그들은 한 육체이다. 이 성경적 견해로 보자면 그들의 두 심장은 각자를 위해 한 몸같이 고동치고 있는 것이다. 결혼에는 반드시 "둘이 한 육체가 될 것"이라는 의미가 포함되어야 한다. 그래서 결혼은 단순히 시민의 계약서가 아니고 하나님의 신성한 제도이다.

4. 하와는 죄 없이 하나님의 손으로 창조되었다.

하와는 최초의 여인이었기 때문에 죄를 상속받지 않았고, 청결하고 순수하고 거룩했다. 그러나 그녀는 세상에서 최초의 죄인이 되었고 그 자녀들에게 죄를 도입했다. 이와 같이 하와로 시작하여 이후의 모든 자들이 사악하게 되었다. 그러므로 "어머니가 죄 중에서 나를 잉태하였나이다"(시 51:5)라고 했다.

5. 하와는 세상에서 사탄의 공격을 받은 첫 번째 사람이었다.

사탄은 하와에게 의심과 호기심을 가지게 하여 공격을 시도함으로써 세상에서 하나님을 반역하는 일을 시작했다(에덴에 있는 그 뱀은 아름다운 피조물이라는 사실을 기억하자. 그러나 타락의 결과로서 꾸불꾸불 기어 다니는 파충류가 되고 말았다. 이 피조물은 사탄에 의해 인간을 타락시키는 데 이용되었다). 사탄이 일하는 방법을 주시해 보자.

하나님이 참으로 먹지 말라 하시더냐(의심을 던져 줌). (창 3:1)

너희는 먹지도 말고 만지지도 말라(덧붙인 말). (3절)

너희가 결코 죽지 아니하리라(첫 번째 거짓말). (4절)

하나님과 같이 되어 선악을 알 줄 하나님이 아심이니라(오만불손한 주장). (5절)

이제 사탄이 강하게 역사하는 모습을 살펴보자.

여자가 그 나무를 본즉 먹음직도 하고 보암직도 하고 지혜롭게 할 만큼 탐스럽기도 한 나무인지라. (6절)

그녀는 선악과를 취해 남편에게 주었고, 결국 그는 그것을 먹었다.

이 구절에서 우리는 인간 타락의 모습과 함께 사탄은 아직까지 이런 방법으로 우리를 유혹하고 있음을 알 수 있다.

다음을 주목해 보자.

- "먹음직도 하고" : 육체의 욕망
- "보암직도 하고" : 안목의 정욕
- "지혜롭게 함" : 이생의 자랑

요한일서 2:16을 써 보라. _____

6. 하와는 최초로 옷을 입었다.

타락 후 그들은 자신이 벌거벗은 것을 깨달았다. 그들은 몸을 가리기 위해 무화과 잎사귀를 사용했다. 창세기 2:25에서 "아담과 그의 아내 두 사람이 벌거벗었으나 부끄러워하지 아니하니라"고 했으나 창세기 3:7에서는 "선악을 알게 하는 나무"를 먹음으로써 자신의 범죄를 알게 되었다. 창세기 2:17에서 하나님은 그들에게 먹지 말라고 말씀하셨다. 그들은 무화과 잎사귀로 자신을 가리고 벗은 몸을 부끄러워하기 시작했다. 자신들의 말과 행동을 숨기려고 애썼던 것이다.

다음을 주목해 보자.

그들이 하나님의 소리를 듣고 여호와의 낯을 피하여 숨은지라. (창 3:8)

네가 어디 있느냐(잃은 자를 찾으시는 하나님). (9절)

내가 두려워하여 숨었나이다. (10절)

창세기 3:11을 써 보라. _____

어떻게 아담은 그의 죄과를 하와에게 돌리며, 또 어떻게 그녀는 뱀에게 책임을 전가하는가를 살펴보자(12-13절). 두 구절에 밑줄을 그어라. 성경은 여기에서 모든 인류의 대표가 되는 아담에게 자신의 죄에 대한 책임이 있음을 말한다.

7. 하와는 최초로 그리스도에 관해 신적 예언을 받았다(지난 주에 공부했음).

창세기 3:15은 그리스도에 대한 최초의 예언이다. 이 말씀은 어린아이도 이해할 수 있도록 다음과 같이 쉽게 풀어서 바꾸어 놓을 수 있다. "나(하나님)는 사탄과 그리스도(여인의 후손) 사이를 증오의 관계로 놓을 것이다. 마지막에 그리스도는 사탄의 머리를 깨뜨려 부술 것이며 사탄은 그리스도의 발뒤꿈치를 상하게 할 것이다."

8. 하와는 최초의 어미였다(창 4:1-2).

하나님은 창세기 3:16에서 말씀하시기를 "너는 고통 중에 자녀를 낳을 것이다"라고 했다. 하와는 가인과 아벨을 낳았다. 그러나 하루에 두 아들을 잃어버리는 최초의 어미가 되었다. 아벨은 가인의 손에 죽었다. 가인은 가정에서 쫓겨나 유리하는 방랑자가 되었다.

V. 신약성경은 하와에 관해 어떻게 말하고 있는가?

1. 예수님은 하나님이 인간에게 첫 번째 주셨던 말씀들을 동일하게 사용하셨다.

마태복음 19:4-5 _____

_____

(여기에서 예수님은 창세기의 말씀을 확증하신다.)

2. 바울은 교회와 하와를 비교한다.

고린도후서 11:2-3 _____

_____

3. 바울은 예수님이 마태복음 19:4-5에서 사용하셨던 것과 마찬가지로 하나님이 창세기 2:24에서 하신 그 말씀들을 사용하고 있다.

바울은 그리스도의 신부 된 교회를 위한 그리스도의 사랑을 예시하기 위해 남편과 아내의 관계를 말하고 있다.

에베소서 5:31 _____

_____

에베소서 5:25 _____

_____

VI. 이번 주에 배울 수 있는 교훈은 무엇인가?

1. 사탄의 접근은 실제적이며 교활하다.

2. 우리는 자신을 사랑하는 것같이 하나님이 우리에게 주신 자를 사랑해야 한다.

3. 그리스도의 사랑은 그분의 교회를 위한 것이다.

4. 하와는 감정을 가진 실제 인물이다. 그녀와 남편도 신화적인 인물이 아니고 실제 인물이다. 즉 그들은 실제로 자녀를 낳았고 진정으로 마음의 고통을 겪기도 했다.

복습

1. "하와"라는 이름은 무엇을 뜻하는가?

2. 하와에게 적용된 다른 이름은 무엇인가?

3. 하와는 어떻게 창조되었는가?

4. 그녀는 출생했는가?

5. 하와는 세 가지 방법으로 유혹받았다. 그것들은 어떤 방법인가?

예습

1. 성경 읽기

창세기 4–5장, 누가복음 3:38, 히브리서 11:4, 요한일서 3:11–15, 유다서 11절.

2. 가인, 아벨, 셋에 대해 모두 읽어 보자. 다음 주에 세 사람을 모두 공부할 것이다.

3. 하와에 관해 복습하고 재음미하자.

4. 한 성경 구절이 다른 성경 구절을 설명해 주는 것을 성경에 표시하고 그 여백에 기록해 두자.

Week 03
가인, 아벨, 셋

Ⅰ. 이름의 뜻
- 가인은 "획득" 또는 "소유"를 뜻한다.
- 아벨은 "호흡" 또는 "공상"을 뜻한다.
- 셋은 "대리인"을 뜻한다.

Ⅱ. 중요한 성경 구절
창세기 4-5장, 누가복음 3:38, 히브리서 11:4, 요한일서 3:11-15, 유다서 11절.

Ⅲ. 가족 배경
하나님이 아담과 하와를 창조하신 후 그들에게 말씀하셨다.

생육하고 번성하여 땅에 충만하라. (창 1:28)

자식을 낳을 것. (창 3:16)

우리는 아담과 하와가 에덴동산에서 타락할 때까지 자녀가 없었던 것을 기억해야 한다. 아담과 하와는 다른 부모들처럼 자녀를 낳지도 않았고 어린이나 청소년 시절도 없었다. 그러나 그들은 모든 면에서 온전하고 성숙한 성인으로 존재했다. 아담과 하와로부터 가인과 아벨이 태어났으며 이로부터 인류가 시작되었다.

창세기는 "모든 것들의 시작에 관한 책"이다. 이번 주에는 최초의 가정인 아담과 하와의 가정에 대해서 살펴보기로 하자(성경에서 그들과 관련된 성구들을 통해 세 소년을 살펴보기로 한다).

Ⅳ. 구약성경은 가인과 아벨과 셋에 관해 어떻게 말하고 있는가?

1. 가인 : 자연인 부모를 통해 태어난 최초의 자녀이다.

가인은 아담과 하와가 범죄하여 타락한 후에 태어났으므로 "죄 가운데서" 태어났다고 할 수 있다. 그래서 타락한 본성이 이 첫 번째 자녀에게서도 나타난다.

하와는 말했다.

내가 여호와로 말미암아 득남하였다. (창 4:1)

이것은 창세기 3:15에서 예시한 예언의 첫 번째 성취로 가인이 태어났음을 암시해 준다.

창세기 4:2은 가인이 "농사하는 자"였음을 우리에게 말해 준다. 그의 직업은 농업이었다. 그는 들에서 노동을 했다. 가인은 여호와께 무엇을 가져왔는가?

창세기 4:3을 써 보라. _____

_____

가인이 하나님에게 제물을 드리려고 했던 마음은 옳은 것이다. 그러나 자신의 독창력(재주)과 도덕의 산물을 드리려고 애쓰는 것은 옳지 못했다.

창세기 4:5에서 하나님은 가인의 제물을 받지 않으셨다고 했다. 그의 제물이 열납되지 못했기 때문에 그는 격노했고 최초의 살인자가 되었다.

그래서 최초의 어린아이가 최초의 살인자가 되었고 땅에는 최초의 무덤이 생기게 되었다(창 4:8).

창세기 4:9을 써 보라. _____

_____

창세기 4:11-15에서 하나님은 가인에게 표를 주셨다. 그것이 정확하게 무엇인지는 성경이 말하지 않고 있다. 그 표는 가인이 하나님의 심판을 느끼도록 하기 위한 것이었다. 거기에는 아직도 하나님의 자비가 깃들어 있다.

그는 놋 땅에 거했고 최초로 인류 문명의 조상이 되었다.

2. 아벨 : 아담과 하와의 두 번째 소생으로서 직업은 양을 치는 목동이었다.

창세기 4:4 _____

_____

여호와는 아벨의 제물을 받으셨다(4절).

우리는 여기에서 아벨이 드린 제물은 드리는 자의 특성을 나타내고 있음을 배우게 된다. 그것은 아벨이 하나님에게 마음을 드리는 자임을 보여 준다. 그가 만들어 낸 제물이 아니고 오직 하나님이 요구하시는 희생의 피가 섞인 제물이었다. 그래서 하나님은 아벨의 제물을 받으셨고 이에 격분한 가인은 아벨을 살인했다(8절).

창세기 4:10에서 하나님이 말씀하신 것을 유의해서 보라. _____

_____

그는 시기와 살인이 초래한 최초의 희생자가 되었다. 인류 중에 최초로 죽임을 당한 자였다.

3. 셋 : 하나님은 하와에게 "셋"(뜻은 지명자)이라는 또 다른 아들을 주셨다.

창세기 4:25에서 하와가 셋에 관해 말하는 것을 유의해서 보라. _____

_____

셋은 아벨의 자리를 채우기 위한 "지명된 자"가 되었다.

"여인의 후손"이 장차 올 것이며 거룩한 족보를 셋으로써 다시 확립했다. 누가복음 3:23-38에서 예수님의 족보를 추적해 보라. 그러면 38절에서 셋을 발견할 것이다. 이것은 그리스도의 족보가 아담에게 소급해 가는 것을 보여 준다. 즉 모든 인류가 "그의 후손"으로 태어난 것이다. 아담은 신화적 인물이 될 수 없다. 만약 그렇다면 예수님도 신화적 인물이 되고 만다.

V. 신약성경은 가인과 아벨과 셋에 관해 어떻게 말하고 있는가?

1. 가인 : 신약성경은 가인에 관한 인용 구절을 통해 몇 가지 유용한 교훈들을 제시하고 있다.
요한일서 3:11-12을 써 보라. _____

_____

유다서 11절에서 "가인의 길"이 발견된다.

여기서 "가인의 길"은 거짓 선생들을 연상시킨다.

배교(거짓)한 선생들은 "본능적으로 자기가 알고 있는 사실들"에 대해서 말하고 있는 자들이다(10절).

가인은 "종교적"이었으나 하나님을 기쁘시게 하지 못한 자연인이다. 가인의 죄는 단지 자기 부모의 죄의 모방에 지나지 않는다.

2. 아벨 : 아벨의 피는 성경에서 그보다 더 높게 평가할 수 있는 그리스도의 흘리신 피를 연상케 한다.

아벨의 피는 복수심을 내포하고 있지만, 그리스도의 피는 자비와 속죄와 용서를 외치고 있다.

히브리서 12:24을 써 보라. _____

예수님은 마태복음 23:35에서 아벨을 일러 "의인 아벨"이라고 언급하셨다.

요한일서 3:12을 다시 음미해 보라.

아벨은 히브리서의 중심인 "믿음장"에 나열되어 있다.

히브리서 11:4을 보라. 그는 히브리서 11장의 위대한 인물 중 첫 번째로 언급되고 있다. 히브리서 기자나 사랑의 사도 요한과 같이 예수님도 아벨을 "의인"이라고 하셨다. 왜 그런가? 그는 하나님에게 가장 좋은 양을 드렸기 때문이다. 그는 믿음으로 피의 희생 제물을 드렸다.

3. 셋 : 신약에서 셋에 대한 말씀은 누가복음 3:38에 나온다.

그는 "의로운 아벨"을 대신하게 되었으며 그럼으로써 우리 주님의 족보 안에 들어오게 되었다.

하와는 하나님에게서 특별한 선물로 이 아이를 받았다.

이 씨로부터 우리의 죄를 위해 죽어야 할 대속자가 나왔다.

VI. 이번 주에 배울 수 있는 교훈은 무엇인가?

1. 최초의 부모도 오늘날의 부모와 같이 동일한 기쁨과 슬픔을 느끼고 있었다.

2. 가정은 사회 안에서 첫 번째로 조직된 개체이다.

3. 아담의 성품이 그의 본성에 따라서 후손들에게 전해진다.

4. 우리의 재능들을 주님에게 어떻게 드려야 하는가는 중요하지 않다.

복습

1. "가인"이란 무엇을 의미하는가?

2. "아벨"이란 무엇을 의미하는가?

3. "셋"이란 무엇을 의미하는가?

4. 최초의 아이는 언제 태어났는가?

5. 왜 하나님은 가인의 제물을 기뻐하지 않으셨는가?

6. 왜 하나님은 아벨의 제물은 열납하셨는가?

7. 당신은 첫 번째 자손들에게서 발견하는 죄의 성품을 오늘날 세상에서도 동일하게 발견

Week 03 가인, 아벨, 셋 • 23

하고 있지 않는가?

8. 세 사람 중에 히브리서 11장 믿음의 계보에 들어가 있는 자는 누구인가?

예습

1. 성경 읽기

창세기 5:21-10:1, 히브리서 11:7, 베드로전서 3:2, 베드로후서 2:5, 마태복음 24:37-39.

2. 다음 주에 나오는 노아와 그의 아들들에 관한 성경을 읽어 보자.

3. 첫 번째 후손에 관한 교훈을 음미하고 다시 연구해 보자.

4. 새롭게 깨달은 성경 구절에 표시해 보자.

Week 04
노아와 그의 아들들

I. 이름의 뜻

- 노아는 "안식" 혹은 "위로"라는 의미이다.
- 셈은 "명성"이라는 뜻이다.
- 함은 "뜨겁다"라는 뜻이다.
- 야벳은 "아름다움"과 "그로 창대케 하라"는 뜻이다.

II. 중요한 성경 구절

창세기 5:21-10:1, 히브리서 11:7, 베드로전서 3:2, 베드로후서 2:5, 마태복음 24:37-39.
참고 구절 : 이사야 54:9, 에스겔 14:14, 20절, 역대상 1장.

III. 가족 배경

노아의 초창기 시절에 대해서는 그가 라멕의 아들이라는 사실 이외에 알려진 것이 없다(창 5:28-29).

노아는 500세에 셈과 함과 야벳을 낳았다(창 5:32).

노아는 셋의 후손이며 아담의 10대손이다. 노아는 인간들이 심히 부패한 시대에 살았다. 그러나 노아는 하나님의 사람으로 등장한다. 여기에서 하나님은 모든 시대와 모든 형편을 초월해서 항상 하나님의 사람을 기억하고 계심을 알 수 있다.

IV. 구약성경은 노아와 그의 아들들에 관해 어떻게 말하고 있는가?

1. 노아는 여호와께 은총을 입었다(창 6:8).

이 성경 구절에서 처음으로 "은혜"라는 말이 나온다. 은혜는 "은총 받을 수 없는 자"가 하나님으로부터 받는 것을 의미한다.

2. 노아는 하나님과 동행했다(창 6:9).

그는 의롭고 정직한 자였다. 홍수 전에는 오로지 에녹과 노아만이 의로웠다고 성경은 말한다. 그리고 두 사람은 "하나님과 동행"했다. 노아는 죄가 넘치는 세상에서도 의롭고 정직하게 살았다.

창세기 6:5을 써 보라. _____

_____

창세기 6:12을 써 보라. _____

_____

3. 하나님의 심판은 공평했고 노아는 심판의 메시지를 듣는다.

하나님이 노아에게 이르시되 모든 혈육 있는 자의 포악함이 땅에 가득하므로 그 끝 날이 내 앞에 이르렀으니 내가 그들을 땅과 함께 멸하리라. (창 6:13)

하나님은 노아에게 땅 위의 죄악을 멸하실 것을 말씀하셨다(지구는 ⅔가 물이다).

4. 노아는 하나님의 명령에 그대로 순종했다.

창세기 6:14-22과 7:5에 보면 그는 하나님의 지시대로 방주를 지었고 생물들의 종족 보존을 위해 혈육 있는 모든 생물들을 각기 암수 한 쌍씩 방주 안에 이끌어 들여 보존케 했다(창 6:19). 창세기 7:2에서 보면 노아는 후에 제단 쌓을 제물을 위해 정결한 짐승 암수 일곱 쌍과 음식물과 토산물을 취할 것을 명령받았다.

5. 노아와 아내와 아들들과 자부들, 이 여덟 식구는 방주 안에 들어갔다(창 7:7, 16절).

그들은 하나님에게 복종했기 때문에 안전했다.

6. 노아와 그의 가족들을 하나님은 기억하셨고, 그 방주도 안전했다.

노아가 방주에서 나와 행한 첫 번째 일은 전에 없던 제단(창 8:20의 "정결한 짐승"을 유의해 보라)을 처음으로 쌓았다는 것이다. 읽고 밑줄을 그어라.

_____

_____

7. 노아와 맺은 하나님과의 언약은?(창 8:21-9:17)

a. 하나님은 다시는 땅을 저주하지 않으실 것이다(창 8:21).

b. 인간에게 이른바 인간 통치가 주어졌다.

인간은 인간 생명의 존엄성을 보호하는 데 책임 있는 존재로 만들어졌다(창 9:1-6).

c. 자연의 질서가 확립되었다(창 8:22; 9:2).

d. 육류도 사람의 식물(食物)로 보충되었다(창 9:3-4).

e. 하나님은 장래에 이 세상과 인류들을 물로는 멸하시지 않을 것이다. 창세기 9:9-17에서 "언약"이란 낱말이 7번이나 반복된다. 그리고 이사야 54:9에서도 다시 언급하고 있다.

f. 함의 아들 가나안에 관해 다음과 같이 예언했다.

함의 죄 때문에 가나안은 셈과 야벳의 후손들에게 종이 될 것이다(창 9:25-26).

g. "셈의 하나님 여호와를 찬송하리로다"(26절).

예수님은 육신으로는 셈의 자손이시다.

하나님이 야벳을 창대하게 하사. (창 9:27)

전 유럽과 대부분의 아시아와 아메리카가 이 창대함의 실례들이라는 사실을 역사가 증명하고 있다.

하나님이 야벳을 셈의 장막에 거하게 하시고. (27절)

여기서 "하나님"이라는 말을 넣어야 옳은 설명이 된다.

h. 이 모든 사실의 증거는 "무지개"이다.

무지개는 하나님의 증표이다. 이것은 하늘을 응시하도록 하기 위해 색깔로 표시해 주시는 약속들이다.

8. "셈"은 노아가 500세에 낳은 아들이다.

그 이름은 "명성"이란 뜻이며 "모든 이름 위에" 더 위대한 이름인 예수님을 예시해 준다.

창세기 11:10에서는 셈의 계보가 아브라함에게까지 연결되고 있다. 마태복음 1장은 아브라함에서 예수님까지 연결하고 있다.

9. "함"은 "뜨겁다"는 의미이다.

함의 범죄는 아버지의 죄에 대한 결과였다(창 9:20-29).

함의 범죄의 결과는 종족이나 피부색에 아무런 영향도 끼치지 않았다.

함의 자손들이 남쪽 더운 나라로 내려갔다는 것은 확실하나 창세기 9장에서 보여 주는 의미는 종족이나 피부색보다 더 깊은 면이 있다.

그는 노아의 세 아들 중 작은 아들이었다(창 9:24).

성경의 진리는 단순하다. 우리의 생활에서 잘못된 상상을 할 때, 즉 음란한 것을 바라본다든지, 책에서 음탕한 행동들을 읽는 일이나 또는 형제의 잘못을 다른 이들에게 급하게 말하는 행동은 역시 우리 모두 함과 같은 행동을 하고 있는 것이다. "우리 모두에게도 함과 같은 기질이 어느 정도 있다.”

10. “야벳”은 “아름다움”과 “확장”이라는 의미를 가진다.

야벳과 셈은 노아의 축복을 받았다. 야벳의 족속은 마치 산처럼 강대한 인구로 번창해 나갔다(창 10장). 그들은 북쪽과 서쪽 땅으로 퍼져 나갔다.

노아의 세 아들은 하나님의 말씀에 따라 세상에 다시 편만해졌다(창 9:1). 창세기 10:1에서 우리는 세 아들의 자손들을 보게 된다.

11. 홍수 후에 흩어짐(도표를 보라)

방주에서 나온 노아의 아들들은 셈과 함과 야벳이며 함은 가나안의 아버지라 노아의 이 세 아들로부터 사람들이 온 땅에 퍼지니라. (창 9:18-19)

이들은 그 백성들의 족보에 따르면 노아 자손의 족속들이요 홍수 후에 이들에게서 그 땅의 백성들이 나뉘었더라. (창 10:32)

지극히 높으신 자기 민족들에게 기업을 주실 때에, 인종을 나누실 때에 이스라엘 자손의 수효대로 백성들의 경계를 정하셨도다. (신 32:8)

인류의 모든 족속을 한 혈통으로 만드사 온 땅에 살게 하시고 그들의 연대를 정하시며 거주의 경계를 한정하셨으니. (행 17:26)

V. 신약성경은 노아와 그의 아들들에 관해 어떻게 말하고 있는가?

1. 예수님은 노아 시대와 홍수를 그분의 재림과 비교하신다(마 24:37-39).

37절을 써 보라. _____

홍수 심판의 이유는 창세기 6:5에서 발견된다(마 24:37-39을 비교해 보라).

2. 노아는 믿음으로 구원을 받았다(히 11:7).

이 구절의 의미를 써 보라. _____

_____

3. 베드로는 홍수를 두 번씩이나 언급하고 있다(벧전 3:20, 벧후 2:5).

노아를 "의의 전파자"라고 했음에 유의해 보라.

4. 셈은 마리아(요셉)의 계보 가운데 언급되고 있다(눅 3:36).

VI. 이번 주에 배울 수 있는 교훈은 무엇인가?

1. 하나님은 악한 자들을 심판하신다.

2. 하나님은 항상 의인들을 축복하신다(의인들은 반드시 선한 자가 아니라 하나님을 믿는 자를 말한다).

3. 노아는 의인이며, 방주를 지은 자이며, 의의 전파자이며, 하나님에 의해 택함과 보호와 구원을 얻었다.

노아는 그의 실수와 실패 속에서도 하나님의 언약을 굳게 믿었다.

사람이 만일 무슨 범죄한 일이 드러나거든 신령한 너희는 온유한 심령으로 그러한 자를 바로잡고 너 자신을 살펴보아 너도 시험을 받을까 두려워하라. (갈 6:1)

셈과 야벳도 노아와 같이 행했다.

4. 방주는 노아와 그의 가족을 구해 냈다. 방주는 그리스도의 완전한 모형이다.

우리는 예수 안에서 믿어 성령으로 인 치심을 받았다(엡 1:13-14).

5. 여호와 하나님은 항상 하나님에게 속한 자들을 돌보신다.

그분은 결코 우리를 떠나거나 버리지 않으신다.

6. 아담으로부터 다윗에 이르기까지 그 계보에 대해 좀 더 알고자 하면 역대상 1장과 2:1, 3, 11-12, 15절을 찾아보자.

복습

1. 노아의 세 아들의 이름과 그 이름의 뜻은 무엇인가?

2. "은혜"란 무엇을 의미하는가? 그 말이 성경 어디에서 처음으로 언급되고 있는가?

3. 노아와의 언약에서 언급된 것들 중에 몇 가지를 명시해 보라.

4. 왜 심판이 홍수의 형태로 땅 위에 내려졌는가?(창 6:5-7)

5. 왜 방주 안에 모든 생축 각각 두 쌍과 정결한 짐승 각각 일곱 쌍을 두었는가?

예습

1. 성경 읽기

창세기 11:10-25:9, 이사야 41:8; 51:2, 요한복음 8:33-39, 사도행전 7:2-8, 로마서 4:13-25, 갈라디아서 3:6-29, 히브리서 11:8-13, 야고보서 2:21-23.

2. 다음 주에 나오는 인물이며 이 책에서 연구하는 사람들 가운데 가장 위대한 인물의 하나인 아브라함에 대해 더 깊은 진리들을 성령님이 깨닫게 해 주시기를 기도하라.

3. 앞에서 공부한 노아와 그의 아들들에 대해 다시 한 번 살펴보자.

4. 성경을 읽다가 깨닫게 된 새로운 진리들을 찾아 밑줄을 그어보자.

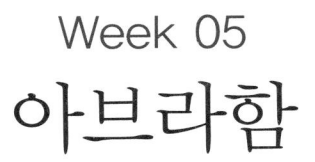

Week 05

아브라함

Ⅰ. 이름의 뜻

"아브람"은 "큰 아버지"란 뜻이다.

창세기 17:5에서 하나님이 그의 이름을 아브라함("열국의 아비"란 뜻)으로 고쳐 주셨다.

Ⅱ. 중요한 성경 구절

창 11:10–25:9, 이사야 41:8; 51:2, 요한복음 8:33–39, 사도행전 7:2–8, 로마서 4:13–25, 갈라디아서 3:6–29, 히브리서 11:8–13, 야고보서 2:21–23.

Ⅲ. 가족 배경

아브라함은 갈대아 우르에서 데라의 아들로 태어났다. 그러므로 그는 갈대아인이다. 그는 셈 계통의 후손이다. 따라서 그는 그리스도의 족보 안에 있는 것이다(창 11:10–26).

그의 부모에 대해서는 거의 알려진 바가 없다. 성경의 기록으로 보아 그는 가족과 밀접한 관계가 있다. 그는 사촌 여동생인 사래와 결혼했다.

그의 사촌 형제인 하란이 죽었을 때 아브라함과 사래와 롯(아브라함의 조카)과 데라(그의 아버지)는 하란으로 이주해 "그곳에 거했다"(창 11:31).

창세기 12:1에서 우리는 "The Lord had said(여호와께서 이르시되)"라는 과거 시제를 읽게 된다(NIV 영어성경). 그러므로 아브라함이 우르에서부터 하란으로 떠난 것은 하나님이 아브라함을 불러 택하신 것이었다. 아담의 혈통에서 태어난 아브라함은 하나님의 부르심을 받아 최초의 히브리인이 된 것이다(창 14:13).

그는 예언을 하거나 책을 쓴 적이 없고 율법을 만든 일도 없다.

그러나 하나님의 주권적인 의지에 따라 아브라함은 선택되었고 하나님의 무조건적 언약의 상속인으로 선별되었다.

IV. 구약성경은 아브라함에 관해 어떻게 말하고 있는가?

1. 아브라함의 소명(창 12:1)

아브라함에 대한 하나님의 부르심은 단순하고 분명했다.

여호와께서 아브람에게 이르시되 너는 너의 고향과 친척과 아버지의 집을 떠나 내가 네게 보여 줄 땅으로 가라. (창 12:1)

2. 아브라함과 맺은 하나님의 언약(창 12:2-3)

내가 너로 큰 민족을 이루고. (2절)

네게 복을 주어. (2절)

네 이름을 창대하게 하리니. (2절)

너는 복이 될지라. (2절)

너를 축복하는 자에게는 내가 복을 내리고. (3절)

너를 저주하는 자에게는 내가 저주하리니. (3절)

땅의 모든 족속이 너로 말미암아 복을 얻을 것이라. (3절)

3. 아브라함의 순종(창 12:4-9)

아브라함은 믿음으로 하란을 떠나 가나안 땅에 갔다.

우리는 아브라함에게서 하나님의 인도를 신뢰하며 그분의 약속들을 믿는 신앙의 삶을 본다. 그 땅에서 아브라함은 그에게 나타나신 여호와에게 제단을 쌓았다.

그때 여호와가 약속하셨다.

내가 이 땅을 네 자손에게 주리라. (7절)

4. 애굽에서의 아브라함(창 12:10-20)

하나님의 명령도 없이 아브라함은 가나안에 흉년이 들어 애굽으로 내려갔다. 아브라함은 애굽에서 실패를 맛보았다. 그는 바로에게 자신의 아내인 사래를 누이동생이라고 거짓말했다. 이 사건을 통해 아브라함은 하나님과의 새로운 삶이란 결코 세상적인 것들과 하나 될 수 없음을 배우게 되었다.

5. 경건한 삶의 회복(창 13장)

이 장에서 아브라함은 모든 재산을 가지고 롯과 함께 애굽에서 나왔다(3-4절). 그는 "첫 번째" 제단을 쌓았던 곳으로 되돌아왔다. 하나님은 그분에게 간구하기만 한다면 언제든지 우리의 죄를 용서해 주신다.

7절에서 아브라함의 목자와 롯의 목자가 서로 싸우는 일이 동기가 되어 그들은 분가할 수밖에 없었다.

Note

롯은 요단의 기름진 땅을 택했지만, 그곳 소돔 땅에는 악한 사람들이 많았다(12–13절).

롯과 아브라함이 분가할 때, 롯은 자기의 뜻대로 선택한 반면 하나님은 아브라함을 선택하셨다(14절).

하나님은 아브라함과 그의 자손에게 그가 볼 수 있는 모든 땅을 주셨다. 15절에 있는 약속을 써 보라. _____

_____

6. 첫 번째 전쟁과 구조된 롯(창 14장)

헤브론에서 아브라함이 집에 있을 때 동쪽의 네 왕과 가나안의 다섯 왕들 사이에 전쟁이 일어났다는 말을 전해 들었다.

그들이 소돔 사람을 생포했으며 롯도 생포된 자들 중 한 사람이었다.

아브라함은 자신의 훈련된 종 318명을 거느리고 밤중에 공격해서 그들을 놀라게 하고 롯과 그의 재물들을 구해 주었다. 그런데 이상한 일이 일어난다. 신비의 왕이며 하나님의 제사장인 멜기세덱이 아브라함에게 나타나서 그를 축복한다(18절과 20절을 읽어 보자).

아브라함은 왕이며 제사장인 멜기세덱에게 십일조를 바친다.

그는 자기에게 속한 사람들의 분깃을 제외하고는 취한 모든 물건들을 되돌려 주었다. 창세기 14장을 통해서 얻을 수 있는 교훈은 많다.

7. 약속된 신령한 씨(창 15장)

12장에서 하나님이 아브라함에게 주시는 열국에 대한 약속은 그에게는 믿기 어려운 것이었다. 하나님은 단순하게 말씀하셨다.

하늘을 우러러 뭇별을 셀 수 있나 보라 네 자손이 이와 같으리라. (창 15:5)

6절을 써 보라. _____

_____

하나님은 아브라함에게 언약을 재확인하신다(18–21절).

하나님은 창세기 13:15에서 "내가 너와 네 자손에게 주리니"라고 말씀하셨다. 창세기 15:18에서도 "내가 네 자손에게 주노니"라고 말씀하심을 알 수 있다.

8. 이스마엘의 출생(창 16장)

아브라함은 하나님께 묻지 않고서 잘못된 관계를 맺는다. 그래서 하갈이 불화의 원인이 되는 이스마엘을 낳는다.

9. 아브람에서 아브라함으로(창 17장)

하나님은 아브라함이 99세 되었을 때 언약을 새롭게 하신다(2-8절).

하나님은 아브람에게 "열국의 아비"라는 뜻을 지닌 아브라함이라는 이름을 주신다(5절).

하나님은 이 언약의 표징으로 할례를 제정해 주셨다(11절).

사래라는 이름은 "열국의 어미"라는 뜻을 지닌 사라라는 이름으로 바뀌었다(15절).

여호와는 앞으로 태어날 "후손"의 이름을 이삭이라고 지명해 주셨다(19절).

10. 아브라함의 중재(창 18-19장)

전에 아브라함이 롯을 직접 구해 낸 적이 있다. 이제 아브라함은 롯이 소돔에서 구출되기를 기도하고 있다.

창세기 19:16을 써 보라. _____

_____

22절 _____

_____

롯은 자신의 딸들과 관계해 두 아이를 낳았다.

롯의 이러한 과오로 장차 이스라엘의 적이 되는 모압과 암몬인이 생겨났다.

11. 이삭의 출생(창 21장)

아브라함은 100세 때 이삭을 낳았다.

하나님은 "약속한 시기"에 그분의 약속을 지키셨다(2절).

그것은 그분이 약속하신 지 25년 만에 이루어졌다(창 12장).

12. 믿음의 시험(창 22장)

하나님은 아브라함의 믿음을 시험하셨다.

하나님은 아브라함에게 그의 외아들 이삭을 모리아 산에서 번제로 바치라고 명령하셨다. 아브라함은 이 명령에 순종한다. 이삭에 대한 아브라함의 믿음의 말을 적어 보라.

창세기 22:8 _____

_____

13절을 보라. 하나님은 다른 번제물을 준비하고 계셨다.

13. 아브라함의 최후의 행동(창 23-25장)

그는 사라의 매장지를 위해 헤브론 근처에 있는 막벨라 굴을 샀다(23장).

그는 이삭의 신부를 선택하고 있다(24장).

그는 그두라와 결혼해서 아들들을 얻는다. 그러나 그가 소유한 모든 것은 이삭에게 주어졌다(25장).

그는 175세까지 향수하다가 막벨라 굴에 사라와 함께 묻힌다.

V. 신약성경은 아브라함에 관해 어떻게 말하고 있는가?

1. 요한복음 8:33-39에서 바리새인들에게 말씀하신다.

요한복음 8:39 _____

_____

2. 사도행전 7:2-8에서 스데반이 아브라함의 소명을 밝히 증거하고 있다. 그 소명은 아브라함이 하란에 가기 전 메소보다미아(갈대아 우르)에 있을 때 받은 것이다(2절).

스데반은 하나님이 아브라함에게 말씀하신 모든 것들을 확증하고 있다. 특히 8절을 유의해 보라.

3. 로마서 4:13-25에서 바울은 아브라함과 맺은 언약이 율법이 아닌 믿음을 통해 된 것임을 선언하고 있다(13절).

로마서 4:20, 22절을 써 보라. _____

_____

의로 여기심을 받을 우리도 위함이니 곧 예수 우리 주를 죽은 자 가운데서 살리신 이를 믿는 자니라. (롬 4:24)

바울은 우리의 의가 율법과는 상관없는 것이라고 말한다.

4. 갈라디아서 3:6-29에서 바울은 인간이 의롭게 되는 것은 율법으로가 아니라 믿음으로 되는 것이며 그것은 아브라함이 소유한 것과 같은 믿음이라고 했다.

14절을 써 보라. _____

_____

16절을 음미하자.

이 약속들은 아브라함과 그 자손에게 말씀하신 것인데 여럿을 가리켜 그 자손들이라 하지 아니하시고 오직 한 사람을 가리켜 네 자손이라 하셨으니 곧 그리스도라. (16절)

율법은 아브라함의 언약과는 아무런 상관이 없다(17-19절).

5. 히브리서 11:8-13을 읽고 밑줄을 그어 보자.

6. 야고보서 2:21-24에서 야고보는 말하기를 "행함으로 믿음이 온전하게 되었느니라"(22절)라고 했다.

아브라함은 "하나님의 벗"이라고 불린다(23절). 참고로 이사야 41:8과 역대하 20:7을 보라.

VI. 이번 주에 배울 수 있는 교훈은 무엇인가?

1. 하나님 안에서 흔들리지 않는 믿음의 생활을 하자.

2. 무슨 일이든지 하나님에게 순종하자.

3. 하나님을 위해 필요한 일이라면 우리의 생을 기꺼이 드리도록 하자.

4. 하나님이 우리를 어디로 보내시든지 믿음으로 가자.

5. 하나님의 뜻 안에 머무르자.

6. 비록 시간이 걸릴지라도 자신이 한 모든 약속을 지키시는 하나님을 신뢰하자.

7. 우리는 그 "자손"인 예수 그리스도를 믿기 때문에 실질적이고 진실한 하나님의 친구가 될 수 있다.

8. 주님에게 헌신하자. 아브라함은 율법이 있기 전에 십일조를 드렸다.

9. 아브라함과 같이 "하나님이 계획하시고 지으실 터가 있는 성"(히 11:10)을 바라보자.

복습

1. 아브라함은 소명을 받았을 때 그의 친척 아비 집을 포기했는가?

2. 누가 그에게 계속 문제를 일으키고 있었는가?

3. 당신은 아브라함의 언약을 네 가지로 구분하여 이름 지을 수 있는가?

4. 하나님은 아브라함에게 무엇을 약속하셨는가?

5. 아브라함이 소유한 좋은 점들은 무엇인가?

6. 갈라디아서에 따르면 누가 아브라함의 후손인가?

예습

1. 성경 읽기

창세기 14:17-20, 시편 110편, 히브리서 5:1-10; 6:13-20; 7:1-28.

2. 히브리서 4:14–10장 전체를 읽고 믿는 자들의 제사장이며 우리의 대제사장이신 그리스 도에 대해서 알아보자. 다음 주에 연구할 인물은 멜기세덱이다.

3. 공부한 아브라함에 대해 복습해 보자.

4. 새롭게 마음에 부딪쳐 온 성경 구절에 표시해 보자.

Note

Week 06
멜기세덱

Ⅰ. 이름의 뜻

멜기세덱이란 "정의" 또는 "의로움"이라는 뜻이다.

그래서 그는 "의의 왕이요, 살렘(평화)왕"이 되었다.

Ⅱ. 중요한 성경 구절

창세기 14:17-20, 시편 110편, 히브리서 5:1-10; 6:13-20; 7:1-28.

Ⅲ. 가족 배경

성경에는 그의 부모에 대해서나 족보상의 이름에 대한 언급이 없다.

이번 주에 자세히 연구해 볼 때, 그것은 "영감에 의한 생략"으로 봐도 좋을 줄로 안다.

Ⅳ. 구약성경은 멜기세덱에 관해 어떻게 말하고 있는가?

1. 멜기세덱은 구약성경에 두 번 언급되고 있다.

창세기 14:17-20에 첫 번째로 언급되고 있다.

2. 그의 신분

17절에 그는 "살렘 왕"이요 "지극히 높으신 하나님의 제사장"으로 불리고 있다.

"살렘"은 예루살렘이다. 우리는 애굽인들의 기록 문서들을 통해 그 이름 자체가 "평화"를 의미한다는 것을 알게 된다.

"지극히 높은 하나님의 제사장"이라는 의미의 히브리어 "엘·엘욘"은 단순히 지존하신 하나님을 뜻한다.

이 이름에 대한 성경의 첫 번째 계시는 분명한 의미를 드러내고 있다. 아브라함이 여러 왕들을 패배시키고 승리하고 돌아오는 중에 살렘 왕이요, "지극히 높으신 하나님의 제사 장"인 멜기세덱을 만난다. 그는 "천지를 소유하신 자", 곧 엘 · 엘욘(가장 높으신 자) 의 이름으로 아브라함을 축복한다.

아브라함은 이에 마음의 깊은 감동을 받아 즉시 전쟁에서 취한 "모든 것의 십일 조"를 드렸다.

소돔 왕이 아브라함에게 더 많은 물품들을 제공했을 때 아브라함은 대답하여 말 하기를 "천지의 주재이시요 지극히 높으신 하나님(엘 · 엘욘) 여호와께 내가 손을 들 었노라"라고 했다(19—22절).

"지극히 높으신 자"라는 동일한 용어를 신명기 32:8에서 찾아볼 수 있다.

"지극히 높으신 자가 열국의 기업을 주실 때, 인종을 나누실 때에"에서 이 "지극히 높으심"이란 말과 같이 멜기세덱을 하나님으로부터 모든 권위를 받은 제사장과 동 일시하고 있음을 알 수 있다.

3. 그가 행한 일을 살펴보자.

"그가 떡과 포도주를 가져왔다." 그것은 주님의 만찬과 예수님의 죽으심에 대한 상징이다. 고린도전서 11:23—29에서 바울 서신도 이것에 대해 강조하고 있다. "그 가 오실 때까지 이것을 행하여 나를 기념하라." 아브라함은 복을 받았고 하나님의 선 하심을 기억한 바 되었다.

4. 다윗은 멜기세덱에 대해 기록하고 있다(시 110:1-4).

1절을 보라. (의역하여 읽는다면) "하나님이 예수님에게 말씀하시기를, 내가 너의 원수를 너의 발등상이 되게 하기까지 나의 우편에 앉으라"고 했다. 우리에게 말씀하 시는 이가 누구인지를 위에서 알 수 있었다. 그분은 "하나님"이시다. 4절에 계속된 다. "여호와는 맹세하고 변하지 아니하시리라 이르시기를 너는 멜기세덱의 서열을 따라 영원한 제사장이라 하셨도다." 이 모든 것들은 신약성경을 이해하지 않고는 설 명될 수 없지만, 이 예언은 성취되었다.

V. 신약성경은 멜기세덱에 관해 어떻게 말하고 있는가?

1. 히브리서 5:1—10(6절을 읽고 써 보라)

여기서 예수님은 레위 지파나 아론의 자손이 아닌 "멜기세덱의 서열(등급, 반차,

위치)을 따르는 제사장"으로 불리고 있다.

2. 히브리서 6:20을 써 보라.

_____

_____

3. 히브리서 7:1-10은 멜기세덱에 대한 모든 것을 설명해 주고 있다.

위의 성경 구절이 히브리서의 깊이와 의미를 더욱 돋보이게 한다. 그것은 멜기세덱에 대한 모든 사실들을 말해 주며, 우리의 대제사장이신 예수를 소유하고 있다면 우리 자신에게도 제사장 직분이 있음을 말해 주기 때문이다. 히브리서 7:1-2을 재음미해 보라. 3절에 멜기세덱은 "아버지도 없고 어머니도 없고 족보도 없고 시작한 날도 없고 생명의 끝도 없어 하나님의 아들과 닮아서 항상 제사장으로 있느니라"고 설명되어 있다. 그래서 멜기세덱은 하나님의 아들과 동일하게 지어졌다. 예수님은 근원자이며, 멜기세덱은 모형에 불과하다. 멜기세덱은 아직 미완성이었지만, 예수 그리스도 안에서 완전하고 온전하게 성취되었다.

그리스도는 그분의 인성에 관해서는 세상에 아버지가 없으며 그분의 신성에 관해서는 어머니가 없다. 그분은 아버지의 독생자이시며 그분의 제사 직분에 관해서는 족보가 없다.

이 사람이 얼마나 높은가를 생각해 보라. (히 7:4)

또한 십분의 일을 받는 레위도 아브라함으로 말미암아 십분의 일을 바쳤다 할 수 있다(9-10절).

4. 영원한 제사장의 필요성(히 7:11-28)

성경을 적어도 두 번 정도 읽도록 하자.

아론의 제사 직분은 율법 아래서 완전하지 못했다(11-13절). 예수님은 제사 직분을 전혀 수행할 수 없는 유다 지파에서 출생하셨다(14절). 그래서 거기에는 율법을 따르지 않고 영원한 능력에 따라서 행하는 자가 필요했다(15-16절).

22절을 써 보라. _____

_____

아론 계통의 제사장들은 죽었으나 예수님은 영원히 살아 계신다(23-24절). 예수님은 우리를 위해 대제사장이 되셨다. 그분은 우리를 위한 중보자이시므로 그로 말미암아 하나님께 나아가는 모든 자를 구원하실 수 있다(25절). 예수님은 단번에 자기를 희생 제물로 드리셨다. 죄가 없고 흠이 없는 구주 예수님이 단번에 자기 자신을 드리셨기 때문에 더 이상 희생은 매일 필요하지 않게 되었다(26-28절).

5. 예수님은 우리의 영원한 대제사장이시기 때문에 우리도 그분을 통해 하나님께 기도하는 특권을 가진 제사장들이다.

히브리서 10:1-25을 읽어 보자.

6. 멜기세덱은 예수님의 모형이요 그림이요 그림자이다. 그 이유는?

a. 그는 왕과 같은 제사장이다. 예수님도 그러하시다.

b. 그의 이름은 "의로움"이란 뜻이다. 예수님의 이름도 그렇다.

c. 그는 살렘 왕이었다. 예수님은 예루살렘의 왕이 되실 것이다.

d. 그는 시작도 끝도 없다. 예수님은 태초에 계셨고 영원하시다.

e. 그는 지극히 높으신 하나님에 의해 대제사장이 되었다. 예수님은 이 모형을 성취시키셨다.

7. 마지막으로 아브라함은 멜기세덱에게 모든 물건의 십분의 일을 바쳤다.

이것은 율법과 레위 계통의 제사 직분이 있기 전의 일이었다(히 7:1-10).

그러므로 십일조를 드리는 일은 율법에서 나온 것이 아님을 알 수 있다. 아브라함은 사랑과 믿음과 경외의 표현으로써 십일조를 바쳤던 것이다. 히브리서 7:1-10에서는 십일조에 대한 서술을 10절 중 여섯 절이나 할애하고 있다. 십일조는 율법 전에도 있었다. 만일 예수님이 근원자이시고 멜기세덱이 모형자라면 이것은 청지기 직분에 관해 분명하고도 자명한 교훈이 되는 것이다. 어떤 학습자들은 이러한 교훈을 중요시하지 않을 수도 있지만, 우리가 하나님의 모든 말씀 위에서 배우고 행동하는 것은 중요한 일이다. 이제 예수님이 드리는 일에 대해 무엇을 말씀하셨는지 누가복음 6:38을 읽어 보자.

VI. 이번 주에 배울 수 있는 교훈은 무엇인가?

1. 구약에 있는 모형, 상징, 그림자, 관념들이 신약에서 성취되었다.

2. 멜기세덱은 그리스도의 모형이다.

3. 예수님은 우리의 영원한 대제사장이시다.

4. 멜기세덱을 향한 아브라함의 존경심과 사랑은 하나님께로부터 나온 것이다.

5. 십일조 제도는 율법 전에 제정되었으며, 인간 편에서 볼 때 사랑과 순종의 행동이다.

6. 우리의 대제사장이신 예수님으로 말미암아 하나님에게 담대히 기도할 수 있다는 사실 안에서 우리가 제사장들이라는 사실을 인식해야 한다.

7. 예수님은 그분 자신으로 말미암아 하나님에게 나아오는 모든 자들을 구원하실 수 있다(히 7:25).

복습

1. 멜기세덱은 누구인가?

2. 그가 한 일은 무엇인가?

3. 그는 누구를 대표하는가?

4. 성경에서 모형이나 유형의 실제적인 예를 들어 보라.

5. 십일조는 율법의 한 부분인가?

6. 예수님이 우리의 대제사장이시라면 그리스도인으로서 우리는 무엇이 되는가?

예습

1. 성경 읽기

창세기 17:19–21; 18:10–15; 21–27장, 히브리서 11:17–20, 야고보서 2:21–23.

2. 다음 주에 연구하려고 하는 인물은 족장들 중 하나였던 이삭이다. 그에 관해 알 수 있는 성경을 찾아 읽어 보자.

3. 멜기세덱에 관한 연구를 복습해 보자.

4. 새롭게 깨달은 성경 구절에 표시해 보자.

Week 07
이삭

Ⅰ. 이름의 뜻

이삭은 "그가 웃는다" 혹은 "웃고 있는 자"란 의미이다.

Ⅱ. 중요한 성경 구절

창세기 17:19-21; 18:10-15; 21-27장, 히브리서 11:17-20, 야고보서 2:21-23.

Ⅲ. 가족 배경

이삭은 아브라함과 사라의 아들이다. 그가 태어날 때 아버지의 나이가 100세였으며 어머니의 나이는 91세였다(창 17:17, 21절; 21:5).

사라가 아들을 그에게서 낳게 될 것이라는 약속을 받았을 때 아브라함은 웃었다(창 17:17-19). 약속을 듣고 있었던 사라도 웃었다(창 18:10-15).

이삭이 태어났을 때 사라는 기뻐하며 말하기를 "하나님이 나를 웃게 하시니 듣는 자가 다 나와 함께 웃으리로다"라고 했다(창 21:6).

하나님은 이삭이 출생하기 전에 그 이름을 짓고 부르셨다. 이런 일은 이외에도 성경에서 몇 가지 실례를 찾아볼 수 있다.

구약성경에서 여호와 하나님은 이삭, 이스마엘, 솔로몬, 요시아, 고레스, 이사야의 아들인 마헬살랄하스바스의 이름을 지으셨다.

신약성경에서는 세례 요한과 예수님의 이름을 지으셨다.

난 지 8일 만에 할례를 받고(창 21:4) 그 후에 젖을 뗀 것 외에는 이삭의 어린 시절에 대한 기록을 찾아볼 수 없다(8절).

Ⅳ. 구약성경은 이삭에 관해 어떻게 말하고 있는가?

1. 아브라함이 이삭을 제물로 바침(창 22장)

이것은 아브라함의 믿음에 대한 시험이다.

2절을 써 보라. _____

_____

아브라함은 하나님에게 순종했고 이삭은 그의 아버지와 함께 모리아 산(예루살렘)까지 갔다. 대부분의 사람들은 이때 이삭이 어린 소년에 불과했으리라 생각한다. 그러나 요세푸스는 그가 적어도 25세는 되었을 것이라 말하고 있다.

어떤 학자들은 그가 33세가량 되었을 것이라고 생각한다.

기억해야 할 교훈은 아브라함의 신앙의 시험이다.

하나님은 아브라함에게 이삭으로부터 큰 민족들을 일으키실 것을 약속하셨다. 그런데 그 후 하나님은 아브라함에게 이삭을 번제물로 바칠 것을 명령하신다.

아브라함은 이해할 수도 없고, 또 행할 수도 없는 이 일을 하나님은 어떻게 조화시키실 수 있을까!

그가 할 수 있는 일이란 하나님에게 순종하고 무조건 그를 신뢰하는 것뿐이었다.

이삭은 오직 한 가지 질문을 했다.

번제할 어린양은 어디 있나이까. (창 22:7)

8절에서 답을 찾아 써 보라. _____

_____

"내 아들아 번제할 어린양은 하나님이 자기를 위하여 친히 준비하시리라"는 말에 밑줄을 그어라.

여기서 우리는 신약에서 이루어질 일들을 구약에서 아름다운 광경으로 보게 된다.

하나님은 우리의 죄를 사하기 위해 독생자(어린양)를 희생 제물로 주셨다.

성경 구절 11절부터 13절까지 밑줄을 그어라.

위의 성경 구절에서 알 수 있는 사실은 다음과 같다.

• 외아들을 바치는 아브라함

• 죽기까지 복종하는 이삭

• 대속물인 어린양

2. 앞에서 이루어진 사건에서 배우게 되는 중요한 진리가 있다.

그 진리에 대한 상세한 내용들

• 이삭의 출생은 우리 주 예수 그리스도의 탄생 예표이다.

여기에 몇 가지 유의점들이 있다.

• 이삭과 예수님의 탄생은 이미 약속되었다.

아브라함은 25년 전에 아들을 약속받았고 그대로 이루어졌다.

후손이 창세기 3:15에 약속되었으며 바울은 갈라디아서 3:16에서 그 후손을 명시하고 있다. 이 구절을 써 보라.

창세기 3:15 _____

갈라디아서 3:16 _____

• 이삭과 예수님의 출생에 대한 예고는 특별한 것이다.

사라와 아브라함을 웃도록 만든 예고는 믿기 어려운 것이었다. 마리아는 예수님의 동정녀 탄생에 의문을 나타냈다.

나는 남자를 알지 못하니 어찌 이 일이 있으리이까. (눅 1:34)

• 이삭과 예수님의 이름은 출생 전에 지어졌다.

하나님은 아브라함에게 그의 이름을 이삭이라고 부를 것을 말씀하셨다(창 17:19).

천사는 요셉에게 그를 예수라 이름 지어 부를 것을 말했다.

이는 그가 자기 백성을 그들의 죄에서 구원할 자이심이라. (마 1:21)

• 이삭과 예수님의 출생은 하나님의 정하신 시기에 일어났다.

창세기 21:2 _____

갈라디아서 4:4 _____

• 이삭과 예수님의 출생은 기적적인 일이다.

아브라함은 100세였고 사라는 90세가 넘는 나이였다. 예수님의 동정녀 탄생은 결코 인간적인 힘으로 일어난 일이 아니었다. 로마서 4:19-25을 읽어 보자.

3. 이삭의 아내(창 24장)

아브라함은 이삭의 아내를 구하기 위해 종을 보냈다. 그 종은 하나님의 인도를 받아(27절) 이삭의 아내로서 이미 준비되었고 그때가 다 된 리브가를 만났다. 그녀는 이삭의 아내로 이미 준비되었기에 선뜻 따라 나섰다(58절). 리브가와 종이 아브라함의 집에 가까이 이르렀을 때 이삭이 나와서 그녀를 만났다. 이삭은 그녀를 어머니의 장막에 데려갔다. 그녀는 아내가 되었고 그는 그녀를 사랑했다(67절).

이삭은 어머니 사라의 죽음을 슬퍼하면서도 리브가의 사랑에 위로를 받았다.

4. 이삭과 그의 두 아들(창 25:19-34)

이삭은 60세(26절)에 에서와 야곱을 낳았다.

23절을 음미하고 써 보라. _____

_____

_____

그 아이들은 어머니의 뱃속에서부터 싸우면서 출생했다. 에서와 야곱은 성년이 되었다. 그 후 성경은 장자권 파는 일을 보여 주고 있다. 나이가 많은 에서는 "붉다"라는 의미의 이름을 가졌다. 야곱이란 "빼앗는 자"(supplanter) 혹은 "약탈자"(usurper)라는 의미를 지니고 있다.

이삭은 에서를 사랑했고 리브가는 야곱을 사랑했다(28절). 에서는 육신을 위해 사는 세속의 사람으로 보인다. 야곱은 아주 착한 사람은 아니었으나 선한 것을 추구하는 사람이었다(다음 주에 다룰 것이다).

장자권은 에서에게 큰 의미를 주지 못했다. 장자권은 가장(家長)으로서 가정을 다스리는 자임을 의미한다. 그러나 하나님은 말씀하셨다.

큰 자가 어린 자를 섬기리라. (창 25:23)

야곱의 모든 속임수와 술책은 불필요한 것이다. 에서는 배가 고픈 것 때문에 그의 장자권을 포기했다. 그러므로 그는 진실로 그것에 관심이 없었다는 것을 알 수 있다(32절).

에서는 붉은 팥죽 한 그릇에 장자권을 넘겨주었다. 그의 이름은 "에돔"(30절)이라고 불렸다.

에서가 장자의 명분을 가볍게 여김이었더라. (창 25:34)

5. 언약은 이삭을 통해 다시 확인되었다(창 26장).

1-5절까지 하나님은 이삭에게 애굽으로 내려가지 말 것을 가르치시면서 언약을 확인하신다.

그러나 육신에 속한 이삭은 자기 아버지처럼 동일한 과오를 범했다. 헤브론 남쪽 그랄 땅에서 리브가를 그의 누이동생으로 속였다(9절). 이삭은 물을 얻기 위한 싸움을 피하기 위해 더 깊은 우물을 파는 자가 되었다. 그는 브엘세바로 이동했다. 거기에서 하나님은 그에게 나타나 축복하셨고 언약의 약속을 다시 확인시켜 주셨다.

24절을 음미하고 써 보라. _____

_____

_____

6. 빼앗긴 축복(창 27장)

이 본문은 이삭에 대한 것임을 기억하자. 우리는 이삭의 시력이 쇠약해지고 있는 것을 보게 된다. 말하자면 세상 떠날 날이 가까워진 것이다. 그의 한 가지 소망은 먹는 것이다. 그가 좋아하는 음식은 사슴 고기였다. 이삭은 하나님이 말씀하신 대로 큰 자가 어린 자를 섬길 것을 알고 있었으나 그 사실을 믿으려 하지 않았다. 에서에게 음식을 가져오도록 하고 그를 축복하겠다고 했다. 그때 리브가는 이삭이 에서에게 하는 말을 듣고서 자기가 사랑하는 야곱을 위해 이삭을 속이려고 결심했다.

그들은 이삭을 속여 야곱을 축복하도록 했다. 에서는 화가 나서 야곱을 죽이려는 계획을 꾸몄다(41절). 어머니의 조언을 들은 야곱(43절)은 이삭의 축복(창 28:1)을 받고 리브가의 오라비 라반에게로 도망쳤다.

에서는 이스마엘에게 가서 그의 딸들 중에서 하나를 취해 장가들었다(창 28:9).

결국 리브가는 두 아들을 다 잃었다. 그녀는 다시 야곱을 볼 수 없었다. 창세기 35:27-29에서 이삭은 죽는다. 이삭은 위대하고 인상적인 두 인물 아브라함과 야곱 사이에 위치하고 있다. 성경에서 그는 아브라함과 야곱과 연결시켜 30회 이상 언급됐다. "아브라함과 이삭과 야곱"의 시대를 마음속에 회상해 보라.

Ⅴ. 신약성경은 이삭에 관해 어떻게 말하고 있는가?

1. 간접적 참고 구절은 로마서 4:1-4, 13-25절, 갈라디아서 3:6-18이다(이 성경을 읽고 밑줄을 그어라).

갈라디아서 3:29을 써 보라. _____

_____

2. 히브리서 11:17-20을 살펴보자.

이 구절에서 흔들리지 않는 아브라함의 신앙을 살펴볼 수 있다.

그는 자기 외아들을 바쳤다. 그 이유를 이렇게 밝힌다.

그가 하나님이 능히 이삭을 죽은 자 가운데서 다시 살리실 줄로 생각한지라 비유컨대 그를 죽은 자 가운데서 도로 받은 것이니라. (히 11:19)

히브리서 9:9을 찾아보자. 이삭은 그리스도의 모습과 형상임이 확실하다. 혼동해서는 안 될 것이다. 요한복음 8:56에서 예수님은 이것을 분명히 말씀하셨다.

_____

_____

얼마나 놀라운 일인가?

우리가 성경을 찾아보고 연구하다 보면 성경의 교사는 성경임을 깨닫게 된다.

3. 야고보서 2:21-23

여기서 야고보는 믿음과 행위가 불가분의 관계에 있음을 말하고 있다. 아브라함에게 믿음의 시험이 왔을 때 그는 실질적으로 하나님이 말씀하셨던 것을 정확하게 행했다(그것이 행위이다).

행함으로 믿음이 온전하게 되었느니라. (22절)

VI. 이번 주에 배울 수 있는 교훈은 무엇인가?

1. 하나님은 25년이라는 기간이 걸릴지라도 약속하신 것을 꼭 행하신다(이삭 출생의 경우와 같이).

2. 우리는 하나님의 방법과 뜻이 우리의 삶을 위한 최선의 것임을 믿고 하나님이 요구하시는 것들을 행해야 한다.

3. 믿음은 그리스도인에게 반드시 있어야 하는 것이다.

아브라함은 큰 믿음을 소유했기에 자기 독자를 바쳤다.

4. 이삭을 통해 우리는 신약에서 완성되고 성취된 일들이 이미 구약에서 예시되어 있음을 알 수 있다.

5. 속이는 것과 세속적인 계략은 어떤 가정에서든지 심령의 상처를 가져올 뿐이다.

복습

1. 이삭의 이름은 언제 지어졌는가?

2. 그를 낳을 때 부친의 나이는 몇 세인가?

3. 이삭이라는 이름은 무엇을 의미하는가?

4. 왜 이삭을 예수 그리스도의 그림이요 그림자라고 할 수 있는가?

5. 아브라함은 '이미 마음으로 궁극적인 후손, 즉 예수 그리스도를 보았는가?(요 8:56을 읽어 보자)

6. 이삭은 인간의 연약함과 결점들을 가지고 있었다. 세 가지를 지적해 보라.

예습

1. 성경 읽기

창세기 27–35장; 46–49장, 마태복음 22:29–33, 요한복음 4:6–14, 사도행전 7:6–19, 로마서 9:9–13, 히브리서 11:20–21.

2. 다음 주에 연구하게 될 야곱은 성경의 위대한 인물 중 한 사람이다. 할 수 있는 대로 그에 대해 깊이 연구하라.

3. 이삭에 관한 연구를 복습해 보자.

4. 새롭게 깨달은 성경 구절에 표시해 보자.

Week 08
야곱

이 유명한 인물을 공부하기에 앞서서 우리가 알아야 할 것은 성경은 보통 책과는 다르다는 사실이다. 그것은 흰색의 부분만 있는 것이 아니라 검은색의 부분도 있다는 것이다. 즉 영적인 사람뿐만 아니라 실수와 죄를 범하는 자연인인 인간의 모습을 그대로 보여 주고 있다는 것이다. 우리는 아담, 노아, 그의 아들들, 아브라함, 이삭 안에서 이 사실을 보았고 지금도 야곱에게서 동일한 것을 보게 된다. 틀림없이 인간은 육체적인 것과 신령한 것 양자를 모두 가지고 존재한다는 것을 성령이 우리에게 말하고 있다.

Ⅰ. 이름의 뜻

야곱은 "다른 사람의 장소를 차지한다"는 의미를 지닌 "약탈자"라는 뜻이다.

Ⅱ. 중요한 성경 구절

창세기 27-35장; 46-49장, 마태복음 22:29-33, 요한복음 4:6-14, 사도행전 7:6-19, 로마서 9:9-13, 히브리서 11:20-21.

Ⅲ. 가족 배경

야곱은 이삭과 리브가의 둘째 아들이다. 그는 에서와 쌍둥이 형제이다. 야곱은 에서보다 조금 늦게 태어났기 때문에 동생이 되었다. 출생 전에 리브가에게 임한 예언적 계시에서 여호와 하나님은 그녀에게 말씀하셨다.

두 국민이 네 태중에 있구나 두 민족이 네 복중에서부터 나누이리라 이 족속이 저 족속보다 강하겠고 큰 자(에서)가 어린 자(야곱)를 섬기리라. (창 25:23)

왜 그런가? 바울은 설명하고 있다.

그 자식들이 아직 나지도 아니하고 무슨 선이나 악을 행하지 아니한 때에 택하심을 따라 되는 하나님의 뜻이 행위로 말미암지 않고 오직 부르시는 이로 말미암아 서게 하려 하사. (롬 9:11)

Ⅳ. 구약성경은 야곱에 관해 어떻게 말하고 있는가?

1. 그는 에서로부터 장자의 명분을 얻었다(창 25:27-34).

(우리는 지난 주에 이것을 공부했다.)

2. 그는 아버지를 속여서 형의 축복권을 빼앗았으므로 "다른 사람의 지위를 차지함"을 의미하는 "약탈자"라고 불리게 된다(창 27장).

창세기 27:36을 써 보라. _____

_____

여기에서 우리는 인간의 나약함을 보게 된다. 그러므로 하나님의 도우심이 필요하다. 리브가와 야곱은 이삭의 축복을 야곱이 받도록 하기 위해 함께 공모했다. 그러나 하나님은 이미 "큰 자가 어린 자를 섬기리라"고 야곱에게 약속하셨다.

3. 야곱은 어머니의 말씀대로 하란으로 피난 갔다(창 27:41-46).

리브가는 자신이 야곱을 다시는 볼 수 없으리라는 사실을 알지 못했다. 야곱은 두려워하는 생활을 했다. 그는 에서를 피할 수는 있었지만 거친 방랑 생활에서 속임 당하는 생애를 살게 되었다.

여기에서 보여 주는 중요한 교훈은 심은 대로 거둔다는 불변의 법칙이다.

4. 벧엘에서의 야곱(창 28장)

야곱은 이삭의 축복을 받고 라반에게 가서 거기서 결혼했다. 그는 가나안의 딸과 결혼하지 말라는 명령을 받았다(1-5절). 그러나 에서는 이스마엘의 딸과 결혼했다. 그에게는 이미 두 아내가 있었다(창 26:34-28:9).

이 사건이 주는 교훈은 "너희는 믿지 않는 자와 멍에를 함께 메지 말라"(고후 6:14)는 것이다.

야곱은 하란으로 가던 중 하룻밤을 들에서 보내게 되었다. 그는 돌베개를 베고 자다가, 하늘에서 땅까지 연결된 사다리에서 천사가 오르락내리락하는 꿈을 꾸었다. 하나님은 아브라함과 맺은 언약을 그에게 다시 확인시켜 주셨다. 하나님이 반복해 말씀하실 때는 순종해야만 한다. 그분은 아브라함과 이삭에게 계속 거듭해 약속을 확증해 주셨고 지금 야곱에게도 확증해 주신다.

Note

야곱이 잠이 깨어 이르되 여호와께서 과연 여기 계시거늘 내가 알지 못하였도다. (창 28:16)

야곱에게 꿈으로 약속하신 것은, 그의 후손이 "땅의 티끌같이" 되리라는 것이다. 그 꿈의 의미는 하늘에서 내려오도록 하신 예수 그리스도의 예표이다.

오르락내리락하는 하나님의 천사들은 우리를 하나님에게 가까이 가게 하시는 주 예수님으로부터 온 것이다.

예수님은 이것을 요한복음 1:51에서 우리에게 해석해 주셨다.

요한복음 1:51 _____

야곱은 돌베개 위에 기름을 붓고 그곳을 "이곳이 하나님의 집"이라는 의미를 가진 벧엘이라고 불렀다. 원래 그 장소는 "분리"라는 뜻을 지닌 루스라고 불리던 곳이었다.

그 후 벧엘은 성경에서 의미 깊은 장소가 되었다.

22절을 유의해 보라. 하나님의 은혜와 축복을 받은 야곱은 십일조를 드리기로 약속했다. 이 구절은 십일조가 하나님의 집에서 하나님에게 드려져야 함을 암시한다. 이것은 율법이 있기 250년 전의 일이었다(아브라함은 율법이 있기 430년 전에 십일조를 드렸다).

5. 하란에서의 야곱의 생활(창 29장)

야곱은 그가 심은 것을 그대로 거두기 시작했다. 그는 아버지 이삭을 속였으나 이제는 반대로 삼촌 라반에게 속임을 당했다. 그는 10－12절에서 라헬을 만난다. 라반은 야곱에게 조건부로 라헬을 위해 7년 동안 봉사할 것을 요구한다(13－18절). 그러나 야곱은 라헬을 사랑했기에 기쁘게 봉사했다. 그러나 라반은 비열한 속임수로 레아를 주었다. 라반은 "관습에 따라서 큰딸이 먼저 시집을 가야만 한다"고 변명했다(21－26절).

야곱은 라헬을 위해 다시 7년을 일해야 했다(27－28절).

야곱은 인내와 겸손을 배워야 했고 여러 새로운 일도 감당해야 했다. 왜냐하면 그도 과거에는 사기꾼이었기 때문이다.

27－28절에서 한 주일(7일)은 7년을 추가한다는 뜻이다. 그는 14년간 봉사하고 두 아내를 얻었다. 레아는 아이를 잉태할 수 있는 반면 라헬은 잉태치 못했다.

6. 야곱의 자녀들(창 29:32－30:24)

a. 레아의 소생

- 르우벤(창 29:32)
- 시므온(33절)
- 레위(34절)

- 유다(35절)
- 잇사갈(창 30:18)
- 스불론(20절)

b. 라헬의 몸종 빌하의 소생
- 단(6절)
- 납달리(8절)

c. 레아의 몸종 실라의 소생
- 갓(11절)
- 아셀(13절)

d. 라헬의 소생
- 요셉(24절)
- 베냐민(창 35:18에 오기까지 라헬은 아이를 낳지 못하다가 가나안에 돌아와서 베냐민을 낳고 죽었다)

야곱의 열두 아들들로부터 이스라엘의 열두 지파가 나오게 된다. 이들의 이름을 성경에 표시해 두자.

7. 야곱이 가나안을 향해 떠나다(창 31장).

야곱은 라반과 많은 계약을 맺고 논쟁도 많이 한 후에 여호와가 말씀하신 대로 라반을 떠나 전에 약속하신 땅으로 되돌아갔다(3절).

그리하여 야곱과 그의 모든 가족과 육축이 떠나게 된다. 라반은 그를 뒤쫓아간다. 다시 그들은 논쟁을 하나 마지막으로 합의를 보게 된다. 이곳이 그 유명한 미스바라는 곳이다.

창세기 31:49을 써 보라. _____

_____

20년 후(41절) 야곱은 마침내 가나안으로 오게 된다.

8. 야곱이 이스라엘 곧 "하나님의 왕자"가 되다(창 32장).

야곱은 그의 형 에서를 두려워해서 하나님에게 도우심을 간청했다. 그는 먼저 얍복강 건너편으로 가족을 보내고 자신은 강 이편에 홀로 남았다. 이제 24-30절을 읽어 보자.

28절을 써 보라. _____

_____

그 밤에 야곱은 누구와 씨름했는가?

성경은 말하기를 야곱은 환도뼈가 부러질 때까지 신비한 방문자와 씨름했다고 한다. 그의 신분에 대해 많은 의견들이 나왔다. 성경은 그분이 장차 성육하신 그리스도이심을 우리에게 가르치고 있다고 본다(30절).

호세아 12:1-5에서 말하기를 "여호와는 그를 기억하게 하는 이름이니라"고 했다. 여호수아는 여호수아 5:13-15에서 그분을 뵈었다. 이사야는 이사야 6:5에서 그분을 뵈었다. 바울은 사도행전 9:1-6에서 그분을 뵈었다. 야곱은 이렇게 해서 이스라엘이 되었다.

이스라엘과 열두 지파가 어디에서 왔는가를 우리는 분명히 알 수 있다. 야곱은 육체적으로 고통당하면서도 여호와 하나님을 끝까지 의지했다. 이 사건 이후 야곱은 변화된 사람이 되었다.

33장에서 그는 형 에서와 화해했다. 에서는 야곱에게 달려와서 그를 껴안았다(4절).

9. 심는 것과 거두는 것(창 34-36장)

34장에서 중요한 교훈은 뿌리는 일과 추수하는 일이다. 야곱이 살렘 땅에 거주할 때, 그의 아들 시므온과 레위는 그들의 누이동생 디나로 인해 사람들을 죽였다(25절). 야곱은 자신에 대해 깊이 생각하게 되었다.

30절에서 인칭대명사에 유의해서 밑줄을 그어 보자. 하나님에게 말씀드린 대로 "벧엘에 되돌아가는"(창 35:1) 일만이 그가 할 수 있는 유일한 일이다.

거기서 제단을 쌓으라. (창 35:1)

그는 벧엘 가까이 왔으나 아직도 그의 집안은 우상을 섬기고 있었다(2절).

2절에서 야곱이 말하는 것을 유의해 보라.

자신을 정결하게 하고 의복을 바꾸어 입으라. (2절)

3절에서는 "우리가 일어나 벧엘로 올라가자"라고 말했다. 그들이 벧엘에 도착했을 때 야곱이 제단을 쌓고 그 장소를 "하나님의 집"이란 뜻으로 벧엘이라 불렀다(6-7절).

하나님은 아브라함에게 하신 언약을 야곱에게 다시 주셨다(9-13절). 야곱은 베냐민을 낳을 때 아내 라헬을 잃어버렸다(16-20절).

그의 열두 아들들이 35장에서 소개된다. 성경에서 그들의 수를 세어 보라(22-26절). 이삭이 죽으매 에서와 야곱은 그를 매장했다(27-29절).

10. 애굽에서의 이스라엘(야곱)(창 46-50장)

여기서 아브라함의 후손은 가나안을 떠났다. 수백 년 후 여호수아가 그들을 인도해 낼 때까지 그들은 그곳에 머물게 되었다.

하나님의 계획 안에서 야곱은 애굽에 있는 그의 아들 요셉을 만나기 위해 내려갔다.

단지 70명이 애굽에 내려갔다. 야곱은 그의 열두 아들을 축복했고 각자에게 미래를 예언해 주었다. 특별히 유다에 관해서는 창세기 49:8-12을 읽어 보자.

10절을 써 보라. _____

_____

예수님은 유다 지파 출신이시다. 야곱은 애굽에서 죽었지만, 가나안으로 되돌아와서 그의 조상 아브라함이 있는 막벨라에 매장되었다.

V. 신약성경은 야곱에 관해 어떻게 말하고 있는가?

야곱 혹은 이스라엘에 대해 많은 구절들이 있으나 여기서는 몇 가지만 살펴본다.

1. 예수님은 부활에 관해 묻는 사두개인들에게 대답해 주셨다(마 22:29-33).

예수님은 그들에게 하나님의 말씀으로 대답해 주셨다.

32절을 써 보라. _____

_____

_____

2. 야곱의 우물가에 있는 사마리아 여인의 이야기가 있다(요 4:6-14).

성경을 읽고 12절을 써 보라. _____

3. 스데반은 산헤드린 공회원들 앞에서 메시지를 증거할 때 하나님이 아브라함과 이삭과 야곱의 생애 가운데서 함께하셨음을 설교하고 있다(행 7:6-19).

사도행전 7:8, 14-15절을 다시 한 번 읽어 보자.

4. 하나님은 그분의 뜻에 따라 선택하신다. 그러므로 이삭과 야곱의 후손은 하나님의 주권적 의지에 따라 선택되었다(롬 9:9-13).

로마서 11:26-29절을 읽고 밑줄을 그어라.

구원자가 시온에서 오사(구속주). (26절)

야곱에게서 경건하지 않은 것을 돌이키시겠고(이스라엘). (26절)

그들에게 이루어질 내 언약이 이것이라. (27절)

하나님의 은사와 부르심에는 후회하심이 없느니라(결코 변할 수 없다). (29절)

5. 히브리서 11:20-21

21절을 써 보라. _____

_____

VI. 이번 주에 배울 수 있는 교훈은 무엇인가?

1. 속이는 자, 간사한 자는 결코 보상을 받지 못한다.

2. 야곱은 음모를 꾸몄기 때문에 그도 역시 음모에 당했다.

3. 자기 자신을 위해 하나님의 뜻보다 앞질러 가면서 하나님에게 도움을 구해서는 결코 안 된다.

4. 우리는 심은 대로 거두는 불변의 법칙을 항상 기억해야 한다.

5. 하나님은 결코 약속을 어기지 않으신다. 그분은 야곱이 태어나기 전에 축복을 약속하셨다. 하나님은 자신의 뜻에 맞는 시기에 그 약속을 실천하셨다.

6. 우리는 때때로 "벧엘로 되돌아가야" 할 필요가 있다.

7. 하나님은 이스라엘을 위한 완전한 계획을 가지고 계신다. 그 계획은 부분적으로 성취되어 왔으며 부분적으로 성취되어 갈 것이다.

복습

1. 야곱의 이름의 뜻은 무엇인가? 야곱의 다른 이름은 무엇인가?

2. 하나님은 야곱에게 아브라함과 맺은 언약을 언제 주셨는가?

3. 불공평하게 멍에를 메는 일에 대한 이야기는 성경 어디에 나오는가?

4. 벧엘의 뜻은 무엇인가?

5. 야곱은 몇 아들을 두었는가? 이들이 중요한 위치를 차지하는 이유는 무엇인가?

6. 야곱의 인생의 마지막 여정지는 어디였는가? 그와 함께 동행하는 자는 몇 명인가?

예습

1. 성경 읽기

창세기 37–50장, 사도행전 7:9–19, 히브리서 11:21–22.

2. 여러 면에서 그리스도의 그림자 역할이었던 요셉에 대해 알아보자.

3. 야곱(이스라엘)에 대해 연구한 바를 복습해 보자.

4. 새롭게 깨달은 성경 구절에 표시해 보자.

Week 09
요셉

Ⅰ. 이름의 뜻

요셉이란 뜻은 "그(여호와)가 더하신다"이다.

창세기 30:24을 써 보라.

_____

_____

Ⅱ. 중요한 성경 구절

창세기 37–50장, 사도행전 7:9–19, 히브리서 11:21–22.

Ⅲ. 가족 배경

우리는 아브라함으로 시작한 구약의 족장 가운데 네 번째로 훌륭한 인물에 대해서 알아볼 것이다. 창세기 37장에서부터 창세기 끝까지는 야곱의 가족들에 대해 설명하고 있지만, 그들 중 중심인물은 요셉이다.

아브라함이나 이삭보다도 요셉에게 더 많은 분량의 내용이 할애되었다. 성경에서 요셉은 왜 그렇게도 특별한 인물로 부각되었는가? 첫째로 그는 선하고 위대한 삶의 좋은 모범이 되었기 때문이다. 둘째로 성경 안에서 요셉만큼 그의 인격이나 경험이 그리스도를 닮은 자가 없기 때문이다. 유사한 점은 우연한 것이 아니다. 그러므로 우리는 이번 주에 이 유사한 것들 중 몇 가지만 언급할 것이다. 요셉은 야곱이 가나안에 되돌아오기 전 하란에서 태어났다. 그는 야곱이 늙었을 때 얻은 아들이면서 라헬의 소생이기 때문에 더욱 사랑을 받은 아들이었다.

Ⅳ. 구약성경은 요셉에 관해 어떻게 말하고 있는가?

1. 요셉의 겸손(창 37–40장)

목동(가축을 기르는 자)이었던 요셉은 아버지 야곱(이스라엘)에게 사랑을 받았다(창 37:2– 3). 사랑받는 아들이었기 때문에 형들은 그를 미워했다. 그들은 그를 시기했다. 야곱은 그를 다른 형들과 구별하기 위해, 또 영예롭게 하는 표시로 채색옷을 지어 입혔다(4절).

4–11절에서 우리는 세 번씩이나 요셉이 형들에게 미움 받는 것을 읽게 된다(4–5, 8절).

요셉은 꿈꾸는 자였다. 이 꿈들에서 그는 형들이 장래에 자기에게 절할 때가 오리라는 것을 볼 수 있었다. 이것이 그들이 그를 미워하게 되는 또 다른 이유였다. 야곱은 양 치러 멀리 떠난 아들들의 안부를 알기 위해 요셉을 보냈다. 형들은 그가 오는 것을 보았을 때 그에 대해 음모를 꾸몄다. 르우벤은 그를 해치지 않게 하려고 형제들을 설득했다. 그래서 유다는 그를 이스마엘 후손들에게 은 이십에 팔았다. 요셉은 구덩이에서 나와 상인에게 팔려갔다. 형들은 요셉의 옷을 취하고 짐승의 피를 뿌려서 그것을 가지고 야곱에게 가서 당신의 사랑하는 아들이 죽었음을 믿도록 했다. 이 모든 일이 창세기 37:12–35에 나온다.

그러나 실제로 요셉이 어디에 있었는가를 찾아보자(36절). 그는 애굽에 팔렸다. 요셉이 어디에 있었으며 어떻게 거기에 갔는지 잊지 말자.

2. 유다의 수치스러움(창 38장)

이 장에서는 유다의 지저분한 이야기를 말하기 위해 요셉의 역사를 중지시키고 있다. 그러나 이것은 중요한 이야기이다. 왜냐하면 예수 그리스도가 이 유다 지파를 통해서 오셨기 때문이다.

이 장을 읽을 때 우리는 예수님이 죄인의 형상으로 오시기까지 자기를 가장 낮추셨음을 보게 된다. 유다는 가나안 사람과 결혼해(창 38:2) 세 아들을 낳았다. 첫째 아들 엘은 다말과 결혼했다. 다말은 남편을 여의고 창녀처럼 변장해 유다를 속였다. 유다는 그녀에게 팔찌와 지팡이를 증거물로 주었다. 다말이 잉태했고 그녀는 유다가 취한 창녀가 자신이었다는 사실을 증명하기 위해 그 선물들을 사용했다. 이 사건에 관해는 27–30절을 읽어 보라. 다말은 쌍둥이 베레스와 세라를 낳았다. 그러나 이 이름은 우리에게 친근한 이름이 되었다. 마태복음 1:2–3을 보라.

3절을 써 보라. _____

_____

이것은 보아스, 룻, 이새, 다윗과 예수 그리스도에 이르는 족보가 된다. 더욱더 분명한 설명을 위해서는 룻기 4:18–22을 찾아보자.

3. 어려운 시련을 당하는 요셉(창 39–40장)

요셉은 보디발 가정의 종이 되었다. 그는 늘 신뢰를 받았고, 주인에게는 크게 기쁨을 주었으며 다른 사람들에게는 큰 복이 되었다(창 39:1-6).

요셉은 큰 유혹을 받았으나 죄를 범하지는 않았다(7-12절). 요셉은 무고하게 고소를 당해 옥에 갇혔다(16-20절). 그러나 감옥은 그에게 또 다른 축복의 장소가 되었다.

21절을 써 보라. _____

_____

40장에서 감옥에 있는 요셉은 한 죄수에게는 축복이 되었고 다른 죄수에게는 저주가 되었다(5-22절). 모든 환난 속에서도 요셉은 하나님과 이야기할 수 있었다. 창세기 39:9과 40:8을 유의해 보라. 창세기 40:23에서 은혜 받은 사람이 요셉을 잊어버렸음을 보게 된다.

4. 바로가 요셉을 높임(exaltation)(창 41장)

바로는 꿈을 꾸었고 요셉은 해석했다. 16절에서 요셉은 자기를 높이지 않고 하나님을 찬미했다. 하나님은 역사하고 계신다. 그분은 요셉을 옥에서 구원해 낸 분이시다. 요셉은 길몽과 흉몽을 다 해석했다. 그는 바로에게 그 꿈에 대한 바른 해석을 해 주었다.

요셉에 대한 서술에 유의해 보라.

하나님의 영에 감동된 사람. (창 41:38)

그 후 요셉은 애굽의 모든 땅을 치리하는 자가 되었다(41절). 그는 이방 여인을 아내로 맞이했다(45절).

그는 모든 백성에게 양식을 예비하도록 했다(57절).

5. 그의 가족이 요셉을 높임(창 42-45장)

요셉의 형들이 처음 요셉을 방문한 것은 가나안의 흉년 때문이었다. 그들을 애굽으로 가도록 만든 것은 심한 굶주림이었다(창 43:1-5). 그 형들은 요셉을 알아보지 못했으나 요셉은 그들을 알아보았다(6-16절). 그들은 요셉을 17세에 팔았기 때문에 달라진 모습을 알지 못했다. 그때 요셉은 30세였다. 요셉은 그들이 다시 애굽에 올 때 베냐민을 데리고 올 것을 요구했다.

43-44장에서 야곱은 또다시, 사랑하는 베냐민이 자기를 떠나 애굽에 가는 것을 슬퍼했다. 유다는 그의 아버지에게 베냐민은 돌아올 것이라고 안심시켰다. 집으로 되돌아왔을 때 그들은 매우 초라했다. 요셉의 부하들에게 쫓김을 당하기도 했다. 그들은 요셉의 은컵을 훔친 혐의를 받았다. 그것이 베냐민에게서 발견되었다. 그들은

다시 요셉에게 붙들려 왔다. 유다는 그 일에 대해 결백함을 말했다. 그러나 45장에서 요셉은 이미 알고 있었으며 나중에는 큰 소리로 울었다.

그는 하나님이 분명한 목적을 위해 자기를 애굽에 보내셨다는 사실을 알게 되었다(창 45:7).

창세기 45:1-2을 유의해서 보라. _____

_____

이것은 창세기에서 매우 중요한 구절 중 하나이다. 요셉은 4, 14-15절에서 형들에게 놀라운 은혜를 베풀었다. 그의 형들은 요셉과 바로의 호의를 감사하며 떠났다.

6. 열두 지파에 대한 야곱의 축복(창 46-50장)

이 부분에서 또 다른 교훈 몇 가지를 보게 된다.

이스라엘이 브엘세바에 이르러 하나님께 희생 제사를 드리니. (창 46:1)

하나님은 2-3절에서 이스라엘에게 말씀하셨다. 하나님이 야곱에게 말씀하신 이 내용은 일곱 번째이면서 마지막 말씀이었다.

- 첫 번째(창 28:13)
- 두 번째(창 31:3)
- 세 번째(창 32:1)
- 네 번째(24절)
- 다섯 번째(창 35:1)
- 여섯 번째(9절)
- 일곱 번째(창 46:2)

하나님은 이스라엘에게 말씀하시기를 "내가 너와 함께 애굽으로 내려가겠고 반드시 너를 인도하여 다시 올라올 것"(창 46:4)이라고 했다. 그들은 70인이 여호수아가 애굽에서 나와 인도하기 전까지 큰 무리를 이룰 것임을 깨닫지 못했다. 그들은 애굽에서 바로의 인정을 받았고 라암셋의 땅(고센 땅과 동일)을 얻었다. 야곱은 애굽에서 17년을 살았다. 야곱에게는 죽기 전에 말해 두어야 할 여러 일과 주어야 할 축복들이 있었다.

야곱은 창세기 48:3-4에서 그 언약을 반복했다. 그는 요셉의 아들들인 에브라임과 므낫세를 영접했다. 8-14절에서 그는 장자보다도 차자를 축복했다.

(Week 01에서 공부한 "첫 번째보다 두 번째가 앞서는 원리"를 기억하라.)

이 원리들이 적용되는 경우가 창세기 내에서만 지금까지 다섯 번째이다. 49장에서 야곱은 열두 아들들을 축복하고 그들에 대해 예언의 말씀을 하고 있다. 그들 모두를 다 생각할 수는 없고 먼저 유다만을 생각해 보려고 한다. 창세기 49:8-12을 보면 야곱은 그리스도의 성육신에 대해 예언하고 있다. 예수님은 유다 지파를 통해 오셨다.

10절을 써 보라. _____

_____

"실로"란 말은 그리스도를 의미한다.

50장에서는 야곱이 죽게 된다. 애굽인들이 70일 동안 애곡했음을 유의해 보라. 이상한 일이라고 생각되지 않는가?

그는 가나안으로 옮겨져서 친족들과 함께 막벨라 굴에 묻혔다. 요셉은 형제들에게 말했듯 "하나님이 당신들을 이 땅에서 이끌어 아브라함에게 맹세하신 땅으로 인도하실 것이라"는 믿음을 갖고 110세까지 향수했다(24절). 이렇게 하여 요셉 생애의 결말과 함께 창세기가 전부 끝나게 된다.

V. 신약성경은 요셉에 관해 어떻게 말하고 있는가?

1. 만일 당신이 이스라엘을 한눈에 파악하기를 원한다면 스데반, 베드로, 바울의 설교를 기억해 보라(행 7:9-19).

스데반은 처음에 6-7절을 말한다. 하나님이 말씀하시기를 "그의 후손이 낯선 땅에서 400년간 유리할 것이다"라고 했다(창 15:13). 9-19절에서 스데반은 애굽에서의 요셉과 야곱의 이야기를 되풀이하고 있다. 이 말은 하나님이 말씀하신 것이 신약에서 그대로 성취되었음을 우리에게 확인시켜 준다.

2. "믿음으로 요셉은 임종 시에 이스라엘 자손들이 떠날 것을 말하고"(히 11:21-22).

요셉은 임종 시에 이스라엘에게 약속의 땅을 상기시켰다. 그러면 말씀을 공부하는 학습자들이 물을 것이다. "왜 우리는 요셉의 생애에서 대수롭지도 않은 일에 많은 시간을 허비해야 하는가?" 모든 성경은 우리에게 교훈과 본보기가 된다는 사실을 기억하자. 그래서 우리가 "배워야 하는 교훈"들을 접할 때 이 설명이 처음 공부하는 자들에게 필요한 것이다. 성경에서 요셉만큼 인격과 경험 면에서 그리스도와 닮은 모습은 찾을 길이 없다.

요셉과 같은 예수님의 모형은 신약성경에서도 발견되지 않는다. 서로 같은 일은 우연한 것이 아니다. 그것은 여호와에게로 말미암아 된 것이다. 우리는 단지 몇 가지 유사한 것을 나열해 보고자 한다.

VI. 이번 주에 배울 수 있는 교훈은 무엇인가?

그리스도의 모형으로서의 요셉

	요셉	예수님
1	그는 아버지에게 가장 사랑받는 아들이었다(창 37:3).	그분은 성부에게 가장 사랑받는 아들이셨다(마 3:17).
2	그는 헤브론에서 살았다. 그곳은 그가 형들에게 보내지기 전에 아버지와 함께 지냈던 곳이다(창 37:14).	그분은 하늘에 계셨다. 그곳은 세상에 오시기 전에 늘 계셨던 곳이다(요 17:5).
3	그의 아버지는 그를 보냈고 그는 기꺼이 가려고 했다(창 37:13).	성부가 그분을 보내셨고 그분은 기꺼이 가시려고 했다(요 3:16, 빌 2:5-7).
4	그는 형들의 죄를 표명했다. 그리고 그들은 그를 증오했다(창 37:2).	그분은 그들의 죄를 증명하셨다. 인간은 그분을 미워했다(요 15:18).
5	그가 자신이 장래에 얻게 될 높은 지위를 그들에게 나타냈을 때 그들은 그를 더욱 미워했다(창 37:5-8).	그분이 자신이 장래에 취할 높은 지위를 인간에게 나타내셨을 때 그들은 그분을 더욱 미워했다(마 24:30-31).
6	그의 형들은 그를 해하려고 공모했다(창 37:19-20).	육신적으로 보면 형제들이라고 할 수 있는 유대인들이 그분을 모함했다(눅 20:13-14; 19:46-47).
7	유다는 그를 은 이십에 팔고 있다(창 37:26, 28절).	유다는 그분을 은 삼십에 팔고 있다(마 26:15).
8	그는 유혹을 받았으나 굴복하지 않았다(창 39장).	그분은 시험을 받으셨으나 실패하지 않으셨다(마 4:1-11).
9	그는 무고하게 고소를 당했다(창 39:13-18).	그분은 무고하게 고소를 당하셨다(마 26:59, 65절).
10	그는 죽음의 장소인 애굽의 감옥에 두 죄인과 함께 갇혔다(창 39:20).	그분은 두 강도와 함께 죽음의 처소인 십자가 위에 달리셨다(막 15:27-28).
11	한 죄수는 죽음을 당했으나 다른 죄수는 살았다(창 40:21-22).	한 강도는 죽었으나 다른 강도는 영적으로 살았다(눅 23:39-43).
12	그는 그 나라의 왕에 의해 죽음의 장소에서 일으킴을 받았다(창 41:14).	그분은 우주의 왕으로 말미암아 죽음에서 일으키심을 받았다(엡 1:19-20).
13	그는 애굽에서 모든 권세를 얻었다(창 41:42-44).	그분은 하늘과 땅의 모든 권세를 얻으셨다(마 28:18).
14	그는 높은 지위를 얻은 후에 이방인 신부를 취하여 그의 영광을 함께 나누었다(창 41:45).	그분의 높아지심을 따라 이방인 신부(교회)를 택하셔서 그분의 영광에 참여하게 하신다(엡 5:23-32).
15	그는 백성들의 구원자이며 그들의 통치자가 되었음을 인식했다(창 47:25).	그분은 구세주요 통치자이심을 인식하셨다(빌 2:10-11).
16	모든 자들이 그들의 빵(육신 생활)을 요셉을 통해 얻지 않으면 안 되었다(창 41:55, 57절).	모든 자들이 예수 그리스도를 통해 영적 생명을 얻어야 한다(행 4:12).
17	요셉은 왕에게 모든 경의를 표하고 그의 손에서 모든 것들을 위임받았다(창 47:14-20).	그분은 왕(하나님)에게 모든 영광을 다 드리고 그분의 손길로부터 모든 것들을 위임받으셨다(고전 15:24).
18	요셉은 형들의 과거사를 알고 있었다(창 42:33).	그분은 인간에게 과거에 있었던 일을 아셨다(요 2:24-25, 마 9:4).

우리는 18가지 목록을 작성해 보았다. 그 밖에도 여러 가지가 더 있다. 성경이 첫 번째 책 (창세기)에서부터 우리에게 주 예수님을 말씀하고 나타내 보여 주신 것은 얼마나 큰 축복인가?

복습

1. 왜 요셉은 그의 형들에게 미움을 그렇게 많이 받았는가?

2. 야곱은 요셉에게 다른 형들과 다른 옷을 입혔다. 대부분의 사람들은 요셉에 대해 이 한 가지 일을 기억하고 있다. 왜 그랬는가?

3. 요셉은 누구로 말미암아 얼마에 팔렸는가?

4. 애굽에서 요셉은 어떤 사람이 되었는가?

5. 왜 요셉이 애굽에 있었는가? 그것은 그의 뜻인가? 그렇지 않으면 단지 그의 형들이 그를 팔았기 때문일까?

6. 요셉은 어떻게 애굽을 다스릴 수 있었는가?

예습

1. 성경 읽기

창세기 29:31–35; 38:11–30; 49:3–12, 민수기 24:16–19, 여호수아 15:1–12, 사무엘하 2:1–11, 마태복음 1–17장, 누가복음 3:23–38, 히브리서 8:7–13, 요한계시록 5:5.

2. 다음 주에 다룰 인물은 유다이다. 그로부터 우리 주 예수님이 오셨다. 위 성경을 모두 읽어 보자.

3. 요셉에 대한 연구를 재음미해 보자.

4. 새롭게 깨달은 성경 구절에 표시해 보자.

Note

Week 10
유다

I. 이름의 뜻

유다는 "찬양"이라는 뜻이다.

창세기 29:35을 써 보라._____

_____

II. 중요한 성경 구절

창세기 29:31-35; 38:11-30; 49:3-12, 민수기 24:16-19, 여호수아 15:1-12, 사무엘하 2:1-11, 마태복음 1-17장, 누가복음 3:23-38, 히브리서 8:7-13, 요한계시록 5:5.

III. 가족 배경

유다는 레아의 소생으로서 야곱의 넷째 아들이었다(창 29:35). 그의 어머니는 그를 얻었을 때 하나님에게 감사드리기 위해서 그를 유다, 즉 "찬양"이라고 이름 지었다.

후에 유다의 자손으로부터 더 위대한 아들이 태어났을 때 한 모친이 주님을 찬양했다.

누가복음 1:46-47을 써 보라._____

_____

유다는 야곱의 넷째 아들로 선별되었다. 르우벤, 시므온, 레위는 죄로 인해 모두 선택되지 못했다. 그러나 유다는 "다윗의 뿌리요 유다 지파의 사자"인 우리 주 예수님을 낳을 수 있는 자로 선택되었다(계 5:5). 유다는 창세기 44:18-34에서 가장 능란한 말솜씨로 요셉과 대항해 형들을 대변하는 대변자였다.

결국, 요셉은 자신이 동생임을 밝히고 말았다. 유다는 강한 지도자였다. 하나님은 이해할 수 없는 방법으로 일하신다. 그분은 유다를 택해 역사하셨다.

Ⅳ. 구약성경은 유다에 관해 어떻게 말하고 있는가?

1. 그의 출생(창 29:31–35)

유다는 복잡한 가정에서 태어났다. 야곱에게는 두 아내가 있었다. 그는 둘 중에 라헬을 사랑했는데 그녀는 아이를 낳지 못했다. 그러나 사랑받지 못했던 레아는 아이를 낳을 수 있었다. 유다는 그녀의 네 번째 아들이었다. 유다는 결국 네 여인을 거느린 아버지 야곱에게서 태어난 열한 형제 중 하나였다. 이러한 가정 안에서 그는 인내를 배워야만 했다.

2. 유다는 죄를 지은 사람이었다(창 38:11–30).

하나님의 위대한 사람은 죄 없는 자라고 오해할지 모르지만, 성경은 오히려 그 반대의 모습을 보여 준다. 이 구절에서 유다는 죄인이다. 그는 죽은 아들의 아내였던 다말과 음란죄를 범했다. 그녀는 유다를 올무에 빠뜨리기 위한 시험으로 창녀 역할을 행했다. 다말은 잉태해 쌍둥이인 베레스와 세라를 낳았다. 유다의 죄는 가나안인들이 흔히 범했던 일이었다. 그것은 하나님이 그들을 애굽에 가도록 허락하셨기 때문이었다. 그는 하나님과 그의 자부에게 범죄했다.

바야흐로 우리는 성(sex) 혁명 시대에 살고 있지 않은가! 이것은 새로운 것이 아니다. 수 세기 동안 "자연인"들이 성적 자유를 누렸다. 가나안인들은 없어졌다. 하나님은 그들을 심판하셨다. 그것은 사람에 대한 경고이다. 유다는 가나안인들이 지었던 죄를 범했다. 마태복음 1:2–3을 보라. 여기에서 다말, 베레스, 세라로 거슬러 올라가서 보아스, 룻, 다윗에 이르기까지 여러 이름들을 발견하게 된다. 그들은 그리스도의 혈통 안에 있는 자들이었다.

3. 유다 지파로부터 메시아이신 우리 주 예수 그리스도가 오실 것이다(창 49:3–12).

이 성경을 두 번 정도 읽어 보자. 그것은 모든 성경에서 가장 위대한 예언 말씀 중 하나이다. 야곱은 그의 아들들에게 장래에 그들에게 무슨 일이 일어날 것인지를 말했다. 여기서 우리는 유다만 생각해 보려고 한다. 창세기 3:15에서 여인의 후손이 태어날 것을 이미 예시했다. 그 후손은 아브라함과 이삭과 야곱에서 확인되었다. 여기에 또 유다에게서 확증되고 있다. 그것은 그분이 유다 계통으로부터 오시리라는 것이다.

너는 네 형제의 찬송이 될지라 네 손이 네 원수의 목을 잡을 것이요 네 아버지의 아들들이 네 앞에 절하리로다. (창 49:8)

유다는 "찬송"을 의미한다. 그는 다른 열두 지파들보다 우월했다. 유다 지파는 광야의 여정을 인도했다.

유다는 사자 새끼로다. (9절)

사자는 동물의 왕이다. 유다는 강한 지도자가 될 것이었다. 유다의 표징은 사자이다.

규가 유다를 떠나지 아니하며 실로가 오시기까지 이르리니. (10절)

성경을 찾아 밑줄을 그어라. "규"는 권세의 표징이며 규의 최고 모형은 면류관이다. 이것은 구약성경에서 다윗에게 나타난다. 그 면류관은 어떤 날 다윗의 보좌 위 만왕의 왕에게 드려질 것이다. "실로"는 그리스도 우리 구세주를 의미한다. 야곱은 죽으면서 그리스도의 날을 보았다. 그것은 임종 시에 그에게 위안과 도움이 되었다. 창세시 49:24을 보라. 이 절을 써 보라.

_____

_____

야곱은 요셉에게 말을 하고 있었다. 24절에서 그는 말하기를 "요셉의 활은 도리어 굳세며 그의 팔은 힘이 있으니 이는 야곱의 전능자 이스라엘의 반석인 목자의 손을 힘입음이라"(거기에서 이스라엘의 반석 되신 목자가 오신다)고 했다.

예수님은 실로이시다. 예수님은 장차 홀(규)을 붙잡고 오시는 분이다.

오늘밤, 우주의 홀은 십자가에서 못 박히신 손에 쥐어져 있다. 그분이 메시아로서 세상에 오심을 말하는 관련 구절에서 이런 모든 일들을 생각해 보자.

- 그분은 약속된 여인의 후손이시다(창 3:15).
- 그분은 안식을 가져오는 실로이시라(창 49:10).
- 그분은 홀을 붙잡고 계시는 왕이시다(시 2:7).
- 그분은 양(우리)을 위해 그의 생명을 버리는 목자이시다(요 10:11).
- 그분은 장차 다시 오실 목자장이시다(벧전 5:4).
- 그분은 건축자들이 버린 돌이시나 지금은 모퉁이의 머릿돌이 되신다(마 21:42).
- 그분은 오늘날 그의 교회를 위한 빛나는 새벽별이시다(계 2:28).

그 "후손"을 출생시키는 혈통은 아담의 아들 셋으로부터 왔다. 셋에서부터 노아를 거쳐 셈, 아브라함, 이삭, 야곱과 지금 유다에게까지 이른다. 창세기 49:11의 이 예언은 예수님이 이스라엘의 메시아요 왕으로서 자신을 드려 예루살렘에서 나귀를 타고 입성하심으로 성취되었다. 그분은 포도주로 자기 옷자락을 씻으셨으니 그것은 그분이 세상을 위해 흘리신 바 그 자신의 피였다.

그래서 유다로부터 우리의 구세주가 오셨다. 그리스도의 족보는 유다로부터 시작해 오벳, 룻, 이새, 다윗을 거쳐서 마리아의 남편 요셉에 이르는 것으로 형성되어 있다(마 1:1-17).

4. 이제 우리는 세 인물들을 연구했기 때문에 성경에서 중요한 말들을 이해할 수 있다.

- 히브리 사람 : 아브라함이 처음으로 히브리인이라 불렸다(창 14:13). 처음에 히브리인으로 불린 사람은 셈의 자손이었다(Week 04를 보도록 하라).
- 이스라엘 : 야곱의 이름(창 32:28)
- 유대인 : 유대 지파나 유다 왕국에 속한 자(왕하 16:6; 25:25)

그런데 그 의미가 확대되어 포로기 이후에는 히브리 민족의 어떤 자에게 적용되다가 마지막에는 히브리 민족 전체에게까지 적용되었다.

에스더 2:5과 마태복음 2:2을 보라. 그들의 언어는 과거에나 현재에나 히브리어이다.

V. 신약성경은 유다에 관해 어떻게 말하고 있는가?

1. 마태복음 1:1-17과 누가복음 3:23-38에서 우리는 자세하게 작성된 두 가지 그리스도의 족보를 대하게 된다.

마태복음에는 요셉의 혈통이 있으며, 누가복음에는 마리아의 혈통이 있다. 누가복음 3:23에서 요셉은 헬리의 아들이라고 했다. 마태복음 1:16에는 요셉이 야곱의 아들이라고 기록되어 있다. 그는 양자 모두의 아들이 될 수 없다. 요셉은 헬리의 사위였다. 헬리는 마리아의 아버지였다(이 두 성경 구절을 혼동해서는 안 된다). 유다는 양쪽의 혈통 안에서 발견된다(마 1:2-3, 눅 3:33-34).

2. 히브리서 8:7-13에서 새 언약은 이스라엘과 유다에게 약속되었다.

이것은 예레미야 31:31-34과 관련되어 있다. 이 새로운 언약은 그리스도의 희생 위에 놓여 있고, 아브라함의 언약 아래에서 모든 믿는 자들에게 영원한 축복을 확신시키는 것이다(창 3:13-15).

갈라디아서 3:14을 써 보라. _____

_____

3. 요한계시록 5:5을 찾아보자. _____

_____

예수님은 "유다 지파의 사자이다." 왕과 권위의 표상인 홀이 그분에게 속해 있다.

4. 요한계시록 22:16에서 예수님이 말씀하시기를 "나는 다윗의 뿌리요 자손이니"

라고 했다.

5. 이사야 11:1에는 "이새의 줄기에서 한 싹이 나며 그 뿌리에서 한 가지(그리스도)가 나서 결실할 것이요"라고 했다. 이 모든 것들은 하나님이 당신의 거룩한 지혜로 아브라함, 이삭, 야곱과 유다를 선택하셨고, 유다로부터 주 예수 그리스도가 오실 것이라는 사실을 확증하고 있다. 그리스도는 많은 이름들로 불리고 있으나 우리는 성경에서 몇 가지만 찾아보았다.

뒤에서 "예수 그리스도"라는 제목으로 좀 더 깊이 있게 다루게 될 것이다.

VI. 이번 주에 배울 수 있는 교훈은 무엇인가?

1. 여호와 하나님은 자신의 방법으로 역사하시며 당신을 위해 특별한 사역을 행하는 사람들을 택하신다. 유다는 하나님으로부터 택함을 받았다.

2. 야곱에게 선택되었던 유다는 죄악의 사람이었다. 어쨌든 하나님은 그를 사용하셨다. 우리는 모두 다 죄인들이요, 육신의 사람들이다. 그러나 아직도 우리가 주님의 소유가 되고 주님을 영접하기만 하면 그분은 우리를 사용하실 수 있다. 신령한 사람과 육신의 사람 사이에는 끊임없는 투쟁이 있게 된다.

3. 그리스도는 유다를 통해 오셨다.

하나님은 당신의 약속을 아브라함, 이삭, 야곱과 유다에게 지키셨던 분이시다.

갈라디아서 3:15에서의 "후손"과 아브라함에게 약속하신 "후손"은 유다의 허리 안에 있었고 그분의 후예들이다.

4. "실로"는 그리스도의 많은 이름 중 또 하나의 이름이다. 그 이름은 "안식"을 의미한다. 예수 그리스도는 우리의 "안식"이시다(마 11:28).

5. 야곱은 장차 나타나실 메시아이며 실로가 되시는 하나님의 아들 예수님의 오심을 보았다.

6. 주 예수님은 "유다 지파의 사자"이시다. 그분은 "이새의 줄기에서 나온 가지이며 지팡이"이시다. 이새는 다윗의 아버지였다.

복습

1. 유다란 이름은 무슨 뜻인가?

2. 왜 그는 세 형들 가운데 선택받았는가?

3. "실로"와 "홀"은 무슨 뜻이 있는가?

4. 예수님은 유다와 동일시되면서 무엇으로 불리시는가?

5. 광야에서 다른 자녀들 중에 유다 지파의 지위는 어떠했는가?

예습

1. 성경 읽기

출애굽기 1–24장, 민수기 9–21장, 신명기 32–34장, 사도행전 7:22–46, 요한복음 3:14–16; 6:31–35, 히브리서 3:1–19; 11:23–29.

2. 다음 주에 배우게 될 인물인 모세에 관한 내용을 모두 읽어 보자.

3. 유다에 대해 복습해 보자.

4. 새롭게 깨달은 성경 구절을 표시해 보자.

Week 11
모세

I. 이름의 뜻

모세는 "끌어내다" 혹은 "들어 올리다"라는 의미이다. 출애굽기 2:10을 찾아 마지막 문장을 써 보라.

II. 중요한 성경 구절

출애굽기 1-24장, 민수기 9-21장, 신명기 32-34장, 사도행전 7:22-46, 요한복음 3:14-16; 6:31-35, 히브리서 3:1-19; 11:23-29.

III. 가족 배경

출애굽기 2:1-2에서 "레위 가족 중 한 사람이 가서 레위 여자에게 장가들어 그 여자가 임신하여 아들을 낳았다."

그 당시에 "남자아이"로 태어나면 바로의 명령으로 죽임을 당해야만 했다. 태어나는 모든 남자아이는 강물에 던져지기 때문에 그 아이(모세)를 갈대 상자에 넣어서 강물에 버려졌다(출 1:22).

바로의 딸이 그 갈대 상자를 발견했다. 강변에 있던 아이(모세)의 누이가 그 아이를 기르고 돌보는 유모로서 그 아이의 모친인 요게벳을 소개했다(출 2:7-8). 모세의 부모는 출애굽기 6:20 이전에는 그 이름이 나오지 않는다. 그는 아므람과 요게벳에게서 출생했다. 아므람은 레위 지파에 속한 고핫의 아들이다. 모세는 왕궁에서 자랐고 그 당시 가장 세력 있는 애굽 사람의 모든 지혜를 배우게 되었다. 바로 궁전에서의 40년 생애는 바로를 위한 것이 아니라, 하나님이 뜻하신 바를 위해 그를 훈련시키신 것이다. 비록 궁궐 생활과 황실의 화려함과 예절, 애굽의 예술과 영화를 배웠을지라도 모세는 자신의 혈통을 알고 있었다. 그리고 기억하고 있었으며 여호와 하나님이 히브리 민족에게 행하신 약속들을 믿고 있었다.

IV. 구약성경은 모세에 관해 어떻게 말하고 있는가?

1. 모세의 생애는 40년 기간으로 구분된다.

- 바로 궁궐에서 40년(2장)
- 미디안 광야에서 40년(3장)
- 애굽의 속박에서 그의 백성을 구원해 내는 자로서 40년(5장부터)

출애굽기 7:7을 읽어 보자.

2. 왕궁에서 40년을 지낸 모세는 자신이 히브리인임을 알고 바로에게서 도망쳤다(출 2:15).

애굽의 왕(바로)은 죽었고 이스라엘 자손은 바로의 뒤를 이은 또 다른 왕의 속박으로 부르짖었다(출 2:23).

하나님은 그들의 고통 소리를 들으시고 아브라함과 이삭과 야곱과 맺으신 언약을 기억하셨다(출 2:24).

3. 모세의 소명(출 3장)

모세가 미디안 광야에서 지내는 동안 하나님은 그를 부르셔서 이스라엘을 출애굽시키라는 명령을 주셨다.

첫째, 그의 소명(2-10절)

하나님은 떨기나무 불꽃 가운데서 모세에게 나타나셨다. 그런데 그 떨기나무는 타서 없어지지 않았다(2절). 하나님은 항상 구름이나 불 가운데 나타나셨다. 떨기나무 가운데서 하나님은 모세의 이름을 부르셨다(4절).

5절을 써 보라. _____

_____

둘째, 하나님은 모세가 히브리인의 지도자가 되어 "내 백성 이스라엘 자손을 애굽에서 인도할 것"을 명하셨다(10절).

4. 모세의 출애굽(출 3:11-4:13)

모세는 우리와 같은 인간이었다. 하나님이 부르셨을 때 모세는 감당할 수 없다고 변명했다. 네 번이나 사양하는 것을 유의해 보라.

- 첫 번째 변명 : 내가 누구이기에 바로에게 가며. (출 3:11)

대답 : 반드시 내가 너와 함께 있으리라. (12절)

- 두 번째 변명 : 그들이 내게 묻기를 그의 이름이 무엇이냐 하리니 내가 무엇이라고 그들에게 말하리이까. (13절)

대답 : 14절을 써 보라.

_____

_____

_____

나는 "스스로 있는 자"니라.

- 세 번째 변명 : 그들이 나를 믿지 아니하며. (출 4:1)

대답 : 네 손에 있는 것이 무엇이냐. (2절)

하나님은 지팡이와 모세의 손의 문둥병 표적을 사용하셨다(2-9절).

하나님은 우리가 가지고 있는 것을 사용하신다. 그러나 우리가 가진 것이 적을수록 그분의 능력은 더욱더 드러난다.

- 네 번째 변명 : 나는 본래 말을 잘하지 못하는 자니이다 나는 입이 뻣뻣하고 혀가 둔한 자니이다. (10절)

대답 : 누가 사람의 입을 지었느냐 이제 가라 내가 네 입과 함께 있어서 할 말을 가르치리라. (11-12절)

그래도 모세는 하나님에게 말하기를 "보낼 만한 자를 보내소서"(13절)라고 했다. 그래서 하나님은 모세를 대신해서 말할 수 있도록 그의 형 아론을 택하셨다. 하나님은 모세의 마음과 머리, 아론의 혀를 사용하셨다. 여기에서 교훈은 만일 하나님이 우리에게 일을 맡기신다면 거기에는 변명의 여지가 없다는 사실이다. 그분은 우리에게 필요한 모든 것을 주실 것이다.

5. 바로와의 논쟁(출 5:1-12:51)

하나님의 부르심을 받은 후 모세와 아론은 애굽으로 갔다(출 4:19-31). 어려운 여정이 모세의 생애 가운데 시작된다(출 5:1). 그와 아론은 하나님을 위해 첫 번째로 바로 앞에 나아갔다. "내 백성을 보내라." 바로는 오직 이스라엘 자손에게 과중된 일을 증가시켰지 하나님을 모르는 자였다(4-9절).

나는 여호와를 알지 못하니. (2절)

6:1-8에서는 여호와는 모세에게 약속하셨던 모든 것을 행하실 것임을 말한 후에 그의 위임을 새롭게 하신다(출 6:6-8에서 "내가 행할 것이다"라는 말이 7번 나온다. 밑줄을 그어 보자).

모세와의 논쟁에서 바로는 강퍅해진다(7-11장). 우리는 하나님이 내리신 재앙들을 나열해 보려고 한다. 이 재앙들은 애굽의 신들을 대항하는 것들이다.

재앙의 결과	재앙	패배한 애굽 신
백성들의 안락을 해친다.	1. 물이 피로 변함(출 7:19-25) 2. 개구리(출 8:1-15) 3. 이(출 8:16-19) 4. 파리(출 8:20-24)	오시리스 : 나일강 신 헤이카 : 개구리 여신 게브 : 지(地)신 케파라 : 갑충의 신
번영을 저해한다.	5. 생축의 죽음(출 9:1-7)	아피스 : 육축의 신
그들의 신체를 상하게 한다.	6. 종기(출 9:8-12) 7. 우박(출 9:22-35)	타이폰 : 육체의 신 아이시스 : 공기의 신
그들을 무기력하게 만든다.	8. 메뚜기(출 10:12-20) 9. 흑암(출 10:21-23)	세라피스 : 곤충 신 라 : 태양신
죽음과 파멸	10. 장자(출 11:4-7)	모든 거짓 신들을 거느리는 신

재앙의 목적은 하나님의 능력과 거룩을 나타내기 위해서이다(출 9:16-17). 즉 하나님을 애굽에 나타내시며(출 7:5), 애굽의 신들을 심판하시며(출 12:12), 이스라엘에게 영광이 되게 하시며(출 8:22-23), 장래에 후세들에게 증거를 주기 위함이다(출 10:1-2).

모세는 하나님이 약속해 주신 모든 것들을 믿었다. 그는 바로의 모든 시험을 통과했다.

6. 유월절(출 12장)

하나님은 유월절을 통해 출애굽의 길을 예비하셨다.

12장 전체를 읽어 보자.

13절을 써 보라. _____

_____

_____

결국 바로는 모세에게 출애굽할 것을 허락한다(출 12:29-32). 죽음의 심판에서 하나님은 그분의 백성을 위해 나갈 길을 준비하셨다. 유월절은 중요한 의미를 지닌 말이다. 그 뜻은 "내가 피를 볼 때에 내가 너를 넘어가리라"라는 의미이다(13절).

그리스도는 우리의 유월절이시다.

고린도전서 5:7 _____

_____

7. 모세는 이스라엘을 인도해 홍해를 건넜다(출 13-14장).

출애굽기 13:21-22; 14:21-22, 29-31절을 찾아 밑줄을 그어 보자(여호와가 그들을 인도하실 때에 낮에는 구름 기둥, 밤에는 불 기둥 가운데 나타나셨다).

구원받은 자들의 노래는 15장에 있다. 특별히 26절을 유의해 보라(성경에 밑줄을 그어라).

8. 여호와 하나님은 40년 동안 만나와 메추라기를 공급해 주셨다(출 16:4, 13, 35절).

그들은 광야에서 유리방황하고 있었다. 여호와는 안식일을 제정하셨다(23, 26-30절).

9. 반석을 침(출 17:1-7)

모세는 하나님의 말씀에 순종하여 반석을 쳤다(후에는 불순종으로 반석을 쳤다)(민 20:7-13). 고린도전서 10:4을 찾아서 써 보라.

_____

_____

10. 율법이 모세에게 주어졌다(출 19-24장).

a. 계명 : 도덕 생활을 위해(19-20장)

예수님은 마태복음 22:37-39에서 이 모든 것들을 말씀하셨다.

b. 율례 : 사회 생활을 위해(21-22장)

c. 규례 : 종교적 생활을 위해(24장)

율법이 주어졌으나 아브라함의 언약은 없어진 것이 아니다.

갈라디아서 3:17-18을 보라. _____

_____

_____

갈라디아서 3:19-24 _____

_____

_____

_____

로마서 3:20 _____

로마서 7:7을 찾아서 밑줄을 그어라.

11. 하나님은 모세에게 성막의 모형을 주셨다(출 25-40장).

a. 성막의 모형은 25-31장에 있다.

b. 아론과 백성들은 금 우상을 만들었고 이스라엘은 또다시 우상숭배와 음행에 빠졌다. 모세는 그들을 위해 시내 산에 올라갔다. 그러나 산에서 내려왔을 때 그는 금송아지를 보고 노를 발했다. 노가 심하여 그는 율법이 담긴 두 돌판을 깨뜨려 버렸다. 모세는 백성을 위해 시내 산

으로 올라가 동일한 율법을 다시 받아 가지고 내려왔다. "그의 얼굴에 광채가 나서 백성들은 그를 쳐다볼 수 없었다." 백성들은 그가 하나님과 함께했음을 알 수 있었다(32-34장).

c. 모세는 백성들에게 성막을 세워 그곳에 모이도록 했다. 그 백성들은 하나님이 그들과 함께 거하실 수 있는 처소인 성막을 완공하기 위해 많은 물건들을 모았다(35-40장). 성막은 그리스도와 십자가 구속 역사의 상징이다.

12. 모세는 약속의 땅에 들어가지 못했다.

민수기 27:18-23에서 여호수아는 그의 후계자로 선택되었다. 그 후 여호수아는 이스라엘을 가나안으로 인도한 자이다. 70명에 불과한 이스라엘 사람들이 애굽에 내려갔다가 400년 후에는 200만 명이 넘는 숫자(장정만 60만명, 나머지는 여자와 어린이)가 되어 애굽에서 나온 것으로 추산되고 있다.

신명기 34:10을 써 보라. _____

_____

신명기 31:2 _____

_____

신명기 29:29을 찾아서 밑줄을 그어라.

V. 신약성경은 모세에 관해 어떻게 말하고 있는가?

1. 스데반은 또다시 모세에 대해 중요하게 언급하고 있다. 사도행전 7:22-46을 보자. 23, 30절에 밑줄을 그어라.

2. 예수님은 누가복음 24:44에서 오경(성경책 중 첫 번째 다섯 권)의 저작권을 모세에게 돌리고 있다.

_____

_____

3. 요한복음 3:14을 찾아보고 민수기 21:8-9과 비교해 보자.

4. 예수님은 광야에 내린 양식을 생명의 양식과 비교하셨다. 요한복음 6:31-35을 찾아보자. 35절을 기록하자. _____

_____

5. 히브리서 3:1-19에서 우리는 그리스도가 우리의 대제사장이심을 보게 된다.

그분은 하나님의 아들로서 모세보다 위대하신 분이다.

5절을 써 보라. _____

6절 _____

1절에 밑줄을 그어라.

6. 히브리서 11:23-29에서 처음으로 우리는 "믿음으로"라는 말을 읽게 된다.

27절에 "보이지 아니하는 자를 보는 것같이 하여"라는 말에 유의해 보라. 보이지 않는 자는 누구인가? 26절에서 보는 것처럼 그분은 예수 그리스도이시다. 모세는 여인의 후손으로서 믿음을 소유했다.

VI. 이번 주에 배울 수 있는 교훈은 무엇인가?

1. 하나님은 모든 세대에서 하나님 백성의 지도자들이 되어야 할 자들을 택하여 세우신다.

2. 여호와는 그분의 뜻과 인내를 가르치시기 위해 우리를 사막에 두실 때가 있다.

3. 여호와는 우리를 부르셔서 크고 작은 일들에 대해 봉사의 직무를 맡기신다.

4. 우리 모두는 본질상 육신에 속하여 모세가 부르심을 받을 때 행한 것처럼 하나님에게 변명을 늘어놓는다.

5. 하나님은 자신이 원하시는 시기에 그분의 백성을 위해 나갈 길을 항상 준비하신다. 10가지 재앙을 기억하고 있는가?

6. 하나님은 우리에게 필요한 것만을 공급하신다. 우리가 행하기에 필요한 모든 것은 하나님의 일이다.

복습

1. 모세의 시대는 세 가지 시대로 구분할 수 있다. 그것은 어떻게 나누어지는가?

2. 모세가 하는 변명은 오늘날 그리스도인의 삶 속에서도 흔히 볼 수 있다. 어떤 종류의 변명들인가?

3. 재앙의 목적은 무엇인가?

4. 하나님은 그분의 백성을 위해 피할 길을 예비하셨다. 그것을 무엇이라고 부르는가?(출 12장)

5. 율법에 대한 세 가지 구분은 무엇인가?

6. 성경 중에 모세가 기록한 것은 어떤 책인가?

7. 성막의 모형은 무엇인가? 그것은 무엇을 비유한 것인가?

예습

1. 성경 읽기

출애굽기 4–17장; 24장; 30장, 민수기 17장; 20장, 레위기 8–10장; 16–17장, 시편 106:8–16, 히브리서 4:14–5:4; 7:4–19; 9:1–15.

2. 다음 주에 공부할 인물인 아론에 관련된 모든 기록들을 읽어 보자.

3. 모세에 대해 복습해 보자.

4. 새롭게 깨달은 성경 구절에 표시해 보자.

Week 12

아론

Ⅰ. 이름의 뜻

아론은 "교화하다, 밝히다, 혹은 능력의 산"이란 뜻이다.

Ⅱ. 중요한 성경 구절

출애굽기 4—17장; 24장; 30장, 민수기 17장; 20장, 레위기 8—10장; 16—17장, 시편 106:8—16, 히브리서 4:14—5:4; 7:4—19; 9:1—15.

Ⅲ. 가족 배경

아론은 모세의 형이다. 우리가 공부하면서 이들 하나님의 위대한 두 지도자는 서로 떼어 놓을 수 없다. 아론의 나이는 모세보다 3살 더 많다(출 7:7). 그는 고핫과 아므람을 통해 출생한 레위 자손이다(출 6:16—20). 아론은 레위의 4대 손이다. 그는 바로의 무서운 칙령이 내려져 히브리 남자 아이들이 죽임을 당하는 운명에 놓이기 전에 태어난 것으로 추측된다. 아론은 엘리세바(유다 지파)를 아내로 취했다. 그는 나답, 아비후, 엘르아살, 이다말을 낳았다(출 6:23). 이들 중에 아론의 세 아들은 기억해야 할 중요한 인물이다.

Ⅳ. 구약성경은 아론에 관해 어떻게 말하고 있는가?

1. 모세는 이스라엘을 애굽에서 구해 내는 자로 부름 받았을 때 자신이 택함 받아서는 안 되는 이유를 여호와 하나님에게 늘어놓았다.

나는 본래 말을 잘하지 못하는 자니이다 입이 뻣뻣하고 혀가 둔한 자니이다. (출 4:10)

그래서 여호와는 형 아론을 택해 그의 대변자로 삼으셨다. 모세는 머리와 마음을, 아론은 입을 사용하셨다. 출애굽기 4:14—16을 찾아 표시해 놓자. 아론은 모세를 대신한 "선지자"가 되었다.

출애굽기 7:1을 찾아보고 그 구절을 써 보라. _____

_____

"선지자"란 "다른 사람을 대신하여 말하는 자"를 의미한다. "prophet"(선지자)이라
는 말에서 "pro"라는 글자는 "before hand"(이전에)가 아닌 "in place of"(-대신에)를
뜻한다. "prophet"이라는 말의 나머지 글자(-phet)는 "말하다"(to speak)라는 의미를
지닌 헬라어 "phemi"에서 온 것이다. 여호와 하나님이 아론에게 "너의 선지자가 될
것이다"라고 하셨던 것은 바로 이런 의미이다.

2. 아론과 모세는 만나서 서로 껴안았다(출 4:27).

미디안에서 애굽에 되돌아와 그들은 이스라엘의 장로들을 모으고 이스라엘 백성
에게 압제에서 해방될 날이 가까웠음을 말했다(출 4:29-31).

3. 아론은 모세를 위한 대리인이며 대변자로서 행동했고 모세에게 주어졌던 하나
님의 지팡이를 쥐고 있었다.

아론은 장로들과 바로에게 처음 이야기하면서 그 지팡이(하나님 권위의 "표징"으
로서 하나님에게 받은 것, 출 4:17)를 사용했다. 출애굽기 7:9, 19절; 8:5, 16절을 찾
아보라. 결국 모세는 자기 손으로 지팡이를 취했고 주님의 명령하심에 따라 행했다.
출애굽기 9:23; 10:13, 22절을 읽어 보자.

출애굽기 14:16을 써 보라. _____

_____

출애굽기 17:5-6을 찾아 성경에 밑줄을 그어라(그 지팡이는 이번 주 마지막에서
다시 다룰 것이다).

4. 아론은 대제사장이 되었고 그의 아들들은 제사장이 되었다.

이것은 하나님이 모세에게 명하신 대로 된 것이다. 그 성막이 완성된 후에 아론과
그의 네 아들은 기름 부음을 받고 아름다운 예복을 입음으로써 제사장 직분을 수행
하는 지위에 올랐다(출 28:1-3). 하나님은 아론과 그의 아들들을 임명하셨고, 그 백
성은 아론이 여호와 하나님을 섬기도록 그 예복을 만들었다. "지위에 오르게 하다"라
는 말은 "하나님을 위해 따로 떼어 놓다" 혹은 "성별하다"라는 의미이다.

5. "제사장들의 위임식"(레 8장)

a. 제사장(아론)

• 물로 몸을 씻기고(6절)

- 예복을 입히고(7, 18절)
- 머리에 관을 씌우고(9절)
- 관유를 머리에 붓는다(12절)

b. 다른 제사장들(그의 아들들)

- 물로 몸을 씻기고(6절)
- 예복을 입히고(13절)
- 여호와의 분부를 행하고(35절)
- 기름 부음을 받는다(30절)

아론은 11절에서 속죄의 피를 뿌리기 전에 예수 그리스도를 예표하는 기름 부음을 받았다(속죄제는 14-24절에 있다).

그의 아들들은 믿는 자들, 즉 제사장인 그리스도인을 예표하는 것으로서 속죄의 피가 뿌려진 후에 기름 부음을 받았다(30절).

6. 제사장들의 사역(레 9장)

하나님은 항상 하나님 백성의 지도자들을 뽑으셔서 그들을 통해 백성을 축복해 주신다(22-24절을 읽고 밑줄을 그어라).

7. 하나님을 욕되게 한 두 제사장(레 10장)

아론의 두 아들 나답과 아비후가 여호와 앞에 나아가서 여호와가 명하지 않은 "다른 불"을 담아 여호와 앞에 드렸다(1절). 하나님은 그들을 징벌하셨다(2절). 하나님이 그들에게 주신 직무를 오용하거나 악용한 것은 아니었으나 명하지 않은 다른 불을 담았기 때문이다.

8. 피를 통한 하나님의 속죄(레 16장)

이 장에는 "속죄"에 관한 중요한 내용이 있다. 그 말에는 "덮는다"라는 의미가 있다. 구약성경에서 "속죄"는 대제사장 되신 예수 그리스도에 의해서 이루어질 때까지는 죄를 덮는 것에 불과했다. 하나님은 아론이 "지성소"에 들어갈 수 있는 시기와 태도에 관해 엄격하게 말씀하셨다. 16장을 읽고 2절에 밑줄을 그어라. 34절을 써 보라. _____

_____

"속죄"란 말이 이 장에서 16번 사용되었다. 그것들을 찾아 밑줄을 그어 보자. 레위기 17장에서 우리는 희생의 장소를 보게 된다. 그 장소는 "제단"이다. 11절은 중요한 구절이다.

레위기 17:11 _____

_____

_____

2절을 보라. 여호와가 모세에게 명령하시면 그는 아론에게 그것을 전했다. "여호와의 명령이 이러하시다"라는 말을 유의해 보라. 항상 하나님이 요구하시는 일은 피를 제단 위에 뿌리는 일이었다.

피가 죄를 속하느니라. (레 17:11)

9. 싹 난 아론의 지팡이(민 17장)

민수기 16장에서 아론의 제사장 직분이 침해받은 후 하나님은 훌륭한 일을 행하셨다. 그분은 "아론의 지팡이"라고 불리는 "막대기"를 취하셔서 그 막대기에 싹이 나고 꽃이 피고 열매를 맺게 하셨다. 민수기 17:8을 찾아서 밑줄을 그어라. 10절에서 여호와가 말씀하시기를 "아론의 지팡이는 증거궤 앞으로 도로 가져다가 거기 간직하여 표징이 되게 하라"고 했다. 이 지팡이는 후에 의미 깊은 것이 되었다. 각 지파의 수령들은 죽은 지팡이를 가져왔다. 하나님은 오직 아론의 지팡이에만 생명을 불어넣으셨다. "아론의 지팡이만이 레위의 집을 위해 싹이 났다." 이것은 부활의 그리스도에 대한 아름다운 예표이다(히 9:1-4을 보라. 그리고 법궤 안에 무엇이 있는지 살펴보자).

10. 아론과 모세의 범죄(민 20장)

광야 생활에서 백성들은 물이 없었기 때문에 불평했다. 하나님은 모세에게 가뭄의 해결책에 대해 말씀해 주셨다.

8절을 써 보라. _____

_____

_____

하나님은 "말을 하라"고 하셨지 "치라"고 말씀하진 않으셨다. 이것이 범죄이다(신약성경에 온전하게 설명되었다). 이 사건 때문에 하나님은 아론과 모세에게 약속의 땅에 들어가지 못할 것이라고 말씀하셨다. 12절을 찾아보고 밑줄을 그어라.

11. 아론의 죽음(민 20장)

23절에서부터 우리는 아론의 죽음을 보게 된다. 24절에서 하나님은 아론이 그 땅에 들어가지 못할 것을 반복해서 말씀하셨다. 아론의 아들 엘르아살이 대제사장이 되었다(28절). 아론은 첫 번째 대제사장으로서 거의 40년 동안 그 직분을 감당했다.

V. 신약성경은 아론에 관해 어떻게 말하고 있는가?

1. 바울은 광야에서 이스라엘에게 일어난 일들이 신약시대에 있는 우리에게 본보기가 된다고 말하고 있다.

고린도전서 10:6을 찾아서 써 보라. _____

_____

11절 _____

_____

고린도전서 10장에서 당신은 "광야의 반석"이 어떤 의미가 있는지 알 수 있을 것이다.
4절을 써 보라. _____

_____

2. 대제사장 아론은 우리의 대제사장이신 예수 그리스도의 예표이다.

히브리서 4:14에 밑줄을 그어라. 예수님은 "멜기세덱의 서열을 따르는 자" 또는 "영원하신 분"이다. 히브리서 7:11-28에서 이 "서열"(반차)이 설명되고 있다. 히브리서 7:27을 써 보라.

_____

_____

_____

히브리서 8:1-2, 5절에 밑줄을 그어라. 예수님은 아론의 제도에 따르는 대제사장의 직분을 폐지하신다. 히브리서 9:1-15에 이것이 자세히 설명되어 있다. 특별히 히브리서 9:10을 유의해 보고 7-9절을 써 보라.

_____

_____

_____

_____

3. 위 구절들에서 알 수 있듯이 아론은 죄인이다(히 9:7).

그는 "그 당시를 위해서 하나의 모형"에 불과한 성막에서 일했다. 성막과 아론의 제사장 직무는 8절에 나타난 대로 "성령이 이로써 보이신 것은 첫 장막이 서 있을 동안에는 성소에 들어가는 길이 아직 나타나지 아니한 것이라"고 했다.

4. "오직 그리스도"만이 더 좋은 길이 되신다(히 9:11-15).

예수 그리스도는 우리의 대제사장이므로 더 이상 죄를 사하기 위해 동물의 피를 드릴 필요가 없게 됐다.

오직 자기의 피로 영원한 속죄를 이루사 단번에 성소에 들어가셨느니라. (12절)

속죄는 "우리가 어떤 사람이 값으로 지불하여 산 바가 된 것"을 의미한다.

14절에 밑줄을 그어라.

VI. 이번 주에 배울 수 있는 교훈은 무엇인가?

1. 하나님은 사람을 부르실 때 그들이 감당할 수 있고 섬길 수 있도록 능력을 주신다.

2. "선지자"는 "다른 사람을 대신해 말하는 자"이다. 그런 의미에서 우리 모두는 "선지자"가 되어서 예수 그리스도를 대신해 말할 수 있어야 한다.

3. 아론은 대제사장이었고 그의 아들들은 제사장이었다. 이것은 우리의 대제사장이 그분을 믿는 모든 자들을 제사장으로 삼으시는 그리스도의 모형이다. 예수님만이 하나님과 인간 사이에 중보자가 되신다(딤전 2:5).

4. "지팡이"는 하나님의 권위의 상징이다. 우리는 "하나님의 지팡이"인 그분의 말씀을 소유하고 있다.

5. 인간에 불과한 아론이 하나님으로부터 부르심을 받았다. 그는 죄인이므로 약속의 땅에 들어갈 수 없었다. 그러나 그는 여호와 하나님에게 속해 있었다. 시편 106:16을 찾아보자.

6. 우리는 예수님을 믿어 긍휼하심을 받고 때를 따라 돕는 은혜를 얻기 위해 은혜의 보좌 앞에 담대히 나아갈 권세를 소유하고 있다(히 4:14-16).

복습

1. 아론은 어느 지파 출신인가?

2. 왜 하나님은 아론에게 모세와 함께 직분을 주셨는가?

3. 어떻게 아론이 대제사장이 되었는가?

4. 성막과 제사장직의 기능은 하나님의 말씀 속에서 한 목적을 갖고 있다. 그 목적이 무엇인가?

5. 광야에서 그 반석은 무엇(누구)인가?

6. 아론은 부르심을 받은 자이지만 죄인이었다. 그가 잘못 행한 두 가지 일을 지적해 볼 수 있는가?

예습

1. 성경 읽기

출애굽기 17:8–16; 24:12–18; 33:11, 민수기 13–14장; 27장, 여호수아 1–7장; 10장; 13장; 23–24장, 사도행전 7:44–46, 히브리서 4:6–8; 11:30.

2. 다음 주에 배울 인물 여호수아에 관련된 내용을 모두 읽어 보자.

3. 아론에 대한 연구를 복습해 보자.

4. 새롭게 깨달은 성경 구절에 표시해 보자.

Week 13
여호수아

Ⅰ. 이름의 뜻

여호수아는 "여호와는 구원이시다"라는 의미이다.

Ⅱ. 중요한 성경 구절

출애굽기 17:8-16; 24:12-18; 33:11, 민수기 13-14장; 27장, 여호수아 1-7장; 10장; 13장; 23-24장, 사도행전 7:44-46, 히브리서 4:6-8; 11:30.

Ⅲ. 가족 배경

우리가 여호수아에 대해 알 수 있는 것은 오직 그가 애굽의 압제 아래에서 한 노예로 태어났다는 것뿐이다.

그는 에브라임 지파에 속한 눈의 아들이었다(민 13:8). 성경 어디에도 그의 어머니에 대한 언급을 찾아볼 수 없다. 그러나 여호수아의 부모는 이스라엘의 하나님 여호와를 경외했음이 분명하다. 여호수아의 이름은 성경에서 여러 번 사용되고 있다. 민수기 13:8에서 "호세아"라는 이름을 보게 된다. 신명기 32:44에서도 그는 "호세아"이다. 그에게 주어진 다른 이름은 "여호수아"이다(대상 7:27). 히브리서 4:8에서는 그의 이름이 예수님으로 번역된다. 느헤미야 8:17에서는 "예수아"를 발견하게 된다. "예수아"라는 말은 헬라어화 되어 "예수스"(예수)이다. 그 이름의 의미를 다시 살펴보면 여호수아와 예수가 이름에서 밀접하게 동일시되는 이유를 이해할 수 있다.

Ⅳ. 구약성경은 여호수아에 관해 어떻게 말하고 있는가?

1. 그는 모세의 수종자이다(출 24:13).

여호수아는 모세와 함께 시내 산에 올라갈 수 있는 유일한 특권을 소유했다. 여호수아는 실제적으로 모세의 조력자였다. 모세는 기도 중에 친밀한 협조자를 선정했던 것이다. 여호수아는 모세의 덕망과 인격과 육신적 필요들을 돌보는 일을 했다. 출애굽기 33:11에서 여호수아는 모세의 부하로서 여호와로부터 계명이 내려지기까지 그 성막에 머물렀다.

곁에서 "보조자"가 되는 것은 힘든 일이다. 그러나 여호수아는 이 일을 감당해 냈다. 그는 모세 다음 가는 자였고 모세의 신복이었다. 그러나 여호수아 24:29에 기록된 대로 여호수아는 본래부터 "여호와의 종"이었다. "차선에서 보좌하는 자"(second fiddle)로서 하나님의 부르심을 받고 자기 자만을 훈련시킬 수만 있다면 그것은 특별한 일이라고 할 수 있다. 여호수아는 자만심을 깨뜨리지 않으면 안 되었다.

2. 여호수아는 모세의 계승자였다(민 27:15-19).

여호수아는 모세의 뒤를 이어 이스라엘을 인도했다.

민수기 27:18을 찾아 써 보라.

_____

_____

하나님은 여호수아에게 권위를 가지고 지도하도록 능력을 주셨다. 하나님은 그에게 능력을 주셨고, 여호수아는 큰 믿음의 소유자였다.

3. 여호수아의 소명과 위임(수 1:1-9)

여호수아는 모세의 죽음 후에 후계자로 선택되었다. 여호수아의 일은 이스라엘 자손을 애굽에서 하나님이 아브라함에게 허락하신 땅으로 인도하는 것이었다. 즉 그들을 가나안으로 인도하는 것이다. 그분의 부르심(수 1:1-2)을 유의해 보고 2절을 써 보라. _____

_____

여호수아를 부르실 때 여호와는 그에게 그 땅의 소유를 약속하셨다(3-4절). 부르심 속에 하나님은 여호수아에게 완전한 확증을 주셨다.

내가 모세와 함께 있었던 것같이 너와 함께 있을 것임이니라 내가 너를 떠나지 아니하며 버리지 아니하리니. (5절)

여호수아에게 주어진 일은 여호와 하나님에 의해 수행되었다(5-9절). 1장에서 여호수아는 강하고 담대해지라는 말씀을 네 번이나 들었다(6-7, 9, 18절). 사명을 주시는 말씀에 유의해 보자.

a. 그 땅을 얻기 위해 "마음을 강하게 하라 담대히 하라"(6절).

b. 율법을 다 지켜 행하기 위해 "강하게 하고 담대하라"(7절).

c. 성공의 비결을 쓰라(8절).

d. 하나님은 여호수아에게 계속해서 확신을 주신다(9절).

성공하려는 자를 위해서 하나님은 자신의 비밀을 8절에서 말씀하고 계신다.

4. 전쟁의 지도자(수 2-11장)

여호수아는 전쟁에 승리하기 위해 미리 여리고에 두 정탐꾼을 보냈다(2장). 여호수아는 "믿음"과 더불어 "방법"도 사용했다(히브리 기자는 이 점을 확증한다. 우리는 이번 주에 신약성경 부분에 나타난 것을 보게 될 것이다).

이스라엘의 위급한 순간은 요단강을 건너는 일이었다(3장). 여호수아는 준비했고 여호와는 그에게 용기를 주셨다.

7절에 밑줄을 치고 3, 5, 13, 17절을 유의해 보라.

그들은 법궤를 바라보면서 제사장들과 레위인들을 따라 마른 땅 위로 건너갔다. 4장에서 여호와는 여호수아에게 요단강의 돌들을 모아(9절) 길갈에 기념비를 세울 것을 말씀하셨다(19-20절). 이 기념 돌은 하나님의 능력으로 홍해를 가른 것과 그들을 그 땅으로 인도하신 능력을 상기시키기 위해서이다. 여호수아가 그 땅에 들어간 후에 직면한 처음 일은 여리고 사건이다. 그때를 맞추어 하나님은 자신을 여호수아에게 나타내 보이셨다(수 5:13-15). 이것은 성육신의 예표인 예수 그리스도의 나타나심이다. 즉 이것은 "신의 현현"이라 부르는 예수 그리스도의 나타나심이다. 여호수아가 보았던 그 "사람"은 자신을 "여호와의 군대 장관"이라고 소개했다.

여호수아 5:15을 유의해 보고 밑줄을 그어라.

하나님이 떨기나무 불꽃 가운데서 모세를 부르며 나타나서 말씀하실 때에 동일한 단어가 사용되었다(출 3:3-5).

하나님을 만난 여호수아는 여리고가 무너질 것을 확신했다. 또 이스라엘 백성들은 여호와가 명하신 대로 준행했다. 그 모든 일이 가능했던 것은 담대한 믿음 때문이다(수 6장). 당신은 성경에서 "성벽 무너뜨리기"에 대한 나팔 찬송을 알고 있다. 이것은 하나님이 이스라엘을 위해 행하신 실제 사건이다. 이 승리는 이스라엘을 감격시켰고, 그와 동시에 가나안의 중요한 성을 파괴시킨 이 사건은 그들을 패배시키는 데 결정적 요인이 되었다.

7장에서 여호수아는 각 개인을 그 백성을 대표하는 자들로 인정한다. 이 장에서 아간의 죄가 묘사되고 있다. 한 사람의 죄가 이스라엘 전체에 영향을 주었다는 사실에 유의해 보라(10-11절). 여호와가 여호수아에게 말씀하시기를 "일어나라 이스라엘이 범죄했느니라"라고 했다.

아간은 자신이 원하는 것들을 다 취했다.

21절에 보면 "내가 보았고, 내가 탐내었고, 내가 취했고, 내가 감추었나이다"라고 했다.

그 다음에는 네 장에 걸쳐 여호수아와 이스라엘이 승리하는 내용을 보여 준다.

여호수아 11:23을 보고 그것을 써 보라. _____

_____

_____

5. 여호수아는 외교술이 능한 전신적 지도자였다(수 13-24장).

여호수아는 각 지파에게 땅을 분배할 때 외교적 수완을 발휘해 지혜롭게 분배했다(13장). 그 땅의 분배는 "여호와 앞에서 제비를 뽑는 것"에 따라 결정되었다(수 18:6-7). 그들이 실제 그 땅을 소유하는 데는 오랜 시간이 걸렸다(수 18:3). 하나님이 소유하신 모든 것을 우리는 그리스도 예수 안에서 소유한다. 이를 단적으로 설명해 주는 중요 구절은 여호수아 21:43-45이다. 이 구절에 밑줄을 그어라. 하나님은 약속하셨던 모든 것을 다 행하셨다. 고별 메시지에서 여호수아는 백성들에게 하나님의 말씀에 거할 것을 간곡히 부탁했다(수 23:6). 또 그들이 이방 나라들과 구별되어야 할 것과(7절), 승리를 주신 "여호와께 가까이"하며(8-11절), 하나님을 "배반하지 않도록 힘써 지킬 것"을 당부했다(13절). 그가 하나님을 신뢰하는 증거가 여호수아 23:14에 나타나 있다. 그 성경 구절에 밑줄을 그어라.

백성에게 전한 마지막 설교에서 여호수아는 그들에게 여호와를 섬길 것을 부탁했다.

여호수아 24:14을 써 보라. _____

_____

_____

여호수아의 유명한 말이 기록되어 있다.

너희가 섬길 자를 오늘 택하라 오직 나와 내 집은 여호와를 섬기겠노라. (수 24:15)

여호수아는 110세에 죽었다(수 24:29).

V. 신약성경은 여호수아에 관해 어떻게 말하고 있는가?

1. 공회 앞에서 스데반은 과거에 이스라엘에게 일어난 모든 일과 하나님이 택하신 지도자들에 대해 설교하고 있다.

사도행전 7:44-45에서 스데반은 성막에 대해 말하며, 45절에서 "우리 조상들이 그것을 받아 하나님이 그들 앞에서 쫓아내신 이방인의 땅을 점령할 때에 여호수아(예수)와 함께 가지고 들어가서"라고 했다. 여기서 여호수아(헬라어로는 예수스)라고 부르는데, 이는 구약성경에서 여호수아가 모형적 성막에 들어간 것같이 신약에서 예수님이 참 성막, 즉 "손으로 지은 것이 아니요 하늘에 있는 영원한 집"에 들어가셨음을 암시하고 있다(고후 5:1). 히브리서 8:2을 찾아 밑줄을 그어라.

2. 히브리서 4:8에서 우리는 동일한 말들을 보게 된다.

그 구절을 읽어 보자. "만일 여호수아가 그들에게 안식을 주었더라면"이라고 했다. 이것은 안식이 그리스도 예수 안에 있다는 것을 우리에게 가르친다. 여호수아만이 그 백성에게 안식을 줄 수 있었듯이 모든 믿는 자에게는 그리스도만이 하나님의 참 평안을 가져다주실 수 있다. 히브리서 4:3, 9절을 찾아보자.

3. 여호수아는 훌륭한 믿음을 가진 자이다.

히브리서 11:30을 읽어 보면 "믿음으로 여리고 성이 무너졌으며"라고 했다. 여호수아 1:5, 9절을 보면 여호수아의 믿음을 이해할 수 있다.

요한일서 5:4을 써 보라. _____

VI. 이번 주에 배울 수 있는 교훈은 무엇인가?

1. 여호수아는 이상적 "후계자"(second man)의 훌륭한 본보기이다. 이것은 지도자가 되는 것보다 더 큰 은혜를 받는 것이다.

2. 여호수아는 모세의 수종자였지만 근본적으로는 처음부터 하나님의 종이었다.

3. 여호수아는 그의 생애 가운데 자기를 나타내지 않았다.

4. 모세가 죽은 후에 여호수아는 그의 뒤를 이어 지도자가 되었다. 그 후 그는 자신의 지도자이신 하나님과 더 밀접한 관계가 되었다.

5. 여호수아는 하나님의 말씀에 무조건 순종했다. 우리의 지도자들과 따르는 우리에게 좋은 본보기가 되고 있다.

6. 여호수아는 외교적이며, 영적인 사람이었다. 그가 이스라엘에게 그 땅을 소유하라고 말한 것과 같이 우리도 그리스도 안에서 우리가 소유할 바 모든 것을 소유해야 할 것을 가르쳐 주고 있다.

복습

1. "여호수아"는 무슨 뜻인가?

2. 하나님이 여호수아에게 주신 중요한 의무는 무엇인가?

3. 어떻게 이스라엘 자손이 요단강을 건넜는가?

4. 그들은 요단강을 건넌 후에 무엇을 했는가?

5. 여호수아와 그의 백성이 어떻게 여리고를 정복했는가?

6. 여호수아는 어떻게 그 땅을 나누었는가?

예습

1. 성경 읽기

여호수아 2장; 6장, 마태복음 1:5, 히브리서 11:31, 야고보서 2:25.

2. 다음 주에 나오는 인물은 기생 라합이다. 뭐라고? 신령한 진리들을 가르치는 성경에 기생이 있다고? 그렇다, 기생이 있다.

3. 여호수아에 대해 복습해 보자.

4. 새롭게 깨달은 성경 구절에 표시해 보자.

Week 14
라합

Ⅰ. 이름의 뜻

라합은 "거만함", "격렬함" 혹은 "광대함"이란 뜻이다.

Ⅱ. 중요한 성경 구절

여호수아 2장; 6장, 마태복음 1:5, 히브리서 11:31, 야고보서 2:25.

Ⅲ. 가족 배경

라합은 우상을 숭배하는 아모리 족속이었다. 그의 부모, 형제자매들도 여리고의 정복 시기에 살고 있었다. 우리는 그녀 가족들의 이름은 알 수 없다. 그러나 라합은 자신과 관계된 자들을 여호수아 2:13에서 언급하고 있다(시 87:4; 89:10, 사 30:7; 51:9에 나타난 라합은 이번 주에 배우려는 라합과 동일 인물이 아니다).

이 성구들 안에 있는 이름은 애굽의 시인의 이름이고 "용"(dragon)이라는 의미를 갖고 있다. 시편에 나오는 라합과 본 장에서 다루는 라합과 혼동하지 말자. 라합은 "기생"으로 알려져 있다. 그녀의 집은 여리고 도성 위에 있었다. 그녀의 집은 햇빛에 말린 벽돌로 지어졌고 창문으로는 성 밖을 내다볼 수 있었다. 어떤 성경해석자들은 "기생"이라는 말이 "주막을 지키는 자"로 번역될 수 있다고 주장한다. 그러나 성경은 그녀를 "기생" 외에 다른 칭호로 말한 적이 없다. 그녀의 가족은 여리고 사건 후에 변화되었다. 그 가족의 변화가 이번 주에 논의된다.

Ⅳ. 구약성경은 라합에 관해 어떻게 말하고 있는가?

1. 그녀의 인격(수 2장)

여호수아에서는 라합을 "기생"이라고 세 번씩이나 언급하고 있다. 18절에 나타난 대로 그녀는 혼자 살았다. 그녀의 가족이 구원받을 수 있었던 것은 그녀의 집에 함께 있었기 때문이다. 그녀의 집에서는 여리고 백성들이 들어오고 나가는 것을 볼 수 있었다. "harlot"이라는 말은 히브리와 헬라어에서 모두 동일하게 "기생"을 뜻한다. 이렇듯 그녀의 신분은 좋지 못했다. 여호수아는 여리고 성을 "은밀히 정탐"하기 위해 두 부하를 보냈다(1절). 정탐꾼들은 라합의 집을 보고, 그곳에 들어갔다. 그들이 라합의 집에 왜 갔는지 그 이유를 찾아볼 수는 없다. 그러나 라합과 관계된 성경 내용을 모두 읽어 보면 한 가지 이유가 있다. 그것은 로마서 8:28에서 발견할 수 있다.

_____

_____

주님은 우리를 어디로 인도하는지 알고 계시며 주님만이 우리의 길을 예비하신다.

2. 그녀의 사역(수 2장)

첫째로 라합은 여리고 왕의 명령에 불복종했다(3-6절). 여리고 성의 정탐꾼 두 사람을 숨겨 주었다. 그녀는 두 정탐꾼을 보호하기 위해 왕의 전달자들에게까지 거짓말을 했다. 그녀는 이스라엘이 출애굽할 때 홍해를 건넌 것과, 아모리, 시혼, 옥의 왕을 정복한 것을 들었다(10절). (민 21:21-35을 보라) 둘째로 라합은 두 정탐꾼을 보호함과 동시에 탈출을 계획했다(4, 6절). 그녀는 그들에게 어디에 가서 얼마 동안 숨어야 하는지를 말해 주었다(16절). 두 정탐꾼의 탈출에는 창문에서 달아 내린 붉은 색으로 된 굵은 줄이 사용되었다. 그 창문은 성 밖으로 나 있었다(15절).

3. 그녀의 믿음(수 2:9-11)

라합은 죄 많은 여인이었다. 그러나 하나님의 섭리와 주권적 의지를 잘 믿고 있었다. 그녀 자신의 말들이 이 사실을 지적해 준다.

9절을 찾아 써 보라. _____

_____

11절을 찾아보고 그 구절 마지막 부분을 써 보라.

"너희의 하나님 여호와는 _____

그녀의 믿음은 단순한 믿음이었다. 담대한 그 믿음으로 그녀는 두 이스라엘 사람을 구출하기 위해 자신의 목숨을 아끼지 아니했으며 또 그들에게 구원 얻을 것을 믿었다.

그녀의 믿음은 두 마디 말로 표현되어 있다.

내가 아노라. (수 2:9)

4. 그녀의 요청(수 2:12-13)

라합은 이스라엘이 여리고에 들어왔을 때 자신과 부모와 형제자매와 "그들에게 속한 모든 사람"을 죽음에서 구해 줄 것을 요청했다(13절). 그녀는 자신이 정탐꾼들을 위해 행한 것들에 근거해 그 요청을 한 것이다(12절). 그 요청에 대한 정탐꾼들의 대답을 들어 보자.

여호수아 2:14 _____

_____

_____

5. 그녀의 "진실한 증거물"(수 2:12, 15, 18, 21절)

라합이 요청한 "올바른 증거물"은 그녀 자신의 손으로 만들어진 것이었다. 그것은 정탐꾼들이 성을 내려가는 데 사용된 붉은 줄이었다. 그 붉은 줄은 중대한 의미를 가진다. 그것은 하나님의 백성을 향한 신뢰를 의미하며 또한 이스라엘의 여호와 하나님을 향한 믿음의 표시였다. 여호수아와 그의 부하들이 볼 수 있도록 붉은 줄이 창문 밖에 내려져 있었다. 라합의 표시는 환난 날 구원받을 수 있는 자를 의미했다. 그러므로 붉은 줄은 예수님의 희생으로 말미암아 우리를 구원하시는 능력을 뜻한다. 히브리서 9:19-22을 찾아서 밑줄을 그어라. 우리는 출애굽기 12장에서 유월절을 공부했다. 여기 여호수아서에 나타난 사건도 유월절 사건의 의미와 연결된다. 라합과 그 가족이 집 안에서 완전히 안전을 느낄 수 있었던 것은 아니다. 오직 "내가 피를 볼 때에 너를 넘어가리라"는 동일한 약속을 믿었기 때문이었다. 붉은 줄은 2절에서 요구된 증표이다. 이 붉은 줄로 두 정탐꾼들을 구해 주고 그것이 보일 수 있도록 창문에 늘어뜨려 놓았다. 그 줄은 붉고 빨간색이었다. 그것이 라합과 그녀의 가족을 구원했다. W. A. 크리스웰 박사는 "그것은 구속(救贖)의 붉은 줄"이라고 설명했다.

6. 결국 라합은 구원받았다(수 6:17, 22, 23, 25절).

라합은 그의 사랑하는 가족들을 안전하게 구원했다. 여리고 도성에 들어왔을 때 여호수아는 두 정탐꾼이 그녀에게 행한 약속을 잘 지켰다. 여호수아는 두 정탐꾼에게 창문에 드리운 구속의 붉은 줄을 보고서 기생의 집에 가서 그녀와 그 친지들을 구원해 줄 것을 말했다(22절). "라합이 구원받았다"는 것은(25절) 어떤 의문들을 일으킬 수 있다. 어떤 이는 2:15에서 그녀의 집이 "성벽 위에" 있는데 성벽이 무너진 데서 어떻게 탈출할 수 있는가라고 의문을 제기한다.

우리는 그들이 바로 탈출했다고 확신한다. 성 안쪽(inside)에 있는 라합과 그의 가족들은 안전했다. 여호수아 6:20에 따르면 여리고 성벽이 거침없이 무너졌다. 매튜 헨리는 말하기를 "틀림없이 그녀의 집이 서 있는 그 성벽은 무너지지 않았다"라고 했다. 라합과 그녀의 가족은 하나님의 능력과 주권적 의지로 말미암아 기적적으로 구원을 받았다. 그녀는 이스라엘의 두 정탐꾼이 여호와의 종들이었음을 알았다. 그러므로 그녀는 그들을 보호했으며 마침내 "한 분이신 하나님"을 향한 그의 믿음으로 구원받았다(수 2:11).

V. 신약성경은 라합에 관해 어떻게 말하고 있는가?

1. 라합은 예수님의 선조가 되었다(마 1:5).

라합은 믿음으로 구원받았다. 그녀는 유다 지파에 속한 살몬의 아내가 되었다. 어떤 해석가는 살몬이 라합의 집에 들어갔던 두 정탐꾼 중 한 사람이었다고 생각한다. 그렇게 될 수도 있겠으나 성경에서 이 사실을 말한 곳은 찾아볼 수 없다.

마태복음 1:5을 써 보라. _____

_____

흠정역에서 말하는 "라합에게서 보아스"는 "라합으로 말미암은 보아스"라고 읽어야 한다. 그래서 이 구절에서 볼 수 있듯이 라합의 아들 보아스는 룻과 결혼했고 오벳은 그들의 아들이었음을 알 수 있다. 라합의 손자 오벳은 이새의 아버지가 되었다. 라합의 손자인 이새는 다윗 왕의 아버지였다.

이사야 11:1을 써 보라. _____

_____

예수님은 "이새의 줄기에서 나온 가지"이며 "그의 뿌리에서 나온 가지"이다. 예레미야 23:5을 찾아보고 밑줄을 그어라. 이 구절에서 가지가 되신 예수 그리스도가 다윗에게서 나왔다. 이 예언들이 마태복음 1:5-6에서 완전히 성취되었다. 바울은 예수 그리스도에 관해 이렇게 말했다.

육신으로는 다윗의 혈통에서 나셨고. (롬 1:3)

좀 더 알기 원하면 스가랴 3:8; 6:12-13을 찾아보면 좋겠다.

2. 확증된 라합의 믿음(히 11:31)

라합의 믿음은 히브리서 믿음장인 11장에서 확인되어 나타난다.

히브리서 11:31을 찾아 써 보라. _____

_____

"라합은 순종하지 아니한 자와 함께 멸망하지 아니했도다"라고 했다. 그녀가 구원받을 수 있었던 비결은 "오직 믿음으로"라는 어절에 들어 있다. 이 절에서 "정탐꾼을 평안히 영접했다"라는 말도 중요하다. 그녀는 이스라엘의 여호와 하나님에 대한 신앙과, 자신과 가족을 구원할 수 있을 것이라는 확실한 평안을 소유하고 있었다. 사라를 제외하고 오직 라합만이 이 믿음장(히 11장)에 기록된 여인이었다. 히브리서 기자는 그녀의 믿음을 히브리서 11장에서 찬양하고 있으면서도 그녀가 "기생"이었다는 것을 증거하고 있다. 그 이유가 무엇일까?

3. 라합의 믿음은 행위를 나타냈다.

야고보서 2:25을 찾아 써 보라. _____

_____

바울이 히브리서 11장에서 라합이 믿음으로 의롭다 함을 받았다고 말하는 반면 야고보는 그녀가 행함으로 의롭다 함을 받았다고 말한다. 믿음이 라합을 의롭게 했고 행위가 그 믿음을 정당화했기 때문에 이것들은 서로 모순되지 않는다. 라합이 정탐꾼들을 위해 행한 것은 실천적인 믿음이었다. 그녀는 마음으로 믿고 입으로 시인했다(롬 10:9-10). 그리고 생명을 내걸고 행동했다(믿음의 정의는 히 11:1에서 말해 주고 있다). 라합은 볼 수는 없었으나 그 실체가 그녀의 마음속에 있었다. 야고보는 그녀가 기생이었다는 사실을 말하고 있다.

VI. 이번 주에 배울 수 있는 교훈은 무엇인가?

1. 기생 라합은 그리스도의 족보 안에 있었다.

예수님은 죄인들을 위해 오셔서 자신을 죄 많은 인간들과 동일시하셨다. 마태복음과 누가복음 안에 있는 그리스도의 족보를 살펴보자.

2. 그리스도는 유다, 베레스, 다말, 라합 같은 사람들에게서부터 그분의 은혜를 확대해 나가면서 이 땅에 오셨다.

3. 라합이 구원 얻은 것은 구원하는 진리를 많이 소유해서가 아니라 소유한 진리에 복종해서였다.

4. 구원하는 믿음은 행함이 있는 믿음이다.

5. 하나님은 의로움이 아닌 믿음으로 구원하신다.

6. 라합의 신분과 직업이 무엇이었는가라는 것은 그녀가 무엇으로 변화받았는가라는 문제만큼 중요하지 않다.

기생으로서 죄를 짓는 것과 같이 우리 모두가 다 죄인이다. 그러나 우리는 우리 주 예수 그리스도로부터 오는 은혜의 증표인 "구속의 붉은 줄"을 통해 구원받았다.

복습

1. 왜 기생 라합에 대해 그렇게 많은 강조를 하고 있는지 당신은 생각해 보았는가?

2. 그녀의 믿음, 행위는 무엇이었는가?

3. 왜 그녀는 이런 일들을 행했는가?

4. 창문 안에 있는 증거물은 무엇이었으며 또한 그것은 무엇을 암시하고 있는가?

5. 히브리서 11장, 곧 믿음의 장 안에는 몇 명의 여인들이 들어있는가? 이름을 밝혀 보자.

예습

1. 성경 읽기

룻기 전체, 마태복음 1:5.

2. 다음 주의 연구 인물 룻에 관련된 성경 모두를 읽어 보자.

3. 라합에 대해 복습해 보자.

4. 새롭게 깨달은 성경 구절에 표시해 보자.

Week 15

룻

Ⅰ. 이름의 뜻
룻은 "구경할 만한 풍경", "아름다움", "우정"이란 뜻이다.

Ⅱ. 중요한 성경 구절
룻기 전체, 마태복음 1:5.

Ⅲ. 가족 배경
　룻에 대한 기록들에서 우리가 알 수 있는 사실은 그녀가 젊은 시절을 모압에서 보냈다는 것이다. 룻기에서 다섯 번씩이나 그녀가 "모압 여인 룻"이라고 불리고 있다. 그녀는 "모압의 여인" 혹은 "모압의 처녀"로도 불린다. 그러나 그녀의 가족이나 과거에 대한 기록은 없다. 룻기는 사사시대를 살았다(룻 1:1). 룻기는 어린 이방 소녀에 대한 진실한 이야기로서 유대인과 이방인들에게 잘 알려진 역사적인 기록물이다. 성경 안에서 오직 두 권의 책이 여인의 이름으로 표제를 삼고 있다. 그것은 룻과 에스더이다. 룻은 히브리인과 결혼한 이방인이었고 에스더는 이방인과 결혼한 히브리인이었다. 하나님은 한 생애의 역사를 기록하실 때, 우리에게 교훈을 주시며 우리가 알아야 할 진리들을 쉽게 이해하도록 기록하셨다. 앞으로 연구하면서 깨닫게 되겠지만 룻의 생애는 이 두 가지를 모두 나타내 준다.

Ⅳ. 구약성경은 룻에 관해 어떻게 말하고 있는가?
　룻기 전체(4장)는 그녀를 이야기하면서 그 생애의 네 가지 단계를 말하고 있다. 그녀의 생애는 그리스도인의 영적인 생활 단계와 비교될 수 있다. 룻기의 첫 번째 두 장은 우리 인간의 입장(룻의 형편)을 보여 주며, 마지막 두 장은 하나님의 입장을 보여 준다.

1. 룻의 결단(룻 1장)

룻은 말론이라는 히브리인과 결혼했다(룻 4:10). 10년 후에 말론과 그의 형제 기룐이 죽었다. 이 일로 룻과 기룐의 아내였던 오르바는 과부가 되었다. 그들의 시어머니 나오미는 그녀의 남편과 두 아들을 잃었다. 나오미와 그 가족은 히브리인으로서 그들의 조국을 떠났던 자들이었다. 모압에 있는 동안 두 아들이 하나님을 모르는 모압 여자와 결혼했다. 나오미는 하나님이 히브리 백성들을 권념하셔서 기근을 면하도록 하셨다는 소식을 들었다(룻 1:6). 그녀와 두 며느리는 가나안을 향해 베들레헴 성에 가려고 했다. 룻의 동서인 오르바는 자신의 과거의 삶, 그리고 고향과 친구와 우상으로부터 돌아설 수 없었다. 그래서 오르바는 고향으로 다시 돌아간다. 그것은 그녀에게 많은 희생을 감수하게 했기 때문이다. 그러나 룻은 나오미와 함께 가기로 결심한다. 룻은 시어머니를 사랑했고 또한 지성스럽게 모셨다. 성경에서 가장 아름다운 두 구절은 룻기 1:16-17이다. 이 구절은 길지만 가능하면 암송해 기억하면 좋을 것이다. 이 구절을 써 보라.

룻의 결심의 핵심은 그녀가 히브리인의 하나님을 그녀의 하나님으로 택했다는 사실이다. 룻기 2:12에서 과거의 생활 모습을 살펴볼 수 있다. 그녀는 이미 이스라엘의 하나님 여호와를 "신뢰하기 위해" 고향을 떠나왔다. 자신의 결단으로 하나님의 백성이 되어 나오미와 함께 베들레헴에 도착했다(룻 1:19). 1장에 나타난 룻의 결정은 하나님을 위한 것이었다.

어머니의 백성이 나의 백성이 되고 어머니의 하나님이 나의 하나님이 되시리니. (룻 1:16)

2. 룻의 섬김(룻 2장)

룻은 젊은 과부였지만 나오미를 위해 일해 봉양할 새로운 기회를 얻게 되는 것을 큰 기쁨으로 받아들였다. 나오미에게는 보아스라는 "친족"이 있었다. 그러나 그 후 보아스는 룻과 결혼해 룻의 친족이 되었다. 그는 부요한 자였고 농토도 소유했다. 하나님은 적은 일들을 지혜롭게 맡기신다. 룻은 "보아스에게 속한 밭에" "우연히 이르게" 되었다(3절). 보아스는 룻을 유심히 보고 그의 밭에서 그녀가 곡식 베는 자들을 따라 남은 이삭을 줍도록 했다. 그는 또한 그녀를 밭에서 일하는 소녀들과 가까이 지내도록 하여서 젊은 남자들이 그녀에게 손대지 못하도록 했다. 11절과 12절을 찾아보고 밑줄을 그어라. 보아스는 그녀의 선행과 아름다움을 보았고 그 종들에게 명해 룻이 가장 좋은 밭에서 일하게 했으며 "의도적으로 곡식단을 뽑아" 주었다.

- 참고 : 구약에서 친족의 남자는 친지를 회복시키는 권한과 의무를 가지고 있었다. 이런 자

는 속신자(贖身者)로서, 그 법이 레위기 25장 안에 있다. 상속자와 상속권은 가까운
친족 남자에게 주어질 수 있었다. 히브리말에서 친족 남자(kinsman)는 고엘(goel)이
라는 단어로 표현되는데, 이는 "지불하는 자"로서 구속자가 되는 것이란 뜻이다. 룻
의 사건에서 보아스는 고엘(goel), 즉 친지 남자로서 상속자이다.

친족 남자에 대한 세 가지 율법의 조건이 있다.

첫째, 그는 상속하려는 의도를 가져야만 한다.

레위기 25:25 _____

갈라디아서 4:4-5 _____

둘째, 그는 상속하려는 권한을 가진 친족이어야만 한다.

레위기 25:48-49 _____

_____

룻기 3:12-13 _____

히브리서 2:11 _____

셋째, 그는 상속하기 위한 능력과 재산을 가져야 한다.

룻기 4:4-6 _____

_____

위의 괄호 안에 있는 성구들은 모두 보아스의 행동을 이해하는 데 필요한 구절이
다. 그리고 신약성경에 나타난 룻의 모습을 관찰하는 데도 위의 성구들이 필요하게
될 것이다.

3. 룻의 안식(룻 3장)

이 장은 우리 문화에서는 이상하게 보일 수 있으나, 이 이야기는 부정하거나 불결
한 사건이 아니다. 그 행동들은 히브리 관습에 따라서 된 것이다(신 25:5-6). 나오미
가 룻을 보내어 보아스에게 가서 그의 발 옆에 눕도록 한 것은 이스라엘의 법을 준행
하고 남편 된 자의 사랑과 은신처를 제공하기 위해서였다. 또 이것은 죽은 룻의 남편

인 말론의 이름을 명예롭게 하기 위한 것이었다. 룻기 3:10-13에서 보여 주는 것처럼 보아스는 룻의 의도를 이해했다. 룻은 보아스가 가까운 친족 남자로서 말씀을 이행할 수 있으리라는 사실을 믿고 있었다. 1절과 18절에서 "안식"이란 말을 유의해서 찾아보자. 13절을 보라.

만일 그가 기업 무를 책임을 네게 이행하기를. (13절)

룻은 현숙한 여인이었고, 보아스도 그렇게 말했다(11절).

4. 룻의 보상(룻 4장)

보아스는 나오미와 룻과 오르바의 남편에게 속한 모든 것을 샀기 때문에 룻을 신부로 맞이할 수 있었다. 9-10절을 찾아 밑줄을 그어라. 보아스가 모압 여인인 룻을 그의 아내로 취하기 전에 등장하는, 이름이 밝혀지지 않은 한 친족 남자가 있었다. 그는 보아스에게 그 권리를 공식적으로 넘겨주었다(5-8절). 룻과 보아스는 한 아들을 낳았다. 그의 이름은 이스라엘에서 유명한 자가 될 것이다(14절). 그 아이는 오벳이었다(17절). 흥미 있고 감동적인 계보가 17-22절에 기록된 것을 자세히 살펴보자. 이방인 룻이 오벳의 어미가 되었다. 오벳은 이새의 아비가 되었고 이새는 다윗 왕의 아비가 되었고. 룻은 다윗의 증조모였다(보아스는 라합과 살몬의 아들이었음을 잊지 말자).

V. 신약성경은 룻에 관해 어떻게 말하고 있는가?

1. 오직 한 곳에서만 그녀의 이름이 언급되었다.

그것은 마태복음 1:5에 있는 족보에서 발견된다. 현숙한 이방 여인 룻은 그리스도의 혈통 안에 있게 되었다. 우리 주님의 족보 안에 있는 네 여인 중 룻만이 현숙한 여인이었다. 반면에 나머지 세 사람, 즉 다말, 라합, 밧세바는 룻과는 다른 모습을 지닌 자들이었다.

2. 룻기에 나타난 교훈은 신약성경의 교훈을 예시해 준다.

• 룻의 결정(1장)과 섬김(2장)은 그녀의 임무를 말해 준다.

• 그녀의 안식(3장)과 보상(4장)은 하나님의 임무를 말해 준다.

• 보아스는 우리의 친족 구속자(救贖者)인 예수 그리스도의 모형이다. 그는 "고엘"(goel)의 요구 조건을 충족시켰다. 그 요구 조건은 다음과 같다.

첫째, 그는 기꺼이 구속하려고 했다(레 25:25, 갈 4:4-5).

갈라디아서 4:4-5을 써 보라. _____

_____

둘째, 그는 구속의 권리를 갖춘 친족이었다(레 25:48-49). 빌립보서 2:5-8을 보고 7절을 써

보라. _____

　셋째, 그는 구속하기 위한 능력을 소유했다(룻 4:4-6, 요 10:11, 18절).

　11절을 써 보라. _____

　18절을 써 보라. _____

　롯은 구속자의 신부로서 교회의 모형이다. 롯은 보아스 외에 다른 사람에게 소망을 둘 수 없었다. 그녀는 보아스의 발 앞에 무릎을 꿇었고 그는 그녀를 은혜롭게 맞이했다. 그러므로 예수 그리스도는 우리의 가까운 친족이시며 우리의 구속자이시다. 또한 교회는 그의 신부이다.

　3. 룻기에는 이름이 많이 나타난다.

　우리는 그 이름들의 의미를 알고 기억해야 할 것이다.

- "베들레헴"은 "떡집"을 뜻한다.
- "엘리멜렉"은 "나의 하나님은 왕이시라"라는 의미이다.
- "나오미"는 "희락"이라는 의미이다.
- "룻"은 "아름다움, 우정"을 의미한다.
- "보아스"는 "능력"이라는 의미가 있다.

　예수님은 우리의 능력이시다. 구원받은 자들의 모임인 교회는 그분의 신부이며 그분은 우리를 사랑하신다. 그분의 눈에는 우리가 아름답고 어떤 친구보다도 친근한 존재로 보일 것이다. 우리의 구속자는 기꺼이 우리를 구속하시고 영원한 생명을 주시기 위해 그 값을 지불하셨다. 생명의 떡이신 예수님이 떡집인 베들레헴에 오셨음을 생각해 보자.

Ⅵ. 이번 주에 배울 수 있는 교훈은 무엇인가?

　1. 한 히브리 가족이 가나안을 떠났다. 그 결과로 아들들이 "이방인" 아내를 맞이했다. 그들은 하나님이 그들에게 주셨던 가나안 땅을 떠난 것이다. 우리는 이와 같은 일을 행하면서 우리에게 발생하는 결과들을 이상하게 여긴다.

　2. 하나님은 언제나 그분에게 돌아오는 자들(나오미와 같이)을 용납하고 회복시켜 주신다.

　3. 우리가 사랑해야 하는 자들을 위해서는 사랑이 풍성해야 한다. 그렇다. 우리의 시어머니에게까지도 그 사랑이 넘쳐야 한다.

4. 우리가 그 뜻하신 바에 따라 우리 자신을 맡겨 하나님을 섬길 때 그분은 우리에게 신령한 복을 상급으로 주신다.

5. 우리는 오르바와 같이 되어서는 안 된다. 그녀는 자신의 것들 중 많은 것을 희생해야 하기 때문에 다시 되돌아갔다.

6. 주님은 그분을 위해 구하고 또 믿고 행하기만 하면 우리의 필요한 모든 것을 공급해 주신다.

복습

1. 룻이란 이름은 무슨 뜻을 갖고 있는가?

2. 룻의 가장 중요한 결단은 무엇이었는가?

3. 룻과 나오미는 어디로 갔는가? 그 이유는?

4. 한 친족 남자인 구속자(救贖者)는 누구였는가?

5. 우리 친족인 구속자는 누구인가?

6. 룻의 훌륭한 점은 무엇인가?

7. 그녀는 다윗의 증조모였다.

예습

1. 성경 읽기

사무엘상 1-2장.

2. 다음 주의 연구 인물 하나에 관련된 모든 내용을 읽어 보자.

3. 룻에 대해 중요한 점을 복습해 보자.

4. 새롭게 깨달은 성경 구절에 밑줄을 그어 보자.

Week 16
한나

I. 이름의 뜻

한나는 "은혜로운"이라는 뜻이다. 한나라는 이름은 때때로 안나 혹은 안(Anne)이라는 이름으로 불리기도 한다.

II. 중요한 성경 구절

사무엘상 1–2장.

III. 가족 배경

한나에 대한 이야기는 사무엘상 1–2장에서만 발견된다. 그녀의 배경에 대한 기록은 없으나, 결혼 후 그녀의 가정생활은 기록되어 있다. 그러므로 우리는 그녀의 삶의 일부만을 생각하게 될 것이다.

한나의 남편 엘가나는 레위인이며 고핫 자손으로서 제사 직무를 행하는 지파들 중 가장 명예로운 가문 가운데 속해 있었다. 엘가나는 그 당시 일부다처라는 일반 관습에 따라 사는 불분명한 제사장이었다.

그의 또 다른 아내 브닌나는 자식을 낳을 수 있었다. 그러나 한나는 잉태치 못했다. 브닌나는 한나를 멸시했고 그녀에게 무례한 말들을 했다. 엘가나는 한나를 사랑했기 때문에(삼상 1:5), 그녀의 말 속에는 약간의 시기심이 내포되어 있었다(6절).

한나는 결코 원한의 표시도 보이지 않았고 오히려 학대 속에서도 아름다운 마음으로 가정의 평화를 지켰다. 이러한 가정 생활에 나타났듯이 한나는 구약성경에서 훌륭한 여인이 되었고, 온 세계에 영향을 끼칠 수 있는 인물이 되었다.

Ⅳ. 구약성경은 한나에 관해 어떻게 말하고 있는가?

1. 한나의 괴로움(삼상 1:3-10)

매년 그 가정은 실로에 있는 성막에 가서 제사를 드리고 만군의 여호와께 예배를 드려야 했다. 실로에 가게 될 때도 한나는 둘째 아내에게 조롱을 받아야만 했다. 아이를 낳지 못한다는 이 사실이 그녀에게 더욱 슬픔과 괴로움을 주었다.

8절을 써 보라. _____

_____

남편은 그녀를 우대했고 사랑했다. 자녀가 없는 유대 여인들의 고민은 우리의 문화로는 이해하기 어렵다. 한나는 성전에 가서 간절히 기도했다. 그때 성전 기둥 옆에 앉아 있던 엘리 제사장에게 발견되었다. 그녀의 괴로움은 15절에서 지적하는 바와 같이("나는 마음이 슬픈 여자라") 아이를 낳지 못하는 이유에서 온 것이었다. 한나는 성경 안에서는 네 번째로, 잉태하지 못했기 때문에 괴로움을 당했던 여인이었다. 그 넷 중에서도 그녀는 기도를 많이 하는 훌륭한 인물이었다.

다른 여인들과 비교해 보자.

- 사라 : 사라는 늙어서 아이를 갖게 된다는 말을 들을 때에 웃었다.
- 리브가 : 이삭은 잉태치 못하는 리브가를 위해 자식을 낳도록 기도했다. 결혼 후 20년 만에 그녀는 에서와 야곱을 낳았다.
- 라헬 : 라헬은 잉태치 못했으므로 부르짖기를 "나에게 자식을 주지 않으면 죽겠나이다"라고 했다.

한나는 애통해하면서 그녀의 문제를 하나님에게 맡기고 아이를 얻기 위해 하나님을 의지했다. 괴로움을 극복하는 방법으로 취한 첫 번째 단계는 그녀가 다른 곳에 가지 아니하고 성전에 간 것이었다. 우리 모두에게 주는 교훈은 "우리의 짐을 주님에게 가져가서 거기에 내려놓아야 한다"는 것이다.

2. 한나의 기도와 서원(삼상 1:11-19)

한나는 성전에서 기도했다. 그녀는 기도로 하나님에게 서원했다.

11절을 당신의 말로 써 보라.

_____

_____

11절에서 그녀의 서원을 유의해 보라. "당신이 아들을 주시면 내가 그의 평생에 여호와께 그를 드리겠습니다." 그녀는 기도로 슬픔을 하나님에게 아뢰었다. 그녀는 하나님이 자기의 간청을 들으셨다는 것을 알 때까지 기도했다. 한나의 간청에서 그는 여호와께 남자아이를 다시 드릴 것을 서약했다.

삭도를 그의 머리에 대지 아니하겠나이다. (삼상 1:11)

이것은 그 소년이 나실인으로서 여호와께 서약하는 것이다. 민수기 6:2-5을 보자. 2절을 써 보라. _____

_____

5절을 써 보라. _____

한나는 아이를 잉태하기 전에 이 서약을 했다. 나실인이란 무엇인가? 나실인은 전적으로 여호와께 드린 구별된 사람이다. 긴 머리는 나실인으로서 성별(聖別)의 외부적 표시이며 여호와를 위해 약속을 이행하겠다는 의지의 표현이었다. 한나는 태어날 아이에 대해서 자신의 욕망을 채우는 존재로 보지 않고, 종교적 타락 시대에 황폐해진 이스라엘 민족이 하나님에게 전적으로 성별된 자가 절실히 필요함을 깨닫고 아이를 그러한 자로 보았다. 우리가 기꺼이 하나님에게 자신을 드리려고 할 때 하나님도 하나님의 모든 것을 털어놓으신다. 한나가 실로에 있는 하나님의 집에서 아뢰었던 기도는 의식적인 기도가 아니라 애원의 기도였다. 그녀의 입술은 움직였으나 목소리는 들리지 않았다. 영혼과 심령 속에서 나오는 내적인 것이었다. 제사장 엘리는 그녀의 입술을 보고 술에 취한 줄로 생각했다. 사무엘상 1:12-13에 밑줄을 그어라. 엘리의 말은 그녀에게 고통을 더해 줄 뿐이었다. 그녀의 대답은 명대답이었다.

나는 마음이 슬픈 여자라 포도주나 독주를 마신 것이 아니요 여호와 앞에 나의 심정을 통한 것뿐이오니. (삼상 1:15)

엘리는 대답했다. "평안히 가라."

사무엘상 1:17 _____

18절을 유의해 보라. 한나는 기쁨으로 하나님의 집을 떠났다. 그녀의 표정은 더 이상 슬프지 않았다. 다시 식욕까지 찾았다. 하나님이 자신에게 아들을 주실 것을 마음속에 확신했다. 그러자 하나님의 기적이 일어났다(19절). 그들이 집에 돌아왔을 때 엘가나가 아내와 동침하여 한나는 잉태하게 되었다("그가 그의 아내와 동침했다"라는 말을 자녀들에게 이야기해 줄 때 적합한 말을 사용해야 할 것이다).

3. 한나는 서원을 지켰다(삼상 1:20-28).

한나는 아들을 낳아 그 이름을 사무엘이라고 불렀다. 그 뜻은 "여호와께 구함"이다. 그녀는 기도 중에 사무엘을 여호와께 바치기로 서원했다(23절). 한나는 "실로에 있는 여호와의 집"에 어린 사무엘을 데려갔다. 그리고 또다시 기도하며 자신의 서원과 그녀에게 베푸신 하나님의 은총을 잊지 않고 있음을 여호와께 아뢰었다. 28절에 있는 한나의 기도는 참으로 훌륭하다.

_____

_____

한나는 아들에 대해서 염려하지 않았다. 그녀는 그를 하나님의 손길에 맡겼다. 그러므로 그는 안심할 것이다.

4. 하나님을 향한 한나의 찬양(삼상 2:1-10)

그녀는 사무엘을 엘리에게 두고 떠나기 전에, 예수의 모친 마리아의 찬미의 예표로 불리는 승리의 기도를 드렸다. 사무엘상 2:1-10과 누가복음 1:46-53을 비교해 보자. 위의 두 기도는 지금까지 그리스도인들의 마음에 감동을 주고 있다.

5. 하나님은 첫 열매를 드린 결과 또 다른 열매를 주셨다(삼상 2:18-21).

한나가 믿음으로 첫 소생인 사무엘을 드렸기 때문에 여호와는 그녀에게 더 많은 자녀들을 주셨다.

20절을 써 보라. _____

_____

여호와가 한나를 권고하셔서 그녀는 세 아들과 두 딸을 더 낳았다(21절). 여호와는 항상 "우리 가운데서 역사하시는 능력대로 우리가 구하거나 생각하는 모든 것에 더 넘치도록 능히" 행하신다(엡 3:20).

6. 어린 사무엘(삼상 2:11, 18-19, 26절)

아이는 하나님 앞에서 자랐고, 하나님을 섬겼다. 사무엘이 어린 시절에 한나는 해마다 사무엘을 찾아가서 작은 겉옷을 지어다가 그에게 주었다. 한나의 전기는 1장에서 끝나며 그녀는 뒤로 물러나 아들을 통해 불멸의 존재가 된다.

V. 신약성경은 한나에 관해 어떻게 말하고 있는가?

1. 한나는 신약성경에서 한 번도 직접 언급되고 있지 않다.

그녀의 생애와 영향은 아들 사무엘을 통해 신약성경 여러 곳에 나타나 있다.

2. 성경은 때때로 한 주제에 관해 침묵하고 있는 것같이 보이나, 큰 소리로 말하고 있는 경우가 있다.

우리는 다음 주에 이러한 진리를 보게 될 것이다. 예를 들면 언급되지 않는 한나가 우리 주님의 어머니 생애에 영향을 주었다. 신약성경에서 그녀는 알려지지 않은 인물이다. 그러나 사무엘은 처음으로 선지학교를 시작했기 때문에 성경의 모든 기자들에게 큰 영향을 주었다.

VI. 이번 주에 배울 수 있는 교훈은 무엇인가?

1. 하나님은 때때로 우리가 그분의 뜻에 복종할 때까지 선한 일들을 보류하신다.

2. 잔악한 말들이 이유 없이 발설될 때 우리는 그리스도인으로서 그것들을 받아들여 우리의 증거가 헛되지 않도록 해야 한다.

3. 우리는 한나와 같이 기도할 때 하나님이 그분 자신의 방법과 정하신 시간에 응답하신다는 사실을 알아야 한다.

4. 우리의 모든 슬픔은 주님이 담당하실 수 있다. 그분은 한나의 생애 가운데서 역사하셨다.

5. 우리가 서원해 주께 드리면 그분은 확대해 우리 위에 더 풍성한 축복을 주신다.

6. 우리는 모든 일에 기뻐해야 한다. 한나는 어린 사무엘을 여호와께 다시 드릴 것을 알면서도 그 아이로 인해 여호와를 찬양했다.

복습

1. 한나는 왜 여호와를 그렇게도 의지했는가?

2. 한나는 어디에서 영혼의 평안을 발견했는가?

3. 누가 그녀를 가정과 성전에서 비판했는가?

4. 나실인이란 무엇인가?

5. 한나는 왜 오늘날까지 그렇게도 잘 알려져 있는가?

6. 그녀의 훌륭한 점은 무엇인가?

예습

1. 성경 읽기

사무엘상 1–10장; 16장; 19장; 25:1, 역대상 9:22; 26:28; 29:29, 사도행전 3:24; 13:20, 히브리서 11:32–34.

2. 한나에 대해 공부한 것을 복습해 보자.

3. 다음 주에 나오는 성경 구절을 모두 읽어 보자.

4. 새롭게 깨달은 성경 구절에 표시해 보자.

Week 17
사무엘

Ⅰ. 이름의 뜻

사무엘은 "하나님께 구함" 혹은 "하나님이 지명하심"이란 의미이다.

Ⅱ. 중요한 성경 구절

사무엘상 1–10장; 16장; 19장; 25:1, 역대상 9:22; 26:28; 29:29, 사도행전 3:24; 13:20, 히브리서 11:32–34.

Ⅲ. 가족 배경

지난 주에 보았듯이 사무엘은 한나와 엘가나의 첫 소생이었다. 그는 어머니의 기도 응답으로 태어났다. 하나님은 그녀의 간구를 들으시고 사무엘을 주셨다. 아버지는 고핫 자손으로서 레위인이었다. 그의 가정은 그 지파 안에서 거주하도록 정해져 있었기 때문에 그는 에브라임 지파 사람이었다. 여호수아 21:5, 20절을 보라.

사무엘은 두 아내와 엘가나의 다른 아내가 낳은 아이들과 함께 사는 가정에서 태어났다. 그러나 한나가 사무엘을 여호와께 드리기를 서원했기 때문에 그는 더 이상 집안에 머무를 수 없었다. 한나가 하나님에게 드렸던 모든 것은 그녀에게 주어진 하나님의 첫 번째 선물이었다. 이것은 우리의 삶 속에서도 진리이다. 사무엘상 1:28을 보라. 한나는 여호와께 그를 잠시 동안만 드리지 않고 "그의 평생"을 드렸다. 사무엘은 어린 나이에 여호와께 드려졌다.

젖을 뗀 후에 여호와의 집에 나아갔는데 아이가 어리더라. (삼상 1:24)

이 구절을 연구하는 대부분의 유대인들은 그가 세 살이었을 것이라고 말한다.

이것은 우리에게도 교훈을 주고 있다. 그러나 우리는 자녀들의 영적 훈련을 그렇게 일찍 시작하고 있지 않다.

Ⅳ. 구약성경은 사무엘에 관해 어떻게 말하고 있는가?

1. 사무엘은 레위인이며 나실인이다(삼상 1:1, 11절).

사무엘은 레위 지파 자손이었다(1절). 그는 라마 다임소빔에서 태어났다. 소빔은 "파수꾼"이라는 뜻이다. 선지자들은 파수꾼이라고 불렸다. "라마"(rama)를 헬라어로 번역하면 아리마대(arimathea)라는 말이다.

사무엘은 서원한 나실인이었다(11절). 사무엘의 어머니 한나의 서원은 사무엘을 잉태하기 전 나실인의 서원이었다. 그 서원은 민수기 6:1-5에서 발견된다. 그 서원은 다음과 같다.

a. 여호와께 전적으로 성별된 자(민 6:2)

b. 독주나 포도주를 마시지 않는 자(3절)

c. 삭도를 대지 않는 자(5절)

자연 그대로의 긴 머리를 가지고 사람을 책망하는 자(고전 11:14)였다. 그 나실인은 여호와께 성별되어 있다는 것과 여호와를 위해 비난을 참는 의지의 외형적인 표시로서 머리를 자르지 않고 길렀다.

d. 죽은 시체와 접촉을 피하는 자(민 6:5-6)

이것은 생활에서의 절대적 순결의 표시였다.

2. 하나님으로부터 받은 사무엘의 소명(삼상 3:1-18)

사무엘은 어렸을 때 여호와께 부르심을 받았다.

아이 사무엘이 엘리 앞에서 여호와를 섬길 때에는 여호와의 말씀이 희귀하여. (삼상 3:1)

그래서 여호와 하나님은 이 어린 사람으로 하나님을 위해 대언자가 되도록 부르셨다. 3:4을 찾아 써 보라. _____

10절을 써 보라. _____

3. 선지자 사무엘(삼상 3:19-21)

사무엘은 선지자, 즉 "하나님의 대언자, 선견자, 파수꾼"으로 부르심을 받았다. 20절을 찾아 보자. _____

사무엘은 하나님이 이상(理想) 중에 그에게 첫 번째 말씀하신 것을 엘리에게 자세히 말했다

(11–18절).

어린이로서 여호와가 말씀하신 것과 같이 자세히 말한다는 것은 어려운 일이다.

여기서 사무엘은 선지자 직무의 시작을 보여 주고 있다. 신명기 18:18에 있는 모세와 같이 과거에는 이러한 자들에게 예언의 직책이 맡겨졌다. 성경은 예언적 절차가 사무엘에 의해서 세워졌다고 지적한다. 사무엘상 9:9, 18–19절을 보라. 9절에 밑줄을 그어라. 우리는 예언자와 선견자(앞일을 미리 내다보는 사람)를 같은 의미로 알고 있다. 사무엘은 예언자이며 선견자였다.

사무엘상 10:5을 써 보라.

"네가 _____

_____ 만날 것이요."

사무엘상 19:20 _____

_____

이 구절에서 사무엘이 처음으로 선지학교를 시작했고 그들을 지도했음을 알게 된다.

알렉산더 와이티(Alexander Whyte)는 그의 저서 *Bible Characters*이란 책에서 "사무엘은 노년에 위대한 선지학교를 창설했고 주관했다"고 이야기한다.

구약성경에 나타난 인물들, 즉 선지자와 지도자, 시편 기자와 성문서 기자들, 또한 사무엘의 위대한 학교에서 훈련받은 학생들을 통해 받은 은혜가 얼마나 많은지 그 모든 것을 일일이 말한다는 것은 어려운 일이다.

4. 중보자 사무엘

사무엘상 7:5–8을 찾아보자. 사무엘이 말했다.

내가 너희를 위하여 여호와께 기도하리라. (5절)

8절을 써 보라.

_____

_____

사무엘상 12:18–23을 찾아보고 18–19절에 밑줄을 그어라. 기도에 대한 위대한 구절들 중 하나인 23절을 써 보라.

_____

_____

5. 제사장 사무엘

태어날 때부터 사무엘은 레위인이었고, 여호와는 그에게 제사장 직분을 맡겨 주셨다. 그는 직무상으로 모세와 아론의 계열에 있었다. 시편 99:6을 찾아보자.

제사장으로서 그가 행한 일들

- 희생의 번제(삼상 7:9-10)
- 백성을 위한 기도(9절)
- 왕들에게 기름을 부음(삼상 10:1; 16:13)

6. 사사 사무엘

사무엘은 선지자로서 제사장의 기능을 수행했으며 또한 사사였다. 사무엘은 마지막 사사였으며 초대 왕 사울에게 기름을 부었다. "그 당시에 여호와의 말씀이 희귀하여 이상이 흔히 보이지 않았기" 때문에 여호와는 이 모든 능력들을 여호와의 사람으로 하여금 행하게 하셨다(삼상 3:1). 사무엘은 이스라엘을 다스렸다. 사무엘상 7:15-17을 보라.

15절을 써 보라. _____

16-17절에서 "다스렸다"라는 말이 사용되었다. 성경을 찾아 그 말에 밑줄을 그어라.

7장은 사무엘을 분명하게 선지자, 제사장, 사사와 동일시하고 있다.

- 그는 선지자로서 선포한다(3절).
- 그는 제사장으로서 기도한다(5절).
- 그는 다스린다(6절).
- 그는 제사장으로서 희생을 드린다(9-10절).
- 제사장으로 나타난다(12절).
- 사사로 나타난다(15-16절).
- 사사와 제사장으로 나타난다(17절).

7. 사무엘의 죽음(삼상 25:1)

사무엘은 이스라엘이 신정 정치에서 왕정 정치로 변해 가는 것을 보면서 죽었다. 사무엘은 오직 하나님의 뜻을 따랐으므로 이것을 슬프게 여겼다. 이스라엘은 사무엘은 받아들이면서도 하나님은 거절했다.

사무엘상에서 중요한 구절들 중 하나인 8:7을 써 보라.

_____

_____

그 백성은 사무엘을 사랑했기에 그의 죽음을 슬퍼했다. 그 생애와 역사는 25장에서 끝나지 않았다. 28장에서 사울은 점술에 빠져서 엔돌에 사는 점쟁이에게 사람을 보냈다. 사무엘상 28:11-20에서 죽었던 사람이 말한다. 말하는 사람은 사무엘이었다. 사무엘은 사무엘상 15:22-

28에서 그가 말한 여호와의 메시지를 강조했다. 그래서 그 위대한 선지자 사무엘은 우리 모두에게 깊은 인상을 남긴다. 사무엘은 이번 주 본문을 배우는 우리에게 큰 영향을 끼치고 있다.

V. 신약성경은 사무엘에 관해 어떻게 말하고 있는가?

1. 베드로는 그의 두 번째 설교에서 사무엘을 선지자들의 지도자로 언급했다. 사도행전 3:24을 써 보라.

_____

2. 바울은 사무엘을 선지자로 확증했다.

사도행전 13:20 _____

3. 히브리서 11:32에서 사무엘은 믿음의 사람들 속에 포함되어 있다. 32절에 밑줄을 그어라.

VI. 이번 주에 배울 수 있는 교훈은 무엇인가?

1. 기도와 믿음으로 여호와께 드려진 아이는 여호와를 위해 사용될 것이다.

2. 그리스도 안에서 받는 어린 시절의 훈련은 자녀들에게 일생 동안 영향을 끼칠 것이다.

3. 경건한 사람의 영향력은 사무엘과 같이 미래의 사람들에게까지 미칠 것이다.

4. 우리는 사무엘이 이스라엘을 위한 기도를 결코 쉬지 않은 것처럼 그리스도를 필요로 하는 자들과 기독교 지도자들과 우리 민족을 위해 기도하기를 쉬지 말아야 한다.

5. 여호와는 사무엘의 어머니 한나를 축복하셨고 그녀에게 한 아들을 주셨다. 아들을 통해 보여 준 그녀의 사랑은 수 세기 동안 모성의 표본으로서 아직도 살아 있다. 주님은 어제나 오늘이나 영원토록 동일하시다.

복습

1. 사무엘은 태어날 때 무슨 가문이었으며 그가 태어나기 전 그의 어머니가 한 서원은 무엇이었나?

2. 나실인은 어떤 사람인가?

3. 사무엘은 어떤 직무를 시작했는가? 그의 주요 칭호는 무엇인가?

4. 그는 무슨 기관을 세웠는가?

5. 사무엘은 _____ 시기를 끝마쳤고 _____ 제도를 주도했다.

6. 사무엘은 두 왕에게 기름을 부었다. 그들은 누구인가?

예습

1. 성경 읽기

사무엘상 8–31장, 역대상 10장, 사도행전 13:21.

2. "이스라엘의 초대 왕 사울"에 관한 성경을 모두 읽자. 그는 다음 주의 연구 인물이다.

3. 사무엘과 한나에 대해 노트한 것을 복습해 보자.

4. 새롭게 깨달은 성경 구절을 찾아 표시해 보자.

Week 18
사울

Ⅰ. 이름의 뜻

사울은 "요청함" 혹은 "요구함"이라는 의미가 있다.

Ⅱ. 중요한 성경 구절

사무엘상 8–31장, 역대상 10장, 사도행전 13:21.

Ⅲ. 가족 배경

사울은 베냐민 지파이며, 기스의 아들이다. 신약성경에서는 그 이름을 헬라어 표기법으로 "씨스"라고 부른다. 베냐민은 야곱의 열두 아들 중 막내아들이었다. 이 지파에서 두 사람의 사울이 나온다. 사울 왕과 이방인의 사도인 사울이다. 후자는 사도 바울로서 알려졌다. 사울의 가정에 대해서는 전혀 알려진 바가 없다. 그러나 그는 순종하는 아들이었다(삼상 9:1–3).

Ⅳ. 구약성경은 사울에 관해 어떻게 말하고 있는가?

1. 이스라엘 백성은 임금을 요구했다.

사무엘상 8:5 _____

_____

사무엘은 선지자요 사사요 제사장이었다. 이스라엘은 다른 이방 민족들과 같이 되기를 원했다. 그들은 신정 정치(하나님을 최고 권력자인 임금으로 보는 것)를 거부했다.

사무엘상 8:7에서 여호와가 사무엘에게 말씀하셨다.

_____

_____

그들은 사무엘을 배척한 것이 아니라 하나님을 거절했다. 사무엘상 8:22에서 하나님은 그들의 이기주의적 욕망을 들어주셨다.

2. 하나님은 사울을 왕으로 선택하셨고 그가 행해야 할 것들을 사무엘에게 말씀하셨다(삼상 9:15-17).

여호와는 준수한 한 젊은이를 선택하셨다.

사무엘상 9:2에서 그의 모습을 살펴보자. _____

_____

여호와께서 사무엘에게 말씀하시기를 "사울이 네게로 올 때에 이스라엘의 첫 왕인 그에게 기름을 부으라"고 하셨다. 사무엘상 9:18-20을 읽어 보자. 그 당시에 사울은 겸손하고 온유했다. 사무엘상 9:21을 보라.

나는 베냐민 사람.

이스라엘 지파의 가장 작은 지파.

나의 가족은 베냐민 지파 모든 가족 중에 가장 미약.

당신이 어찌하여 내게 이같이 말씀하시나이까.

그의 겸손은 사무엘상 10:22에서도 나타난다. 그날은 백성에게 그의 모습을 나타낸 날이다. 그러나 사울은 "자신을 짐 보따리들 사이에 숨겼다."

사무엘상 10:27에서와 같이 그는 다소 자기를 절제하는 자였다.

비류들이 사울을 멸시하고 비난할 때 성경은 말하기를 "그러나 그는 잠잠했더라"고 했다.

3. 여호와가 사울에게 새로운 마음을 주셨다. 사울은 다른 사람이 되었다.

사무엘상 10:6 써 보라. _____

_____

사무엘상 10:9 _____

_____

여호와는 일을 맡기기 위해 부르실 때 그 사람에게 필요한 모든 것을 주신다. 사울 왕의 생애는 이것을 우리에게 보여 주는 좋은 사례이다.

먼저 사울은 내적으로 변화되어 그 백성에게 나타났다. 백성들은 다른 사람들보다 준수하여 머리와 어깨가 보이는 사울을 향해 "하나님이 그 왕을 구원하신다"라고 외치면서 응답했다. 사울은 외부의 도움과 협조를 받았다. 하나님은 그에게 그분의 사람들을 보내 주셨다.

사무엘상 10:26 _____

_____

하나님은 사울을 내적, 외적으로 준비시키셨을 뿐만 아니라 암몬 족속과의 싸움에서 승리하게 해 주셨다(삼상 11:1-11). 이 사건은 백성에게 큰 소망을 주었고, 왕으로서의 확신을 갖게 해 주었다(12절).

여기까지는 이스라엘 왕으로서 좋은 면을 보여 주었다. 사울이 선천적인 능력도 갖고 있었지만 하나님은 그 위에 내적으로 영적인 능력을 부여해 주셨다. 그래서 사울은 그의 백성과 하나님을 위해 크게 공헌할 수 있었다. 그러나 사울은 아담의 본성을 이어받아서 멸망의 길로 내려가기 시작했다.

4. 사울 왕의 몰락은 "이기심"에 기인한 것이다.

첫째는 주제넘은 행동과 인내하지 못한 죄이다. 사무엘상 10:8을 찾아 밑줄을 그어라. 사무엘은 사울에게 길갈로 가서 칠일을 기다리면 그(사무엘)가 와서 여호와께 희생 제사를 드릴 것이라고 말했다.

사무엘상 13:8을 써 보라. _____

_____

그러나 인내심을 갖기 못한 사울은 여호와께 희생 제사를 드림으로써 제사장 직분을 침해했다. 사무엘이 약속한 대로 도착했으나 이미 사울은 그 일을 끝마쳤다. 그는 자기가 하고자 한 것을 행했다.

사무엘상 13:12의 마지막 부분을 유의해 보라.

13절을 써 보라. _____

_____

_____

사울은 자기 의지대로 행했고 참지 못함으로 여호와는 그를 왕위에서 폐위시키셨다. 14절에 밑줄을 그어라.

둘째로 사울은 불순종하며 반역하는 자였다.

15장에서 사울은 여호와의 교훈을 편벽되게 이행했다. 그는 아말렉 사람들을 멸절시켜야 했다. 그는 실천에 옮겼으나 살찐 양들과 소들과 좋은 물건들을 취했다. 아말렉 왕 아각도 사울에게 죽임을 당하지 않고 살아남았다.

셋째로 사무엘에게 여호와의 말씀이 임했다.

내가 사울을 왕으로 세운 것을 후회하노니. (삼상 15:11)

사무엘의 책망은 17절에서 시작해 23절과 28절에 계속된다.

사무엘상 15:17에 밑줄을 그어라.

22-23절을 써 보라. _____

_____

_____

_____

28절을 찾아 밑줄을 그어라.

사무엘이 죄를 지적해 주었음을 알 수 있다. 죄는 오늘날 우리가 경험하는 바와 같이 덮어지지 않았다. 사무엘상 13:14과 15:28에서 왕위가 사울에게서 떠나게 될 것이라고 했다.

넷째로 여호와의 영이 사울에게서 떠나고 여호와께서 부리신 악령이 그를 번뇌하게 했다(삼상 16:14).

다섯째로 사울은 광적으로 다윗을 시기했다(삼상 18:8).

그는 세 번씩이나 다윗을 죽이려고 했다(삼상 19:1, 10절; 23:8). 그러나 다윗은 두 번이나 사울의 생명을 구해 주었다.

여섯째로 사울은 신접한 자에게로 마음이 기울어졌다(삼상 28:7). 준수한 사울에게 선천적 능력과 변화된 마음과 인격과 좋은 기회가 주어졌다. 그러나 어떠한 일이 일어났는가? 그는 하나님에게 순종하기를 거절했고, 자기 자신의 이기심을 원했다. 그는 죄의 깊은 수렁으로 빠지기 시작했고, 엔돌의 신접한 자를 찾기까지 했다. 그는 가장 높은 자리에서 가장 낮은 자리로 내려갔다. 이기주의, 교만, 권력의 남용, 시기 등이 이 모든 단계들의 통속적 역사를 형성한다. 즉 도덕적 부패로 인도되는 것이다.

일곱째로 사울은 전쟁터에서 부상당했을 때, 자신의 칼로 자살했다(삼상 31:4, 대상 10장). 이 거대한 사람이 왕의 위치에서 엔돌의 신접한 자에게 은밀히 찾아가는 불신앙의 함정에까지 내려갔던 것이다. 자기 우상과 자기중심주의는 마침내 이스라엘의 초대 왕 사울을 정복해 버렸다. 사울은 자신의 죄를 다윗에게 스스로 고백하고 있다.

내가 범죄했도다 내가 어리석은 일을 했으니 대단히 잘못되었도다. (삼상 26:21)

V. 신약성경은 사울에 관해 어떻게 말하고 있는가?

1. 신약성경에서도 이 사울을 다시 언급하고 있다

사도 바울은 안디옥교회 설교 중 사도행전 13:21에서 사울을 언급한다.

이 구절을 써 보라. _____

_____

이 성경 구절은 사울이 얼마 동안 왕의 통치를 했는가를 말해 준다. 구약성경에서는 이것을 언급한 곳이 없다. 바울은 사울이 40년 동안 통치했다고 말한다(요세푸스도 역시 《유대 고대사 6》에서 40년이라고 말하고 있다).

2. 신약성경의 사울도 사울 왕과 같이 베냐민 지파에 속한 자이다(롬 11:1, 빌 3:5). 신약성경의 사울은 사도 바울이 되었다(우리는 신약성경의 인물들 중에서 바울을 연구할 것이다).

VI. 이번 주에 배울 수 있는 교훈은 무엇인가?

1. 경건한 종이 되는 데는 좋은 가족 배경이나 외모의 준수함 이상의 것이 요구된다.

2. 하나님의 말씀을 깨닫는 능력은 좋은 기회만큼 중요하다.

3. 주님에게 순종하는 것은 성공을 성취하는 데 있어서 어떠한 요인보다도 더 중요하다.

4. 자기중심과 이기심은 닫힌 방 선반 위에 가두어 두는 것처럼 버려야 한다.

5. 이 땅에서 가장 높은 직무를 가졌던 사울도 자기 좋을 대로 행하거나 하나님을 무시하는 일들을 행사할 권리는 받지 않았다.

6. 우리가 죄를 범하기 시작해 점점 더 많은 범죄로 빠져들어 갈 때 우리 자신의 의지로 돌아서기란 거의 불가능하다. 우리를 거기서 돌이킬 수 있는 것은 우리 주 예수 그리스도의 은혜뿐이다.

복습

1. 왜 사울이 이스라엘을 다스리는 왕이 되었는가?

2. 지도자로서 그의 특성은 무엇인가?

3. 무엇이 사울을 선한 의지에서 나쁜 행실로 기울어지게 했는가?

4. 한마디로 사울의 가장 큰 죄는 무엇이었는가?

5. 사울은 죄를 회개했는가? 그는 어떻게 말했는가?

예습

1. 성경 읽기

사무엘상 13-14장; 18-20장; 23장; 31장, 사무엘하 1장; 9장.

2. 다음 주에 배우는 "사울의 아들 요나단"에 대해 모두 읽어 보자(성경에는 14명의 요나단이 나온다).

3. 사울 왕에 대한 중요한 점들을 복습해 보자.

4. 새롭게 깨달은 성경 구절을 표시해 보자.

Week 19
요나단

Ⅰ. 이름의 뜻
요나단은 "여호와가 주시는 자" 혹은 "여호와가 주셨다"라는 의미이다.

Ⅱ. 중요한 성경 구절
사무엘상 13-14장; 18-20장; 23장; 31장, 사무엘하 1장; 9장.

Ⅲ. 가족 배경
요나단은 사울 왕의 가장 큰 아들이다. 그에 관한 배경은 사무엘상 14:49-51이 유일하다. 그의 어머니는 아히노암이다. 요나단에게는 두 형제와 두 자매가 있었다. 아버지 사울도 역시 리스바라는 첩을 두고 있었다. 그녀는 그에게서 두 아들을 낳았다(삼하 21:8, 11절). 요나단의 가정에서는 그가 이스라엘의 왕위에 오를 수 있는 유력한 후보자였다. 그는 훌륭한 정신적 능력과 높고 고상한 도덕성과 준수한 체격과 사랑의 마음을 지니고 있었다. 그는 왕의 자리를 차지하기에 적합한 자였다.

이스라엘의 2대 왕이 되어야 할 것이었으나 요나단은 아버지의 범죄로 자신이 결코 왕이 될 수 없다는 것을 알았다. 사무엘은 사무엘상 13:14에서 사울에게 이 사실을 드러냈고 사무엘상 15:23과 28절에서도 나타냈다.

Ⅳ. 구약성경은 요나단에 관해 어떻게 말하고 있는가?
1. 두려움을 모르는 요나단(삼상 13:2-3; 14:1-45)
요나단에게는 블레셋 사람들을 쳐부수기 위한 1,000명의 부하가 있었다. 그의 배경은 거의 언급되고 있지 않다. 성경에서 그의 첫 번째 모습은 용맹스러운 군인으로 나타나고 있다. 14장에서 요나단과 자기 병기를 든 소년이 믹마스의 가파른 계속을 기어 올라가 블레셋 사람 20명을 쳐 죽였다. 블레셋을 공격하려고 왔을 때 사울은 요나단이 공격하여 큰 혼란을 일으켜서 그들이 당황해 서로 싸우는 것을 보았다(삼상 14:1-23).

사울은 블레셋 사람들을 도륙하기 위해 추격하는 동안 식물을 먹는 자에게는 저주가 임할 것을 선언했다. 요나단은 아버지의 명령을 알지 못하여 석청을 조금 먹었다. 이 때문에 사울은 아들에게 말한다.

네가 반드시 죽으리라. (44절)

하지만 요나단이 실제로 하나님의 도우심을 받아 이스라엘을 구원한 사실을 알고 있는 백성들은 사울에게 말했다.

그의 머리털 하나도 땅에 떨어지지 아니할 것. (45절)

그래서 그 백성은 요나단을 건져 냈다(45절).

요나단에 대한 첫 인상은 싸우는 자와 용사이다. 그는 강했으며 훌륭한 정신적 능력을 지녔다. 그러나 그의 위대함은 전쟁터에서만 아니라 사랑과 여호와 하나님 안에서 믿음으로 사는 삶을 통해서 나타난다.

2. 다윗과 맺은 요나단의 언약(삼상 18:1-4)

다윗은 골리앗을 쳐 죽였다(17장). 그때 사울 왕은 그가 누구인지를 물었다. 사무엘상 17:58에서 자랑스럽게 대답했다.

다윗이 사울 왕에게 말했을 때 요나단은 마음속으로 다윗을 향한 사랑의 마음을 가지게 되었다.

사무엘상 18:1에 잘 드러나 있다.

요나단의 마음은 다윗의 마음과 연락되었다.

당신은 같은 물질끼리, 또 같은 섬유와 직물과 강도(強度)끼리 서로 연결한다. 뼈는 다른 뼈들과 연결될 것이고 근육이나 신경조직도 같은 것끼리 연결될 것이다. 요나단은 자기 마음을 다해 순결하고 진실한 사랑으로 다윗을 사랑했다. 그들의 우정 관계는 지금까지의 모든 진실한 우정들 중 가장 완벽한 모범이 되고 있다. 다윗과 요나단이 맺은 언약은 왕의 아들 요나단이 그의 긴 겉옷과 상의와 칼을 곧 왕이 될 다윗에게 줌으로써 이루어진 것이었다.

다윗은 하나님으로부터 선택되었다.

사무엘상 16:1 _____

_____

_____

그 언약은 성경 어떤 언약의 인장과 같이 진실된 것이었다. 요나단은 하나님을 사랑하는 신령한 사람으로서 일찍이 사무엘에게 훈련을 받아 왔다. 그는 다윗과 함께 언약을 맺고 동시에 더 위대한 다윗, 즉 예수 그리스도 안에서 믿음을 간직했다. 그는 다윗의 하나님을 알고 있었다.

사울의 아들이며 상속자인 요나단은 다윗을 이스라엘의 왕좌에 앉히기 위해 자기 자신을 완전히 비웠다. 요나단은 자기 힘 안에서만 있었고 그날에 예수 그리스도가 때가 차서 행하셨던 모든 것을 행했다(빌 2:6-8, 골 4:4-5). 예수님이 하나님의 아들로서 오신 반면 요나단은 오직 죄인인 아버지의 아들일 뿐이었다. 예수님은 당신의 의로운 옷을 우리에게 입히시고 우리가 그분의 영광에 함께 참여하도록 자신을 비우셨다.

여기에서 오늘날 우리에게 주는 또 다른 교훈이 있다. 예수님을 생각한다면 우리는 소유한 것을 모두 포기하고 자신을 비우고 주님이시며 왕 되신 그분의 어깨 위에 모든 소유를 드려야 할 것이다. 그것이 정말 요나단이 행한 참 사랑과 친절과 온유와 겸손이다.

3. 요나단은 다윗을 방어해 주었다(삼상 19:1-7).

요나단의 생애는 사울 왕과 장래의 왕이 될 다윗, 두 사람 안에서 이루어지고 있다. 우리는 그의 생애를 이 두 사람으로부터 분리시켜 생각할 수 없다.

요나단의 아버지 사울은 다윗이 골리앗을 이긴 후 즉시 일어나는 시기심 때문에 다윗을 죽이기로 결심했다.

사무엘상 18:7을 써 보라.

_____

_____

사무엘상 18:8-9에 밑줄을 그어라.

이것은 다윗에 대한 사울 왕의 반발이었다. 그에 대한 시기는 증오로 변했다. 사울은 살인을 대수롭지 않게 여기고 행했다.

사무엘상 19:1-7에서 요나단은 다윗을 보호하기 위해 여러 방법을 취했다.

첫째, 요나단은 다윗을 죽이려는 사울의 흉계를 말해 주었다(2절).

둘째, 그는 다윗을 안전하도록 돌봐 주었다. "아침까지 숨어 있으라"(2절).

셋째, 요나단은 다윗을 위해 변호했다(4-5절).

넷째, 그의 호소는 왕의 이름을 변화시켰다(6절).

다섯째, 요나단은 다윗을 사울에게 인도했다. 다윗은 다시 한 번 왕궁 안에 있게 되었다(7절).

요나단은 중보자요, 평화를 도모하는 자요, 하나님의 역사하심의 도구였다.

4. 요나단은 다윗을 보호해 주었다(삼상 20:1-42; 23:15-18).

20장 전체가 다윗에 대한 사울의 분노와 요나단이 다윗을 보호하는 내용의 기록이다. 그 우정은 모든 어려움을 극복할 수 있는 힘이 되었다. 사무엘상 20:17을 써 보라.

_____

_____

사무엘상 20:42에 밑줄을 그어라.

23:15-18에서 우리는 성경의 보석들 중 한 보석을 볼 수 있다. 다윗은 사울을 피해 도망가고 있었다. 십 광야에서 요나단이 그곳에 나타났다. 그때 그가 행한 첫 번째 일을 살펴보자.

사무엘상 23:16 _____

_____

요나단은 자기가 당연히 이어받을 왕좌에 다윗을 등극시킬 것을 선언했다.

17절을 유의해 보라.

내 아버지 사울의 손이 네게 미치지 못할 것이오.

너는 이스라엘의 왕이 되고.

나는 네 다음이 될 것을.

사울도 안다.

이렇게 그들은 여호와 앞에서 언약을 맺는다(18절). 이것은 그들의 사랑과 우정을 확고히 해 주는 진실한 신앙이었다. 우리도 사랑하는 자에게 이와 같은 일을 행해야 할 것이나, 나아가 예수 그리스도에 대한 우리의 언약과 신앙과 사랑을 새롭게 할 필요가 있다. 요나단과 다윗은 18절에서 헤어졌다. 그 후로 다시는 서로 만나지 못했다.

5. 요나단의 죽음(삼상 31:2)

요나단은 블레셋 사람들의 손에 죽었다. 그와 그의 아버지 사울은 그 전쟁에서 전사했다. 사무엘하 1:17-27에서 다윗은 요나단과 사울의 죽음을 슬퍼했다. 다윗은 사울에 대해 오직 선한 것들만 말하고 있다. 요나단에 대한 그의 사랑은 26절에서 발견된다(그것에 밑줄을 그어라).

V. 신약성경은 요나단에 관해 어떻게 말하고 있는가?

이렇게 훌륭한 인물에 대한 언급이 신약성경에는 없다. 그러나 여전히 그는 다윗의 생애 가운데서 중요한 역할을 하고 있다. 요나단은 백성들이 원해서 세워진 사울 왕의 아들이었다. 사울은 "이새의 집"으로부터 출생하지 않았다. 사울이 폐위된 후에 여호와 하나님은 이새의 아들 중에서 한 사람을 왕으로 세울 것을 말씀하셨다 (삼상 16:1).

성경연구 All 시리즈를 쓴 저자 허버트 로키어(Herbert Locker) 박사는 말하기를 "요나단은 기독교의 모든 덕을 갖추었다. 즉 베드로가 베드로후서 1:5-7에서 기록한 은혜들을 의인화시켰다"고 했다. 그 은혜들을 찾아보자.

_____   _____   _____

_____   _____   _____

VI. 이번 주에 배울 수 있는 교훈은 무엇인가?

1. 요나단은 진실한 우정의 완전한 모범이었다.

2. 그는 시기심이 없었기 때문에 두 번째 위치를 택할 수 있었다.

3. 그는 여호와가 다윗을 이스라엘의 왕으로 선택하심에 결코 반대하지 않았다.

4. 그는 하나님 안에서 다윗의 손을 강하게 붙들어 주었다.

5. 요나단은 현대인이 생각할 수 있는 이상한 사람이 아니었다. 다윗에 대한 그의 사랑은 순결하고 거룩하며 실제적인 것이었다. 우리 모두가 그러한 신실한 친구들을 두어야겠다.

6. 자기희생적인 우정은 우리가 그리스도를 통해 얻어야 하는 미덕이다. 요나단과 다윗의 사귐은 성경에서 찾아볼 수 있는 아름다운 우정의 모델이다.

복습

1. "요나단은 다윗을 _____ 사랑했다."

2. 당신이 "다른 사람과 함께 연결될 수 있는 것"은 무엇인가?

3. 요나단이 다윗과 맺은 언약의 보증은 무엇인가?

4. 왜 요나단은 끊임없이 다윗을 변호했는가?

5. 요나단은 십 광야에서 다윗을 만났을 때 무엇을 했는가?

예습

1. 성경 읽기

마태복음 1:1; 22:41–45, 마가복음 11:10, 누가복음 1:32, 사무엘상 16–31장, 사무엘하 전체, 역대상 15장; 25장, 열왕기상 1–2장.

2. 다음 주에는 다윗을 연구하게 될 것이다. 그에 대해 성경에 많이 기록이 되어 있다. 관련된 성경을 모두 읽자.

3. 요나단에 대해 중요한 점을 복습해 보자.

4. 새롭게 깨달은 성경 구절을 표시해 보자.

Week 20
다윗

Ⅰ. 이름의 뜻

다윗은 "극진히 사랑받는 자"라는 의미이다.

Ⅱ. 중요한 성경 구절

마태복음 1:1; 22:41–45, 마가복음 11:10, 누가복음 1:32, 사무엘상 16–31장, 사무엘하 전체, 역대상 15장; 25장, 열왕기상 1–2장.

Ⅲ. 가족 배경

다윗은 이새의 여덟 아들 중 막내였다. 그는 베들레헴("떡집"이라는 의미) 출신이다. 성경은 다윗의 어머니에 대해 언급하고 있지 않다. 여기에서 우리는 앞에서 배운 많은 예언이 성취되어 가는 것을 볼 수 있다.

당신은 메시아 혈통을 통해 예수님이 오신다는 것을 기억하고 있는가? 당신은 전에 공부한 내용 중에서 아브라함, 이삭, 야곱, 유다, 다말, 살몬, 보아스, 룻, 오벳, 이새 그리고 다윗까지 그 이름들을 기억하고 있는가?(하나님은 아브라함과 언약을 맺으시고 그의 후손 되시는 예수 그리스도로 말미암아 축복을 주시기 위한 자신의 뜻을 이루고 계셨다)

사무엘은 이스라엘의 2대 왕인 다윗을 선택하는 일에 하나님의 쓰임을 받았다. 사무엘상 16:1을 찾아서 밑줄을 그어라.

16:7을 찾아보고 7절을 써 보라. _____

_____

사무엘상 16:12–13을 자세히 읽어 보자. 다윗은 준수한 사람이었다. 그는 여호와로부터 택함을 받아 왕이 되도록 사무엘을 통해 기름 부음을 받았다.

다윗이 여호와의 영에게 크게 감동되니라. (13절)

다윗은 사울이 죽기까지는 왕위에 즉위하지 못했다. 여호와 하나님이 그를 선택하셨을지라도 다윗은 사울의 부하로서, 사울에게 멸시를 받으면서도 맡은 일을 감당해 냈다. 그는 사울에게 미움을 받아 목숨까지 위태로웠다.

이때 다윗은 자기의 유리방황하는 경험을 통해 몇 편의 아름다운 시를 지었다. 그것들 중에는 시편 54, 56-57, 59편 등이 있다. 다윗은 성경 인물 중에서 "하나님의 마음에 합한 자"라고 인정받았던 유일한 인물이다. 사무엘상 13:14을 찾아 밑줄을 그어라. 사도행전 13:22에서 이 내용을 찾아 밑줄을 그어라.

우리는 지난 주에 다윗 생애의 한 부분을 언급했기 때문에 그 배경은 대강 살펴보았다. 이제는 이스라엘의 왕이 된 다윗의 통치와 다스림을 살펴보자.

IV. 구약성경은 다윗에 관해 어떻게 말하고 있는가?

1. 다윗은 사울과 요나단의 죽음을 슬퍼했다(삼하 1:17-27).

다윗이 사울과 요나단에 대해 지은 노래를 보면 다윗은 오직 사울의 선행만을 자세히 찬양하고 있다.

이 노래는 사울을 여호와께 기름 부음 받아 이스라엘을 다스리는 왕으로 고백하며 깊은 존경을 표시하고 있다. 거기에는 다윗에게 행한 사울의 과실과 잔악성이 언급되어 있지 않다. 다윗은 요나단에 대해 언급할 때에도 애정이 흘러넘쳤다(26절).

2. 유다를 다스린 다윗 왕(삼하 2-4장)

다윗은 헤브론에서 7년 반 동안 유다만을 다스렸다(삼하 2:11).

유다 사람들이 와서 거기서 다윗에게 기름을 부어 유다 족속의 왕으로 삼았더라. (4절)

다른 지파들은 다윗을 왕으로 받아들이지 않았으나 유다 족속은 그들의 왕으로 모시기를 결심했다(삼하 2:8-10).

이 때문에 사울을 따르는 자들과 다윗을 따르는 자들 사이에 분쟁이 일어났다.

사무엘하 3:1 _____

_____

3. 예루살렘에서 이스라엘의 왕이 된 다윗(삼하 5-11장)

사울의 추종자들을 다스리던 왕 이스보셋이 죽은 후에 모든 지파들이 다윗에게 나아왔고 그에게 기름 부어 모든 이스라엘을 다스리게 했다(삼하 5:3). 그 후 다윗은 40년간 통치했다.

사무엘하 5:4-5을 보라.

그는 예루살렘(시온 : 다윗 성)으로 수도를 옮겼다(6-7절).

7절에 밑줄을 그어라.

이스라엘 전체를 다스리는 왕이 되는 다윗의 대관식을 거행했다. 이 사건은 사무엘하 5장에는 언급되어 있지 않으나 역대상 12:23-40에 묘사되어 있다. 그의 대관식에는 수많은 사람들이 참석했고 무장한 군인만도 약 34만 명에 달했다. 그들은 다윗을 왕으로 삼는 일에 모두 한마음이 되었다(대상 12:38).

4. 다윗의 언약(삼하 7:4-16)

여호와의 위대하신 언약들 중 하나가 다윗과 맺은 언약이다. 메시아는 "육신으로는 다윗의 혈통"에서 나셨다(롬 1:3). 이 언약으로 다윗은 그의 보좌의 영원한 관계를 확증했다. 거기에는 우리가 다윗과 맺은 교회와의 언약에 대해 기억해야 할 여러 중요한 것들이 있다.

a. 이스라엘을 위해 한 곳을 정하는 하나님의 확증(삼하 7:10)

b. 이스라엘의 보좌에 대한 하나님의 확증(13절)

c. 다윗 통치의 영구성(11-16절). 여기에서 세 가지 일이 보증된다.

• "집" 혹은 자손(11, 13절)

13절을 써 보라. _____

_____

• "보좌" 혹은 왕적 권위(13절)

• "왕국" 혹은 통치 영역(12-13절)

이 세 가지 사항이 16절에서 여호와 하나님으로 말미암아 보장된다.

시편 89편은 다윗의 언약에 대해서 해석해 준다. 그 언약은 27절에서 보는 바와 같이 다윗과 솔로몬의 시대보다 훨씬 더 앞을 내다보고 있다.

읽고 밑줄을 그어라. "열왕보다 더 높으신 이"는 오직 육신으로는 다윗의 혈통인 주 예수만을 말할 수 있다. 시편 89편 3-4절을 유의해 보라. 이 구절들에 밑줄을 그어라.

그러므로 20-37절은 매우 중요하다.

이 구절들을 읽고 20-21, 28-29, 34, 36-37절에 밑줄을 그어라.

d. 그 언약은 예수 그리스도 안에서 성취될 것이기 때문에 절대적이다. 이 사실은 아래 성경 구절들에서 선지자들을 통해 다시 확증되었다.

Note

이사야 9:7 _____

_____

_____

이사야 11:1 _____

예레미야 23:5 _____

에스겔 37:25 _____

_____

e. 다윗의 언약은 그리스도에 대한 확실한 예언이다.

그리스도에 대한 첫 번째 예언은 창세기 3:15에서 아담에게 주어졌다.

_____

둘째로 창세기 22:18(밑줄을 그어라)에서 아브라함에게, 셋째로 창세기 49:10에서 야곱에게, 넷째로 사무엘하 7장에서 다윗에게 주어졌다.

첫째로 하나님은 아담 안에서 인류에게 약속하셨다.

둘째로 하나님은 그 인류 가운데 한 국가인 이스라엘에게 약속하셨다.

셋째로 국가 안에서 한 지파인 유다에게 약속하셨다.

넷째로 그 지파 안에서 한 가족인 다윗의 가족에게 약속하셨다.

5. 다윗의 큰 범죄(삼하 11장)

그의 첫 번째 범죄(3-4절) _____

_____

첫 번째 죄는 두 번째 죄로 인도된다.

15-17절에서 다윗은 밧세바의 남편 우리아를 전쟁의 최전방에 내세워 그곳에서 죽게 했다.

6. 다윗의 회개(삼하 12:13-18, 23절)

하나님은 다윗을 깨우쳐 주시려고 지혜로운 설교자 나단을 쓰셨다. 7-12절을 유의해 보라. 그 후 다윗은 회개하고 죄 사함을 받았다(13절). 그러나 죄의 결과는 다윗과 밧세바에게 나타났다. 그들의 아이는 죽었다.

23절을 써 보라._____

_____

그 후 다윗과 밧세바는 솔로몬을 낳았다(24절).

7. 다윗의 고통(삼하 13–24장)

사무엘하는 다윗의 고통과 비탄에 대한 기록들이다. 그의 비통은 모두 그의 가정 안에서 야기되었다. 압살롬은 가장 애를 태운 자식이다. 15장에서 18장까지에는 압살롬의 반역과 그의 최후(삼하 18:15)와 다윗의 슬픔(삼하 18:33)이 나온다. 이것은 사무엘하 12:11–12에 따르면 다윗의 죄의 열매였다.

사무엘하 18:33에 나타난 다윗의 슬픔을 써 보라._____

_____

_____

사무엘하에서 다윗에 대한 기록은 모리아 산 위에 있는 오난의 타작마당 구입 내용으로 끝을 맺는다. 모리아 산은 성전의 장소가 되었다. 이곳은 수백 년 전에 아브라함이 이삭을 제물로 바쳤던 곳이다.

8. 다윗은 솔로몬에게 왕위를 물려준다(왕상 1–2장).

권력에 대한 다툼은 항상 있다. 다윗은 임종 시에 솔로몬의 왕위를 확약하기 위해 엄격한 결단을 내려야만 했다(왕상 1장을 읽으라). 솔로몬은 기름 부음 받은 왕이다(왕상 1:39–40). 다윗은 그의 아들 솔로몬에게 책임을 맡겼다(왕상 2:1–9). 2–4절을 유의해 보고 밑줄을 그어라.

9. 다윗의 죽음(왕상 2:10–11)

그는 하나님 백성의 왕으로서 40년간(헤브론에서 7년, 예루살렘에서 33년) 다스렸고 예루살렘 땅에 묻혔다.

V. 신약성경은 다윗에 관해 어떻게 말하고 있는가?

신약성경에 다윗에 관한 이야기가 57번이나 언급되고 있다. 여기서 다윗과 우리 주 예수님을 연결시켜 주는 몇 가지 사항을 살펴보자.

1. 예수님은 다윗의 자손이시다.

마태복음 1:1_____

_____

2. 아브라함부터 예수님까지는 42대가 된다(마 1:17).

3. 예수님은 계속적으로 "다윗의 후손"으로 불렸다.

마태복음 9:27; 12:23; 15:22; 20:30-31; 21:9을 찾아보자.

누가복음 1:32-33을 써 보라. _____

_____

_____

바울은 그의 설교에서(행 13:22-23) 명확한 빛을 비춰 준다.

22절에 밑줄을 그어라. 23절을 써 보라.

_____

_____

로마서 1:3에 밑줄을 그어라(바울이 말한 것).

5. 사도 요한은 예수님의 왕적인 특성에 대해 말하고 있다.

요한계시록 5:5 _____

_____

_____

6. 예수님은 성경의 마지막 장인 요한계시록 22:16에서 자신을 다윗과 동일시하고 있다.

16절을 써 보라. _____

_____

_____

위의 성경 말씀과 베드로의 설교(행 2:25-31)에 설명하고 있듯이 성부 하나님은 가시 면류관을 쓰신 자에게 "그의 조상 다윗의 보좌"를 주실 것이다. 30절에 밑줄을 그어라.

VI. 이번 주에 배울 수 있는 교훈은 무엇인가?

1. 때때로 인간은 주님에 의해서 부르심을 받거나 선택된다. 그러나 하나님의 때를 기다려야만 한다. 다윗은 이것에 대한 좋은 본보기이다.

2. 그는 "하나님의 마음에 합한 자"였다. 오늘날 예수 그리스도의 은혜 시대에서 우리도 이와 같은 자(하나님 마음에 합한 자)가 되도록 기도하고 자격을 갖추어야 한다.

3. 그는 왕위를 차지하는 것에 대해 인내했다. 그는 우리에게 인내를 가르쳐 준다.

4. 하나님이 다윗에게 행하신 약속은 무조건적이며 절대적이다. 예수님은 다시 오실 것이며 다윗의 보좌 위에 계실 것이다.

5. 그 예언은 그리스도에 대한 확실한 예언이다. 성경의 예언들은 우리에게 영감을 주며 용

기를 준다. 예언적 말씀들을 버려서는 안 된다.

6. 다윗은 본질상 아담의 후손이다. 그는 범죄했으나 하나님은 그래도 그를 사용하셨다. 그는 우리 모두와 같은 자였다.

복습

1. 다윗은 몇 번씩이나 기름 부음을 받았는가?

2. 그는 얼마 동안 통치했는가? 헤브론에서는 몇 년, 예루살렘에서는 몇 년인가?

3. 다윗은 언제 왕위에 올랐는가?

4. 다윗에게 행하신 언약이 당신에게 주는 의미는 무엇인가?

5. 다윗의 큰 범죄는 무엇이었는가?

6. 다윗에게 충고한 영적 지도자는 누구였는가?

예습

1. 성경 읽기

열왕기상 1–11장, 역대하 1–9장, 마태복음 6:29; 12:42, 요한복음 10:23, 사도행전 5:12; 7:47.

2. 다음 주에는 "지혜자 솔로몬"에 대해 연구할 것이다. 그에 대한 모든 기록들을 읽어 보자.

3. 다윗에 대한 중요한 점을 복습해 보자.

4. 새롭게 깨달은 성경 구절에 표시해 보자.

Week 21
솔로몬

Ⅰ. 이름의 뜻

솔로몬은 "평화" 혹은 "평화스러운"이란 의미가 있다. 히브리어로는 그 이름이 "쉐로모"라고 되어 있다. 사무엘하 12:24-25에서는 "여디디아"라는 또 다른 이름이 주어진다. 그것은 "여호와께 사랑받는 자"라는 의미를 지닌 이름이다. 이 이름은 나단이 여호와의 지시를 받아서 그 아이에게 전해 준 것이다. 이 두 이름이 다 깊은 의미를 갖고 있다.

Ⅱ. 중요한 성경 구절

열왕기상 1-11장, 역대하 1-9장, 마태복음 6:29; 12:42, 요한복음 10:23, 사도행전 5:12; 7:47.

Ⅲ. 가족 배경

성경은 밧세바를 통한 다윗의 자녀들에 대해 언급하고 있다. 다윗이 헤브론에서 여러 아내를 통해 낳은 자녀들의 이름이 사무엘하 3:2-5에 나타난다. 예루살렘에서 아내들과 첩들을 통해 낳은 자녀는 사무엘하 5:13-15에 언급되어 있다(14절을 유의해 보라). 밧세바의 첫 아이가 죽은 후에 여호와는 솔로몬을 다윗과 밧세바에게 허락하셨다. 여호와는 다윗이 성전을 건축하지 못할 것이며 그의 아들이 건축할 것이라고 말씀하셨다(대상 22:8-12, 삼하 7:4-16).

여호와는 솔로몬을 지명하셔서 성전을 짓도록 그를 선택하셨다(대상 28:2-3, 6절). 솔로몬("여호와께 사랑을 받는 자" 혹은 "평화스러운 자")은 하나님의 예정된 사역을 위해 태어났다. 그러나 그의 부모는 죄를 범했던 죄인이었다는 것을 잊어서는 안 된다.

밧세바는 육욕에 빠진 자로 알려져 있다. 다윗은 부도덕한 성적 범죄를 저질렀으며, 결국에는 밧세바의 남편까지 죽게 했다. 솔로몬은 분명히 아담의 죄의 속성을 타고났음을 알 수 있다.

우리는 그가 완전한 자가 되는 것을 기대해서는 안 된다. 우리는 이번 주에 그의 선 Note
행과 악행을 모두 찾아볼 수 있을 것이다.

IV. 구약성경은 솔로몬에 관해 어떻게 말하고 있는가?

1. 솔로몬은 이스라엘의 왕이 되었다(왕상 1:33-39).

솔로몬의 아버지 다윗은 솔로몬이 왕위 계승자가 될 것을 선포했다. 다윗은 여호
와 하나님이 솔로몬을 왕좌에 오르도록 선택하셨음을 이미 알고 있었다.

역대상 22:9 _____

_____

역대상 28:5에 밑줄을 그어라.

열왕기상 1:5-9에 보면 솔로몬의 형이 그 왕국을 쟁취하려고 했다. 그러나 나단
과 밧세바는 다윗에게로 가서 솔로몬에게 기름을 붓고 왕의 자격을 부여했다(왕상
1:39에 밑줄을 그어라).

2. 솔로몬에게 주어진 임무(왕상 2:1-9)

다윗은 그의 아들이 왕좌를 차지하게 될 때 그에게 특별한 책임을 부여해 주었다.

열왕기상 2:2을 유의해서 보라. _____

_____

3-4절에 밑줄을 그어라.

3. 지혜를 간구하는 솔로몬의 기도(왕상 3:5-15)

내가 네게 무엇을 줄꼬 너는 구하라. (5절)

이와 같은 여호와의 말씀에 솔로몬은 7절에서 대답하기를 "나는 작은 아이에 불과
합니다"라고 했다. 실제 그때 그의 나이는 20살이었다. 그러나 그는 이 새로운 책임
앞에서 한 어린이와 같았다. 그는 자신에게 도움이 필요함을 알고 있었다.

여호와께 대한 그의 요구는 9절에 나온다.

_____

역대하 1:10을 찾아서 밑줄을 그어라.

하나님은 기도의 응답으로 그가 요구했던 모든 것과 아울러 그 이상의 것을 그에
게 주셨다(13절).

내가 네게 지혜와 지식을 주고 재물과 영광도 주리니 네 전의 왕들도 이런 일이 없었거니와 네 후에도 이런 일이 없으리라. (대하 1:12)

그러나 거기에는 여호와가 장수의 복을 주시는 한 가지 조건이 있다. 즉 열왕기상 3:14에서 "네가 만일 내 길로 행하며 내 법도와 명령을 지키면"이라는 조건이다.

4. 솔로몬의 지혜(왕상 4:29-30)

29-30절에 밑줄을 그어라.

32절을 유의해서 보라. _____

_____

당신은 잠언에서 917개나 되는 솔로몬의 잠언을 발견하게 될 것이다.

5. 솔로몬은 첫 번째 성전 건설에 착수한다(왕상 5-6장).

솔로몬은 그가 여호와의 성전을 지어야만 한다는 사실을 알고 있었다. 이것은 "여호와의 첫 번째 집"이 될 것이다. 지금까지는 백성들이 여호와를 만났던 곳이 성막이었다. 이제 영구한 성 전이 다윗이 오난의 타작마당을 매입했던 그 장소에 건축될 것이었다.

역대하 3:1과 역대상 21:18-30을 보라.

이것은 이스라엘 역사에서 지어진 세 성전 가운데 첫 번째 것이다.

첫째 : 솔로몬 성전

둘째 : 스룹바벨 성전

셋째 : 헤롯 성전

열왕기상 5:5에서 솔로몬은 그의 목적을 기술하고 있다.

_____

_____

열왕기상 6:1에서 성전을 착공하던 해는 이스라엘이 애굽의 종살이에서 해방된 이후 480년 이 되는 해이다(기원전 962년).

열왕기상 6:38을 보면 건축을 완성하는 데 7년이 걸렸다. 37절을 자세히 살펴보자. 그것은 솔 로몬 통치 제4년째(왕상 6:1)를 소급하여 언급하고 있다.

성전의 구조는 여호와가 다윗에게 알려 주셨다(대상 28:19). 또한 다윗은 솔로몬에게 그 모 형을 알려 주었다(대상 28:11-12). 솔로몬은 새로운 놋 제단, 촛대, 떡상, 물두멍, 항아리 및 여 러 기구들을 만들었다. 그러나 언약궤는 새롭게 만들지 못했다. 새롭게 지어진 성전 안에 들어 갈 언약궤는 시내 산에서 만들어진 것이었다.

열왕기상 8:6을 읽고 밑줄을 그어라.

누가 새로운 성전을 충만케 했는가?

열왕기상 8:11을 써 보라. _____

_____

열왕기상 7:7에서 언급된 낭실(porch)은 재판하는 장소로 사용되었다. 이 낭실은 신약성경에서도 언급된다. 열왕기상 7:1을 유의해 보면 솔로몬은 자신의 궁궐(house)을 짓는 데 13년을 소요했다. 낙성식의 메시지가 끝난 후에 솔로몬이 드린 봉헌기도를 읽어 보자(왕상 8장).

6. 여호와가 두 번째로 솔로몬에게 나타나심(왕상 9:1-9, 대하 7:12-22)

여호와 하나님은 기브온에서 솔로몬에게 나타나셨다(왕상 3:5). 그때 말씀하시기를 "내가 너에게 줄 것을 물으라"고 하셨다. 두 번째 나타나셨을 때는 여호와가 성전에 관한 솔로몬의 기도를 듣고 응답했다고 말씀하셨다(왕상 9:3). 자기 왕국의 존속을 위해서 솔로몬이 간청한 것은 조건적이었다(왕상 9:4-7). 읽고 밑줄을 그어라.

이와 동일한 사건이 역대하 7:12-22에도 기록되어 있다. 성경 전체에서 가장 친근한 구절 중 하나인 14절을 솔로몬과 우리에게 주셨다.

14절을 써 보라. _____

_____

_____

여호와의 경고는 이스라엘 역사 가운데서 후대에 이루어질 정확한 예언이었다.

7. 하나님께 범죄한 솔로몬(왕상 10-11장)

10장에서는 솔로몬이 사람들에게 드러난 모습이 묘사되고 있다. 11장에서는 그가 하나님에게 드러난 모습이 묘사되고 있다. 솔로몬은 세계만방의 모든 사람들 눈에 매력적이었다. 그들 중에는 시바 여왕이 있었다(왕상 10:1-13).

시바 여왕의 방문은 역대하 9장에도 기록되어 있다. 역대하 9:8에서는 시바 여왕이 솔로몬에게 필요한 어떤 조언을 하고 있다.

당신의 하나님 여호와를 송축할지로다.

하나님이 당신을 기뻐하시고 그 자리에 올리사.

당신의 하나님 여호와를 위하여 왕이 되게 하셨도다.

당신을 세워 그들의 왕을 삼아 정의와 공의를 행하게 하셨도다.

열왕기상 10장에서의 기록은 솔로몬의 풍부한 부에 대해서 말하고 있다. 솔로몬이 누린 모든 평화, 번영, 권세와 지혜는 하늘의 것이라기보다는 차라리 땅의 것으로 치부되고 있었다. 그 능력과 행운이 하나님을 반역하는 죄로 그를 이끌었다.

열왕기상 11:1을 유의해서 보라. _____

_____

3절 _____

_____

솔로몬이 취한 아내들은 모두 이스라엘 사람들이 아니었다. 많은 여인들이 이방 민족에게서 온 자들이다. 그들은 솔로몬의 마음을 돌이켜 이방 신들을 섬기게 했고 그의 마음이 여호와 하나님을 향하지 못하도록 했다.

450여 년 전 하나님은 이스라엘의 장래 왕들을 위해 왕의 자격을 말씀해 주셨다. 신명기 17:14-17을 찾아보자.

솔로몬은 왕으로서 금지된 네 가지 사항을 지키지 못했다.

	금지된 사항	하나님께 범죄한 솔로몬의 행동
1	병마를 많이 두지 말 것이요. (신 17:16)	솔로몬이 병거와 마병을 모으매. (왕상 10:26)
2	병마를 많이 얻으려고 그 백성을 애굽으로 돌아가게 하지 말 것이니. (신 17:16)	솔로몬의 말들은 애굽에서 들여왔으니. (왕상 10:28)
3	아내를 많이 두어 그의 마음이 미혹되게 하지 말 것이며. (신 17:17)	왕은 후궁이 칠백 명이요 첩이 삼백 명이라 그의 여인들이 왕의 마음을 돌아서게 하였더라. (왕상 11:3)
4	자기를 위하여 은금을 많이 쌓지 말 것이니라. (신 17:17)	솔로몬의 세입금의 무게가 금 육백육십육 달란트요. (왕상 10:14) 솔로몬 왕의 재산과 지혜가 세상의 그 어느 왕보다 큰지라. (왕상 10:23) 은을 돌 같이 흔하게 하고. (왕상 10:27)

신명기 17:18-20에서 여호와는 왕에게 율법의 말씀을 읽고 지킬 것을 요구하셨다. 솔로몬은 분명한 하나님의 말씀에 전혀 무지했다. 그의 마음이 "물질적인 것들로 인하여" 하나님에게서 멀어졌다.

8. 솔로몬의 죄의 결과(왕상 11:9-13, 31절)

하나님은 죄에 대해 진노하신다(9절). 11절에서 하나님은 솔로몬이 죽은 후에 그 나라가 둘로 나뉠 것을 말씀하셨다. 여로보암이 10개 지파를 취하게 되었다(왕상 11:31).

솔로몬의 아들 르호보암은 나머지 두 지파만을 취하게 되었다(31절).

여호와 하나님은 자비한 것이든 심판의 것이든지 말씀한 약속은 정확히 지키신다.

솔로몬이 그가 행한 모든 일에 대해 죄책감을 느끼는 모습을 우리는 성경에서 찾아볼 수 없다.

거기에는 회개의 말이나 슬픔의 눈물도 없다.

솔로몬은 자서전인 전도서에서 생의 허무를 기록하면서 인간의 모든 의무(전 12:9-14)가 무엇인지를 글 마지막 부분에서 밝히고 있다.

우리는 "내가 나의 죄를 인하여 슬퍼합니다"라는 말을 어디에서도 찾아볼 수 없다.

9. 솔로몬의 죽음(왕상 11:41-43)

솔로몬은 40년간 통치한 후에 60세 가까이 되어 죽었다.

Ⅴ. 신약성경은 솔로몬에 관해 어떻게 말하고 있는가?

1. "솔로몬보다 더 큰 이가 여기 있느니라"(마 12:42).

솔로몬은 참으로 지혜로운 사람이었다. 그러나 예수님은 지혜의 근본이시므로 그 안에 모든 지혜의 보화들이 감추어져 있다.

골로새서 2:3 _____

_____

시바 여왕은 솔로몬의 지혜를 확인하기 위해 먼 곳에서 찾아왔다. 그러나 우리는 우리 안에 그리스도를 모시고 있으며 우리 손안에 그의 말씀을 갖고 있다. 예수 그리스도는 솔로몬보다 더 큰 이시다. 예수님이 그렇게 말씀하셨으므로 그것은 사실이다.

2. "예수께서 성전 안 솔로몬 행각에서 거니시니"(요 10:23).

예수님은 산헤드린 공회원들이 그들의 의사를 나누는 곳에 다니셨다. 그 행각은 솔로몬 시대에는 재판 장소였다. 예수님은 그 성전 안에서 걷기도 하고 묵상도 하시며 유용하게 활용하셨다. 그것이 이 성경 안에 있는 교훈이다.

3. "초대교회 사람들은 솔로몬 행각에서 회집했다"(행 5:12).

베드로는 거기에서 설교했다. 아나니아와 삽비라가 거기에서 죽었다 "그 사건들은 솔로몬 행각 안에서 모두 일어난 것들이다." 이것은 그곳에서 초대교회가 공적 예배로 회집했다는 사실을 가르쳐 준다. 우리는 결코 예배를 위해 모이는 것을 그쳐서는 안 된다.

4. "솔로몬의 모든 영광으로도 입은 것이 이 꽃 하나만 같지 못하였느니라"(마 6:29).

예수님은 들의 백합화를 비유로 사용해 우리의 아버지가 우리를 보살펴 주심을 말씀하셨다. 솔로몬은 한 송이 백합화의 아름다움도 소유하고 있지 못했다. "보라 솔로돈보다 큰 이가 여기 있느니라!"

VI. 이번 주에 배울 수 있는 교훈은 무엇인가?

1. 여호와는 그분이 원하시는 대로 주기도 하시고 거두어 가기도 하신다. 그분은 솔로몬에게 성전을 건축하는 책임을 맡기셨다.

2. 성경의 모든 위대한 인물들은 아담의 혈통 가운데서 태어났다. 그러므로 우리는 온전한 것을 기대해서는 안 된다.

3. 하나님은 우리가 구하기만 하면 지혜를 주신다(약 1:5).

4. 하나님은 우리가 기대하는 것과 받을 가치가 있는 이상의 것을 우리에게 베풀어 주신다.

5. 솔로몬은 부와 재물이 인간을 행복하게 만들지 못한다는 사실을 보여 주는 좋은 표본이다.

6. 여호와는 크고 작은 모든 일들을 판단하신다.

예수님은 우리의 변호자요, 죄의 심판(결과가 아님)에서 우리를 구해 주시는 구세주이시다.

복습

1. 솔로몬은 왕이 되었을 때 무엇을 위해 기도했는가?

2. 그는 잠언과 노래들을 얼마나 지었는가?

3. 솔로몬이 성전을 짓는 데 몇 년 걸렸는가? 그 자신의 궁궐은?

4. 오래된 성전 안에는 무엇이 있었는가?

5. 솔로몬이 죽었을 때 이스라엘에는 무슨 일이 일어났는가?

예습

1. 성경 읽기

열왕기상 11–12장, 역대하 21–24장, 마태복음 23:35.

2. 다음 주에 연구할 인물은 "아하시아의 아들" 요아스이다. 그리스도의 혈통이 끊어졌다가 다시 요아스를 통해서 이어진다.

3. 솔로몬에 대해 중요한 점들을 복습해 보자.

4. 새롭게 깨달은 성경 구절에 표시해 보자.

Week 22
요아스

Ⅰ. 이름의 뜻

요아스는 "여호와가 돕기 위해 지원하신다. 굳게 붙드신다" 혹은 "여호와가 주신다"라는 의미가 있다.

Ⅱ. 중요한 성경 구절

열왕기하 11-12장, 역대하 21-24장, 마태복음 23:35.

Ⅲ. 가족 배경

요아스가 이 시리즈에 선택된 이유는 거의 모든 그리스도인들이 그리스도의 계보 안에 있는 이 중요한 인물에 대해 전혀 알지 못한다는 단순한 사실에 기인한다.

요아스는 아하시야의 아들로 태어났다. 아하시야는 여호람과 그의 아내 아달랴에게서 난 자이다. 유다 왕 아하시야가 이스라엘 왕(북쪽 왕국) 예후에게 죽임 당했을 때 아하시야의 모친 아달랴가 일어나 왕실의 자손들(다윗의 자손들)을 모두 멸절시켰고 요아스 하나만 구원을 받았다.

성경에서 볼 수 있듯이 그 가족 배경은 점점 더 타락해 갔다. 아달랴는 아합과 이세벨의 딸이다. 그러므로 그는 반(反)이스라엘인이며 반페니키아인이었다. 부모는 그녀에게 소신껏 살아가도록 평판과 인격을 부여했다. 요아스는 여호와의 말씀들의 성취인 것이다.

열왕기하 8:19 _____

_____

역대하 21:7에서도 발견된다. 하나님은 다윗에게 그의 가계의 존속을 약속하셨다.

시편 132:17에서도 여호와는 말씀하시기를 _____

_____

Ⅳ. 구약성경은 요아스에 관해 어떻게 말하고 있는가?

1. 다윗의 계보는 거의 소멸되었다(왕하 11:1).

시편 132:17에서 읽을 수 있었듯이 다윗의 등불은 거의 꺼져 갔으나 놀랍게도 아직까지 보존되고 있었다.

열왕기하 11:1에서 요아스의 조모인 여왕 아달랴의 증오와 악의는 그녀의 아들 아하시야가 예후에게 죽임 당할 때 나타난다. 열왕기하 9:27-28을 보라. 이 악한 조모는 그의 형제들을 죽인 여호람과 결혼했다(대하 21:4).

아라비아인들은 아하시야를 제외하고 여호람의 아들들을 모두 죽였다(대하 22:1). 아달랴의 남편인 여호람은 엘리야 선지자의 예언대로 위장병에 걸려 죽었다(대하 21:12-20).

그는 그의 아버지의 길을 따르지 아니했고 하나님과 유다에 대항하여 범죄했다. 이것이 아하시야의 죽음과 더불어 왕위가 끊어지는 원인이었다. 왕족의 피가 무참히 흘려졌다. 그 죽음들이 아직도 충분치 못했다는 듯 모친인 여왕은 유다 왕좌의 후손들을 모두 죽이기로 결심했다. 그녀는 자기가 통치하는 데 계승자의 위협을 없애고 완전한 권위를 가지고 다스리기를 원했기 때문에 그러한 사악한 일을 저질렀다.

그녀는 또한 복수심과 하나님을 거스르는 분노에서 왕의 후손을 살해한 것이다. 하나님이 다윗의 혈통을 세우기로 약속하셨기 때문에 그 다윗의 계통을 없애려는 그녀의 결심은 어리석은 시도에 불과했다.

당신은 자신의 손자들을 죽이는 조모를 상상해 볼 수 있는가?

아달랴는 그렇게 행했다. 역대하 24:7에서 그녀의 칭호를 알아보자. 다음의 여러 이름들을 혼동해서는 안 된다.

아래와 같은 이름들을 기억하는 것은 중요한 일이다.

- 여호사밧
- 여호람(아달랴와 결혼함)
- 아하시야 : 아달랴는 요아스 한 사람을 제외하고는 다윗 왕좌의 법적 계승자들을 모두 죽인 후에 유다 여왕이 된다.
- 요아스

이 이름들은 다윗의 족보 안에 들어 있다.

2. 다윗의 족보는 어린아이 요아스의 고모인 여호세바를 통해 보존되었다(왕하 11:2-3).

요아스를 왕자들이 죽임을 당하는 중에서 빼내어. (왕하 11:2)

요아스는 남아 있는 다윗의 유일한 후손이었다. 이 아이마저 죽임 당했다면 다윗의 계보는

끊어졌을 것이다. 그러나 하나님의 약속은 결코 실패로 돌아가지 않았다. 그분은 다
윗에게 하신 약속을 잊지 않으셨다.

그분의 눈은 그 어린아이 요아스에게 있었다. 제사장 여호야다의 아내인 여호세바 역시 요아스의 고모였다. 2절을 유의해 보라. 그녀는 아하시야의 여동생이었다. 3절에서 요아스가 숨겨진 곳을 유의해 보라. _____

여호야다의 집에 요아스를 숨김으로써 그는 하나님의 특별한 보살핌과 보호하심 아래 있었다.

다윗의 말은 그의 후손 중 어떤 사람에게 선하게 이루어졌다.

시편 27:5을 써 보라. _____

_____

겨우 한 생명으로 명맥은 유지되었고 다윗의 후손은 한 생명 안에 제한되었으며, 6년 동안 감추어져 보이지 않았다. 하나님은 요아스를 성전에 숨겨 두었던 제사장 여호야다와 그의 아내의 손안에 한 생명을 맡기셨다.

이것은 실제로 우리에게 중요한가? 그렇다. 천 번 만 번 지당한 말이다. A. C. 가브라인은 말하기를 "그것은 사탄이 남자 후손들을 근절시킴으로써 장차 오시리라 약속된 구세주요 여인의 후손이 올 수 없게 만들기 위한 여러 시험들 중 하나였다. 다윗의 왕자들을 멸절하고 아달랴를 통해 계승했다면 다윗에게 행해진 그 약속의 성취는 불가능하게 되었을 것이다"라고 했다. 아달랴는 6년간 통치했다.

3. 요아스의 출현을 위한 준비(왕하 11:4-11)

제사장 여호야다는 이 은밀한 일의 지도자이며 주최자였다.

일곱째 해에 여호야다가 사람을 보내 가리 사람의 백부장들과 호위병의 백부장들을 불러 데리고. (4절)

이들은 직무상으로 경건한 시민들과 군인들이었다. 그가 그들을 모으고 언약을 세우고 저들로 비밀을 맹세했다. 그런 후 그는 그들에게 요아스를 보여 주었다. 선발된 자들의 얼굴에 나타난 그 놀라움을 당신은 볼 수 있겠는가?

그들은 다윗의 후손에 대한 약속 안에 소망이 있다는 사실을 눈으로 보았고 깨닫게 되었다. 여호야다는 요아스의 출현을 잘 계획했다. 그는 어린 왕에게 닥쳐올 위험의 가능성을 배제하기 위해 기술적으로 호위대를 나누어 배치했다(5-11절).

여호야다는 혁명을 일으켰고 백성들은 그 뒤를 따랐다.

4. 유다 왕 요아스의 출현(왕하 11:12)

여호야다는 왕의 아들 요아스를 내세웠다. 그 제사장은 즉시 어린 왕의 대관식을 거행했다. 12절에 대관식에서 주어진 능력과 의무와 영적 지도력의 증거들을 유의해 보라.

- "그는 그에게 면류관을 씌웠다"(왕의 권세가 주어짐).
- "그는 그에게 증거를 주었다"(그를 인도하기 위한 성경).
- "그는 그에게 기름을 부었다"(영적 축복의 증거).
- "그들은 그를 왕으로 삼고 박수를 쳤다"(기쁨의 손, 아달랴에게서 건짐 받은 손).
- "그들은 말하기를 '하나님이 왕을 구원하셨다'라고 했다"(그들은 그를 왕으로 세웠다).

5. 아달랴의 반대(왕하 11:13-16)

어머니 이세벨과 같이 아달랴는 그 소리를 듣고 그들에게 나아왔다. 그녀는 왕의 규례대로 대위에 섰고 장관들과 나팔수가 왕의 곁에 섰으며, 온 백성이 즐거워하는 것을 보았을 때 범죄한 모든 죄인들처럼 행동했다. 13절을 보라.

그녀가 옷을 찢으며 "반역이로다, 반역이로다" 하자 여호야다는 백부장들에게 그녀를 성전 밖으로 몰아내어 죽일 것과 그녀를 따르는 자도 모두 죽일 것을 명령했다(15-16절).

6. 요아스의 통치(왕하 12장, 대하 24장)

요아스의 통치는 시작되었고 제사장 여호야다가 살아서 어린 왕을 지도할 때까지는 그 통치가 계속되었다. 요아스가 통치하기 시작할 때에 그의 나이는 7세에 불과했다.

열왕기하 12:1을 써 보라. _____

_____

2절에 밑줄을 그어라.

요아스의 통치 기간 중에 성취된 가장 중요한 일은 아달랴에게 무너져 버린 성전을 재건하는 것이었다(대하 24:7-14).

제사장 여호야다는 130세에 죽었다(15-16절).

그 민족은 영향력 있는 인물을 잃게 되었다. 요아스 왕은 30세가 넘어서야 백성들을 하나님의 길로 인도할 수 있었다. 그는 지도력이 약한 자가 되었고 우상을 섬기는 방백들의 말에 귀 기울였다. 즉시 높은 데서 예배하는 여호와의 집을 버리고 우상을 섬겼다. 하나님의 진노가 유다와 예루살렘 위에 내렸다. 하나님은 자비하셔서 선지자들을 보내셨으나 그 백성은 그들의 말을 듣지 않았다(17-19절).

예루살렘은 아람 왕에게 위협을 받았다. 요아스는 성전 안에 있는 보화들을 꺼내어 아람 왕에게 다 바쳤다(왕하 12:17-18).

요아스는 존경과 선망을 다 잃어버렸을 뿐만 아니라, 그를 세웠던 제사장 여호야다의 아들을 죽이기까지 했다. 그는 그 아들을 대속죄일에 성전에서 돌로 쳐 죽였다(대하 24:20-22).

역대하 24:22을 써 보라. _____

_____

_____

7. 요아스의 죽음(대하 24:25-27, 왕하 12:20)

아람 왕이 다시 와서 유다를 패배시킨 후 요아스는 그의 부하들 손에 살해되었고 열왕의 묘실에도 장사되지 못했다(대하 24:25). 그 후 그의 아들 아마샤가 유다 왕위에 올랐다(27절).

이와 같이 타락한 요아스는 성령으로 시작했다가 육체로 마쳐 버렸다.

• 기억할 일 : 성경에는 요아스 혹은 여호아스라는 이름을 가진 자들이 여러 명 있다. 이것과 혼동해서는 안 된다. 우리는 지금 아하시야의 아들 요아스에 대해서 배우고 있다.

V. 신약성경은 요아스에 관해 어떻게 말하고 있는가?

1. 예수님은 마태복음 23:35에서 요아스의 행동에 관해 말씀하셨다(대하 24:20-22).

예수님은 "의인 아벨의 피로부터 사가랴의 피까지"라고 말씀하면서 그분의 경고를 확대시켰다. 이 사람은 선지자 사가랴가 아닌 여호와의 집 뜰에서 죽임을 당한 사가랴이다. 그의 부친은 바라갸였다. 그 이름은 여호야다를 의미한다. 이것은 예수님이 "너희에게 선지자와 지혜자와 서기관들을 보내었으나 너희가 그들 중 어떤 이를 십자가에 못 박아 죽일 것이다"라고 말씀하실 때 사용했던 실제 사례였다.

그런데 그분은 "의인 아벨의 피"를 "사가랴의 피"로 소생시키시고 있다. 예수님은 "오! 예루살렘아, 예루살렘아 너는 선지자들을 죽였도다"라는 그분의 경고에 기반을 마련하기 위해 37절까지 계속 이에 대해 말씀하신다. 이것은 요아스의 행적에 관해 쓰인 유일한 참고 구절이다.

VI. 이번 주에 배울 수 있는 교훈은 무엇인가?

1. 인간 마음의 사악함은 권세를 원했던 여왕 아달랴에게서 찾아볼 수 있다.

2. 하나님은 다윗에게와 그의 자손에게 항상 소망의 빛을 주시므로 후손의 존속을

약속하셨다(왕하 18:19). 여호와 하나님은 항상 그분의 약속을 지키신다.

3. 여호와는 악을 이용하시며 그것을 당신의 영광으로 바꾸신다.

4. 다윗의 후손이 한 어린아이로 명맥을 유지하게 될 정도로 상황은 무척이나 어두웠다. 하나님은 당신의 정하신 시간표와 의지 안에서 역사하신다.

5. 사람들의 마음은 본질상 아담의 마음이다. 비록 요아스가 제사장에게서 훈련받았을지라도 회복의 길에서 범죄의 길로 나아갔다. 당신은 신령한 산꼭대기에서 죄의 골짜기로 내려간 적이 있는가?

복습

1. 이번 주에 나온 사악한 여인은 누구인가?

2. 그녀의 배경은 어떠했는가?

3. 이 기간 중에 하나님의 위대한 종은 누구였는가?

4. 왜 요아스는 성경에서 그렇게도 중요한가?

5. 요아스는 그의 말년에 가서 왜 세속적이 되었는가?

6. 하나님은 다윗에게서 무슨 약속을 이루셨는가?

예습

1. 성경 읽기

열왕기상 17–21장, 열왕기하 1–8장, 말라기 4:5–6, 마태복음 17:1–13, 누가복음 4:25; 9:18–21, 야고보서 5:17–18, 요한계시록 11:3–12.

2. 다음 주에는 "하나님의 위대한 선지자 엘리야와 엘리사"에 대해 배우게 될 것이다. 두 사람에 대해 기록된 모든 것을 읽어 보자.

3. 요아스에 대해 중요한 점들을 복습해 보자.

4. 새롭게 깨달은 성경 구절에 표시해 보자.

Week 23

엘리야, 엘리사

Ⅰ. 이름의 뜻

엘리야는 "여호와는 나의 하나님"이란 의미이며 엘리사는 "하나님은 구원이시다"라는 의미이다(신약성경에 나온 엘리야의 헬라어 표현은 엘리아스이다).

Ⅱ. 중요한 성경 구절

열왕기상 17-21장, 열왕기하 1-8장, 말라기 4:5-6, 마태복음 17:1-13, 누가복음 4:25; 9:8-21, 야고보서 5:17-18, 요한계시록 11:3-12.

Ⅲ. 가족 배경

하나님의 선지자 엘리야에 대한 이야기는 그의 극적인 출현에 앞서 그의 관한 기록이 나와 있다.

길르앗에 우거하는 자 중에 디셉 사람 엘리야. (왕상 17:1)

엘리사는 엘리야의 계승자로서 사밧의 아들이었으며 그들은 요단 골짜기에서 살았다. 성경 역사에서 두 사람의 영향은 이스라엘의 어두운 죄악 시대에 폭풍의 검은 구름들을 헤치고 나오는 빛나는 태양과 같았다. 엘리야 사역의 중요성은 그가 신약성경에서 다른 선지자들보다 자주 등장하고, 등장 횟수가 27회에 달한다는 사실로써 증명될 수 있다.

Ⅳ. 구약성경은 엘리야와 엘리사에 관해 어떻게 말하고 있는가?

1. 엘리야는 이스라엘에 가뭄이 올 것을 경고했다(왕상 17:1).

열왕기상 16:28-34에서 아합은 이스라엘을 다스리는 왕이 되었다(북쪽 왕국). 그는 시돈 왕의 딸 이세벨과 결혼했다. 아합은 연약한 사람이라서 이세벨이 바알(거짓 신들을 의미하는 말)

섬기는 것을 허락했다. 아합은 여로보암이 죽은 후 40년 동안 보좌에 앉게 되었다. 여로보암은 북쪽의 단과 남쪽의 벧엘에 금송아지를 세워 놓은 자였다.

여로보암이 죽은 후 계속해서 이스라엘은 도덕적으로 타락해 갔다. 아합이 왕이 되었을 때 성경은 열왕기상 16:30에서 말하기를 "그의 이전의 모든 사람보다 여호와 보시기에 악을 더욱 행했다"라고 했다. 그는 이스라엘의 수도인 사마리아에 바알 제단을 세웠다.

바알 숭배에는 술 취함의 방탕과 타락된 예식이 포함되었다. 이러한 이스라엘의 역사적 위기에 하나님의 사람이 나타났다. 엘리야가 행했던 첫 번째 일은 가뭄의 형태로 하나님의 심판을 알리는 것이었다(왕상 17:1). 가뭄 기간이 여기에 나와 있지는 않으나 우리가 나중에 볼 수 있듯이 3년 반 동안 계속되었다.

2. 엘리야는 초자연적으로 보살핌을 받는다(왕상 17:2-7).

가뭄에도 불구하고 하나님은 그분의 선지자를 돌보셨다.

열왕기상 17:4 _____

3. 사렙다 과부(왕상 17:8-16)

그릿 시내가 말랐을 때 여호와는 엘리야에게 사렙다 과부에게 가서 보살핌을 받도록 말씀하셨다.

하나님은 모든 가뭄 기간 동안 초자연적으로 엘리야와 과부와 그녀의 집안 식구들을 먹이셨다.

열왕기상 17:13-14에 밑줄을 그어라.

15절 _____

이 인용 구절 속에 있는 하나님의 계획을 자세히 살펴보자.

먼저, 가지고 있는 것을 주어라. 그러면 여호와는 주는 자를 돌보신다.

4. 엘리야는 그 과부의 죽은 아들을 살렸다(왕상 17:17-24).

하나님의 초자연적 능력이 또다시 선지자를 통해 일어났다.

열왕기상 17:21, 23절에 밑줄을 그어라.

24절을 써 보라. _____

_____

5. 엘리야는 아합 왕을 만날 것을 말했다(왕상 18:1-16).

여호와는 엘리야에게 "제삼 년에" 가서 아합을 만날 것을 말씀하셨다(1절).

그때에 사마리아에 기근이 심하였더라. (2절)

3-16절에는 100명의 선지자들에게 봉사해 왔던 경건한 신앙인에 대한 이야기가 나온다. 그

의 이름은 오바댜였다(성경 저자는 아님).

이세벨이 여호와의 선지자들을 멸할 때에 오바댜가 선지자 백 명을 가지고 숨기고. (4절) 오바댜는 마지못해 엘리야와 아합의 만남을 주선했다.

14-16절을 다시 읽어 보자.

6. 엘리야는 갈멜 산에서 아합에게 도전했다(왕상 18:17-40).

이 이야기는 우리가 잘 알고 있는 사건인데 하나님의 능력이 시험받는 사건이기도 했다. 엘리야는 불을 내리도록 하나님께 간구함으로 바알 선지자들에게 도전했다.

그들은 실패했으나 엘리야는 그렇지 않았다. 그는 기도했고 하나님은 응답하셨다. 열왕기상 18:36-39을 보라. 기도는 하나님의 능력을 입증하는 것 중 하나이다. 그러므로 엘리야는 하나님의 능력을 입증하는 하나님의 선지자였다.

39절을 써 보라. _____

_____

7. 엘리야는 가뭄이 끝난 것을 선언했다(왕상 18:41-46).

엘리야의 신앙은 대단했다. 믿음으로 그는 말하기를 "큰 비 소리가 있나이다"고 했다(41절). 그는 갈멜 산 꼭대기에 올라가 큰 비가 올 때까지 기도했다.

8. 하나님은 어려움 속에서도 엘리야를 돌보아 주셨다(왕상 19:1-18).

승리한 후 사람들은 가끔 우울증에 빠지게 된다.

엘리야도 우리와 같은 인간이었다. 갈멜 산에서 승리한 후에 그는 광야로 도망쳤고 죽기를 원했다. 4절에 밑줄을 그어라. 그는 여호와의 사자로부터 돌보심을 받았다(4-7절). 엘리야는 바알에게 무릎을 꿇지 아니한 사람 7,000명의 지지를 받고 있음을 깨닫게 되었다. 7,000명 중 한 사람이 그의 동료이자 후계자가 될 것이다. 16, 18절을 유의해 보라. 그의 동료는 엘리사였다.

9. 아합의 아들 아하시야를 향한 엘리야의 메시지(왕하 1:1-18)

아하시야는 그의 아버지를 계승하여 이스라엘의 왕위에 올랐다. 그는 부상당했고 (2절) 죽음을 두려워했다. 여호와는 엘리야를 아하시야에게 보내서서 그가 죽을 것이라고 말하도록 하셨다(4절). 엘리야는 큰 믿음을 가졌으며 그의 기도는 여호와 하나님에게 상달되었다. 그는 자기를 죽이려고 하는 자들에게 불이 내려 멸절될 것을 기도했다(9-12절).

10. 엘리야의 변화(왕하 2:1-11)

불의 신에게 성공적으로 도전한 불의 선지자는 불 병기를 타고 하늘로 올라갔다.

엘리사는 "나에게 당신의 영감의 갑절을 주실 것"을 요구했다(9절).

11절을 써 보라. _____

_____

그는 죽음을 보지 않고 영광 중에 변화되었다.

11. 엘리야는 다시 올 것이다(말 4:5-6).

예수님은 마태복음 17:10-13에서 이 사실을 확인시켜 주셨다.

마태복음 11:14과 누가복음 1:11-17을 찾아보자(이 부분은 신약성경에 나오는 부분을 다루는 중에 좀 더 자세히 취급할 것이다).

12. 엘리사는 기적의 선지자였다.

그는 엘리야의 두루마기를 취해 여호와의 이름으로 모든 것을 행했다. 우리는 기적의 사건들과 성경 구절을 연결해 볼 것이나 각자 성경을 찾아보자.

a. 그가 요단강을 쳤을 때 강이 갈라졌다(왕하 2:14).

b. 그는 여리고에서 물을 깨끗케 했다(19-22절).

c. 그는 벧엘에서 아이들에게 저주를 선언했다(23-24절).

d. 그는 모압과의 싸움에서 승리를 예언했다(왕하 3:16-27).

e. 그는 한 과부를 위해 그릇들 속에 기름을 가득 채웠다(왕하 4:1-7).

f. 그는 수넴 지방에서 죽은 소년을 소생시켰다(18-21, 32, 37절).

g. 그는 길갈 지방에서 솥의 독을 제거했다(38-41절).

h. 그는 적은 양식으로 100명을 먹였다(42-44절).

i. 그는 문둥병자 나아만을 고쳤다(왕하 5:1-19).

j. 그는 나아만의 문둥병이 게하시에게 걸리도록 했다(20-27절).

k. 그는 요단강에서 도끼가 물 표면에 떠오르도록 했다(왕하 6:1-7).

l. 그는 아람 나라의 모든 계획들을 이스라엘에게 말했다(8-12절).

m. 그가 기도했더니 그의 종의 눈이 열렸다(13-17절).

n. 그는 아람 군대의 눈을 멀게 했다(18-23절).

o. 그는 사마리아에 식물을 약속했고 하나님은 공급해 주셨다(왕하 7:1-20).

p. 그는 아람 왕 벤하닷이 죽을 것을 예언했다(왕하 8:7-15).

q. 그는 아람 나라에 대해 이스라엘의 세 가지 승리를 예언했다(왕하 13:14-19).

r. 그가 죽은 후에도 엘리사는 죽은 사람을 일으켰다(20-21절).

V. 신약성경은 엘리야와 엘리사에 관해 어떻게 말하고 있는가?

1. 엘리야는 어떤 선지자들보다도 신약성경에서 많이 언급되고 있다(엘리사는 언급되지 않는다). 우리는 신약성경에서 몇 구절들을 연구하게 될 것이다.

2. 엘리야는 변화산에서 예수님에게 나타났다(마 17:1-13).

예수님은 높은 산에서 변화되셨다. 거기에는 모세와 엘리야도 함께 있었다. 그들은 예루살렘에서 우리 주님의 죽음을 미리 말씀하셨다(눅 9:31).

이 장면에서 나타난 모세에게는 택한 민족을 형성하는 것이 그의 사역이었다. 엘리야도 나타났다. 그의 사역은 배교하는 민족을 개혁하는 것이었다. 그는 변화되어 죽음을 맛보지 않았다. 모세는 죽음을 맛보았다. 모세는 죽음을 통해 들림 받았다. 변화산에는 베드로, 야고보, 요한도 있었다. 이들은 육신을 대표하는 자들이며, 영화롭게 되지는 않고 아직까지 살아 있는 몸을 의미한다.

여기서 변형은 "주님의 재림"을 의미하는 하나의 예조(豫兆)이다.

제자들이 그 광경을 보고 우리는 그 말씀을 읽음으로써 영광스러운 그리스도의 재림을 미리 맛보는 것이다.

유대교에서 말하는 율법과 선지자들의 대표적 두 인물인 모세와 엘리야가 하나님의 어린양에게 그 직무들을 넘겨주었다.

마태복음 17:5을 써 보라. _____

8절 _____

3. 변화되는 중에 예수님은 엘리야가 다시 와야 할 것을 말씀하셨다.

엘리야가 먼저 와서 모든 일을 회복하리라. (마 17:11)

그런데 12절에서는 "엘리야가 이미 왔으되 사람들이 알지 못하고 임의로 대우했도다 인자도 이와 같이 그들에게 고난을 받으리라"고 하셨다.

당신은 지금 이 내용을 이해하고 있는가? 다음 절에 해결의 실마리가 발견된다.

그제서야 제자들이 예수께서 말씀하신 것이 세례 요한인 줄을 깨달으니라. (13절)

세례 요한은 엘리야의 심령과 능력으로 와서 직무를 모두 감당했다.

4. 엘리야는 요한계시록 11:3-12에 기록된 대로 나타날 것이다.

세상에서 위기가 닥쳐올 때 두 증인들은 6절에 있는 내용과 연결된다. 읽고 밑줄을 그어라.

비가 오지 않도록 하늘을 닫게 한 것은 엘리야의 능력을 보여 준다. 물이 변하여 피가 되는 것은 모세 외에는 아무도 하지 못했다.

그들은 "두 증인으로서 천이백육십 일을 예언하기 위해" 다시 왔다(3절). 이 기간은 1,260일, 즉 42개월(3년 반)이다. 이 기간에 대해서는 더 연구해야 할 것이다.

5. 야고보서 5:17-18에서는 더 분명히 이야기해 준다.

엘리야는 우리와 같은 성정을 가진 자로서 기도했더니 3년 반 동안 비가 오지 않았다. 그가 다시 기도하니 비가 내렸다.

VI. 이번 주에 배울 수 있는 교훈은 무엇인가?

1. 무명인이 성경에서 가장 위대한 선지자 중 한 인물이 되었다.

2. 엘리야는 단지 하나님이 그에게 주신 바를 소유했다. 그는 세상의 물질을 소유하지도 않았고, 정규 교육도 받지 못했고, 우리가 아는 바대로 가정도 없었다. 그러나 하나님은 엘리야를 택하여 "불의 선지자"로 삼으셨다.

3. 하나님은 주고자 하는 모든 것을 줄 대상을 지금도 찾고 계신다.

4. 백성들이 하나님을 잊어버릴 때에는 심판이 그분의 종들을 통해 선포되어야 한다.

5. 사람이 하나님의 뜻을 준행할 때 하나님은 그를 보살피신다. 그분은 엘리야와 엘리사를 보살펴 주셨다.

6. 엘리야는 에녹과 같이 변형되었다. 그들은 죽음을 맛보지 못했다. 그들처럼 변화를 경험하는 것은 얼마나 놀라운 일인가? 우리도 그렇게 된다. 그때가 멀지 않다.

복습

1. 신약에서 엘리야는 몇 번이나 언급되었는가?

2. 바알은 무슨 의미를 지니고 있는가?

3. 엘리야가 출현할 때의 왕과 그의 아내는 누구였는가?

4. 그의 첫 번째 선언은 무엇이었는가? 가뭄은 얼마 동안 계속되었는가?

5. 이 주에서 엘리사는 몇 가지 기적을 행했는가?

예습

1. 성경 읽기

열왕기하 16–21장, 역대하 28–32장, 이사야 36–39장, 예레미야 15:4; 26:18–19.

2. 다음 주에는 "하나님이 15년 동안 생명을 더 연장시켜 준 히스기야"에 대해 배우게 될 것이다.

3. 엘리야와 엘리사에 대해 복습해 보자.

4. 새롭게 깨달은 성경 구절에 표시해 보자.

Week 24
히스기야

Ⅰ. 이름의 뜻

히스기야는 "여호와의 전능자 혹은 여호와의 힘"이라는 의미이다.

Ⅱ. 중요한 성경 구절

열왕기하 16–21장, 역대하 28–32장, 이사야 36–39장, 예레미야 15:4; 26:18–19.

Ⅲ. 가족 배경

히스기야는 유다 왕 아하스와 스가랴의 딸 아비야의 아들이다. 성경에서는 아비(Abi)로 표현되고 있다(왕하 18:2과 대하 29:1을 비교한 것이다). 히스기야의 아버지인 아하스 왕은 유다의 11대 왕이다. 그는 성전에서 거룩한 기구들을 취해 우상에게 희생 제물로 바친 악한 왕이었다(대하 29:19–23).

여호와 보시기에 정직하게 행하지 아니하고. (대하 28:1)

당신은 두 성경 구절에서 히스기야 왕이 왕위에 오른 뒤 그의 생애에서 분명히 선한 영향력을 행사했음을 알 수 있을 것이다.

열왕기하 18:2–3과 역대하 29:1–2을 살펴보자.

두 성경 구절이 서술하고 있는 것을 보라.

- "그가 통치를 시작할 때에 나이는 25세였다."
- "그는 예루살렘에서 29년을 다스렸다."
- "그의 모친의 이름은 아비(아비야)요 스가랴의 딸이었다."
- "그는 여호와 앞에서 그의 조상 다윗이 행한 모든 것에 따라서 정직히 행했다."

아하스는 사악한 왕이다. 그래서 히스기야의 모친 아비야(아비)는 모든 악한 영향들을 물리

처야만 했다. 성경에 보면 그는 어머니의 말에 따라 올바르게 행했다.

여기에서 "나의 아버지는 여호와시다"라는 이름의 뜻대로 그녀는 경건한 어머니였다. 아들 히스기야의 이름에는 "여호와의 힘"이라는 의미가 있다.

Ⅳ. 구약성경은 히스기야에 관해 어떻게 말하고 있는가?

1. 그는 이스라엘의 회복을 촉구했다(왕하 18:3-7, 대하 29:3-30:13).

히스기야는 예루살렘에서 성전을 수리하고 청결케 하는 일로써 그의 통치를 시작했다.

역대하 29:3 _____

그는 부친 아하스 때에 행해졌던 우상숭배의 높은 단들을 없애 버렸다.

열왕기하 18:4 _____

_____

그는 유다뿐만 아니라 이스라엘 전체를 위해 유월절을 준비하고 다시 제정했다. 그는 모든 이스라엘 백성을 예루살렘에 모이도록 초대했다(대하 30:1, 5절).

2. 앗수르가 예루살렘을 위협했다(왕하 18:13-37, 대하 32:9-19, 사 36장).

앗수르 군대가 유다의 견고한 성을 쳤을 때 이스라엘은 산헤립의 지휘 아래 들어갔다. 앗수르 군대는 북쪽까지 모두 정복했으나, 히스기야가 그들을 저지하려고 시도했다는 사실을 듣고 놀랐으며 당황해했다. 산헤립은 그의 대변자 랍사게를 보내 예루살렘을 조롱하며 공포의 도가니로 몰아넣으려고 애썼다(왕하 18:7-37).

3. 히스기야는 하나님의 사람 이사야를 찾았다(왕하 19:1-7, 사 37:1-4, 14-20절).

히스기야가 랍사게와 산헤립으로부터 위협받았을 때 하나님은 선지자 이사야를 보내셨다. 여호와는 이사야를 통해 말씀해 주셨다. 이사야 37:6-7에 밑줄을 그어라.

그래서 산헤립은 히스기야에게 비굴한 항복을 요구하는 편지를 보냈다(왕하 19:14, 대하 32:17-19). 히스기야는 이스라엘을 격려하면서 그 편지를 가지고 "여호와의 집에 올라가 여호와 앞에서 그것을 펼쳤다."

4. 기도의 사람 히스기야(왕하 19:14-19, 대하 32:20, 사 37장)

히스기야 통치에 대한 설명은 성경에 세 번이나 기록되어 있다. 똑같은 설명이 세 번씩이나 주어진 것은 하나님이 우리에게 그 중요성을 인식시켜 주는 것임에 틀림

없다.

이사야 37:14-20에서 기도를 찾아보자.

17절을 써 보라. _____

_____

여호와 하나님은 다시 이사야 선지자를 통해 대답하셨다. 이사야 37:33-35을 찾아보자. 여호와가 그분의 백성을 천사들로 방어해 주셨다(사 37:36, 왕하 19:35, 대하 32:21-22).

이사야 37:36을 써 보라. _____

_____

산헤립은 자기의 아들들에게 죽임을 당했다(사 37:38).

5. 히스기야의 병과 회복(왕하 20:1-11, 사 38:1-8)

히스기야는 그의 목숨이 위태롭게 되었다(왕하 20:1). 여호와가 이사야를 보내 그에게 말씀하셨다.

"여호와의 말씀이 _____

히스기야는 다시 기도했다. 그는 그의 얼굴을 벽에 돌리고 하나님에게 부르짖었다. 여호와는 그의 기도를 들으셨다. 이사야가 궁궐 안에 이르기 전에 "너는 돌아가서 히스기야가 제삼일에 낫게 될 것을 그에게 말하라"고 말씀하신다.

6. 히스기야는 15년 동안 생명을 더 허락받았다(왕하 20:6-11, 사 38:5-8).

히스기야는 지금까지 살았던 사람들 중에 얼마 동안 살아야 하는지를 정확히 알았던 유일한 사람이었다. 그가 병중에 있을 때 히스기야에게는 아들이나 유다의 왕위를 이을 후계자도 없었다. 그는 삶에 애착을 가졌을 뿐만 아니라, 확실히 아들을 원했기 때문에 더 살고 싶어 했다. 하나님은 그에게 15년을 더 주셨다.

이사야 38:5을 써 보라. _____

_____

_____

여호와가 주신 징조는 아하스 왕을 통해 보여 주신 위대한 일영표였다. 열왕기하 20:8-11과 이사야 38:7-8을 읽어 보자.

히스기야의 생명이 15년간 더해진다는 징조로서 이 일영표 위의 그림자가 10도 뒤로 물러갔다.

"도"(degerees)라는 말이 반복되고 있는 점에 유의해야 한다. 이것은 하나님만이 하실 수 있는 초자연적 현상이다(이것은 그 자체만으로도 큰 연구 과제이다). 아마도 당신은 그 주제에 대해 더 많은 것을 찾을 수 있을 것이다. 이사야 38:20과 시편 120-134편을 찾아보자. 도 (degrees)에 대한 15개의 노래가 있다.

7. 15년 동안 무슨 일이 일어났는가?(왕하 20:12-19; 21:1-15, 대하 33:1-18, 사 39:1-8)

a. 첫째로, 바벨론의 왕위에 오르게 되는 브로닥발라단이 히스기야의 회복 소식을 들었을 때 앗수르를 멸망시킬 준비를 갖추고 있었다. 그는 사자들에게 편지와 선물들을 주어 보냈다.

히스기야는 아첨의 말에 넘어가 그의 사자들을 내방시켜 나라 안의 모든 보물들을 보여 주었다.

이사야 39:2에 밑줄을 그어라. 선지자 이사야는 히스기야와 유다 위에 하나님의 심판이 임할 것을 경고했다.

여호와가 이사야를 통해 말씀하신 내용을 써 보라.

이사야 39:6 _____

_____

b. 둘째로, 15년 연장 기간 동안 여호와는 히스기야에게 그의 아들 므낫세를 주셨다.

므낫세는 그의 나이 12세 때에 왕위에 올라 예루살렘에서 55년간 다스렸다. 그의 표어는 "그가 여호와 앞에서 악을 행했다"라고 할 수 있겠다(왕하 21:1-2). 모든 왕들 중에서 므낫세만큼 비열하고 악독한 자는 없었다. 이사야는 이사야서 39:6-7에서 히스기야에게 유다와 예루살렘이 바벨론으로 옮겨질 것을 예언했다. 또한 그의 후손으로 태어나는 어린이들은 바벨론에서 환관들이 될 것이라고 했다(다니엘은 왕의 후손 중에 한 사람이다).

다니엘 1:1-4을 보라.

이사야의 예언은 므낫세의 범죄를 통해 실현되었다.

열왕기하 21:11 _____

13절 _____

열왕기하 23:26-27과 열왕기하 24:3-4에 밑줄을 그어라. 여호와는 그분의 심판을 독특하고도 거친 말씀으로 묘사하신다(렘 15:1-4). 예레미야 15:1, 3절에 밑줄을

긋고 4절을 써 보라. _____

_____

   15년 연장된 기간 동안에 하나님은 예루살렘과 유다 위에 내린 심판을 선지자를 통해 히스기야에게 내리셨다. 히스기야는 바벨론의 손안에서 움직이게 되었다. 지금까지 역대 왕 중에 가장 비열한 왕이었던 그의 아들은 바벨론 포로기의 더 큰 원인이 되었다. 브로닥발라단 앞에서의 히스기야의 자랑과 아들 므낫세의 무서운 범죄가 여호와의 심판을 불러들인 것이다.

   8. 히스기야의 죽음(왕하 20:20-21, 대하 32:32-33)

   히스기야의 죽음에 대한 기록에서 "그가 저수지와 수도를 만들어서 물을 성안으로 끌어들였다"는 말이 있다(왕하 20:19). 역대상 32:30과 이사야 36:2에서도 참고 구절을 발견하게 될 것이다. 히스기야의 지하도는 오늘날 수도(水道)와 같은 것으로 알려졌는데 예루살렘을 번성케 만들었다. 그 도시는 높고 물은 그 도시를 이상적인 장소로 만들었다. 이스라엘에 가게 된다면 당신은 히스기야의 지하도를 보게 될 것이고 그것의 기원을 성경에서 찾을 수 있을 것이다.

   9. 히스기야는 이사야의 시대를 다스렸다(사 1:1).

   이사야 1:1에서 네 왕이 언급되어 있음을 보게 된다. 이사야가 여호와에게서 본 이상은 "웃시야, 요담, 아하스와 유다 왕 히스기야 시대에" 있었던 것이다. 이사야는 이 시대에 유다에게 말하고 가르치고 기도하며 예언했다.

V. 신약성경은 히스기야에 관해 어떻게 말하고 있는가?

   1. 신약성경은 히스기야에 관해 단 한마디의 말도 언급하지 않고 있다.

VI. 이번 주에 배울 수 있는 교훈은 무엇인가?

   1. 선한 어머니는 아들에게 아하스같이 악하고 배교적인 부친보다 더 큰 영향력을 줄 수 있었다.

   2. 하나님이 한 인간을 어떤 위치에 세우셨을 때 그는 그 지위와 소명감을 존중해야 한다. 히스기야는 먼저 신앙의 회복을 단행했다.

   3. 우리는 부정한 것을 정화하고 혼란을 바로잡는 것을 배워야 한다.

   4. 의심이 날 때는 하나님과 그분의 종들에게 가라. 히스기야는 기도했고 이사야를 모시려고 사자를 보냈다.

   5. 교만은 우리 중 누구에게나 쉽게 엄습해 올 수 있으니 경계해야 한다.

   6. 때때로 하나님은 우리의 요구를 들어주시나 "우리 영혼을 연약하게 하신다"(시 106:15).

우리가 생각하기에 최선이라는 것이 최고가 아닐 수도 있다. 하나님은 히스기야
에게 그의 요구에 따라 15년의 생명을 연장시켜 주셨다. 그러나 그는 영혼의 허약
성을 체험했다.

복습

1. 히스기야의 어머니는 누구였는가?

2. 히스기야가 왕이 되었을 때 무엇을 행했는가?

3. 히스기야는 위험 중에 있을 때 누구에게 도움을 구했는가?

4. 지금까지 히스기야만이 알았던 사실은 무엇인가?

5. 히스기야의 아들은? 그의 부친은 어떤 왕인가?

6. 히스기야의 행적 중에 두 가지 탁월한 일은 무엇인가?

예습

1. 성경 읽기

에스라 전체, 느헤미야 전체, 이사야 44:28-45:1-4; 45:13.

2. 다음 주의 연구 대상 인물은 "위대한 하나님의 사람" 에스라와 느헤미야이다.

3. 히스기야에 대해 중요한 점을 복습해 보자.

4. 새롭게 깨달은 성경 구절에 표시해 보자.

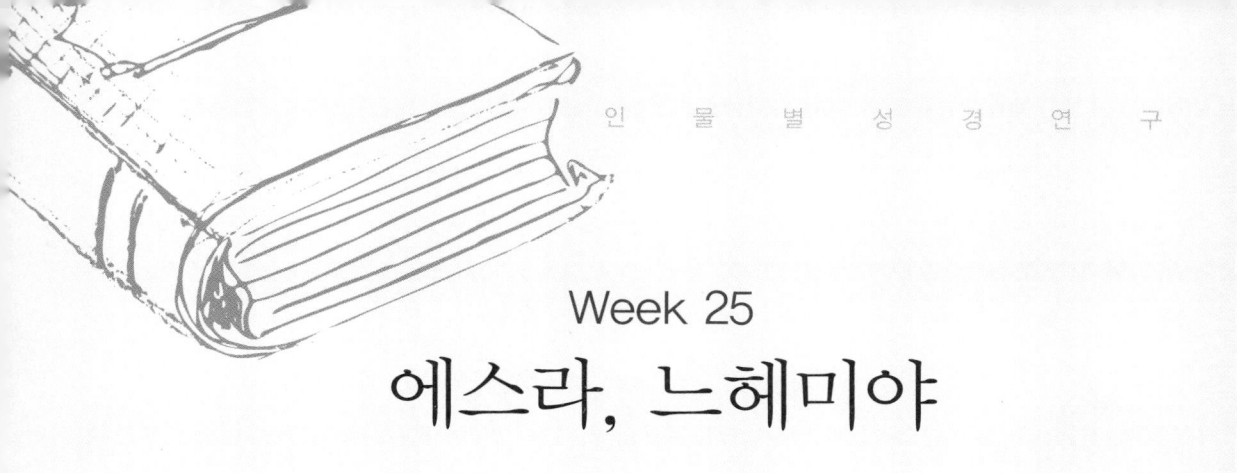

Week 25
에스라, 느헤미야

Ⅰ. 이름의 뜻

에스라는 "도움"이라는 의미이다. 느헤미야는 "여호와가 위로하신다"라는 의미이다.

Ⅱ. 중요한 성경 구절

에스라 전체, 느헤미야 전체, 이사야 44:28-45:1-4; 45:13.

Ⅲ. 가족 배경

1. 에스라는 유대 역사 가운데 중요한 위치를 차지했던 인물이다.

그는 이스라엘 대제사장의 후손이며(스 7:1-5), 서기관이기도 하다(6절). 이 구절은 그가 성경을 가르치는 학사였음을 알려 준다.

유대 전통(Tradition)은 그를 위대한 유대 지도자들 중 한 사람으로 인정하고 있다. 그는 유대 학자들이 성경을 정경으로 인정하며 그것을 하나님의 말씀으로 인정하는 단체인 유대교 회당의 창설자이다. 바벨론 포로 후 처음으로 정경(Canon)이 탄생했다. 그때까지 경전은 다양했다.

그것들이 어떻게 보존되었는지는 하나님만이 아신다. 유대 전통(Tradition)에 따르면 에스라와 유대교 회당 단체의 사람들이 구약을 정경으로 정착시켰다고 한다.

이 구약 책들은 오늘날 우리가 소유하고 있는 것들이며, 70인역(LXX)과 같다.

2. 느헤미야는 유다 지파에 속했다(느 1:1). 그는 그의 가족이 바벨론 포로로 유랑할 때 태어났으나 이스라엘의 하나님 안에 신앙하는 믿음 안에서 성장했다.

알렉산더 와이티는 그의 책 *Nehemiah*에서 말하기를 "오직 믿음과 뜻을 다해 하나님과 의논하는 사람"이라고 했다. 신중하고 불굴의 성격을 가진 자였다.

그는 다른 부하들을 지휘했던 지도자였다. 그는 성급하게 서두르지 않았으며, 미리 계획하고 측정하기 전에는 착수하지 않는 성격이었다. 그러나 그 일을 마치기까지는 절대로 포기하지 않는 자였다.

위의 내용은 두 사람에 대한 인사 소개에 불과하다. 그러나 당신은 그들의 인격을 이해할 수 있었을 것이다.

IV. 구약성경은 에스라와 느헤미야에 관해 어떻게 말하고 있는가?

1. 에스라

a. 에스라에 대한 설명은 에스라 7장에서 시작되고 있다.

- 에스라는 아론의 자손이다(1-5절).
- 그는 율법에 익숙한 학자이다(6절).
- 그는 예루살렘에서 직접 율법을 연구했다.

에스라 7:10을 써 보라. _____

_____

- "여호와의 명령의 말씀을 기록하는 자"에 대한 강조점을 다시 유의해 보라(11절).
- 12절에서 또다시 "하늘의 하나님의 율법에 완전한 학자 겸 제사장"이라고 했다.
- 에스라는 예루살렘의 시민들이 종교적 율례와 하나님의 율법의 가르침에 따라 순종하고 있는지 알아보기 위해 왕명으로 예루살렘에 보냄 받았다.

14절을 써 보라. _____

_____

- 에스라는 왕과 백성이 예루살렘 성전 건축을 위해 내놓았던 모든 것을 가지고 예루살렘으로 갔다(15-26절).

b. 에스라는 훌륭한 행정관이었다. 8장에서 에스라는 예루살렘까지 남자만 거의 2,000여 명의 무리들을 인도했다. 이것은 8년 전 스룹바벨과 함께 갔던 5만 명에 추가된 것이다. 에스라는 그 집단을 조직해 그들을 안전하게 예루살렘까지 인도했다.

c. 에스라는 위대한 중보기도의 사람이었다(기도하는 군인).

그가 예루살렘에 도착했을 때 제사장들을 포함한 유대인들이 이방 여인들과 결혼한 것을 발견하고 통탄했다(스 9:1). 에스라는 먼저 기도했다. 에스라 9:5을 보라.

유대인들은 세상과 분리하여 성별되었고, 그들의 이방 아내들을 포기했다(스 10:3, 10-13절).

d. 에스라는 말씀을 읽고 가르쳤다(느 8:1-8).

성전이 완성되고 성벽이 준공되었을 때 백성들은 여호와의 말씀을 듣기 위해 모여들었다. 그들은 에스라에게 말씀을 읽고 설명하여 주기를 요청했다. 느헤미야 8:1, 3-4절을 찾아보고 이 구절들에 밑줄을 그어라.

느헤미야 8:5을 써 보라._____

_____

8절_____

_____

e. 에스라의 행동과 업적

• 예배

• 하나님의 말씀의 중요성

• 기도의 능력

• 세상과의 구별

• 매일의 삶 속에서 하나님의 지혜

f. 요세푸스에 따르면 대제사장 엘리아십이 계승할 즈음에 에스라는 죽었다고 한다.

2. 느헤미야

a. 느헤미야는 바사 궁에서 술을 취급하는 고급 관리로 봉사했다. 그 지위는 명예롭고 영향력 있는 자리였다. 느헤미야 1:11을 보라.

b. 느헤미야는 예루살렘의 형편을 그의 형제로부터 들었다. 성벽은 무너지고 성문들은 바벨론 군대에 의해서 버려진 채 그대로 있었다. 이 소식이 느헤미야를 슬프게 했고 기도하며 금식하게 했다(느 1:2-4).

c. 12월에서 4월까지(느 1:1과 2:1을 비교해 보자) 4개월 동안 그는 기도하고 금식했다. 왕은 그의 얼굴을 유심히 보고 그 마음에 슬픔이 있다는 것을 알았다(느 2:2).

그는 왕이 자신을 유다로 보내서 "나로 그것을 짓게"(느 2:5) 할 것을 요구했다. 왕은 그의 요구를 들어주었고 하나님도 그의 마음에 작정하셨던 것을 행하도록 그에게 위임하셨다(6-9절).

d. 성벽 건축자 느헤미야(느 11-6:19)

느헤미야는 예루살렘에 도착해서 폐허가 된 성벽을 면밀히 조사하여 백성들이 일하도록 격려했다(느 2:11-20). 느헤미야 2:13, 18절을 찾아 밑줄을 그어라.

그는 그 성벽을 여러 그룹들에게 구획을 나누어 주어 일시에 모두 일하도록 했다(느 3장).

그는 성공적으로 백성들을 조직하여 반대에도 불구하고 그 일을 52일 만에 완성했다(느

6:15).

느헤미야 4:2에 밑줄을 그어라. 느헤미야 4:6을 써 보라. _____

_____

e. 느헤미야는 훌륭한 조직자이며 지도자이다. 또한 성령에 이끌림 받은 기도의
사람이었다.

느헤미야 4:9을 써 보라. _____

_____

여기에서 당신은 영적인 역사와 더불어 현실적인 역사가 같이 일어남을 보게 된
다.

f. 영적인 각성이 있었고 에스라의 인도함을 받은 백성들은 느헤미야에게 여호와
를 섬길 것을 약속했다(느 9-10장). 느헤미야 9:36-37에 밑줄을 그어라.

느헤미야 9:38을 써 보라. _____

_____

g. 느헤미야는 과거나 현재나 하나님의 인도를 받았던 지도자의 좋은 본보기가 된
다. 모든 계층의 사람들이 훼파된 성벽을 재건하는 데 협력하기 위해 다시 모여들었
다. 이것은 느헤미야의 훌륭한 지도자 역량 때문이었다. 백성들은 항상 지도자를 따
르되, 특별히 주님께 헌신된 지도자를 따르게 될 것이다.

h. 느헤미야는 적합한 장소에 여호와의 집을 세웠다. 느헤미야 13:9-10을 유의
해 보라.

느헤미야 13:11을 써 보라. _____

_____

14절에 밑줄을 그어라.

i. 느헤미야는 안식일을 범하는 자들에게 벌을 내렸다(느 13:15-22). 유대인 몇 사
람이 안식일에 상인에게서 물건을 사고 있었다. 느헤미야는 사고파는 모든 자를 강
력하게 꾸짖었다. 느헤미야 13:17, 19-20절을 보라.

느헤미야 13:21을 써 보라. _____

_____

3. 에스라와 느헤미야는 스룹바벨과 함께 포로 중 남은 자들을 여호와가 아브라함

과 그의 후손들에게 약속하셨던 그 땅으로 다시 인도했다. 어떻게, 왜? 하나님은 175년 전 이사야를 통해, 고레스가 바벨론의 문들을 열 것이며 예루살렘에 그 성전이 재건되어야 할 것을 선언하게 됨을 약속하셨기 때문이다.

이사야 44:28을 써 보라. _____

_____

이사야 45:1-4에 밑줄을 그어라.

고레스는 자신이 태어나기 전에 여호와로 말미암아 이미 이름이 지어졌다.

4. 에스라와 느헤미아서는 자발적으로 바벨론을 떠나 예루살렘으로 돌아온 적은 무리만을 대상으로 하고 있다. 에스더서는 바벨론 안에 머물러 있고 그들의 고국으로 되돌아가지 않은 유대인들을 대상으로 하고 있다.

다음 문장을 기억해 보자. 구약의 역사는 에스라, 느헤미야, 에스더서 안에서 설명되는 것으로 끝나고 있다. 대체로 구약의 나머지 책들은 포로 전후나 혹은 포로 기간 중에 있었던 이스라엘에 대한 예언서이다.

모든 예언자들은 창세기에서부터 에스더서에 이르기까지 성경 전체를 통해 소망을 던져 주고 있다.

V. 신약성경은 에스라와 느헤미야에 관해 어떻게 말하고 있는가?

이름조차 언급된 적은 없으나 그들은 신약 시대를 통해 모범을 보여 주는 삶을 살았다. 그들은 이스라엘 백성을 예루살렘과 유대로 인도함으로써 기독교 전체에 영향을 끼쳤으며 이스라엘을 향한 여호와 하나님의 예언을 성취시켰다.

VI. 이번 주에 배울 수 있는 교훈은 무엇인가?

1. 우리는 말씀에 대해 학생이며 또한 선생이 되어야 한다. 에스라가 좋은 본보기이다.

2. 우리는 하나님의 부르심을 받아, 가고 행하며 그분이 지시하는 바를 말할 준비가 되어 있어야 한다.

3. 에스라는 "종교 부흥"을 일으키고자 예루살렘에 가기 위한 만반의 준비를 다 했다.

4. 여호와가 우리 마음에 무거운 짐을 놓으셨을 때 우리는 기도하고 그분의 뜻과 길을 찾아야 한다. 그리고 우리 자신이 그것을 행해야 한다. 느헤미야는 실천에 옮겼다.

5. 우리는 계획하고 기도하며 일해야 한다. 이 세 가지가 전부이다. 우리는 한 가지 또는 두

가지만 행해서는 안 되고 어느 것 하나 놓치면 안 된다.

6. 느헤미야는 겸손하게 주님을 의지했고, 성벽을 쌓는 데 나타난 모든 장애물과 적들을 극복했다. 우리에게 가르치는 것은 "모든 일들은 하나님이 함께하심으로 가능하다"는 사실이다(마 19:26).

복습

1. 에스라는 어떤 사람이었는가?

2. 느헤미야는 어떤 사람이었는가?

3. 에스라는 어떤 사람으로 기억되고 있는가?

4. 느헤미야는 예루살렘에 가기 위해 어떻게 허락을 받았는가?

5. 느헤미야는 막중한 그의 과업을 어떻게 성취했는가?

6. 에스라서와 느헤미야서가 왜 우리에게 그렇게도 중요한가?

예습

1. 성경 읽기

에스더 전체.

2. 다음 주에는 "이때를 위한 에스더"에 대해 공부할 것이다.

3. 에스라와 느헤미야에 대해 복습해 보자.

4. 새롭게 깨달은 성경 구절에 표시해 보자.

Week 26
에스더

Ⅰ. 이름의 뜻

에스더는 "별"이라는 의미이다.

Ⅱ. 중요한 성경 구절

에스더 전체.

Ⅲ. 가족 배경

에스더는 베냐민 지파 아비하일의 딸로 태어났다.

그녀의 히브리식 이름은 하닷사라고 한다. 그 뜻은 "도금양"(나무 종류)이라는 의미가 있다. 에스더는 고아로 컸으며 베냐민 지파 모르드개의 양녀가 되었다. 에스더 2:5-7을 보라.

모르드개는 바사나라의 수도인 수산 성의 한 관리였다. 아비하일은 모르드개의 삼촌이며, 모르드개는 에스더와 사촌 관계가 된다. 이들의 관계는 성경에서 가장 온정이 두터운 친척 관계를 보여 주고 있는 좋은 예이다. 에스더를 향한 모르드개의 사랑은 딸을 향한 아버지의 사랑과 같다. 이러한 일들이 포로의 땅에서 일어났던 것을 기억하자. 바사인들은 아하수에로 왕의 통치 하에 있었다. 그는 일반 세계 역사에서 크세르크세스(Xerxes, 옛 페르시아의 왕, 기원전 519-465) 왕으로 알려져 있다.

에스라서와 느헤미야서는 예루살렘에 돌아왔던 귀환자들을 대상으로 하고 있다. 에스라서 6-7장 사이에 에스더서의 사건들이 일어난다.

Ⅳ. 구약성경은 에스더에 관해 어떻게 말하고 있는가?

1. 하나님의 섭리가 에스더서에서도 나타난다.

왕후 와스디는 그녀의 남편 아하수에로의 명령에 따라 그녀의 아름다움을 연회석에 있는 모든 방백과 신복들에게 나타내 보여야 했다. 그러나 와스디는 거절했다(에 1:12). 왕과 그의 무리는 남편을 존경하는 아내들에 관한 규례를 정했다(15-18절).

왕후 와스디는 왕의 무리들에게 자신을 나타내 보이기를 거절했기 때문에 폐위되었다. 이것은 용기 있는 행동이나 그녀가 그렇게 행하므로 그녀의 자리를 잃어버렸다(에 1:19). 이 행동은 그 자리를 빈자리로 남겨 놓게 했으며, 왕을 위해 다음 왕후를 선택한다는 법령이 처녀들에게 알려지도록 반포되었다.

2. 유대 사람인 모르드개는 처녀들 중에서 에스더가 왕후로 선택되도록 하기 위해 왕궁까지 그녀를 데려갔다. 에스더는 유대인이라는 사실을 나타내지 않았다. 모르드개는 그녀에게 그녀의 배경을 나타내지 말라고 했다.

에스더 2:10을 써 보라. _____

_____

일 년의 기간을 기다린 후에 에스더는 왕 앞에 나아가게 되었다(에 2:16).

3. 에스더는 왕후가 되었다.

에스더 2:17을 써 보라. _____

_____

그녀는 그때까지도 자신이 유대 여인이라는 사실을 나타내지 않았다(에 2:20). 그녀는 위험스런 시기에 왕의 보좌 앞에 나아오게 되었다.

4. 유대인을 증오하는 하만(에 3:10; 8:1; 9:10, 24절)

하만은 왕의 모든 종들보다 높은 데 앉기 위한 계획을 세우고 있었다. 왕으로부터 나온 조서로써, 모든 종들을 무릎 꿇게 하고 하만을 숭배하게 했다(에 3:1-2). 하만은 아말렉 족속이었다. 당연히 그도 모든 아말렉인들이 싫어하는 것처럼 유대인을 증오했다. 아말렉은 에서의 손자이다. 모르드개는 하나님의 율법을 알고 있으며 그 율법에 순종해야 하기 때문에 하만에게 무릎 꿇는 것을 거절했다.

신명기 5:7-10을 보라.

9절을 써 보라. _____

_____

하만은 모르드개가 자기를 존경하지 않았기 때문에 몹시 흥분했다. 하만은 제국

전토에 흩어져 있는 모든 유대인들을 죽이기로 결심했다.

하만이 온 나라에 있는 유다인 곧 모르드개의 민족을 다 멸하고자 하더라. (에 3:6)

하만은 왕에게로 가서 뇌물을 바치고 조서에 그의 동의를 받았다. 에스더 3:8-9에 밑줄을 그어라. 모든 유대인들을 죽이라는 명령이 담긴 조서가 127도 전국에 전해졌다. 에스더 3:13에 밑줄을 그어라.

5. 모르드개는 유대인들에 대한 왕의 법령 소식을 들었다.

그는 에스더에게 그녀의 하인 한 사람을 통해 법령의 사본을 보냈다. 모르드개는 에스더에게 왕에게 가서 그녀의 백성을 위한 요구를 해결받으라고 말을 전했다(에 4:5-8). 에스더는 그녀가 왕궁의 규례에 복종해야 한다는 사실을 모르드개에게 전달했다. 그녀는 왕의 부르심 없이 왕의 뜰에 들어갈 수 없었다. 만일 왕이 뜰 안에 서 있는 자에게 그의 황금 홀을 내어 밀면 들어갈 수 있다. 그녀는 30일 동안 왕의 뜰 안으로 부름 받지 못했다.

에스더 4:11에 밑줄을 그어라. 그 사정이 모르드개에게 전달되었다.

6. 에스더는 모르드개로부터 두 번째 내용을 받았다.

그 내용은 본서의 도전 메시지이기도 하다. 모르드개가 말했다.

네가 왕후의 자리를 얻은 것이 이때를 위함이 아닌지 누가 알겠느냐. (에 4:14)

에스더는 신속하게 행동에 임했다. 그녀는 모르드개에게 수산 성 안에 모든 유대인들을 모으고 그녀를 위해 3일 동안 밤낮으로 금식하고 기도해 줄 것을 전했다. 그녀 자신도 실천할 것을 약속했다(에 4:16). 에스더는 규례를 어기고 왕에게 나아가기를 약속했다. "죽으면 죽으리이다"라는 그녀의 말을 유의해 보라(에 4:6).

7. 에스더의 용기는 대단했다.

그녀는 왕후의 예복을 입고 왕궁 안 뜰에 들어섰다. 왕의 홀만이 그녀를 구원할 수 있었다(에 5:1). 왕은 보좌에서 에스더를 보면서 금 홀을 내밀었다. 에스더는 그것을 만지면서 왕에게로 나아갔다(에 5:2). 이스라엘의 하나님 여호와가 역사하고 계셨던 것이다. 왕이 에스더에게 말한 첫 번째 일을 유의해 보라.

에스더 5:3 _____

_____

에스더는 왕에게 왕과 하만이 그날에 자신이 베푼 연회에 참석하고 다음 날에 베푸는 두 번째 연회에 다시 참석할 것을 요구했다. 그때 그녀는 왕에게 소원을 말할 수 있었다(에 5:4-8).

8. 하만은 "큰 탄환에 맞은 것" 같은 충격을 받고서 연회석을 떠났다.

그만이 왕과 왕후의 유일한 초대 손님이었다. 그와 그의 아내는 다음 날 모르드개를 달아매기 위해 높이 22m나 되는 교수대를 준비했다(에 5:9−14).

그러나 그 밤에 어떤 일이 일어났는가? 왕은 잠을 이룰 수가 없었다. 그는 신하에게 사적의 기록들을 낭독하도록 했다. 읽는 중에 그는 모르드개가 자신의 생명을 구원했다는 것을 알게 되었다(에 2:21−23).

왕은 물었다.

이 일에 대하여 무슨 존귀와 관작을 모르드개에게 베풀었느냐. (에 6:3)

아무것도 베풀지 아니하였나이다. (3절)

하만은 다음 날 다시 왔다. 왕은 그에게 같은 질문을 물었다.

에스더 6:6을 써 보라. _____

_____

하만의 교만을 보라. 그는 왕의 질문이 자신에 관한 말인 줄로만 알았다. 하만은 왕에게 마땅히 행해야 할 것을 말했다(7−9절). 그런데 그 충격이 하만에게 떨어졌다.

에스더 6:10을 써 보라. _____

_____

하만은 집에 돌아왔으나 에스더가 베푼 두 번째 잔치에 참석하기 위해 왕의 신하들에게 다시 붙들려 와야만 했다.

9. 에스더는 대담한 여자였다.

유대인들의 미래는 오직 에스더에게 달려 있었다. 그녀는 왕에게 그녀의 백성을 구해 줄 것을 간청했다(에 7:3−4). 그러자 왕은 그녀의 백성을 멸하려 했던 자가 누구인지를 알기 원했다. 진실이 밝혀질 때가 온 것이다. 에스더는 그 기회에 모든 것을 말했다.

에스더 7:6 _____

_____

하만은 자신이 유대인을 대상으로 만들었던 바로 그 교수대에 죽도록 판결을 받았다.

에스더 7:10을 써 보라. _____

_____

Note

10. 비록 왕이 모르드개와 에스더가 유대인이라는 사실을 알았을지라도 그들은 왕에게 인도되어 존귀를 얻었을 것이다.

왕은 하만을 통해 내린 명령을 역회전시켰다.

모르드개는 127도를 다스리는 국무총리로 등용되었다.

에스더 8:1-16을 읽어 보자. 15-16절에 밑줄을 그어라.

에스더 7:4을 찾아보자. _____

_____

_____

에스더 10:3 _____

_____

11. 부림절이 제정되었다.

바사에 있는 유대인들이 하만의 대량 학살 계획으로부터 구원받음을 축하하기 위해서 제정된 축일이 "부림절"이다.

부림(Purim)이라는 말은 부르(Pur : 제비, 곧 주사위라는 뜻)라는 말에서 왔다. 하만은 유대인들을 멸절시키려고 한 날을 정하기 위해 "부르"(Pur : 제비)를 던졌다. 유대인들은 매년 부림절이 되면 에스더서를 읽는다.

에스더 9:4을 찾아보자. _____

_____

12. 하나님은 이 모든 일을 보고 계셨는가?

그렇다. 그분은 계셨다. 잠언 21:1을 써 보라. _____

_____

이사야 54:7 _____

잠언 16:33 _____

_____

V. 신약성경은 에스더에 관해 어떻게 말하고 있는가?

1. 에스더에 관한 신약성경의 기록은 없다. 그러나 그녀는 이스라엘 백성을 구원하는 데 하나님에게 쓰임을 받았다.

결과적으로 구원자 그리스도가 약속으로 오실 것이다. 그분의 백성을 위한 하나님의 섭리적 간섭이 에스더서를 통해 너무나도 명백하게 나타난다. 바사에 있는 유대인들은 스스로 원해서

그곳에 있었다. 고레스의 칙령(에 1:2–4)으로 남아 있는 유대인들이 예루살렘에 돌
아간 후에도 많은 수가 바사에 머물러 있었다.

그들은 하나님의 백성이었고 여호와를 믿었다. 그러나 그들의 마음은 이 세상 것들에 집착하고 있었다. 하나님은 그들을 감찰하셨다.

우리는 교회 일에도 그와 같은 백성이 있음을 안다. 나라 안에도 마찬가지이다.

VI. 이번 주에 배울 수 있는 교훈은 무엇인가?

1. 에스더는 그녀를 길러 준 아버지 모르드개에게 복종했다. 이것은 온 세계가 받아들여야 할 교훈이다.

2. 그녀는 자신이 유대인임을 부끄러워하지 않았다. 혹시 그리스도인이 된 것을 부끄러워하지는 않는가?

3. 에스더는 비록 죽을 수밖에 없었을지라도 용기를 가지고 있었다. 우리에게는 그런 용기가 필요하다.

4. 왕후가 되어 큰 명예로 높임을 받았을 때도 에스더의 동족인 평범한 유대인들을 위한 그녀의 사랑과 충성은 변하지 않았다. 우리는 종종 자기 본연의 신분과 상속권을 상실할 때가 있다.

5. 하나님은 그분의 백성에 대한 그분의 목적을 성취하기 위해 그 섭리 안에서 에스더를 도구로서 사용하셨다. 우리는 하나님에게 필요한 존재인가?

6. 그녀는 동족을 위해 자신의 입장을 포기했던 민족적 인물이다. 우리는 주님과 그분의 교회를 위해 그리스도인의 영향력을 발휘해야 한다.

복습

1. 에스더서 안에서 중요한 네 인물을 들어 보자.

2. 에스더는 누구였는가?

3. 하만의 다른 이름이나 칭호는 무엇인가?

4. 하나님은 에스더를 어떻게 사용하셨는가?

5. 모르드개에게 무슨 일이 일어났는가?

(참고 : 구약의 역사는 에스라, 느헤미야, 에스더 이후 시작된다. 에스라, 느헤미야는 예루살렘과 유다로 돌아온 소수의 남은 자들에 대해 다루고 있다. 에스더는 포로 된 땅에 남은 유

대인들에 대한 이야기이다. 이스라엘의 많은 예언자들은 포로기를 전후로 해서 이스라엘에 대한 중요한 예언을 기록했다. 다음의 설명은 하나님의 말씀을 이해하는 데 도움을 줄 것이다. 이스라엘, 즉 북 왕국은 기원전 745년경 앗수르에게 멸망당했다. 유다와 예루살렘은 기원전 606년경 바벨론에 의해 멸망당했다. 바벨론 왕국은 앗수르를 침공해 니느웨 성을 멸망시켰다. 또 바벨론 왕국은 파사 왕국에게 멸망당했다. 그래서 에스라, 느헤미야, 에스더에서 우리는 모든 족속들이 계속 반복해서 언급되고 있음을 쉽게 발견할 수 있다. 에스더서에서 보면 유대인들은 인도에서부터 에티오피아까지 127지역에 흩어져 살고 있었음을 알 수 있다. 포로기 동안 유대와 이스라엘인들의 이름은 구별되어 불리지 않았다.)

예습

1. 성경 읽기

이사야 1–12장; 40–66장, 마태복음 12:17, 누가복음 24:44, 로마서 9:27; 10:16; 15:12, 베드로전서 1:10–11.

2. 다음 주에는 "선지자 중의 왕자 이사야"에 대해 배우게 될 것이다.

3. 에스더에 대해 복습해 보자.

4. 새롭게 깨달은 성경 구절에 표시해 보자.

Week 27
이사야

Ⅰ. 이름의 뜻
이사야는 "여호와의 구원"이라는 의미이다.

Ⅱ. 중요한 성경 구절
이사야 1–12장; 40–66장, 마태복음 12:17, 누가복음 24:44, 로마서 9:27; 10:16; 15:12, 베드로전서 1:10–11.

Ⅲ. 가족 배경
이사야의 배경은 알려진 게 거의 없지만, 이사야 1:1을 통해 그가 아모스의 아들이라는 사실을 알 수 있다. 유대 전통(tradition)은 우리에게 아모스는 아마샤 왕의 형제이고 아마샤는 웃시야 왕의 형제였다고 전해 준다. 유대 전통에 따르면 이사야는 웃시야 왕의 사촌이 된다. 아마 이것은 조금 후에 배우게 될 이사야 6장 첫 부분을 이해하는 데 도움을 줄 것이다.

이사야는 도회지 사람이다. 그는 평생을 도시 안에서 살았다. 그의 사역과 일은 그 안에서 이루어졌다. 기원전 750년부터 기원전 700년까지 50년이 넘는 동안 그의 사역은 그 도시 안에서 이루어졌다. 그 도시는 예루살렘이었다.

이사야는 귀족 출신이었고 문화인이었으며, 항상 왕궁 안에서 편하게 지낸 것 같다. 그는 권세와 번영 속에서 성장했다. 유다의 웃시야 왕과 이스라엘의 여로보암 2세(북쪽 왕국)는 자기 나라를 최고 번영의 나라로 만들어 놓았다. 그러나 그 번영과 함께 악이 들어왔다. 이사야의 역사와 이사야서를 통해, 부요와 풍부함 이외에는 알지 못하고 성장해 온 미국인들의 삶과 비슷함을 느끼게 될 것이다. 이사야는 그런 환경 속에서 살았고 그의 백성이 죄 가운데 몰입되어 있는 것을 봤다.

이사야는 귀족의 옷차림을 하지 않았다. 그는 엘리야처럼 백성에게 회개를 촉구하면서 머리털로 만든 옷을 두르고 다녔다.

이사야는 여호와 하나님의 말씀을 증거할 때 천재적 시인의 기질을 발휘했다. 그는 위대한 웅변가였으며 말씀에 완전한 자였다. 그의 언어 구사력은 여호와에게로부터 나온 것이었다. 그는 위대한 설교가였다.

이사야에게는 한 아내와(사 8:3) 두 아들이 있었다. 그의 첫아들은 "남은 자는 돌아올 것이다"라는 의미를 지닌 스알야숩(사 7:3)이었다. 그의 둘째 아들은 성경에서 제일 긴 이름을 가지고 있다. 그 이름은 유다 대적들의 급속한 파멸을 뜻하는 것으로, 즉 "전리품으로 번영한다"는 의미를 지닌 마헬살랄하스바스다.

이사야는 담대하고 정직한 사람이었다. 그는 필요한 경우에는 담대히 말했지만, 언제나 사랑과 온유함으로 행했다. 그는 여호와의 말씀을 청종하는 자였다.

열왕기하 15-20장과 역대하 26-33장에서 이사야는 당시의 상황을 설명하고 있다. 그는 유다 선지자였으나 이방 민족과 이스라엘에 대해서도 말했다.

IV. 구약성경은 이사야에 관해 어떻게 말하고 있는가?

1. 이사야는 하나님의 선지자였다(사 1:1; 2:1; 6:1).

이사야는 이사야 1:1에서 이상 중에 본 것을 이야기한다.

1절을 써 보라.

이 구절은 여호와가 이사야에게 나타나셨을 뿐만 아니라, 이사야가 살던 시대의 구조를 제시해 설명한 부분이기 때문에 중요하다. 그는 네 왕들의 시대를 거치면서 유다와 예루살렘에 대한 환상을 봤다. 이것이 여호와가 이사야에게 보내 주신 첫 번째 환상이다.

들으라 귀를 귀울이라 여호와께서 말씀하시기를. (사 1:2)

메시지의 내용은 유다와 예루살렘에게 이루어질 일이었다.

하나님은 항상 남은 자를 남겨 두신다(사 1:9에 밑줄을 그어라). "남은 자"에 대한 사상은 이사야서 전체에 흐르는 주제이다(사 10:20-22; 11:11-16; 37:1-4, 31-32절; 46:3). 이사야는 이사야 1:18에서 은혜의 말씀으로 하나님의 위대한 초청을 말하고 있다.

이사야 1:18 _____

하나님은 선지자 이사야를 통해 하나님 백성의 가까운 장래와 먼 장래에 대해 말씀하셨다. 그런데 18–19절에서는 사랑의 말씀을 하신다. 마지막으로 "여호와의 입의 말씀이니라"라고 20절을 맺으면서 강력한 경고의 말씀을 하신다.

이사야 2:1에서 이사야는 또다시 유다와 예루살렘에 관한 말씀을 받았다. 이 구절부터 이사야 5장까지는 이사야에게 임한 두 번째 이상이다(각 구절에 대해 가르치고 쓰는 것은 어려운 일이 아니다. 우리의 주제는 인간 이사야이다).

이사야는 본 것을 말하는 선지자였다.

2. 이사야 선지자의 확신과 위임(사 6장)

이사야 6장에서 이사야는 우리에게 환상과 더불어 선지자(하나님을 대신해서 말하는 자)로 부르심을 받은 확신에 대해 말하고 있다. 이사야의 소명은 오늘날에도 동일하게 부르시고 확신을 주시는 변함없으신 하나님에게로부터 온 것이다.

내가 본즉 주께서 높이 들린 보좌에 앉으셨는데. (1절)

이사야는 그 밖에도 이스라엘의 실제적 왕인 웃시야 왕의 죽음을 경험했다.

이사야는 성전이 "하나님의 영광"으로 가득 차 있는 것을 봤다.

그의 옷자락은 성전에 가득하였고. (1절)

즉 하나님의 영광의 광채가 가득했던 것이다.

보좌 주위에서는 스랍(여호와를 위한 하늘의 천사)들이 "거룩하다 거룩하다 거룩하다"(3절)고 찬양했다. 즉, 항상 삼위의 하나님을 염두에 두고 성부 하나님, 성자 하나님, 성령 하나님(골 2:9을 보라)에게 영광을 돌리는 찬양이다.

첫째로 왕에 대한 이상과 인간 이사야에 대한 상세한 소명이 나타난다.

이사야 6:5에서 부르심에 대한 첫마디를 유의해서 보라.

_____

_____

_____

그는 자신을 부정한 입술을 가진 죄인으로 여겼다.

이사야가 주님을 보았던 것처럼 우리가 예수님을 볼 때 우리는 부정한 자임을 깨닫게 된다.

스랍 중에 하나가 핀 숯불을 가져다가(사 6:6) 그의 입술에 대며 말했다.

이것이 네 입에 닿았으니 네 악이 제하여졌고 네 죄가 사하여졌느니라. (7절)

이사야는 하나님의 큰일을 위해 준비된 자였다. 우리 삶 속에서도 하나님의 은혜로 말미암아 즉시 우리의 죄가 정결케 될 수 있다.

또한 기도와 말씀 연구와 예배를 통해 우리를 만져 주시는 예수 그리스도의 타오르는 숯불에 의해 이루어지는 매일매일의 점진적인 정화가 있다.

8절에서 이사야는 여호와가 말씀하시는 음성을 듣는다.

"이르시되 _____

자원하는 이사야를 유의해서 보라.

내가 여기 있나이다 나를 보내소서. (8절)

9절에서 13절까지 나타난 위임에서 여호와가 이사야에게 말씀하시기를 "가서 말하라"라고 했다. 이사야는 듣지 않을 백성에게 보냄을 받았다. 그러나 여호와는 이사야를 통해 그들에게 경고하셨다.

13절에서 그의 증거가 "십분의 일"에게 전달되기 때문에, 즉 "거룩한 씨"(13절)에 해당되는 남은 자가 응답할 것이기 때문에 모든 것이 헛된 건 아니다.

왜 이사야는 그런 백성에게 보내져야 했는가?

요한복음 12:36–41을 찾아보자. 요한복음 12:40은 이사야 6:10과 동일시되는 내용이다. 요한복음 12:41에 밑줄을 그어라. 밤나무와 상수리나무가 베임을 당하여도 그 그루터기는 아직까지 남아 있다.

이스라엘은 "십분의 일"에 해당되는 남은 자 안에서 생명을 갖게 될 것이었다. 그중에서 인간 이사야는 부르심을 받고 확신 중에 위임을 받아 "선지자들의 왕자"가 되었다.

3. 선지자 이사야는 장차 이루어질 일들을 예언했다(예를 들면 사 7:1–12이 있다).

이 구절에서 북 왕국 이스라엘의 베가 왕과 아람의 르신 왕이 남쪽 유다의 아하스를 퇴위시키고 그의 왕국을 전복시키려는 음모를 꾸몄다.

이러한 적대 관계가 역대하 28장에 기록되어 있다.

아하스는 하나님을 향하지 않고 오히려 앗수르 왕 디글랏빌레셀에게 도움을 청했다. 이사야 7:3–4을 찾아서 밑줄을 그어라.

이사야는 아하스에게 "이스라엘의 베가나 아람의 르신을 두려워하지 말라. 그들은 연기 나는 부지깽이와 같고, 타다 남은 막대기에 불과하다"라고 했다. 그러나 아하스는 자기 욕심대로 앗수르 왕의 도움을 얻으려고 이미 굳게 마음먹고 있었다.

여호와는 또다시 이사야를 통해 아하스에게 이사야 7:11에서 말씀하셨다.

_____

_____

아하스는 자신이 여호와를 시험하지 않을 것이라고 대답했다. 이사야는 아하스 왕을 초월해 봤고 이사야 7:14에서는 메시아에 대한 예언을 해 준다.

여기에서 이사야는 유다의 가까운 장래와 오실 메시아의 먼 장래를 예언했다. 이사야 7:13을 보라. 그 메시지는 "다윗의 집"에게로 향한 것이었다. 디글랏빌레셀은 쳐들어와서 북쪽 왕국과 아람과 유다의 도시들을 점령했다. 하나님의 개입이 없었다면 그는 예루살렘도 점령했을 것이다. 아하스는 선지자 이사야의 말을 듣지 않았다.

이사야는 이사야 36–37장에서 또다시 히스기야에게 앗수르를 두려워하지 말라고 말했다. 이사야 37:21–28에서 이사야는 여호와 하나님의 사자로 말미암아 앗수르 군대 18만 5,000명이 죽임을 당할 것이라고 했다. 여호와가 이사야를 통해 그렇게 말씀하셨고 그대로 이루어졌다.

4. 그는 먼 장래를 내다보며 예언했다.

이사야는 그리스도의 초림을 봤다(사 7:14; 9:6–7; 61:1–2). 그는 그리스도의 재림도 봤다(사 11:1; 61:2).

또 그는 그리스도가 십자가에서 죽게 됨을 봤다(사 53장). 이사야 53:2–5에 밑줄을 그어라.

6절을 써 보라.

이사야 53:7–9에 밑줄을 그어라. 또한 예수님이 십자가에 못 박혀 죽으심에 대해서도 읽어 보자(사 50:6–9; 52:13–15). 이사야는 그리스도의 영광스러운 나라를 봤다(사 59:20–21; 65:17–25). 그는 그리스도의 왕국뿐만 아니라 새 하늘과 새 땅도 보면서 예언했다(사 66:22).

V. 신약성경은 이사야에 관해 어떻게 말하고 있는가?

1. 예수님은 선지자들의 글을 인용하셨다.
누가복음 24:44을 써 보라.

2. 바울은 이스라엘에 관한 이사야의 예언을 인용했다.

로마서 9:27을 써 보라. _____

_____

로마서 10:16에 밑줄을 그어라. 로마서 15:12을 써 보라.

_____

3. 베드로는 선지자들이 장차 임할 은혜에 대해 예언할 것이라고 말했다.

베드로전서 1:10-11에 밑줄을 그어라.

4. 마태는 마태복음 12:17-21에서 이사야 42:1-4의 내용을 직접 인용하며 이사야의 예언의 성취를 기록하고 있다.

말씀을 위해 말씀이 오셨던 것이다.

5. 신약성경에서 이사야(헬라어로 "에사이아스")를 21번 언급하고 있다.

찾을 수 있는 대로 찾아보자.

신약성경은 "선지자들"에 대해 20번 정도 언급하고 있다.

• 노트 : 이사야는 그만큼 위대한 인물이다. 당신이 이사야를 읽을 때 마음속에 주님을 생각하면서 읽기를 바란다. 당신은 아사야가 예수 그리스도와 장래에 이루어질 일들에 대해 많은 것을 기록했음을 발견하게 될 것이다.

VI. 이번 주에 배울 수 있는 교훈은 무엇인가?

1. 하나님은 복종하는 사람을 도구로 사용하신다.

2. 우리의 생애 가운데 하나님은 우리의 위치와 지위를 문제 삼지 않고 우리를 사용하실 수 있다.

3. 여호와가 그분의 선지자들을 통해 말씀하시는 것은 실제적인 사건이다. 우리는 그를 믿기만 하면 된다.

4. 유다와 이스라엘과 이방 나라들에 관한 이사야의 예언이 성취되었다는 사실은 곧 예수님의 재림과 그분의 나라에 대한 예언적 성구들도 역시 성취되리라는 것을 의미한다.

5. 이사야는 하나님의 부르심에 응답했고 여호와를 위해 일하도록 보냄을 받았다. 우리는 "가서 말하는 것"을 배워야 한다.

복습

1. 이사야라는 이름에는 무슨 뜻이 있는가?

2. 그의 두 아들의 이름을 적어 보자.

3. 이사야는 어떤 사람인가?

4. 이 선지자에 대한 당신의 인상은 무엇인가?

5. 그는 어느 왕들 밑에서 봉사하였는가? 네 왕이 있다.

예습

1. 성경 읽기

예레미야 1장; 14–20장; 26–45장. 마태복음 16:13–16; 2:17; 27:9, 히브리서 8:8–12.

2. 다음 주의 연구 인물 예레미야에 관련된 것을 읽어 보자.

3. 이사야에 대해 복습해 보자.

4. 새롭게 깨달은 성경 구절에 표시해 보자.

Note

Week 28
예레미야

Ⅰ. 이름의 뜻
예레미야라는 이름은 "여호와께서 지명하신 자"라는 의미이다.

Ⅱ. 중요한 성경 구절
예레미야 1장; 14-20장; 26-45장, 마태복음 16:13-16; 2:17; 27:9, 히브리서 8:8-12.

Ⅲ. 가족 배경
예레미야는 아나돗 지방에서 힐기야의 소생으로 태어났다(힐기야를 역대상 6:4과 6:13-15에서 나오는 살룸의 아들과 혼동해서는 안 된다).

아나돗은 예루살렘 북쪽 4km 정도 떨어져 있는 작은 마을이다. 그는 제사장의 아들로 태어났다.

예레미야 1:1 _____

그는 제사장의 일들을 보면서 성장했다. 그는 선지자 나훔과 스바냐가 살던 시대의 사람이다.

하나님은 그에게 맡기신 일을 감당시키기 위해 독특한 방법으로 그에게 배경과 기질과 능력을 갖추도록 하셨다.

그의 사역은 요시야의 치세 13년에 시작됐다. 그때는 이사야가 죽은 지 60년이 되는 해이기도 하다.

요시야가 죽은 후 유다 왕국은 바벨론 포로가 되었다.

예레미야는 그들이 애굽에 들어갈 때까지 남아 있는 불쌍한 자들을 돕기 위해 유다 땅에 남아 있었다.

그는 애굽에 가도록 강요를 받았기 때문에 그들과 함께 그곳에 갔다(렘 43:5-7).

그는 자기 민족을 사랑했다. 그 민족의 투쟁과 몰락의 사건들은 우리에게 예레미야가 생존해 여호와의 말씀을 선포하던 당시 상황을 설명해 주고 있다(역사적 배경은 왕하 22–25장에 있다).

IV. 구약성경은 예레미야에 관해 어떻게 말하고 있는가?

1. 선지자로서의 그의 소명

여호와의 말씀이 그의 귀에 크게 임했다. 예레미야 1:4에 밑줄을 그어라.

하나님은 그를 태어나기 전부터 민족의 선지자로 지명하셨다. 예레미야 1:5을 써보라.

_____

_____

하나님의 부르심(소명)에 대한 확실한 증거를 살펴보자. "내가 너를 지었고, 내가 너를 알았고, 내가 너를 구별하였고, 너를 지명하였노라."

2. 하나님의 부르심에 대한 예레미야의 응답

예레미야는 보통 우리가 응답하는 것과 같이 대답했다.

슬프도소이다 주 여호와여 보소서 나는 아이라 말할 줄을 알지 못하나이다. (렘 1:6)

예레미야는 어린 사람으로서 자신의 무경험과 연약함을 느꼈던 것이다. 그러나 여호와는 예레미야를 부르셨고 그에게 말씀하셨다.

7절 _____

모세 역시 하나님이 부르실 때 같은 내용으로 말했다. 같은 대답이었지만, 하나님은 모세의 태도에 대해서는 노하심을 보이셨으나 예레미야에게는 인자함을 보이셨다.

너는 아이라고 말하지 말고. (7절)

여호와는 예레미야에게 용기와 힘을 주셨다(8절). 이 구절에 밑줄을 그어라.

3. 여호와에게로부터 온 그의 사역

여호와는 예레미야에게 행할 일을 주셨다. 여호와는 그에게 어려운 일을 맡기셨다. 첫째로 그분은 손을 내밀어 예레미야의 입에 대시며 말씀하셨다.

보라 내가 내 말을 네 입에 두었노라. (렘 1:9)

그런데 무거운 과업이 10절에서 주어진다.

예레미야 1:10 _____

_____

17, 19절에 밑줄을 그어라.

4. 예레미야 설교에 대한 반발

유다에서 그가 그들이 하나님의 뜻에 맞지 않는 삶을 살아가고 있다고 전했을 때 반대자들 사이에서 그렇게 외치는 선지자들에 대한 반발이 더욱 심해졌다.

또다시 그는 심판을 외친다(렘 18:18-23, 20절에 밑줄을 그어라). 예레미야는 거듭해 유다의 지도자들과 종교 지도자들 위에 하나님의 심판이 임할 것을 전파했다. 그것에 대해 그는 하나님이 주시는 확신을 가졌다.

예레미야 20:1-6을 보라. 그는 여호와의 집에서 제사장의 아들에게 매를 맞고 차꼬에 묶였다. 그의 담대함을 살펴보자(렘 20:4, 6절). 우리는 그가 전파하는 중에 보여 준 담대함에 대한 실례들을 계속 찾아볼 수 있다. 예레미야에게 배워야 할 것이 많이 있다.

5. 예레미야의 슬픔과 애가(哀歌)

예레미야는 항상 자신을 돌아보는 자기반성을 다른 선지자들보다 많이 했던 자였다.

그는 자기 나라와 백성을 사랑했다. 하나님이 그에게 행해야 할 바를 말씀하셨다. 그분의 선언은 백성보다 오히려 예레미야에게 괴로움을 던져 주었다. 말씀을 증거하고 가르치는 우리 모두 그의 심정을 이해할 수 있을 것이다. 심판을 전하는 그의 마음은 아프고 괴로웠을 것이다.

예레미야 9:1을 써 보라. _____

_____

예레미야 20:7-8에서 예레미야는 증거하기를 중단하고 싶다고 부르짖었다. 7-8절에 밑줄을 그어라. 그러나 그는 그렇게 할 수 없었다. 왜냐하면 하나님의 말씀이 그 마음 중심에 있었기 때문이다.

예레미야 20:9을 써 보라. _____

_____

그의 성품은 온유했다. 유다를 향한 그의 고통과 슬픔은 매우 심했다. 그는 보고 행하지 않으면 안 될 것에 대해 슬퍼했다.

그는 왜 이 세상에 태어났는지를 이해하지 못할 정도였다. 예레미야 20:14-18을 보라.

예레미야 15:10 _____

_____

_____

예레미야는 환난의 시대와 하나님의 진노하심으로 인해 결혼하는 것이 허용되지 않았다. 예레미야 16:1-4을 찾아보고 2절을 써 보라.

그는 아내와 가정에서 사랑과 용기를 받는 일조차 없이 고독한 생애를 살았다. 그 는 아나돗 작은 마을에 있는 그 친구들을 포기했다.

그는 개인의 자유마저 포기했다. 그는 슬픔의 사람이었다.

그는 어떤 칭호들보다 "눈물의 선지자"라는 칭호로 알려지고 있다. 우리는 그를 "사랑을 가진 용기 있는 하나님의 사람"으로 생각할 수 있다. 그렇다. 예레미야는 하 나님의 선지자가 됨으로 고난을 겪었다. 그는 하나님의 말씀이 자신 안에 있기 때문 에 시련에 직면하면서도 증거하는 일을 계속해야만 했다.

예레미야 15:15-16을 써 보라. 15-16절에 밑줄을 그어라.

주의 말씀은 내게 기쁨과 내 마음의 즐거움이오나. (렘 15:16)

이 구절을 깊이 묵상해 보자! "예레미야애가"는 그의 슬픔과 상한 심령을 확대해 가고 있다.

예레미야애가 3장을 읽어 보자.

6. 예레미야의 소망의 메시지

"예레미야가 뽑으며 파괴하며 파멸하며 건설하며 세우게 한다"는 것을 기억하자 (렘 1:10).

이스라엘과 유다와 이방 나라들에 임하는 하나님의 심판을 증거하는 데는 "다시 세우고 건설하는" 신앙의 메시지가 있어야만 했다.

그의 소망의 메시지 중 하나는 예레미야 18:1-10에 "토기장이와 질그릇"의 비유 로 나타난다.

이것은 모든 이스라엘에게 주는 메시지였다.

예레미야 18:1-5을 읽고 6절을 써 보라.

"진흙과 같은 날 빚으사 당신의 형상 만드소서." 이 찬송은 우리가 잘 알지 않는가?

소망의 메시지는 이스라엘이 여호와 하나님으로 말미암아 귀한 그릇으로 택함을 받았다는 사실이다. 그러나 이스라엘은 계속해 하나님과 그분의 말씀을 거역했다. 결과적으로 그 나라는 나뉘어졌고 흩어졌으며 포로로 잡혀갔다. 여호와는 예레미야를 통해 이스라엘에 소망의 메시지를 보내셨다. 그 메시지는 예레미야 18:6, 8절에 있다.

소망에 관한 또 다른 메시지는 예레미야 31:31-34에도 있다. 이것은 "새 언약"에 대한 메시지다. "새 언약"은 모세의 율법을 교체할 수 있는 것이다. "새 언약"은 율법의 옛 언약이 요구하는 바를 충분히 채웠다.

예레미야 31:33-34에서 많은 것을 배울 수 있다.

- 지식 : 내가 나의 법을 그들의 속에 두며. (33절)
- 복종 : 그들의 마음에 기록하여. (33절)
- 성별(聖別) : 나는 그들의 하나님이 되고 그들은 내 백성이 될 것이라. (34절)
- 교제 : 작은 자로부터 큰 자까지 다 나를 알기 때문이라. (34절)
- 용서 : 내가 그들의 악행을 사하고 다시는 그 죄를 기억하지 아니하리라. (34절)

마지막으로 소망에 관한 또 다른 메시지는 예레미야 32:6-15에도 있다.

여기 소망의 메시지는 예레미야의 행동으로 증거된다.

그는 그의 고향에서 작은 밭을 샀다. 이것은 유다의 회복에 관한 자신의 예언에서 오는 믿음의 증거요, 유다에 관해 장차 회복하게 되는 확실한 증거가 되는 것이다(15절).

그 땅은 바벨론의 손 안에 있게 될 것이다. 그러나 그는 그것을 샀다.

주에게는 할 수 없는 일이 없으시니이다. (렘 32:17)

V. 신약성경은 예레미야에 관해 어떻게 말하고 있는가?

1. 예레미야는 엘리야, 세례 요한, 예수님과 같이 영적인 능력을 소유한 자였다. 마태복음 16:13-16을 읽어 보자.

14절을 써 보라. _____

_____

16절에는 베드로의 위대한 고백이 있다. 밑줄을 그어라.

2. 신약성경에서 예레미야는 예레미와 예레미아스로 불리고 있다. 마태복음 2:17-18에서 선지자 예레미야에 관해 언급하고 있음을 살펴보자.

3. 예레미야에게 주어진 새 언약은 히브리서 8:7-13에서 반복해 설명되고 있다.

히브리서 8:6을 써 보라._____

새 언약은 그리스도의 구속적 사역으로 말미암아 이루어졌다. 그것은 다윗의 자손 예수님으로 말미암아 행해진 은혜의 언약이다. 예레미야 33:15-18을 찾아보자. 3, 15절에 밑줄을 그어라. 예레미야 31:31-34과 히브리서 8:7-13을 반복해 읽어 보자. "언약"과 "유언"(서약)이란 말은 동일한 의미이다.

히브리서 9:14-15을 읽어 보자.

VI. 이번 주에 배울 수 있는 교훈은 무엇인가?

1. 예레미야는 국가에 관한 하나님의 심판을 우리에게 가르친다.

2. 우리는 성공하지 못한다 할지라도 항상 진실해야 함을 배워야 한다.

3. 우리는 세상으로부터 받을 온갖 박해나 비난을 예상해야 한다. "주님의 은혜가 족하도다."

4. 하나님은 이스라엘과 우리에게 하신 약속을 성실하게 지키실 것이다.

5. 우리는 모두 다소간 눈물과 슬픔으로 낙심하는 때가 있다. 하나님은 우리가 그분에게 모든 것을 굴복시킬 때 우리를 더 선하게 사용하실 수 있다.

6. 예레미야는 우리 주님과 같은 성격과 성품을 소유했다. 그의 긍휼, 그의 사랑의 말, 상한 심령, 심판과 장래의 일들이 그를 예수님과 같이 만들었다. "더러는 당신을 이사야나 예레미야 등으로 말하더이다"라는 말이 마태복음 16:13-16에 나온다.

복습

1. 예레미야는 누구인가?

2. 예레미야는 무슨 일을 행하기 위해 부르심을 받았는가?

3. 그는 백성에게 어떤 대우를 받았는가?

4. 말씀을 증거하고 그 결과를 보는 예레미야의 태도를 볼 때, 그는 어떤 성품을 가지고 있었는가?

5. 그가 증거한 모든 내용은 파멸의 메시지와만 관계된 것인가?

6. 그는 이스라엘에게 어떤 소망을 주었는가?

예습

1. 성경 읽기

열왕기하 24–25장, 다니엘 1–5장.

2. 다음 주에 배울 인물은 바벨론 왕 느부갓네살이다.

3. 예레미야에 관한 연구를 복습해 보자.

4. 새롭게 깨달은 성경 구절에 밑줄을 그어라.

Week 29
느부갓네살

Ⅰ. 이름의 뜻

느부갓네살은 "경계선을 방어한다"는 의미이다.

Ⅱ. 중요한 성경 구절

열왕기하 24-25장, 다니엘 1-5장.

Ⅲ. 가족 배경

느부갓네살은 바벨론 왕 나보포라살의 아들이었다. 느부갓네살의 아버지는 앗수르 군대를 물리치고 바벨론 제국을 창건했다. 이름들이 때로는 성경을 공부하는 데 혼동을 줄 때가 있다. 지도가 때에 따라 바뀌기 때문에 지금에 와서는 장소의 이름들이 의미가 없어지게 되었다.

바벨론의 경우(그곳은 후에 포로 되어 갔던 곳) 우리는 느부갓네살이 통치했던 지역에 관해 알아야 한다.

바벨로니아는 바벨론의 수도로 서부 아시아 지역에 있다. 그곳은 때때로 시날(창 10:10; 11:2)이라고 불린다. 어떤 때는 갈대아인의 땅으로 불리기도 한다. 아브라함은 갈대아 우르 지방 출신이다. 느부갓네살은 동방에서 유명한 왕들보다 훨씬 더 능력 있는 자다. 그가 통치한 나라는 유사 이래 최초로 가장 넓은 땅을 차지했던 세계적 제국이었다. 왜 느부갓네살이 이와 같이 연구의 대상이 될 수 있는가? 그가 성경 인물이기 때문이다. 그는 당시에 위대한 왕이었다. 성경에 그의 나쁜 행위 이외에 다른 기록은 없다.

그러나 이스라엘의 하나님 여호와는 느부갓네살의 생애 안에서 하나님의 주권적 계획을 갖고 계셨다.

우리는 이 왕에 관해 나쁜 점만큼 좋은 점도 보게 될 것이다.

Ⅳ. 구약성경은 느부갓네살에 관해 어떻게 말하고 있는가?

1. 느부갓네살은 유다와 예루살렘을 70년 동안 포로 가운데 두었다(왕하 24:1-2, 10-16절; 25:1-9).

이것은 선지자 이사야의 예언(왕하 20:17-18)과 예레미야의 예언의 성취였다(렘 25:9-11).

9절을 유의해서 보라. 여호와는 느부갓네살을 "내 종"이라고 부르고 계신다.

예레미야 25:11을 써 보라. _____

_____

역대하 36:6-7, 10, 19-21절을 읽고 밑줄을 그어라.

왕족 출신인 다니엘과 그의 세 친구는 포로가 되어서도 많은 학문을 배웠다(단 1:1-4).

2. 하나님의 종들에 대한 느부갓네살의 첫 번째 시험

왕은 네 히브리인에게 그의 상에서 물린 것을 먹고 마시도록 명령했다. 그들은 그 음식이 하나님의 율법에 금지되어 있는 것을 알고 그것을 거절했다. 오직 빵(콩 종류로 만들어진 것)과 물만 10일 동안 먹게 했는데도 네 히브리인들은 왕의 음식을 먹고 마시는 사람들보다 더 윤기 있고 아름다워 보였다. 다니엘 1:15과 20절을 찾아보자.

느부갓네살은 그들이 권세를 누리는 데 빠지지 않았을 뿐 아니라 오히려 꿈과 환상을 해석할 수 있는 비상한 지혜를 갖고 있음을 봤다.

3. 느부갓네살의 꿈

다니엘 2장에서 다니엘은 왕의 위대한 꿈을 해석했다. 그 해석을 통해 느부갓네살은 그의 왕국이 멸망하게 될 것을 알게 되었다. 그의 반응에는 중요한 점이 있다.

다니엘 2:46-49을 유의해서 보라.

다니엘 2:47을 써 보라. _____

_____

_____

4. 금상과 왕의 반응

느부갓네살 왕은 넓은 바벨론을 통치했다. 그는 두라 평지에 금상을 만들어서 백성에게 자신의 형상에 경배하도록 요구했다. 자기 자신을 신격화했다.

"엎드려 절하다"(Worship)라는 말이 다니엘 3:5-7에서 세 번 사용되었다. 다니엘과 세 친구에게도 느부갓네살의 우상 앞에 무릎을 꿇고 절할 것을 요구했으나 그들은 절하기를 거절했다.

그들의 이름은 사드락과 메삭과 아벳느고였다.

왕은 보통 때보다 7배나 더 뜨거운 풀무 속에 그들을 집어넣었다. 이 사건으로 느부갓네살은 여호와 하나님의 능력을 새롭게 깨닫게 되었다.

다니엘 3:25에서 그의 말을 자세히 살펴보자.

_____

_____

다니엘 3:28 _____

_____

_____

5. 느부갓네살의 증언

다니엘 4:1-3의 왕의 증언을 순서대로 배열하면 4장 결론 부분에 속한다. 4장 전체는 이방인 왕이 어떻게 진실하신 여호와 하나님의 지식을 깨닫게 되는가를 소개하면서 왕의 간증을 기록하고 있다.

4장은 바벨론 국가의 기록문이다. 이것은 그의 죄와 교만에 대한 고백이며 여호와 하나님 안에서 그의 신앙을 고백하는 내용이다.

다니엘 4:2-3 _____

_____

_____

이 간증은 4장에서 표현된 대로 고통과 번민 후에 나온 것이었다.

6. 하나님의 주권

느부갓네살의 꿈(단 4장)에서 다니엘은 그 꿈의 의미를 그에게 해석해 주었다. 그는 하나님의 능력과 하나님이 다스릴 수 있다는 사실을 듣게 되었다.

다니엘 4:17 _____

_____

_____

그것은 인류의 생사와 국가에 대한 하나님의 주권을 암시해 주었다. 다니엘은 그 꿈에 대한 해석에서 이와 같은 하나님의 주권을 강조하고 있다. 다니엘 4:25을 써 보라. _____

_____

_____

그 환상은 느부갓네살의 생애 중에 성취되었다.

다니엘 4:31에 밑줄을 그어라.

32절 마지막 부분을 써 보라. _____

_____

그는 들짐승처럼 7년 동안 풀을 뜯어 먹었다. 그의 몸은 밤이슬에 젖고 그의 머리는 독수리의 깃처럼 길고 그의 발톱은 새의 갈퀴처럼 되었다. 그 후에야 그가 제정신이 들었음을 알 수 있다.

7. 심판에서 은혜로

느부갓네살은 여호와로 말미암아 심판을 받았다. 그는 매우 잔인한 사람이었다. 우리는 이미 한두 차례 그의 행동을 봤다. 예레미야 29:22에서 선지자는 느부갓네살이 두 유대인을 불살라 죽였다고 기록하고 있다.

열왕기하 25:7에서 그는 시드기야의 아들을 죽인 후 시드기야의 눈을 뽑아냈다. 느부갓네살은 세상을 비참하게 만들었다. 그는 백성을 송두리째 뽑아내어 외국으로 추방했다. 느부갓네살은 교만하며 건방진 자였다. 그는 지상에서 제일 큰 도시를 세웠다. 그러나 하나님의 심판이 그에게 선언되었고, 하나님은 행하실 것을 말씀하신 대로 행하셨다. 그 심판은 가혹했다. 그 왕은 놀라운 교훈을 깨닫게 되었다. 여호와는 그분을 알고 그분을 인정하는 자들을 단련시키신다. 여호와는 항상 하나님의 때에 행동하신다. 이 경우에 심판은 다니엘이 느부갓네살에게 꿈의 의미를 말한 후 12개월이 지나서 임한 것이다. 다니엘 4:29을 찾아보고 밑줄을 그어라.

심판을 경험한 느부갓네살의 행동과 말에서 여호와의 큰 자비를 볼 수 있다.

왕은 하나님을 경외하고 찬미했다.

다니엘 4:34을 써 보라. _____

_____

_____

짐승은 아래를 본다. 그러나 그는 먼저 위를 쳐다봤고 "지극히 높으신 분을 찬양"했다.

35절에 밑줄을 그어라.

37절을 써 보라. _____

_____

_____

V. 신약성경은 느부갓네살에 관해 어떻게 말하고 있는가?

1. 신약에서는 느부갓네살이라는 이름을 한 곳에서도 찾아볼 수 없다. 그러나 거기에는 이 유명한 왕의 생애를 오늘날 적용할 수 있는 많은 가르침이 있다(Ⅵ에서 토의하게 될 것이다).

2. 신약에는 이 왕에 관한 '실례', '형태들', '그림자'와 같은 형식으로 많은 가르침이 등장한다.

몇 가지를 아래와 같이 동일화해서 비교해 보자.

이런 실례들 중에서 몇 가지를 들겠다.

- 바벨론 : 이 세상 나라들
- 느부갓네살 : 7년 동안 정신착란
- 나무 : 사람(시 1:3), 국가(마 24:32-33)
- 뿌리 : 새 생명
- 7년 : 시련, 환난

VI. 이번 주에 배울 수 있는 교훈은 무엇인가?

1. "지극히 높으신 이가 사람의 나라를 다스리시며 자기의 뜻대로 그것을 누구에게든지 주시며 또 지극히 천한 자를 그 위에 세우시는 줄을 사람들이 알게 하려 함이라"(단 4:17, 25, 32절).

2. 느부갓네살은 매우 겸손해져서 다니엘과 하나님으로부터 많은 교훈을 얻었다. 그는 유대인 다니엘에게 노를 발하지 않았다. 그러므로 다니엘은 그가 행해야 할 바가 무엇인지 말할 수 있었다.

3. 현대에 사는 모든 그리스도인은 선의를 가지고 판단한다. 그래서 우리는 느부갓네살이 매우 악한 자였기 때문에 아마도 죽어서 지옥의 고통을 겪고 있을 것이라고 배웠다. 지금까지 대부분의 사람이 그렇게 생각하고 있다. 그러나 성경은 무엇이라고 말하고 있는가? 당신은 이번 주에 그의 죄악들과 그의 심판과 아울러 여호와 하나님에 대한 그의 신앙고백을 살펴봤다.

4. 다니엘은 느부갓네살을 그의 발밑에 엎드리도록 만들었다. 그는 그의 얼굴을 떨어뜨리고 다니엘에게 절했다. 그러나 다니엘은 그의 위치에 머물렀고 왕에게서 자기의 이익을 취하지 않았다.

어떻게 다니엘이 그와 같은 힘을 소유할 수 있었는가? 기도, 규칙적인 기도, 은밀한 기도 덕분이었다.

5. 우리의 삶, 우리의 지도자들, 우리의 나라들, 우리의 목자들, 우리의 스승들은 우리 주님에게 귀중하다. 주님은 아직도 인간들의 크고 작은 일들을 지도하고 계신다. "그는 어제나 오늘이나 영원토록 동일하시다."

6. 시련에 대한 고통스런 시기가 지나간 후에 우리는 느부갓네살이 7년 후에 행했던 것처럼 위를 보면서 주님을 찬양해야 한다.

복습

1. 바벨로니아라는 이름 외에 또 다른 명칭이 무엇인가?

2. 누가 70년 포로를 예언했는가?

3. 무엇이 느부갓네살을 그 당시 위대한 왕으로 만들었는가?

4. 어떻게 다니엘은 그 왕을 조종할 수 있었는가?

5. 느부갓네살에 관한 당신의 견해는 어떻게 달라졌는가?

6. 느부갓네살이 받은 가장 혹독했던 심판은 무엇인가?

예습

1. 성경 읽기

다니엘 전체, 마태복음 24:15, 마가복음 13:14, 히브리서 11:33-34.

2. 다음 주에는 다니엘에 대해서 공부하게 된다.

이번 주에 우리는 다니엘 시대의 왕에 대해 살펴봤다. 이번 주와 다음 주는 함께 연결되어 있다. 어느 한쪽을 등한시해서는 안 된다.

3. 느부갓네살에 관해 중요한 점들을 복습해 보자.

4. 새롭게 깨달은 성경 구절에 표시해 보자.

Week 30
다니엘

Ⅰ. 이름의 뜻

다니엘은 "하나님은 나의 심판이시다"라는 의미이다.

Ⅱ. 중요한 성경 구절

다니엘 전체, 마태복음 24:15, 마가복음 13:14, 히브리서 11:33-34.

Ⅲ. 가족 배경

다니엘은 왕족 혈통이거나 아니면 귀족 가문 출신이다(단 1:3).

우리는 다니엘이 유다 지파에 속한 자라는 사실 외에는 그의 부모들에 대해 전혀 아는 바가 없다. 다니엘은 약 20세가 되어서 바벨론 왕 느부갓네살에 의해 예루살렘에서 바벨론으로 잡혀 갔다. 그때 다니엘은 어린 나이였으나 그의 연령에 비해 지혜로웠다. 그는 모든 일에 뛰어났으 며 특히 학문에 탁월했다.

다니엘은 흠 없는 인격을 구비했다. 그에 관해 성경에는 "크게 은총을 입은 자"(단 9:23; 10:11, 19절)라는 말이 세 번이나 언급되고 있다. 다니엘은 참으로 그 당시에 예언자적 정치인 이었다.

예레미야가 마지막 사역을 할 때 다니엘도 같은 시기에 일했다. 다니엘은 예레미야 25:8-13 에 나타난 70년 포로에 관한 말씀을 깊이 마음에 두었다(단 9:2).

다니엘과 에스겔은 유대인이며 선지자였다. 이들은 모두 바벨론에 포로로 잡혀갔다. 그들은 포로 기간 중 선지자로 일했다.

영국의 대설교가 알렉산더 와이티는 말하기를 "비록 다니엘은 포로 중에 있었을지라도 그의 출생과 성장과 그의 전 생애를 통한 고귀한 인격에 대한 기록이 남아 있다"고 했다.

IV. 구약성경은 다니엘에 관해 어떻게 말하고 있는가?

1. 성취된 예언

예레미야는 유다가 70년 동안 포로 될 것이라고 예언했다(렘 25:8-13).

예레미야 25:11 _____

_____

다니엘 9:2 _____

_____

역대하 36:21을 읽고 밑줄을 그어라.

다니엘은 유다 왕 여호와김 3년 1차 바벨론 포로 때 이송되었다(단 1:1). 이송은 제4년에 끝났다(렘 25:1).

2. 히스기야의 자손들

이사야는 히스기야에게 말했다.

또 네게서 태어날 자손 중에서 몇이 사로잡혀 바벨론 왕궁의 환관이 되리라. (사 39:7)

이사야 39:6을 유의해서 보라. _____

_____

3. 히브리 이름들이 바벨론 이름으로 개명되었다.

다니엘을 포함한 네 명의 히브리인들은 느부갓네살이 요구하는 자격을 갖춘 자들로서 환관이 되었다.

그들은 환관장들 밑에 있게 되었고 환관장들이 그들의 이름을 바꿔 놓았다. 그들의 이름을 바벨론식으로 고치는 목적은 그들로 하여금 고국에 대한 애착을 버리게 하고 여호와 하나님에 대한 신앙을 약화시키기 위한 것이다. 또한 그들에게 바벨론 종교와 관습을 받아들이도록 하기 위한 것이다.

그 이름들이 아래와 같이 개명되었다(단 1:7).

• 다니엘("하나님은 나의 심판이시다")이 벨드사살("바알의 은총을 베푸는 자")로 개명되었다.
• 하나냐("여호와께 사랑받는 자")는 사드락("태양신에 의해 조명을 받는 자")으로 개명되었다.
• 미사엘("하나님과 같은 자 누구냐")은 메삭("그는 이스탈이다")으로 개명되었다.
• 아사랴("여호와는 나의 도움이시다")는 아벳느고("지혜의 신의 노예")로 개명되었다.

자, 당신은 다니엘의 또 다른 이름인 벨드사살을 알게 되었다(다니엘 5장의 벨사살이라는 이름과 혼동하지 말라).

당신은 유명한 세 이름 사드락, 메삭, 아벳느고를 알고 있다. 그들의 바벨론식 이름을 잊어

버리지 않도록 하자.

사람의 이름이 바뀐다고 해서 그의 인격까지 변하는 것은 아니다. 이 네 사람은 그들의 신앙 속에 깊이 뿌리를 내리고 있으므로 변질되지 않았다.

4. 바벨론에서 하나님을 나타내었다.

아브라함의 자손들이 세계의 주도적 민족으로서 히브리 민족이 되는 것은 하나님의 계획이었다.

그들의 불순종과 우상 숭배는 그것을 방해했다. 국가의 통치권은 이스라엘에서 바벨론으로 옮겨 갔다.

하나님은 다니엘을 세워 바벨론 왕궁에서 하나님의 존재를 나타내게 하셨다.

다니엘은 초자연적 언어로 말했다. 그로 말미암아 바벨론뿐만 아니라 다니엘의 백성까지도 감동을 받았다.

포로 중에 있는 히브리인들의 유일한 소망은 다니엘이었다. 그는 하나님의 능력에 붙들려 그런 신기한 방법으로 말했다. 그리하여 포로 중에 있는 유대인들까지도 이스라엘의 하나님 여호와가 지금도 그들의 하나님이시며 그들은 그분의 백성임을 깨닫게 되었다.

다니엘은 하나님의 감동하심으로 예언을 했다.

다니엘에게는 다른 선지자들과 다른 점이 있다. 이사야, 예레미야 같은 선지자들은 백성에게 가서 여호와의 말씀을 외쳤다. 다니엘은 환상 중에 그에게 나타난 것을 기록했다. 다니엘 12:4, 9절을 찾아보고 성경에 밑줄을 그어라.

5. 기적과 다니엘의 예언들

다니엘에 대해 공부하면서 한 구절씩 모두 언급할 수가 없다. 우리는 다니엘의 기적적인 예언들 중에 몇 가지만 지적해 보려고 한다.

a. 다니엘과 세 히브리 친구는 왕의 진미와 포도주를 마셔 자신들을 더럽히는 것을 거절했다. 그들은 오직 식물과 물만 먹었으나 다른 이들보다 더 아름답고 윤택했다(단 1:5-16). 결과는 무엇인가? 다니엘 1:17을 유의해서 보라.

모든 일을 묻는 중에 그 지혜와 총명이 온 나라 박수와 술객보다 십 배나 나은 줄을 아니라. (단 1:20)

이것이 여호와의 기적이다.

b. 느부갓네살의 꿈에 대한 해석

그 왕은 꿈을 꾸었는데 그 꿈은 "이방인들의 때"에 대한 일목요연한 과정이었다. 어떤 박수나 술객들도 그 꿈을 해석할 수 없었다. 그들은 다니엘에게 사람을 보냈다.

다니엘과 그의 세 친구는 기도했다(단 2:17-18).

하나님은 다니엘에게 응답하시고 한밤중에 환상으로 그 꿈의 의미를 나타내 보이셨다.

다니엘 2:19-22에 밑줄을 그어라.

다니엘은 왕에게 하나님의 능력의 증거를 제시했다(단 2:28). 29절에서 "장래 일"을 두 번씩 말하고 있음을 유의해서 보라. 그 후 다니엘은 그 꿈의 의미를 설명했다.

그는 바벨론으로부터 시작하여 앞으로 "손대지 아니한 돌이 산에서 나"올 때까지의 세상 세력들을 열거하고 있다. 그 돌은 열왕 시대에 오시는 예수 그리스도이시다(단 2:44-45).

c. 다니엘의 환상(단 7장)

우리는 여호와가 꿈속 환상 가운데 다니엘에게 나타나셔서 세상 세력들에 관한 메시지를 알려 주셨음을 다니엘 7장에서 보게 된다. 이것이 예언을 기록하시는 하나님의 방법이었다.

이 모든 세계 열강은 발흥했다가 몰락했다. 죄인에 관한 예언(단 7:24-25)과 나라에 대한 예언이 다시 강조된다(27절). (이 예언들을 상세히 설명하려면 200쪽이 소요되어야 할 것이다. 그러나 우리의 연구는 하나님이 다니엘을 어떻게 사용하셨는가에 대한 것뿐이다.)

d. 다니엘은 왕의 나무 환상을 해석한다(단 4장).

그 왕의 꿈은 다니엘이 해석하게 되어 있었다. 그것은 다니엘에게 운명이 걸린 사건이었다. 그러나 그는 주님 앞에 신실했다. 그는 하나님이 여전히 인간과 나라들을 다스리신다는 것을 느부갓네살에게 말해야만 했다.

다니엘 4:17과 "왕의 고백"에 밑줄을 그어라. 지금 25절과 32절에서 같은 낱말에 대한 다니엘의 해석에 밑줄을 그어라.

e. 벨사살과 벽 위에 쓰인 글자(단 5장)

느부갓네살의 손자인 벨사살이라는 자가 벽에 나타난 하나님의 필적을 봤다. 다시 다니엘은 하나님의 능력을 증거했고, 그 글자가 무엇을 의미하는지 말했다.

그 의미는 25-28절에 있다. 그날 밤에 벨사살은 죽임을 당했고, 다리오가 그 나라를 취했다(30-31절).

f. 사자 굴속의 다니엘(단 6장)

이 이야기는 잘 알려진 이야기이다. 성경에서 다니엘의 신앙은 실제적으로 판명되었다.

다니엘은 사람의 법령에 절하기를 거절했다.

다니엘 6:7을 유의해서 보라. 그는 거절했기 때문에 사자 굴속에 들어갔다. 그러나 해를 입지 않았다. 이를 통해 다리오는 하나님을 알게 되었다(26절).

g. 다니엘의 70주(단 9장)

9장에 언급된 대로 예언된 것과 성취될 것이 모두 하나님의 기적이다.

h. 장래의 이스라엘(단 10–12장)

세 장 모두 이 문제에 대해 언급했다. 위의 장에서는 하나님의 영광의 환상에 대한 것과 하나님이 다니엘에게 말씀하신 바를 말하고 있다.

다니엘 10:14 _____

_____

다니엘 10–12장은 환상과 예언이다. 다니엘은 여호와의 말씀을 선포하고 다리오부터 죄인에 이르기까지 장차 오는 미래를 해석할 수 있었다.

다니엘은 계시록을 쓴 요한과 같이 마지막 때에 관해 기록했다.

V. 신약성경은 다니엘에 관해 어떻게 말하고 있는가?

1. 예수님은 마태복음 24:15에서 다니엘에 대해 말씀하셨다.

_____

_____

예수님은 마태복음 24:15에서 다니엘 9:27과 11:31을 참고하셨다.

2. 바울은 데살로니가후서 2:3에서 죄의 사람을 설명했다.

_____

_____

바울은 다니엘(단 7:8)과 같은 표현법을 사용했다.

3. 히브리서 11:33에서 다니엘에 대한 언급을 발견할 수 있다.

_____

_____

4. 히브리서 11:34에서도 불 속에 있는 세 히브리인에 대해 말하고 있다.

VI. 이번 주에 배울 수 있는 교훈은 무엇인가?

1. 다니엘은 20세 정도의 나이에 바벨론으로 끌려갔다. 그는 고레스 3년까지 그곳에서 살았다. 그는 거의 72년간 그곳에서 살아야만 했다. 그는 하나님을 위해 그의

모든 생애를 포로지에서 바쳤다.

2. 다니엘의 승리 비결은 기도였다.

3. 하나님이 다니엘에게 말하도록 명하신 모든 것은 장차 이루어질 일(죄의 인간과 마지막 때)을 제외하고 모두 성취되었다. 모든 예언이 역사 속에서 성취되었다.

다니엘은 다른 선지자들이 볼 수 없었던 오늘날의 교회 시대를 예견할 수 있었다. 다니엘의 70주는 아직도 장래에 이루어질 예언이다.

4. 다니엘은 하나님이 장차 올 시대를 요약하는 데 사용하실 수 있는 인물이다. 그는 하나님의 능력에 힘입어 초자연적으로 말했다.

5. 예수님도 다니엘의 말을 인정하셨다면 우리는 그의 예언을 결코 의심해서는 안 된다.

6. 다니엘 4:17, 25, 32절에서 말하기를 "지극히 높으신 이가 사람의 나라를 다스리시며 자기의 뜻대로 그것을 누구에게든지 주시는 줄을 아시리이다"라고 했다.

하나님의 선언은 지금도 진실하다.

복습

1. 누가 다니엘을 포로로 데려갔는가?

2. 왜 히브리인들의 이름이 고쳐졌는가?

3. 다니엘은 다른 선지자들과 어떻게 다른가?

4. 다니엘을 통해 나타난 하나님의 4가지 기적을 열거해 보자.

5. 다니엘은 바벨론에서 얼마 동안 있었는가?

6. 당신은 지난 주에 배운 느부갓네살에 대해 지금도 중요하게 생각하는가?

예습

1. 성경 읽기

요나 1-4장, 열왕기하 14:25, 마태복음 12:38-41, 누가복음 11:29-32.

2. 다음 주에는 논쟁이 되고 있는 요나에 대해 연구하게 될 것이다.

3. 다니엘의 중요한 점을 복습해 보자.

4. 새롭게 깨달은 성경 구절에 표시해 두자.

Week 31
요나

Ⅰ. 이름의 뜻

요나라는 이름은 "비둘기"라는 의미이다.

Ⅱ. 중요한 성경 구절

요나 1-4장, 열왕기하 14:25, 마태복음 12:38-41, 누가복음 11:29-32.

Ⅲ. 가족 배경

요나는 아밋대의 아들이다. 그는 갈릴리의 한 마을인 가드헤벨 출신이다. 그 마을은 예수님의 고향 땅 나사렛에서 4km 정도 떨어진 곳이다.

요나는 실제 인물이다. 그는 자기 뜻대로 가기를 원했으며, 불평이 많고 불순종하는 자였기 때문에 육신의 사람으로서 적합한 본보기가 된다.

Ⅳ. 구약성경은 요나에 관해 어떻게 말하고 있는가?

1. 요나는 선지자였다(왕하 14:25).

성경은 이 구절에 나오는 인물이 요나서의 요나와 동일한 인물임을 분명히 말해 주고 있다. 그는 아밋대의 아들이라고 기록되어 있다. 그는 선지자로 부름을 받았고, 가드헤벨 출신이었다.

이것은 요나 1:1에서 언급한 바와 같아 요나를 동일한 인물로 간주하는 것이다.

이스라엘의 여로보암 2세는 대왕으로서 북쪽 왕국을 가장 오랜 기간 통치했다. 그가 회복한 영토는 이스라엘 북쪽 나라의 수도인 사마리아에서 북쪽으로 321km가량 떨어진 하맛까지 확대되었다.

그 영토를 탈환함으로써 "가드헤벨 출신인 아밋대의 아들 선지자 요나"의 예언이 직접 성취되었다.

열왕기하 14:25에서 보여 준 선지자는 그의 이름으로 된 책(요나서)의 표제인 요나와 동일한 인물이다.

열왕기하 14:25에 있는 내용은 거의 알려지지 않고 있다. 그 구절에 밑줄을 그어라.

열왕기하에 있는 내용은 요나 사역의 대략적 시기를 알려 준다.

그는 기원전 850-800년 사이인 요아스와 여로보암 2세의 통치 기간에 사역했다.

열왕기하 14:25에서 우리는 여로보암이 실제 인물이라는 사실을 알 수 있다. 요나도 실제 인물이었으며 선지자였다.

가드헤벨은 실제 장소였다. 그런데 왜 어떤 사람들은 실제 인물과 장소를 실제가 아니라고 의심하는가?

요나는 성경의 한 인물이며 성경의 한 책이다.

어떤 이들은 요나를 신화나 전설, 비유나 소설, 또는 우화라고 해석하고 있다. 지금까지 요나라는 인물과 요나서를 둘러싸고 많은 논쟁이 있었다.

우리는 오직 하나님의 말씀에만 근거해 요나는 실제 인물이며 선지자인 것을 말할 수 있다. 요나서의 대화는 실제이고 사실이다. 그 책의 문자적 해석은 주 예수 그리스도도 그렇게 해석하셨으므로 전혀 의심할 여지가 없다.

2. 불순종한 종(욘 1장)

요나는 하나님의 종이었다. 여호와는 그 선지자에게 분명한 지시를 내리셨다.

요나 1:2 _____

_____

"일어나 가라"는 말을 유의해서 보라. 그는 이방 나라 앗수르의 수도 니느웨로 가도록 지시 받았다.

요나는 유대인 전도자로서 이방인들에게 들어가서 전파할 것을 여호와에게 명령 받았다.

요나는 반대 방향인 다시스로 갔다. 우리는 처음에 1-10절에서 요나가 "여호와의 얼굴"을 피하는 것을 세 번이나 읽게 된다(3절에서 두 번, 10절에서 한 번).

요나는 하나님의 대언자임에도 그의 의무를 떠나 도망가고 있었다. 여호와가 큰 광풍을 보내셨다. 선원들은 두려워했다. 요나는 배 밑층에 내려가서 깊은 잠에 빠졌다. 제비가 요나에게 "떨어"졌다.

요나가 욥바에 내려갔더니. (욘 1:3)

요나가 배에 올랐더라. (3절)

요나는 배 밑층에 내려가서. (5절)

요나는 그 폭풍의 이유를 알고 있었다. 그는 선원들에게 말했다(욘 1:9~10). 그 선원들은 육지에 도달하려고 애를 썼으나 모든 것이 허사였다. 그들은 요나를 들어 배 밖으로 던져 버렸다(15절). 선원들은 그가 누구인지 알게 되었다(9~10절).

요나 1:17을 써 보라. _____

_____

성경에 나타난 기적은 어떤 논쟁도 야기하지 않는다.

비그리스도인이 초자연적인 인간 예수 그리스도를 영접할 때까지는 초자연적인 사건을 받아들일 수 없을 것이다.

3. 기도하는 종(욘 2장)

요나는 "여호와가 예비해 놓으신" 큰 고기에게 삼킴을 당했다. 즉시 요나는 기도하기 시작했다. 기도의 내용은 찬양과 감사와 재헌신이다.

요나 2:1에 밑줄을 그어라.

기도의 절정이 요나 2:9에 나온다. _____

_____

여호와께서 그 물고기에게 말씀하시매 요나를 육지에 토하니라. (욘 2:10)

4. 다시 위임받은 종(욘 3장)

하나님을 피해 간 자가 들을 수 있는 가장 큰 소망의 말씀이다.

여호와의 말씀이 두 번째로 요나에게 임하니라. (욘 3:1)

여호와는 요나가 행해야 할 것이 무엇인지를 좀 더 상세하게 다시 말씀해 주신다.

요나 3:2 _____

_____

여기서 요나는 다시 "일어나 가서 외쳐야 했다."

여호와가 세 번째로 큰 도시 니느웨에 대해 말씀하셨다. 그곳은 3일 길을 걸어가야 했다(요나 3:3).

요나는 그 도성 안을 하루 동안 걸으면서 "사십 일이 지나면 니느웨가 무너지리라"라고 외쳤다. 그 백성은 요나의 말을 듣고 하나님을 믿었다. 왕과 그의 모든 백성이 기도하면서 악한 길에서 돌아설 것을 선포했다(5~8절).

요나 3:10에 그 결과가 나온다. _____

_____

하나님은 불순종한 종에게 두 번째 기회를 주셨다.

그는 외쳤고 그 큰 도성은 하나님에게로 돌아섰다.

대부분의 사람들은 이 사건을 의심할 수밖에 없다. 어떻게 그런 일이 일어날 수 있을까? 우리는 신약성경을 찾아보면 예수님이 "요나는 니느웨 사람들에게 표적이 되느니라"고 인용하셨음을 알 수 있다(눅 11:30). 이 사실에서 우리는 요나가 한 표적이었다는 것을 알게 된다.

어떤 종류의 표적인가?

1장을 회상해 보자. 폭풍이 일어나는 중에 요나는 자신이 누구이며 또한 "여호와의 얼굴을 피해 도망하는" 사실을 선원들에게 알려 주었다. 그 배는 깨지게 되었다(요나 1:4). 그들은 배를 돌려 항구로 되돌아와서 백성에게 그 이야기를 모두 말했을 것이다. 그런데 해변과 장터 부근에 있는 모든 백성은 요나를 봤다. 그 도시의 백성은 그와 그의 생존에 대해 알고 있었다. 그 사실은 요나가 도착하기도 전에 그들의 귀에 들어갔던 것이다.

이와 같이 요나는 니느웨 사람들에게 한 표적이었다.

5. 화를 내고, 당황해 하고, 배워 가는 종(욘 4장)

처음 세 구절은 요나의 심정을 표현해 주고 있다.

1절 _____

2절 _____

_____

_____

3절 _____

_____

왜 요나는 그렇게도 화가 나 있는가? 왜 그는 죽기를 원했는가? 왜 그는 니느웨가 멸망받기를 원했는가?

만일 니느웨가 회개하고 하나님에게로 돌아선다면 이스라엘은 위험 가운데 있게 될 것이라는 사실을 알았기 때문이다.

요나는 하나님이 니느웨를 용서해 주시는 것을 원치 않았다. 앗수르는 이스라엘을 멸망시키기 위해 예정된 세계적인 강국이었다. 이사야는 20-30년 전에 앗수르의 침략을 예언했다(사 7:17). 만일 니느웨(앗수르의 수도)가 멸망했다면 이스라엘은 구원함을 받았을 것이다.

그래서 요나는 니느웨가 사죄함을 받은 것에 대해 기뻐하지 않았다. 그는 자신의 생명을 취해 가라고 기도했다(욘 4:3, 8-9절). 하나님의 은혜로운 응답이 이 책(요나서)의 구절구절마다 나타난다(10-11절).

니느웨에 있는 이방 백성을 위한 하나님의 긍휼과 완악한 자들에 대한 그분의 인내, 화가 나 있는 전도자를 통해 배워야 할 교훈이 많다. 요나는 모든 백성을 위한 여호와의 보살피심과 사랑과 아울러 자신과 니느웨를 향한 하나님의 은혜를 깨닫게 되었다.

마지막으로 종 요나는 여호와를 섬기는 교훈을 배우게 되었다. 부름 받은 종은 여호와의 얼굴을 피해 도망할 수 없다. 여호와의 종은 인간의 감정에 치우치지 아니하고 기도하면서 나아가야만 한다.

V. 신약성경은 요나에 관해 어떻게 말하고 있는가?

1. 예수님은 서기관과 바리새인들에게 그분의 죽으심과 부활을 선지자 요나의 표적을 들어서 예언하셨다.

마태복음 12:38-41을 보라. 39-40절을 써 보라.

_____

_____

_____

41절을 유의해서 보라. 예수님은 "요나의 전도"에 대해 말씀하셨다. 예수님은 "요나보다 더 큰 자"이시다.

2. 요나의 표적(눅 11:29-32)

예수님은 우리에게 요나가 그런 능력을 가지고 있는 이유를 제시해 주셨다.

30절 _____

_____

VI. 이번 주에 배울 수 있는 교훈은 무엇인가?

1. 로마서 3:29에 있는 대로 바울의 말 중에서 진리를 배우라.

2. 은혜에 대한 하나님의 목적은 좌절될 수 없다.

요나가 니느웨에 가지 않았다면 하나님이 그 성을 멸망시키셨을 것인가? 하나님은 요나와 그의 거절에도 제한받지 않으셨을 것이다. 하나님은 준비된 또 다른 사람과 준비된 또 다른 고기를 사용하실 수 있다.

3. 하나님은 은혜로우시다. 여호와의 말씀은 우리에게 두 번, 세 번, 네 번 찾아오신다. 이렇게 계속 우리와 교제하신다. 그분은 우리를 포기하지 않으신다(빌 1:6).

4. 요나서는 구약성경 중에 우리에게 주 예수 그리스도의 부활의 모형을 보여 주는 성경이다.

유대인은 표적을 구하고 헬라인은 지혜를 찾으나 우리는 십자가에 못 박힌 그리스도를 전하니. (고전 1:22-23)

5. 요나는 예수님이 무덤 속에 계셨다가 3일 후에 나오신 것처럼 3일 후에 고기의 뱃속에서 나왔다.

요나가 이방인 니느웨 사람들에게 표적이 되었던 것처럼 인자도 그렇게 되셨다. 부활 후에 복음이 이방인들에게 증거되었다.

6. 예수님은 인간 요나와 요나서가 사실임을 증명하셨다.

복습

1. 요나와 동일시되는 어떤 내용들을 생각해 보자.

2. 왜 요나는 실제로 두려워했는가?

3. 니느웨는 어느 나라의 수도였는가?

4. 어떻게 요나가 니느웨의 표적이 되었는가?

5. 당신을 요나와 동일시해 볼 수 있는가?(주님으로부터 떠나 달려가며, 고통 중에서 기도하며, 자기 욕심의 길로 가지 못하는 것을 불평하는 것)

6. 왜 우리는 요나의 사건을 사실로 받아들여야만 하는가?

요나에 대한 사실들을 받아들이는 데 필요한 성경적 근거는 무엇인가?

예습

1. 성경 읽기

스가랴 전체, 마태복음 24-25장, 요한계시록 19:7-21.

2. 우리는 다음 주에 예수님과 마지막 때에 관해 많은 것을 기록한 선지자 스가랴에 대해 공부할 것이다.

3. 요나에 대해 중요한 점을 복습해 보자.

4. 새롭게 깨달은 성경 구절에 표시해 보자.

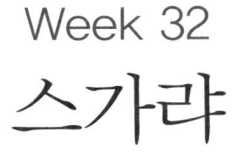

Week 32
스가랴

Ⅰ. 이름의 뜻

"스가랴"는 "여호와가 기억하시는 자"라는 의미이다.

Ⅱ. 중요한 성경 구절

스가랴 전체, 마태복음 24-25장, 요한계시록 19:7-21.

Ⅲ. 가족 배경

스가랴는 선지자인 동시에 제사장이다. 그의 이름은 구약성경에 나오는 보통의 평범한 이름 중 하나이다. 우리는 구약성경에서 같은 이름을 가진 사람을 27명이나 발견하게 된다.

이 책은 구약성경 중 끝에서 두 번째 책이다. 스가랴는 잇도의 아들인 베레갸의 아들로서, 선지자이며 제사장이었다(느 12:4). 이것은 스가랴가 대제사장 아론의 자손이었음을 말해 준다. 스가랴는 학개와 동시대 인물이었다. 이 예언서를 읽어 보면 이스라엘 백성이 당시에 그들의 역사 중에서 가장 위태로운 시대에 살고 있었음을 발견하게 된다.

바벨론에서의 70년 포로 생활 후, 그들은 고국으로 돌아가 사랑하는 그들의 성 예루살렘을 재건하도록 허락받았다. 약 5만 명밖에 되지 않는 작은 무리가 영도자 스룹바벨과 대제사장 여호수아의 인솔 아래 귀환했다. 남은 자는 감격에 차 있었다. 7개월 만에 그들은 번제단을 쌓고 여호와에게 희생 제물을 드렸다(스 3:1-6).

예루살렘 귀환 2년 후에 그들은 성전을 짓기 시작했다. 그 당시에 기초는 이미 놓여 있었다(스 3:8-13). 그런데 그 일은 사마리아인들의 심한 반대로 중단되었다(스 4:1-23). 성전 건축은 중단되었고 백성은 자기중심에 빠져 버렸다. 그들은 관심조차 없게 되었다. 그러나 하나님은 학개 선지자를 일으켜 그 당시에 필요한 메시지를 증거하게 하셨다. 그의 메시지 내용은 백성에게 성전을 재건하도록 격려하는 것이었다(학 1:2-4, 8절; 2:3-4). 그의 메시지는 부흥을 일으켰다. 변화가 일어나고 있을 때 하나님은 예루살렘에 있는 백성에게 더 많은 메시지를 주시기 위해 또 다른 선지자를 세우셨다. 그 선지자의 이름은 스가랴였다.

스가랴서는 포로 생활 후에 쓰인 세 권의 구약성경책 중 하나이다. 그의 설교와 예언의 내용은 격려의 성격을 내포하고 있다. 학개가 성전을 건축하는 외부 역사를 위해 백성을 고무시켰다면, 스가랴는 백성의 내적 변혁을 지도하기에 힘썼다. 내적 변혁은 백성이 여호와의 성전 건축의 책임을 다하는 데 필요한 것이다. 이와 같은 내용은 스가랴의 생애와 메시지를 이해하는 데 도움이 될 것이다.

Ⅳ. 구약성경은 스가랴에 관해 어떻게 말하고 있는가?

1. 스가랴는 백성에게 경고했다(슥 1:1-6).

하나님은 백성이 여호와에게 돌아오게 하시려고 변함없는 하나님의 말씀으로 스가랴를 사용하셨다.

스가랴 1:3 _____

_____

2. 스가랴는 예루살렘에 관한 10가지 환상을 봤다(슥 1:7; 6:15).

10가지 환상들의 의미는 여호와의 말씀으로 요약될 수 있다.

스가랴 1:14 _____

_____

요약은 스가랴 1:15에도 계속된다. _____

_____

여호와의 말씀의 핵심은 스가랴 1:16에서 절정에 달한다. _____

_____

_____

이와 같이 우리는 스가랴에게 주어진 모든 환상이 일맥상통한 위대한 사상을 갖고 있음을 발견하게 된다. 그 중심 사상은 위 세 구절 안에서 찾아볼 수 있다.

내가 예루살렘을 위하며 시온을 위하여 크게 질투하며 안일한 여러 나라들 때문에 심히 진노하나니 나는 조금 노하였거늘 그들은 힘을 내어 고난을 더하였음이라 그러므로 여호와가 이처럼 말하노라 내가 불쌍히 여기므로 예루살렘에 돌아왔은즉 내 집이 그 가운데에 건축되리니. (슥 1:14-16)

3. 종교적 형식에 관한 스가랴의 대답(7-8장)

두 장에서는 4가지 메시지가 있다. 여호와는 스가랴를 통해 금식하는 백성을 70년 포로기 동안 보아 왔다고 말씀하셨다. 하나님의 대답은 직선적이었다. 그들의 금식은 종교적 형식에 불과했다. 그들은 앞에서 외친 선지자들의 말을 청종해야만 했다. 스가랴 7:5-7을 유의해서 읽어 보자.

그 백성은 다시 하나님의 계획에 대해 들었다. 이스라엘은 장차 복을 받을 자들이었다(슥 8:1-8).

여호와는 백성이 "이날에" 선지자들의 말을 명심해야 할 것을 스가랴를 통해 말씀하셨다(9절). 그들이 청종해야 할 선지자들은 학개, 스가랴, 말라기였다. 선지자들은 그들에게 진실을 말하며 의롭게 행해야 할 것을 경고했다(16-17절). 그러면 그들의 모든 금식이 기쁨과 즐거움의 절기가 될 것이라 했다.

스가랴 8:19을 유의해서 보라.

_____

_____

_____

4. 스가랴는 예수 그리스도의 오심을 예언하고 있다(슥 9-14장).

a. 9장에서 11장까지는 첫 번째 "짐"이 있다. 성경에서 "짐"은 하나님의 심판을 포함한 무거운 메시지이다. 선지자들에게는 선포하는 일이 무거운 것이 된다. 당신은 9장과 12장 초반에서 그 용어를 발견하게 될 것이다. 처음에 "짐" 혹은 예언은 불레셋 주변에 있는 도시들 위에 임한 심판의 내용을 말하고 있다(슥 9:1-8). 스가랴는 심판의 예고에서 시작해 큰 주제로 돌려 앞으로 오실 왕에 대한 예고를 하고 있다.

스가랴 9:9 _____

_____

_____

"단순한 왕"이 아닌 "만인의 왕"이 오신다. 그는 이스라엘의 메시아셨다. 이 구절은 예수님의 승리의 예루살렘 입성이었다(슥 9:9과 마 21:5을 비교). 9절은 초림하시는 예수 그리스도에 대한 예언이다. 구약의 계시록이라고 할 수 있는 스가랴의 예언에서는 메시아의 초림과 재림이 분명하게 구별되지 않았다.

구약에서는 그리스도의 초림과 재림이 수평선 위 두 개의 큰 산봉우리 같은 것으로 나타나 있다. 거리상으로 이 둘은 거의 서로 접촉되어 있는 것으로 보인다. 가까울수록 넓은 계곡이 두 산을 갈라놓는다. 선지서에서는 그리스도의 초림과 재림 사이에 있는 계곡이 전혀 나타나 있지 않았다. 두 가지 그리스도의 다리 사이에 있는 계곡 안에 현재의 교회 시대가 있다. 선지자들은 이 시대를 결코 보지 못했다. 9절에서 초림하시는 메시아의 모습은 공의로우시며 구원을 베풀며 겸손해서 나귀를 타시는 구세주였다. 그러나 10절은 그분이 권능과 영광 중에 오실 것을 예시한다.

10절을 써 보라. _____

_____

예수님은 화평을 전할 것이며 땅 끝까지 지배하시며 땅 위에 평강을 주실 것이다. 그분이 두 번째 오시기 전까지 진정한 평강은 있을 수가 없다.

스가랴 11:7-14은 초림의 주 예수 그리스도가 배척당하셨음을 보여 준다. 스가랴는 그리스도의 배척당하심을 생생한 용어들로 표현했다. 스가랴 11:11에서 "가련한 양들"은 "은혜로 택하심을 따라 남은 자들"이었다(롬 11:5). 즉, 초림 때 그분을 믿은 유대인을 말한다. 그들은 "주를 기다렸으며 그것이 여호와의 말씀이었던 줄 알았다."

스가랴 11:12을 써 보라. _____

_____

13절에 밑줄을 긋고 당신의 성경책 옆면의 빈 공간에 마태복음 27:3-10을 적어 보라.

"아름다움과 띠들"이라는 용어가 있는데 전자는 "주님의 은혜"를 의미하고 후자는 "유다와 이스라엘이 하나 됨"을 의미한다.

b. 두 번째 "짐"(경고)은 스가랴 12-14장에 나온다. 이 장에서는 그리스도의 재림과 땅 위에 건설될 그의 왕국에 관한 예언을 설명하고 있다.

스가랴 12:1-9에는 열방에 포위된 예루살렘을 설명하고 있다. 이것은 아마겟돈이라고 불리는 마지막 전쟁을 말한다. 2, 8-9절에 밑줄을 그어라.

10절에서 우리는 다윗의 집에 베푸시는 하나님의 은혜와 그리스도의 계시를 볼 수 있다.

10절을 써 보라. _____

_____

_____

마지막 전쟁에 대한 요약이 스가랴 14:1-3에 있다.

2절에 밑줄을 그어라.

그리스도의 실제적 재림은 스가랴 14:4에 나타난다.

_____

_____

그분이 감람산에 재림하실 것을 예언하고 있음을 유의해서 보라. 그 장소는 그분이 영광 중에 승천하신 곳이다. 그분은 세상을 통치하실 것이다(9절).

스가랴 14:16-21의 남은 자는 우리 주님의 왕국에 대한 묘사이다.

V. 신약성경은 스가랴에 관해 어떻게 말하고 있는가?

1. 스가랴는 신약성경에서 찾아볼 수 없다. 그러나 그의 예언들은 가끔 언급되고 있다.

2. 스가랴 9:9과 마태복음 21:4-5을 비교해 보자.

_____

_____

_____

3. 스가랴 11:12과 마태복음 26:15을 비교해 보자.

_____

_____

마태복음 27:9-10에 밑줄을 그어라.

4. 마태복음 24-25장은 감람산에서의 예수님의 설교 내용이다. 스가랴 12-14장을 읽은 후 마태복음 24-25장도 읽어 보라.

5. 요한계시록 19-20장은 거의 500년 전 스가랴가 예언했던 시대와 같은 설명을 하고 있다.

또한 요한계시록 16:14-15은 아마겟돈 전쟁에 관해 설명하고 있다.

VI. 이번 주에 배울 수 있는 교훈은 무엇인가?

1. 스가랴의 밤중 환상들은 한 가지 위대한 사실을 제시한다. 주는 "나는 예루살렘을 위해 질투하는 자"라고 말씀하셨다.

2. 여호와 하나님은 한 민족, 한 지파, 한 가정을 택하셨고 거기에서 장차 그분의 아들이 오실 것이기 때문에 이스라엘을 핍박하는 민족들을 싫어하셨다.

3. 우리는 여호와에게 드려야 할 진정한 예배를 "의식적인 것"으로 대신하면 절대로 안 된다.

4. 스가랴는 우리 주님의 초림과 재림을 특별한 의미를 가지고 봤다. 그는 주님에

대한 선견자요 예언자이며 선지자였다.

5. 예수님의 초림에 관한 스가랴서, 이사야서 등 다른 선지서들의 예언이 성취되었기 때문에 우리는 그분의 재림도 이와 같은 방법으로 성취될 것이라는 사실을 믿어야 한다.

6. 선지자들은 그리스도의 초림과 재림을 다 보았으나 그들은 양쪽 사이의 시대를 보지 못했다. 우리는 교회 시대에 살고 있다.

복습

1. 스가랴와 동시대 인물은 누구인가?

2. 예루살렘의 남은 자들에 대한 스가랴의 큰 과제는 무엇이었나?

3. 스가랴의 10가지 환상은 무엇을 의미하는가?

4. 당신은 스가랴 12:10의 의미를 기억하고 있는가?

5. 예수님은 실제로 이 세상에 재림하시는가?

6. 스가랴는 당신에게 어떤 인상을 주었는가?

예습

1. 성경 읽기

마태복음 9–10장, 마가복음 2–3장, 누가복음 5–6장, 사도행전 1장.

2. 다음 주에는 마태와 열두 사도들에 대해 공부할 것이다.

3. 스가랴에 대한 연구를 복습해 보자.

4. 새롭게 깨달은 성경 구절에 표시해 보자.

Week 33
마태

이번 주부터는 신약의 인물들에 대해 연구하게 될 것이다. 신약의 인물 연구에서는 Ⅳ 항목에서 "신약성경은 그 인물에 관해 어떻게 말하고 있는가?"를 취급하게 될 것이다. 그 대신 Ⅴ 항목에서 "그 인물"에 대한 구약성경의 참고 구절이나 예를 취급하게 될 것이다.

Ⅰ. 이름의 뜻
마태는 "여호와의 선물"이라는 의미이다.

Ⅱ. 중요한 성경 구절
마태복음 9-10장, 마가복음 2-3장, 누가복음 5-6장, 사도행전 1장.

Ⅲ. 가족 배경
마태는 알패오의 아들로, 직업은 옛 로마 정부를 위해 유대인들에게 세금을 거두어들이는 세리였다. 마가복음과 누가복음은 마태가 레위인이었다고 말했다.

마가복음 2:14 _____

_____

누가복음 5:27에 밑줄을 그어라.

그 당시 세리는 유대인들에게 증오의 대상이었다. 그들의 지위에 대한 사람들의 낮은 평가를 "세리와 죄인들"이라는 단어에서 알 수 있다(마 9:11; 11:19을 보라).

"레위"는 그가 레위 지파 출신이라는 사실을 암시해 준다. 그러나 이 사람은 제사장의 명예를 훼손했다. 어떤 이는 주님이 그의 이름을 마태로 바꾸어 놓으셨다고 주장한다. 또 한편에서는 마태 자신이 하나님의 선물이라는 의미가 있는 이름을 선택했다고도 본다.

그는 주님을 따르기 위해 부르심을 받을 때부터 마태라고 불리고 있다.

Ⅳ. 신약성경은 마태에 관해 어떻게 말하고 있는가?

1. 제자로 부르심을 받은 마태

마태가 세관에 앉아 있을 때 그는 예수님이 지나가시는 것을 봤다. 예수님은 그 세리에게 "나를 따르라"라는 두 마디의 말씀을 하셨다.

마태복음 9:9을 써 보라. _____

_____

누가복음 5:27 _____

_____

마태는 주저하지 않고 모든 것을 버리고 그리스도를 따랐다.

2. 마태는 연회를 베풀었다.

마태는 그리스도 안에서 자신의 새로운 삶을 축하하기 위해 자기 집으로 세리들과 이웃들을 초대해 큰 연회를 베풀었다. 마태 자신은 그 연회가 자기 집에서 열렸다고 기록하지는 않았다. 그러나 마가복음이나 누가복음에서는 그 장소를 말하고 있다(막 2:15, 눅 5:29).

이 구절들에 밑줄을 그어라.

성경의 세 기자 모두 예수님이 세리들과 죄인들과 함께 거기서 잡수셨다고 기록하고 있다. 이것은 마태 자신이 메시아를 영접했다는 사실을 온 세상에 말할 수 있는 유일한 방법이었다. 또 세리들과 죄인들로 알려진 그의 옛 친구들에게 예수님을 소개하는 방법이기도 했다. 서기관들과 바리새인들은 주님과 제자들이 그런 죄인의 무리와 함께 먹는 것을 비판하고 정죄하기 위해 지켜보고 있었다.

예수님의 대답은 공관복음서에서 첫 번째 나오는 예수님의 위대한 말씀들 중 하나이다(마 9:12, 막 2:17, 눅 5:31-32).

3. 마태는 사도로 택함을 받았다.

열두 제자들은 예수님에게 가르침을 받았고 "보내심을 받았다."

"사도"라는 말은 "보내심을 받은 자"라는 의미가 있다. 최초의 사도들은 예수님을 봤고 그분의 부활을 증거한 자들이었다.

마태복음 10:1-2을 써 보라. _____

_____

_____

"제자"라는 말은 "배우는 자, 학생"이라는 의미가 있다. 그 사도들은 제자들이었다. 제자란 말은 그리스도를 영접하고 그의 가르침을 받는 학습자 혹은 학생이 된 모든 사람에게도 적용될 수 있다.

4. 마태는 마태복음의 저자가 되었다.

마태복음은 "아브라함과 다윗의 자손 예수 그리스도의 계보"에 관한 책이다(마 1:1).

이 계보는 예수님을 구약 언약들 중 가장 중요한 두 인물과 연결하고 있다. 즉, 왕위에 관한 다윗의 언약(삼하 7:8-16)과 약속에 관한 아브라함의 언약이다(창 12:1-9; 15:1-18).

5. 마태복음의 특징

a. 마태는 그리스도를 메시아 왕으로 소개했다.

마태복음 2:2을 써 보라._____

_____

마태복음 21:4-5과 25:34에 밑줄을 그어라.

b. 마태는 처음에 유대인들을 위해서 기록했다.

그들은 그들이 가지고 있는 구약성경을 통해 그들의 왕이신 메시아는 아브라함의 혈통을 통해 오실 것임을 믿고 있었다.

그래서 마태는 아브라함부터 마리아의 남편 요셉까지 그 계보를 제시했다. 그는 마태복음 1:17에서 아브라함부터 그리스도까지 42대를 확증하면서 그 계보를 추려서 서술했다.

마태복음 1:17에서 14대씩 나눈 세 그룹을 기록해 보라.

_____

c. 마태는 하늘나라를 소개했다.

"kingdom of heaven"이라는 말은 마태복음 안에서 32번이나 발견된다(NIV 영어성경).

"kingdom"이라는 말은 마태복음에서 55번씩이나 사용되었다("kingdom of heaven"도 포함, NIV 영어성경). 그 말은 마태가 유대인들에게 소개하려는 유력한 논제였다. 세례 요한은 처음에 "천국이 가까이 왔느니라"라는 표현을 사용했다(마 3:2).

예수님은 그분의 사역을 시작하실 때 세례 요한과 동일한 말씀을 선포하셨다. 마태복음 4:17에 나오는 그분의 말씀을 써 보라._____

요한이나 예수님이 그 용어의 의미를 설명하지 않으신 것으로 봤을 때, 듣는 자들이 그 의미를 알고 있었다는 사실을 알 수 있다.

그러나 그들은 그 용어를 보이는 나라를 다스리는 왕에 관한 구약성경의 모든 예언을 요약해 주는 것으로 잘못 이해하고 있었다. 왕이신 메시아가 다윗의 왕위에서 나와 다스리실 것이라고 믿었다. 그들은 그런 내용들을 어떻게 이해할 수 있었는가?

그들은 이사야서, 예레미야서, 미가서 등의 모든 선지서들을 읽었다. 마태는 "그의 나라 안에 있는 왕"에 관해 기록했다. 예수님은 유대인의 왕으로 오셨다. 그 왕은 십자가에 못 박혀 죽으셨고 그분의 나라는 배척받았다. 그분이 다시 오실 때는 다윗의 왕위로부터 오셔서 야곱의 집을 다스릴 것이다.

하늘나라와 교회는 같은 나라가 아니라 하늘나라는 아직 오지 않은 미래의 나라이다. 예수님이 다시 오실 때 모든 그리스도인이 그 나라에 들어갈 것이다. 그리고 우리는 그분 나라의 왕으로서 그리스도와 함께 다스릴 것이다.

마태복음 13장에서 "kingdom"이라는 말이 12번씩이나 언급되고 있다.

당신의 NIV 영어성경책에 "kingdom"이라는 단어에 밑줄을 그어라.

d. 마태는 열두 사도에 대한 가르침을 기록했다(마 10장).

마태복음에서만 열두 사도에 대한 주님의 가르치심을 발견하게 될 것이다. 그는 그 주제에 대해 마흔두 구절을 기록했다. 마가복음에서는 그 주제에 대해 일곱 구절만을 기록했고, 누가복음에서는 여섯 구절을 기록했다.

마태복음 10:1을 유의해서 보자. "예수께서 그의 열두 제자를 부르셨다." 2절에서는 그들이 "사도"라고 불리고 있다. 그들이 두 사람씩 임명돼 보내심을 받았다는 사실을 유의해서 보라. 마태복음 10:2-5을 찾아서 두 사도씩 짝지어진 6조를 모두 기록해 보라.

_____   _____

_____   _____

_____   _____

_____   _____

6절에서 그들은 _____ 에게 전파하도록 되어 있었다.

e. 마태만이 처음으로 교회에 대한 말을 기록했다. 모든 복음서 기자들은 베드로의 고백을

기록하고 있다. 그러나 마태만이 교회에 관해 사도 베드로에게 주신 예수님의 말씀
을 기록했다.

마태복음 16:17-18을 찾아 밑줄을 그어라. "교회에 대한 첫 번째 언급"을 성경에
표시해 두라.

18절을 써 보라. _____

_____

단순히 예수님은 그 교회가 시몬 베드로 위에 세워질 것이라는 사실을 뜻하신 것
이 아니다. 18절에 대한 실제적인 번역은 "너는 베드로(돌맹이)라. 내가 이 페트라
(petra : 반석, 그리스도) 위에 내 교회를 세울 것이다"라야 한다. 주님은 우리 구원의
반석이신 주님 자신 위에 교회를 세우셨다.

베드로는 베드로전서 2:3-8에서 이와 같은 사실을 우리에게 분명히 알려 준다.

6절을 써 보라. _____

_____

f. 마태는 그리스도의 승천을 소개하고 있다.

사도행전 1장에서 예수님은 제자들에게 성령의 능력을 가르치시고 성령이 그들
위에 임하게 될 것을 말씀하셨다. 그들은 예수님이 구름 속으로 승천하셨음을 증거
했고 예수님이 같은 모양으로 다시 오실 것이라는 가르침을 들었다.

사도행전 1:3을 통해 당신은 다락방에서 오순절을 기다리고 있는 자들, 마태가 목
록화해 놓은 자들을 발견할 것이다.

사도행전 1:8, 13절에 밑줄을 그어라.

V. 마태가 인용한 구약성경 구절

1. 마태는 그의 기록에서 구약성경을 약 100여 번 인용하고 있다. 우리는 단지 몇
개만 관찰해 볼 것이다.

2. 마태복음 1:23은 이사야 7:14의 성취이다.

_____

_____

3. 마태복음 2:5은 미가 5:2의 성취이다.

_____

_____

4. 마태복음 2:15은 호세아 11:1의 성취이다.

_____

_____

5. 마태복음 3:3은 이사야 40:3의 성취이다.

_____

_____

6. 마태복음 12:18-21은 이사야 42:1-4의 성취이다.

이사야 42:1을 써 보라. _____

_____

7. 마태복음 13:35은 시편 78:2의 성취이다.

_____

_____

8. 마태복음 21:4-5은 스가랴 9:9의 성취이다.

_____

_____

9. 마태복음 24:21-22은 다니엘 12:1의 성취이다.

_____

_____

10. 마태복음 26:15은 스가랴 11:12의 성취이다.

_____

_____

11. 마태복음 26-27장은 이사야 53장의 성취이다. 당신이 비교해 보라.

12. 마태는 기록을 질서 있게 배열하는 방법을 아는 명철한 유대인이었다.

예수님의 사역에 관한 그의 모든 논법은 지금까지도 기록된 가장 아름다운 작품들 중의 하나이다. 신약성경의 마태복음은 구약성경의 창세기와 같다. 마태복음을 자주 읽도록 하자.

VI. 이번 주에 배울 수 있는 교훈은 무엇인가?

1. 주님이 부르실 때 우리는 마태가 행한 것처럼 따라야 한다.

2. 사회에서는 냉대받는 자들일지라도 주님의 장막 안에서는 필요한 자들이다.

3. 그리스도인은 손 대접하기를 힘써야 한다.

4. 그 식사는 예수님 시대에 명성을 얻고 증거하는 데 사용되었다. 마태는 세리들
과 죄인들에게 자기 가정을 개방했다.

5. 우리가 예수님을 믿는 자라면 모두 다 그분의 제자들이다. 그러니 우리는 배워야 하고 배우는 자의 자세를 갖춰야 한다. 제자는 배우는 자임을 기억하라.

6. 예수님은 다시 오신다. 예수님을 믿는 우리는 그분과 함께 다스릴 것이다.

복습

1. 마태는 어떤 인물인가?

2. 그는 무엇으로 불리는가? 왜?

3. 유대인인 그는 우선적으로 누구를 상대해 그의 책을 기록했는가?

4. 그의 책에 흐르고 있는 주요 논제는 무엇인가?

5. 마태는 언제 예수님을 마지막으로 봤는가?

6. 마태는 그리스도를 _____ 으로 소개하고 있다.

예습

1. 성경 읽기

사도행전 12–13장; 15:36–41, 골로새서 4:10–11, 디모데후서 4:9–11, 베드로전서 5:13.

2. 다음 주에는 마가에 대해 연구할 것이다.

3. 마태에 대해 중요한 점들을 복습해 보자.

4. 새롭게 깨달은 성경 구절을 표시해 보자.

Week 34
마가

Ⅰ. 이름의 뜻

마가는 "큰 망치"라는 뜻이다.

Ⅱ. 중요한 성경 구절

사도행전 12-13장; 15:36-41, 골로새서 4:10-11, 디모데후서 4:9-11, 베드로전서 5:13.

Ⅲ. 가족 배경

당신이 기억하고 있는 마태가 히브리 사람들에게 기록했다면, 마가 요한으로 알려진 마가는 누구보다도 로마 사람들에게 글을 썼다. 요한은 히브리식 이름인 반면에 마가라는 이름은 그의 로마식 별명이다. 그는 예루살렘의 마리아라는 사람의 아들이었다. 그녀는 어떠한 이유인지는 알 수 없지만 과부였다. 마리아의 남동생이자 마가의 삼촌인 바나바는 구브로 지역의 부유한 레위인이었다. 바나바는 마가의 어린 시절에 큰 영향을 끼쳤다. 베드로와 바울도 그에게 큰 영향을 주었다. 사도들의 조력자였던 마가는 바울과 누가의 기록에 언급되고 있다.

Ⅳ. 신약성경은 마가에 관해 어떻게 말하고 있는가?

1. 기도의 장소, 마가의 집(행 12:12)

마가라는 이름이 처음 언급된 것은 그의 집에서 놀랄 만한 기도회가 있었다는 것과 연관되어 있다. 헤롯은 야고보를 칼로 죽였고(2절) 베드로를 체포했다. 믿음의 권속들이 베드로를 위해 기도하려고 마가 요한의 어머니인 마리아의 집에 모였다. 주님이 그들의 기도에 응답하셨다.

사도행전 12:2을 써 보라. _____

2. 바나바와 바울과 함께 동행한 마가(행 12:24-25)

바나바와 바울은 안디옥에 있다가 예루살렘에 있는 형제들을 돕기 위해 선물을 가지고 예루살렘에 갔다(행 11:27-30). 그 임무를 마쳤을 때 그들은 마가를 데리고 안디옥으로 돌아왔다.

사도행전 12:25에 밑줄을 그어라.

바나바와 바울은 1차 전도 여행을 위해 성령으로부터 따로 세우심을 받았다. 그들은 전파하는 것과 가르치는 일을 조력해 주는 마가 요한을 함께 데리고 갔다.

사도행전 13:5을 써 보라. _____

세 사람이 버가에 도착했을 때 거기서 마가는 두 지도자들을 떠나 예루살렘으로 되돌아갔다. 이후 바울의 반응은 마가가 이교도 세계에 도착해 큰 어려움에 직면할 것을 두려워했다는 사실을 암시해 준다.

사도행전 13:13을 유의해서 보라. _____

3. 마가로 인한 바울과 바나바의 의견 대립(행 15:36-40)

예루살렘으로 되돌아가는 마가의 행동에 바울은 불만을 나타냈다. 이후 2차 전도 여행에 마가를 데리고 가는 것을 거절했다.

사도행전 15:37을 써 보라. _____

사도행전 15:38 _____

이것이 바울과 바나바 사이에 불화를 유발했고 그들은 결별하게 되었다. 바나바는 마가를 데리고 구브로에 갔다(39절). 바울은 실라(실바누스)를 택해 그와 동행했다.

4. 마가의 침묵 기간과 그의 회복(골 4:10)

마가가 다시 성경에 언급되기까지는 거의 20여 년의 기간이 걸렸다.

그동안 마가는 어떻게 생활했는가? 전승에 따르면 마가는 애굽의 알렉산드리아에 가서 최초로 기독교를 전하고 교회를 세우는 더 큰 사역을 했다고 한다. 마가는 골로새서 4:10과 빌레몬서 24절에서 또 언급되고 있다. 바울은 로마 옥중에서 두 서신을 저술했다. 두 서신에서 바울은 마가를 이야기했다.

바울과 같이 마가도 그때까지 생존해 있었던 것 같다. 이 서신들은 바울이 바나바와 헤어지게 했던 일들을 용서하고 기억하지 않는다는 것을 보여 준다.

골로새 사람들을 향한 바울의 핵심 내용이다.

이들만은 하나님의 나라를 위하여 함께 역사하는 자들이니 이런 사람들이 나의 위로가 되었느니라. (골 4:11)

로마에서는 오직 세 사람의 유대 그리스도인만 바울에게 끝까지 충성했다. 그중 한 사람이 명예로운 지위로 완전히 회복한 마가였다.

5. 마가와 함께 있기를 소원하는 바울의 요구(딤후 4:9-11)

로마 옥중에서 기록한 마지막 서신에서 바울은 자신에게 마가를 보내 주기를 소원했다.

디모데후서 4:11 _____

_____

마가는 로마에서 바울을 도왔다. 바울은 마가가 필요했다. 그때 바울은 순교에 직면하고 있었다.

6. 베드로는 마가를 아들이라고 말했다(벧전 5:13).

이는 베드로가 회심시킨 자들 중 한 사람임을 암시하는 것으로, 베드로는 마가를 "내 아들"이라고 불렀다.

베드로전서 5:13을 써 보라. _____

_____

마가는 바울에게 그의 눈동자처럼 귀하게 여겨졌고, 베드로에게는 점점 더 사랑받는 자로 인정받았다.

7. 마가는 마가복음의 저자이다.

마가복음은 사도 베드로에게 영향을 받아 기록했다.

존 버넌 매기(J. Vernon McGee) 박사는 "로마서는 마가복음보다 더 윗자리에 있었으나 로마 안에서만 유통되었다"라고 말했다. 마가복음은 로마서와 연결성이 있다.

인간적인 면에서 잘 생각해 보면 이렇다.

• 첫째 : 마가는 베드로에게 복음서의 사건들을 들었다.

• 둘째 : 그는 바울로부터 복음의 설명을 들었다.

마가는 베드로와 바울과 함께 있었던 경험과 연단과 조력 아래에서 성령의 영감을 받아 마가복음을 저술했다.

마가복음에 기록된 많은 일은 마가와 사도 베드로와 관련된 사건들이다.

8. 마가복음의 특징

a. 마가는 그리스도를 종으로 묘사한다.

이 책의 주제는 마가복음 10:45이다.

이 구절에서 우리는 주님이 우리를 위해 오신 하나님의 종이었다는 사실을 알 수 있다.

b. 마가복음의 서론

1절에서 "예수 그리스도의 복음의 시작이라"라고 말한다. 마가는 예수님의 시작으로 되돌아가지 않고 오직 "복음의 시작"으로 되돌아갔다.

c. 마가복음에서 생략된 것들

마가가 그리스도를 종으로 묘사했기 때문에 우리는 생략된 것들을 살펴봐야 한다.

• 동정녀 탄생에 대한 언급이 없고 그분의 출생이나 종으로서 적합한 참고 내용이 없다.

• 예수님이 소년 때에 성전에 계셨던 기록이 없다.

• 산상수훈이 없다. 종은 왕국을 소유하지 못한다.

• 예수님을 위한 하나님의 칭호가 없다. 마가는 그분을 "주님"으로 부르고 있다.

• 길고 자세한 설명이 없다. 마가는 사실들만 기술했다.

• 그분이 사역을 끝마쳤다는 기술이 없다. 종은 그런 말을 할 수 없는 것이다(그러나 하나님의 아들로서는 말씀하셨다. 요 19:30).

• 모든 비유가 다 기록되어 있지는 않다. 마가복음에는 4가지 비유만 기록했지만 마태복음에는 14가지가 기록되었다. 마가가 다소 생략한 것이다.

d. 종이 되신 예수님의 몇 가지 사역을 보자.

• 권위로 가르치심(막 1:22)

• 귀신들을 쫓아내심(23−27절)

• 베드로 장모의 열병을 고치심(29−30절)

• 여러 가지 질병을 고치심(32−34절)

• 문둥병자를 완전하게 하심(40−45절)

• 중풍병자를 걷게 하심(막 2:1−12)

• 손 마른 자를 회복시키심(막 3:1−5)

• 많은 무리가 고침을 받음(6−12절)

• 바다의 풍랑을 잔잔케 하심(막 4:35−41)

• 정신병자를 회복시키심(막 5:1−15)

- 혈루증 앓는 여인을 고치심(21-34절)
- 야이로의 딸을 다시 살리심(35-43절)
- 오천 명을 먹이심(막 6:32-44)
- 바다 위로 걸어가심(45-51절)
- 주님과 접촉하는 자를 완전하게 하심(53-56절)
- 귀머거리가 듣고 벙어리가 말함(막 7:31-37)
- 사천 명을 먹이심(막 8:1-9)
- 소경을 고치심(22-26절)

종이 되신 예수님의 이와 같은 기사(奇事)들은 그가 하나님 아버지로부터 위임받았다는 증거이다.

이런 사역들 때문에 예수님은 서기관과 바리새인들에게 많은 반대를 받으셨다(막 7:1-5). 예수님의 대답은 마가복음 7:6-23에 있다.

e. 배척받은 종

마가복음에서 종으로 묘사되었을지라도 예수님은 자신이 죽어야 한다는 것을 알고 계셨다.

인자가 많은 고난을 받고 장로들과 대제사장들과 서기관들에게 버린 바 되어 죽임을 당하고 사흘 만에 살아나야 할 것을. (막 8:31)

예수님은 나귀를 타고 예루살렘에 그분의 모습을 나타내셨다. 마태복음을 읽어 보면 "네 왕이 네게 임하니"(마 21:5)이라고 했으나 마가복음에는 그런 기록이 없다. 마가복음 11:9-10을 읽어 보자. 오직 "우리 조상 다윗의 나라"라고만 언급되어 있다.

f. 종의 희생

마가복음 14-16장은 예수님의 수난, 고뇌, 기도, 십자가에 못 박히심과 부활을 기록하고 있다.

주님은 8장 이후에 가서야 가끔 십자가에 대해 말씀하셨다.

마가복음 10:32-34에 밑줄을 그어라.

마가복음 14:24-25을 써 보라. _____

_____

마가복음의 마지막 구절은 우리에게 그 종이 "아직까지 우리와 함께 역사하시는" 사실을 말해 준다(막 16:20).

V. 마가가 인용한 구약성경 구절

1. 마가는 마태와 마찬가지로 많은 성경 구절을 사용하지 않았다. 그러나 그는 구약성경을 알고 있었고 가르쳤다. 몇 가지만 알아보자.

이 구절들은 성경이 성경을 가르친다는 사실을 깨닫게 할 것이다.

2. 마가복음 1:3은 이사야 40:3의 성취이다.

_____

_____

3. 마가복음 7:6은 이사야 29:13의 성취이다.

_____

_____

4. 마가복음 11:9-10은 스가랴 9:9을 인용했다. 그러나 종이 왕으로 불리지는 않는다는 것을 유의하라.

_____

_____

5. 마가복음 12:35-36에서 예수님은 시편 110:1을 성취하셨다.

_____

_____

6. 마가복음 13:14은 다니엘 9:27의 성취이다.

_____

_____

7. 마가복음 15:23을 시편 69:21과 비교해 보자.

_____

_____

8. 마가복음 15:24은 시편 22:18의 성취이다.

_____

_____

9. 마가복음 15:34은 시편 22:1의 성취이다.

_____

_____

Note

VI. 이번 주에 배울 수 있는 교훈은 무엇인가?

1. 훌륭한 어머니의 보상 : 마가의 어머니인 마리아는 마가의 생애에 큰 영향력을 끼쳤다. 그녀의 가정은 주님의 일을 위해 개방되었다.

2. 마가는 그리스도인들과 함께 봉사하며 살았다. 다양한 부류의 사람들이 그의 동역자였다.

3. 마가는 하나님이 주신 재능을 사용해 사도들을 돕고 사도들에게서 들은 것들을 기록했다. 우리는 기록된 하나님의 말씀을 가지고 있다.

4. 주님은 마가와 같이 우리를 완전한 침묵 속에 묻어 주실 때도 우리를 능력 있게 사용하신다.

5. 서신을 기록하는 사역은 우리 모두가 주님을 위해 할 수 있는 사역이다. 마가는 시대를 반영하는 글을 썼고 복된 삶을 살았다.

6. 그리스도의 생애는 참으로 섬기는 생활이었다. 마가는 예수님을 종으로 묘사했다.

복습

1. 마가의 생애에 가장 큰 영향을 끼친 세 사람은 누구인가?

2. 마가는 사도였는가?

3. 무엇이 바울과 바나바 사이에 불화를 야기했는가?

4. 성경은 20년 동안 마가에 대해 침묵했다. 전승에 따르면 그때 그는 무슨 사역을 했는가?

5. 이번 주에 공부하면서 마가에 대해 인상 깊이 느꼈던 것은 무엇인가?

6. 두 주에 걸쳐 신약의 인물을 다루면서 구약을 배우는 것이 신약만 공부하는 것보다 가치 있는 것임을 깨닫게 되었는가?

예습

1. 성경 읽기

누가복음 1-4장, 골로새서 4:14, 디모데후서 4:11, 빌레몬서 24절, 사도행전에서 "우리"(we)라는 말이 있는 구절 : 사도행전 16:10-17; 20:5-21:17; 27:1-28:16.

2. 다음 주에는 복음서가 아닌 다른 모습의 누가를 다루게 될 것이다.

3. 마가에 대한 중요한 점들을 복습하자.

4. 새롭게 깨달은 성경 구절에 표시해 보자.

Week 35
의사 누가

Ⅰ. 이름의 뜻

누가는 "총명하다" 혹은 "빛을 주는 자"라는 의미이다.

Ⅱ. 중요한 성경 구절

누가복음 1~4장, 골로새서 4:14, 디모데후서 4:11, 빌레몬서 24절. 사도행전에서 "우리"(we) 라는 말이 있는 구절 : 사도행전 16:10~17; 20:5~21:17; 27:1~28:16.

Ⅲ. 가족 배경

우리는 다른 신약성경 저자들과 마찬가지로 누가에 대해서도 알고 있다. 그의 부모나 가정생활에 대해 기록된 것은 없다. 우리는 그가 총명한 자로서 아름다움과 교양과 웅변술과 철학적 자질을 갖춘 자였음을 알고 있다.

그의 이런 성품들이 그의 작품에서도 분명하게 나타난다. 사도행전 13:1의 루기오와 로마서 16:21의 누기오는 누가와는 다른 사람이다. 누가는 제3복음서인 누가복음과 사도행전을 저술했다. 그는 헬라인들에게 글을 썼다.

Ⅳ. 신약성경은 누가에 관해 어떻게 말하고 있는가?

1. 누가는 누가복음과 사도행전의 저자이다.

우리는 누가가 누가복음과 사도행전을 기록했다는 사실을 알고 있다. 사도행전 1:1에서 누가는 누가복음 1:3에서 글을 써서 보낸 자와 동일한 인물임을 밝힌다.

사도행전 1:1을 써 보라. _____

데오빌로가 언급되어 있음을 주목해 보라.

그가 바로 누가복음 1:3에서 지적된 사람과 동일한 인물이다. 데오빌로는 로마에서 높은 지위에 있었는데, 기독교로 개종한 자였다. 그의 이름은 가장 의미 있는 것으로 "데오"(theo : 하나님을 의미함)와 "빌로"(philus : 친구를 의미함)가 합쳐진 이름이다. 그래서 데오빌로는 "하나님의 친구"였다.

누가복음을 기록할 때 누가는 기록하는 이유를 먼저 제시했다(눅 1:1-4). 다음 구절들을 보자.

- 붓을 든 사람이 많은지라(많은 사람이 글을 썼다). (눅 1:2)
- 그대로 내력을 저술하려고(조직적인 기록이다). (2절)
- 우리 중에 이루어진 사실(복음을 의미한다). (1절)
- 우리 중에 전하여 준 그대로(기록들과 신조들이 누가에게 전달되거나 구전된 것이다). (1-2절)
- 목격자와 말씀의 일군 된 자들이 전하여 준 그대로(누가는 사도들의 말이나 기록들을 받았다). (2절)
- 그 모든 일을 근원부터 자세히 미루어 살핀 나도 좋은 줄 알았노니(헬라의 사고방식이다). (3절)
- 처음부터(누가는 자신이 기록하려고 한 것이 영감으로 된 것임을 확신했다. 그러므로 그것은 완전한 지식이다). (2절)
- 데오빌로 각하에게 차례대로 써 보내는 것이 좋은 줄 알았노니 이는 각하가 알고 있는 바를 더 확실하게 하려 함이로라(그 기록은 역사적인 순서가 필요하다는 것이 아니고 사실에 따른 체계적인 설명을 의미한다). (3-4절)

처음 네 구절은 누가가 기록들과 목격자들의 증언에 근거해 책을 저술했다는 사실을 설명하고 있다. 이것은 하나님의 영감으로 된 것임을 증명해 준다.

모든 성경은 하나님의 감동으로 된 것으로. (딤후 3:16)

사도행전을 기록함에 있어서 누가는 "예수께서 행하시며 가르치시기를 시작하심부터"라는 이전 논제와 관련시켜 자신이 기록한 누가복음을 인용하고 있다.

2. 누가는 바울의 동행자였다(행 16:10-17).

이 구절에서 우리는 사도행전의 "우리"(we)라는 부분적인 단어를 처음 발견할 수 있다. 처음으로 누가는 자신을 바울의 전도 여행에 포함시켰다. 드로아에서 누가는 바울과 함께했다. 드로아에서부터 누가는 바울과 함께 빌립보까지 갔다.

사도행전 16:12에 밑줄을 그어라.

성경은 누가가 빌립보에 머무를 수 있었음을 암시한다. 왜냐하면 사도행전 20:6에서 그가 말하기를 "우리가 빌립보에서 배로 떠나"라고 했기 때문이다.

누가는 이 장소에서부터 바울과 함께 머물렀다. 사도행전 21장 전체에서 "우리"(we)라는 말을 유의해서 보라.

특히 21:17을 유의해서 보라. _____

바울이 2년 동안 옥중에 있을 때 누가는 바다 건너 가이사랴에 있었다. 사도행전 27:1에서 그들은 로마로 떠났다. 그들은 아피아 가도(Appian Way)를 따라 로마에 도착했다. 거기서 바울은 감옥에 갇혔다. 성경은 바울이 순교할 때까지 누가가 그와 함께 있었음을 암시해 준다.

3. 누가는 의사였다(골 4:14).

누가복음에는 의학 용어가 약 50여 번 나온다. 매기(J. Vernon McGee)는 "누가는 히포크라테스보다 더 많은 의학 용어를 사용했다"고 말했다.

바울은 골로새서 4:14에서 누가를 어떻게 표현했는지 써 보라.

_____

누가는 바울의 총애를 받은 의사로서, 바울이 골로새 교회를 향해 서신을 기록할 때 그와 함께 있었다.

4. 누가는 바울의 동역자였다(몬 24절).

바울이 누가를 "동역자"로 대우했으며 로마에서도 그와 함께 있었음을 알 수 있다. 빌레몬서는 옥중서신이다.

5. "누가만 나와 함께 있느니라"(딤후 4:11).

성경에서 가장 아름다운 이야기 중 하나가 디모데후서이다. 그것은 죽음을 앞둔 바울의 마지막 글에서 찾아볼 수 있다. 바울의 동역자가 모두 자기 마음대로 바울을 두고 떠났던 것으로 보인다.

디모데후서 4:16에서 바울은 이 사실을 암시해 준다.

_____

바울은 네로의 궁전에 서서 심판을 받게 될 날을 기다리며 이런 말을 했다. "누가만 나와 함께 있느니라." 바울은 싸늘하고 축축하고 어두운 마메르티노(Mamertine) 감옥에서 훌륭한 디모데후서를 저술했다.

6. 누가복음

a. 누가는 그리스도를 "사람의 아들"(인자)로 표현했다.

누가복음 19:10 _____

누가는 예수님을 사람이면서 신성을 소유하신 분으로 설명하고 있다. 요한도 예수님을 신성과 인성을 소유하신 분으로 묘사하고 있다. 두 저자는 예수님이 하나님이시면서 사람 되심을 증거하고 있는 것이다.

b. 누가는 예수님의 계보를 아담에게까지 추적해 간다(눅 3:23-38). 또 누가는 마리아의 계보를 소개하고 있다. 마태는 요셉의 계보를 제시하고 있다. 누가복음 3:23은 모순이 없다. 요셉은 헬리의 아들이 아니고 야곱의 아들이었다(마 1:16). 유대 관습은 여인이 자손의 계보 안에 들어왔을 때 그녀의 남편 이름도 자손으로 포함되어야 한다.

그러므로 마태복음에 나오는 마리아의 남편 요셉은 누가복음에서 헬리의 아들로 불리고 있다. 헬리는 마리아의 아버지였다. 관습상 요셉은 헬리의 아들이라 불렸다.

c. 누가는 예수님의 인성이 확립되는 과정을 증거했다(눅 2장).

누가는 누가복음 1장에서 예수님의 선구자 세례 요한과 예수님의 동정녀 탄생의 말씀에 대해 기록했다.

"첫아들을 낳을 것이요", "그녀가 첫아들을 낳았다", "아기", "8일 만에 아기에게 할례를 행함" 등 육신과 관련된 모든 내용이 누가복음 2:5-21에 있다.

예수님은 자연적인 인간으로 성장하셨다.

누가복음 2:40 _____

_____

12세가 되었을 때 예수님은 부모와 함께 예루살렘에 올라갔다. 이것은 "바르미츠바"("계명이나 율법의 아들"을 의미하는 말로, 유대인의 성년식 또는 성년식을 치르는 사람을 가리킨다-편집자)를 준비하기 위한 시기였다. 누가복음에서는 예수님의 인성을 강조한다.

d. 예수님의 생애는 신성에서 시작하지 않으셨다(눅 2:42). 누가는 예수님의 놀라운 이적들을 기록한다. 누가는 23가지 비유를 기록한다. 그중 18가지는 다른 곳에서는 발견되지 않는다. 누가는 예수님의 신성 중 어떤 것도 소홀히 여긴 것이 없다. 다만 그는 인간이신 예수님의 감정, 고뇌, 아픔과 심령의 상함을 통해 예수님이 우리를 더 잘 이해해 주심을 강조한다.

누가는 예수님의 기도 생활에 대해 다른 저자들보다 더 많이 제시해 준다.

7. 사도행전

a. 사도행전의 개요

크리스웰(W. A. Criswell) 박사는 그의 저서 *Acts, an Exposition, Volume 1*에서 이렇게 이야기한다. "요한이 요한계시록에서 예수님을 소개한 것처럼 누가도 사도행전에서 예수님을 개괄적으로 소개했다고 이야기했다. 예수님을 따르는 자들은 예루살렘과 유대와 사마리아와 땅 끝까지 그분의 증인이 되었다. 누가는 사도행전을 기록할 때 누가복음의 줄거리를 따르고 있다."

사도행전 1–7장에서는 복음이 예루살렘에 한정되었으나 사도행전 8–12장에서는 복음이 유대와 사마리아와 이방 세계(고넬료, 우상을 숭배하는 안디옥의 헬라인들)에까지 퍼져 나갔다. 사도행전 13장부터는 복음이 로마와 세상 끝까지 전파되었다.

사도행전 1:8을 써 보라. _____

_____

b. 사도행전은 끝이 없다.

누가에 의해 기록된 역사와 사건들은 끝난 것이 아니다. 그 책은 28장으로 끝났지만, 성령의 활동은 끝나지 않았다. 하나님은 끝이 없는 분이시기 때문에 그분의 사역도 끝이 없다.

그분은 지금도 역사하시며 우리를 통해 복음이 세상 모든 곳에 전파되도록 역사하신다.

예수님은 요한복음 14:12에서 이것을 말씀하신다.

_____

_____

예수님은 영광 중에 그분의 말씀을 가르치며 전파하는 일을 계속하시므로 우리를 주재하신다. 예수님은 우리가 다른 사람들에게 사역하는 것과 같이 그분의 교회를 주재하신다.

c. 예수님은 우리에게 성령의 은사를 주셨다.

성령 예수님은 하늘로 승천하신 후에 권능으로 오셨다. 예수님은 그분의 육체의 날들 후에 자신과 성부 하나님으로부터 성령의 능력을 선물로 주실 것을 약속하셨다.

다음 성경 구절을 찾아서 밑줄을 그어라.

- 누가복음 24:49
- 요한복음 14:16
- 요한복음 14:17
- 요한복음 14:26
- 요한복음 15:26
- 요한복음 16:6–7
- 요한복음 16:12–14

V. 누가가 인용한 구약성경 구절

1. 누가는 학식이 있는 자로 구약성경을 인용했다. 그는 총명한 사람이었고 구약성경에 능통했다. 누가복음과 사도행전에서 몇 가지만 나열해 보자.

___

2. 누가복음 1:31은 이사야 7:14의 성취이다.

___

3. 누가복음 1:32은 이사야 9:6-7의 성취이다.

___

4. 누가복음 2:4은 미가 5:2의 성취이다.

___

5. 누가복음 4:18은 이사야 61:1의 성취이다.

___

6. 사도행전 2:17-18은 요엘 2:28-29의 성취이다.

___

7. 사도행전 2:19-20은 요엘 2:30-31에서 예언한 대로 성취되었다.

___

8. 사도행전 4:11은 시편 118:22의 성취이다.

___

9. 사도행전 7장은 하란에 있던 아브라함에서 시작해 스데반이 설교한 당시까지의 이스라엘 모든 역사를 말하고 있다.

그는 구약성경만을 인용했다. 누가는 스데반이 최초의 순교자라고 말한다.

10. 사도행전 8:32은 에디오피아 사람인 내시를 구원하기 위해 이사야 53:7-8을 인용해 성

경의 능력에 대해 말한다.

11. 사도행전 13:16-41에서 바울은 유대인들에게 그리스도를 가르치기 위해 이스라엘의 대략적인 과거 역사를 들춰내고 있다. 42-43절은 이방인에게 말하고 있다. 구약성경은 그 설교 말씀의 근거가 되었다.

VI. 이번 주에 배울 수 있는 교훈은 무엇인가?

1. 누가는 그의 저서 가운데서 자신의 이름을 한 번도 밝히지 않았다. 그는 자기 자신을 조금도 나타내지 않았다. 이것이야말로 그리스도인에게 있어야 할 성품이다.

2. 그는 성경을 연구하는 자였고 그것들을 믿었다. 우리는 누가에게서 (말씀을) 되새기며 기록하는 것이 얼마나 귀중한 것인가를 배워야 한다.

3. 누가는 성령의 감동하심을 받았다("근원부터"라는 말은 "위로부터"라는 뜻이다. 눅 1:3).

예수님을 믿는 사람은 모두 성령 안에 거하는 것이다. 그러므로 우리는 주님이 우리에게 성취하시려는 것은 무엇이든지 할 수 있다.

4. 누가는 충성된 사람이었다.

힘과 능력이 있는 친구를 두고 있다는 것은 얼마나 행복한 일인가? 바울은 "누가만 나와 함께 있다"고 기록했다.

5. 성령의 역사는 사도행전 28장으로 끝나지 않았다.

6. 성령은 아버지의 약속에 따라서 성자 예수님의 이름으로 우리 심령에 보내 주신 승천의 선물이다.

복습

1. 누가는 누가복음을 어떤 권위를 가지고 기록했는가?

2. 누가는 어떤 사람들에게 호소하고 있는가?

3. 우리는 그가 "사도행전"을 기록한 것을 어떻게 알 수 있는가?

4. 그는 사도행전을 기록하기 위해 어느 책에서 그 내용을 얻었는가?

5. 예수님에 대한 개괄적인 내용을 기록할 수 있는가?

6. 누가는 어디에서 바울과 동행했는가? 장소를 기록해 보라.

예습

1. 성경 읽기

요한복음 1-7장; 20-21장, 마가복음 1:19-20, 마태복음 20:20, 요한계시록 1-10장.

"믿는다"는 말이 요한복음에서 100여 번 나온다.

2. 다음 주에는 사도 요한을 연구할 것이다.

그는 신약성경 중 다섯 권의 저서를 기록했다(요한복음, 요한1서, 요한2서, 요한3서, 요한계시록).

3. 누가에 대한 연구를 복습해 보자.

4. 새롭게 깨달은 성경 구절에 표시해 보자.

Week 36
사도 요한

Ⅰ. 이름의 뜻

요한이란 "여호와께서 사랑하시는 자"라는 의미이다.

Ⅱ. 중요한 성경 구절

요한복음 1-7장; 20-21장, 마가복음 1:19-20, 마태복음 20:20, 요한계시록 1-10장.

Ⅲ. 가족 배경

오늘날과 마찬가지로 옛날에도 많은 소년이 요한이라는 이름을 가지고 있었다. 이 요한은 세베대와 살로메의 아들이었다. 그는 야고보의 남동생으로 갈릴리 지방의 어부 가정에서 출생했다. 세베대는 부자여서 종들을 거느리고 있었다(막 1:16-20). 요한과 야고보는 예수님에게 "우레의 아들"이라는 "별명"을 받았다(막 3:17).

요한은 유대 그리스도인이었고 "예수님의 사랑을 많이 받은 제자"가 되었다. 그의 이름의 본래 의미는 그가 행한 일들과 일치했다.

Ⅳ. 신약성경은 요한에 관해 어떻게 말하고 있는가?

1. 요한은 예수님이 가장 먼저 선택한 제자들 중 한 사람이었다(마 4:18-22).

예수님은 공생애를 시작하실 때 제자들을 선택하셨다. 그분은 처음에 시몬 베드로와 안드레를 선택하셨다. 다음 두 사람은 야고보와 요한이었다. 선택된 그룹이 모두 형제 간이었다.

2. 요한은 사도가 되었다(마 10:1-6).

열두 제자들은 처음에 학습자 혹은 학생으로 소개된다.

제자는 배우는 자요 학생이다.

마태복음 10:1-6에서 예수님은 열두 제자를 부르시고 그들에게 능력을 주셨다. 칭호가 바뀐 것에 유의해서 마태복음 10:2을 써 보라.

_____

_____

사도는 주님으로 말미암아 선택된 자이며 그리스도의 부활의 증인이다(행 1:21-22). "사도"라는 말은 "전달자, 곧 명령을 지니고 보냄을 받은 자"라는 의미이다.

3. 요한과 야고보는 열심과 용기가 있는 사람들이다(눅 9:51-56).

요한과 야고보는 "우레의 아들"이라는 이름을 어디에서 얻었는가? 예수님과 함께 있는 동안 그들은 지나친 담대함과 급한 성미를 보여 주었다.

누가복음 9:51-56에서 예수님과 제자들이 사마리아 지방에 들어가는 것을 제지받았을 때, 야고보와 요한은 몹시 격분했다. 그리고 그들은 즉시 행동하려고 했다.

누가복음 9:54을 써 보라._____

_____

주님은 자비로운 마음과 인내와 사랑으로 그들에게 말씀하셨다. 누가복음 9:55-56에 밑줄을 그어라.

누가복음 9:49-50에서 요한의 성품을 보여 주는 또 하나의 행동을 발견할 수 있다. 그때 예수님은 다시 그를 바르게 고쳐 주셨다.

4. 요한과 야고보의 야망(마 20:20-28)

이 젊은이들은 의욕적이고 열심이 대단한 자들이었다.

그들의 어머니는 두 아들을 데리고 예수님에게 가서 야고보와 요한을 위해 영광스러운 지위를 요청했다.

마태복음 20:21을 유의해서 보라._____

_____

또다시 예수님의 대답은 그들을 순수하게 했다. 예수님은 야고보와 요한을 실례로 삼아 열두 제자 모두에게 주님을 따르며 봉사하는 것의 참의미를 가르쳐 주셨다.

마태복음 20:24에서 열 사람의 반응을 살펴보자.

예수님의 대답은 우리도 기억해야 할 중요한 말씀이다. 마태복음 20:28에 밑줄을 그어라. 당신은 이 구절이 마태복음의 중심 메시지임을 다시 확인할 수 있을 것이다. 그것은 마가복음 10:45에서도 발견된다.

그들의 열성과 자만은 예수님의 은혜로 말미암아 순수해졌다. 그런 결점들이 능력과 영광의

요소가 되었다. 그들은 거칠었다. 그러나 예수님은 은혜와 사랑으로 모범을 보이시
며 그들의 성격을 부드럽게 하셨다.

5. 요한은 주님의 사랑받는 제자였다.

요한은 사랑의 사도가 되었다. 그의 저서들은 "사랑"을 주제로 했다. 그는 예수님에게 특별히 사랑받는 제자가 되었다.

요한복음 13:23을 써 보라. _____

_____

요한복음 19:26과 20:2에 밑줄을 그어라.

요한복음 21:7을 써 보라. _____

요한복음 21:20 _____

_____

6. 요한은 예수님의 특별한 세 제자 중 한 사람이었다.

우리 모두 설교나 공부를 통해 세 사람의 이름을 알고 있다. 예수님은 세 사람 곧 베드로, 야고보, 요한을 택해 언제나 동행하셨다.

• 야이로의 딸을 살리실 때(막 5:37)

• 변화산상에서(마 17:1)

• 겟세마네에서 고뇌하실 때(마 26:37, 막 14:33)

위의 성경 구절을 찾아서 세 사람의 이름에 밑줄을 그어라.

7. 요한은 부활하신 그리스도를 만났다(요 20:19-30)

요한은 부활하신 예수님이 그들 가운데 들어오셔서 서 계신 것을 다른 제자들과 함께 봤다(요 20:19).

도마는 그곳에 있지 않았다. 그러나 일주일 후 예수님은 다시 그들에게 나타나셨다. 예수님은 의심하는 도마에게 자신을 만져 보고 믿으라고 말씀하셨다.

요한복음 20:27을 써 보라. _____

_____

요한은 예수님이 그들에게 지시하셨던 갈릴리에 가서도 부활하신 예수님을 또 봤다(요 21:1-2, 마 28:10-16).

요한은 예수님이 승천하신 후 다락방에서 그분이 약속하신 성령을 기다리고 있었다(행 1:13).

8. 요한은 전도 사역에 능동적인 인물이었다(행 3:1-11).

예수님은 그들에게 복음을 전파할 것을 명령하셨다. 요한은 베드로와 한 그룹이 되어 그들의 사역을 시작했다.

그들은 기도하기 위해 성전에 갔다가 미문에서 앉은뱅이를 고쳐 주었다(행 3:1-11).

베드로는 복음을 전파했다. 요한과 베드로는 옥에 갇혔다(행 3:12-4:4).

사도행전 4:13을 유의해서 보라. ＿＿＿＿＿＿＿＿＿＿＿＿＿＿＿

＿＿＿＿＿＿＿＿＿＿＿＿＿＿＿＿＿＿＿＿＿＿＿＿＿＿＿＿＿＿＿

베드로와 요한은 복음을 전파하기 위해 사마리아에 갔다.

사도행전 8:14 ＿＿＿＿＿＿＿＿＿＿＿＿＿＿＿＿＿＿＿＿＿

＿＿＿＿＿＿＿＿＿＿＿＿＿＿＿＿＿＿＿＿＿＿＿＿＿＿＿＿＿＿＿

요한은 교회가 핍박을 받고 있을 때도 예루살렘에 머물러 있었다. 그때는 예루살렘 공회가 열린 기간이기도 하다. 사도행전 15:6과 갈라디아서 2:1-9을 비교해 보자. 요한은 초대교회의 기둥과 같이 영향력이 있는 자였다.

9. 요한은 네 번째 복음서(요한복음)를 기록했다.

a. 요한복음과 또 다른 세 복음서들은 "같은 관점"이라는 의미로 공관복음이라고 부른다. 그러나 요한은 주님의 내적 심정, 즉 예수님의 신성을 강조하고 있다.

b. 요한이 기록한 복음서의 주제는 1:1-14에 나타난다. 오직 요한만이 예수님을 다음과 같은 방식으로 묘사한다.

태초에 말씀이 계시니라 이 말씀(예수님)이 하나님과 함께 계셨으니 이 말씀(예수님)은 곧 하나님이시니라. (요 1:1)

그 안에 생명이 있었으니 이 생명은 사람들의 빛이라. (4절)

요한복음 1:12을 쓰고 암기해 보자. ＿＿＿＿＿＿＿＿＿＿＿＿

＿＿＿＿＿＿＿＿＿＿＿＿＿＿＿＿＿＿＿＿＿＿＿＿＿＿＿＿＿＿＿

말씀(예수님)이 육신이 되어 우리 가운데 거하시매 우리가 그의 영광을 보니 아버지의 독생자의 영광이요 은혜와 진리가 충만하더라. (14절)

c. 요한은 본서에서 "믿는다"라는 말을 100번 이상 사용한다.

d. 요한은 요한복음을 기록한 이유를 요한복음 20:30-31에서 말해 주고 있다.

＿＿＿＿＿＿＿＿＿＿＿＿＿＿＿＿＿＿＿＿＿＿＿＿＿＿＿＿＿＿＿

＿＿＿＿＿＿＿＿＿＿＿＿＿＿＿＿＿＿＿＿＿＿＿＿＿＿＿＿＿＿＿

e. 그 당시 어느 누구도 육신으로 오신 예수님을 더는 설명할 필요를 느끼지 않았기 때문에 그리스도의 족보가 나오지 않는다.

요한복음 1:18 _____

요한복음 16:28에 밑줄을 그어라.

10. 요한은 요한서신(1, 2, 3서)을 기록했다.

a. 요한일서에서 서신의 이유와 목적을 말하고 있다.

요한일서 5:13 _____

이 책은 확신과 확증을 주는 책이다. 자신이 하나님의 자녀라는 사실을 이 책에서 알 수 있다. "안다"라는 말이 38번이나 나타난다. 모든 그리스도인을 깨끗하게 하는 말씀은 요한일서 1:9이다.

_____

요한은 이 책을 기록하는 데 4가지 이유를 들고 있다.

• 우리의 기쁨이 충만하게 하려 함이라. (요일 1:4)

• 너희로 죄를 범하지 않게 하려 함이라. (요일 2:1)

• 너희를 미혹하는 자(거짓 지도자들)들에 관하여 썼노라. (26절)

• 너희로 하여금 알게 하려 함이라. (요일 5:13)

b. 요한은 요한이서에서 우리에게 진리와 사랑 안에서 걷고(1-6절) 그리스도의 교훈을 지키는 데(7-13절) 용기를 주기 위해 열세 절밖에 안 되는 간략한 서신을 기록했다.

특별히 9절을 유의해서 보라. _____

"교훈"이라는 말은 하나님에 대한 "가르침, 진리"라는 의미이다. 요한이서에는 거짓 교사들에 대한 경고가 있다(7, 10절).

c. 요한삼서는 주님 안에서 사랑하는 자를 위해 기록했다. 가이오는 진리 안에서 행하는 자였다.

요한은 2절에서 가이오와 우리를 위해 훌륭한 용기의 말씀을 주고 있다.

2절 _____

11. 요한은 예수 그리스도의 계시를 기록했다.

a. 저자는 계시록에서 다섯 번이나 자신이 요한이라고 말하고 있다(요한계시록 1:1, 4, 9절; 21:2; 22:8).

b. 요한은 요한계시록 1:19에서 주님을 영광스러운 주님으로 요약해서 기록하고 있다.

c. 주후 70년 예루살렘을 멸망시키는 무서운 전쟁 중에서도 요한은 소아시아에서 25년간 체류하며 에베소에 있는 교회에서 목회했다.

역사의 모든 외적 증거가 요한과 관계된 성경적 증거를 뒷받침하고 있다. 요한은 하나님의 말씀을 전파하다가 밧모 섬에 유배되었다. 로마 황제 도미티아누스는 요한을 밧모 섬으로 쫓아냈다. 거기서 요한은 예수 그리스도의 계시들을 기록한다.

주후 190년에 죽은 이레네오는 요한의 말씀으로 회심한 폴리카르포의 제자였다.

폴리카르포는 계시록이 기록될 당시 서머나 교회의 목회자였다. 이레네오는 폴리카르포가 도미티아누스 황제 통치 말기에 기록된 계시록에 대해 요한과 이야기했다고 전하고 있다.

V. 요한이 인용한 구약성경 구절

1. 요한은 사도였다. 그는 전도자가 되었고 후에는 목회자가 되었다. 그는 구약성경을 알고 있었고 그것을 인용해 복음을 전파했다. 성경이 성경을 가르친다는 사실을 증명해 주는 관련 성구들을 다시 한 번 살펴보자.

_____

_____

2. 요한복음 1:21은 말라기 3:1과 관련되어 있다.

_____

3. 요한복음 1:23은 이사야 40:3의 성취이다.

_____

4. 요한복음 3:14-16은 민수기 21:8-9의 성취이다.

_____

5. 요한복음 8:28과 12:49-50은 신명기 18:15, 18절에 대해 말하고 있다. 신명기 18:15, 18절 두 구절에 밑줄을 그어 보라.

6. 요한복음 12:12-15은 스가랴 9:9의 성취이다.

_____

_____

7. 요한복음 12:38은 이사야 53:1의 성취이다. 밑줄을 그어 보라.

8. 요한복음 12:39-41은 이사야 6:10의 성취이다.

_____

_____

9. 요한복음 19:24은 시편 22:18의 성취이다.

_____

_____

10. 요한복음 7:42은 미가 5:2과 관련되어 있다.

_____

_____

VI. 이번 주에 배울 수 있는 교훈은 무엇인가?

1. 요한과 야고보는 예수님의 은혜로 말미암아 유순해졌다. 우리는 예수님의 은혜로 변화될 수 있다.

2. "우레의 아들"이 다른 사람으로 변화되었다. 요한은 "주님이 사랑하는 자"가 되었다.

야고보는 그리스도를 위해 그의 생애를 바쳤다(행 12:2).

3. 성경은 하나님의 진리요. 하나님의 말씀이다.

성경 말씀은 예수님을 증거하기 때문이다. 요한은 예수님이 "말씀이 육신이 되어"(요 1:14) 나타나신 분이라는 사실을 말하고 있다.

4. 우리는 살아 있는 말씀이신 예수님과 기록된 말씀인 성경을 소유하고 있다. 모두 다 그리스도 안에서 하나님의 구원의 은혜를 증거하고 있다.

5. 우리가 찾는 야망이 예수님으로 말미암아 통제된다면 아름다운 것이다.

6. 예수님의 명령과 가르침에 순종한 것은 요한의 생애에서 가장 훌륭한 일이다. 순종은 오늘날 교회에도 필요한 것이다. 우리는 성경 말씀과 말씀되신 주 예수님에게 돌아가야만 한다.

복습

1. 왜 요한과 야고보는 "우레의 아들"이라고 불렸는가?

2. 그들은 사도가 되었다. 사도란 무엇인가?

3. 요한과 야고보는 어떤 방식으로 주님께 야망을 보였는가?

4. 예수님의 유명한 제자들 중에는 어떤 이름들이 있는가?

5. 요한은 "_____"으로 알려졌다.

6. 요한은 신약성경을 다섯 권이나 기록했다. 열거해 보라.

예습

1. 성경 읽기

마태복음 3장, 누가복음 1장; 3장. 요한복음 1장, 이사야 40:3-5, 말라기 3:1; 4:5-6.

2. 다음 주에는 세례 요한을 공부하게 될 것이다.

3. 사도 요한에 대해 중요한 점들을 공부해 보자.

4. 새롭게 깨달은 성경 구절에 표시해 보자.

Week 37
세례 요한

Ⅰ. 이름의 뜻

요한이란 "여호와께서 사랑하시는 자"라는 의미이다.

Ⅱ. 중요한 성경 구절

마태복음 3장, 누가복음 1장; 3장, 요한복음 1장, 이사야 40:3-5, 말라기 3:1; 4:5-6.

Ⅲ. 가족 배경

세례 요한은 사가랴와 엘리사벳의 아들이다. 부모는 모두 아론의 자손들이었다. 그는 순수한 제사장 가문 출신이었다.

누가복음 1:5 _____

_____

그들은 유대 어느 마을에서 살았다(눅 1:39). 요한의 어머니 엘레사벳은 예수님의 어머니 마리아와 사촌지간이었다. 세례 요한은 경건한 가정에서 출생했고 여호와 하나님을 경외하는 분위기 속에서 자라났다.

Ⅳ. 신약성경은 세례 요한에 관해 어떻게 말하고 있는가?

1. 천사 가브리엘이 그의 탄생을 알렸다(눅 1:11-19).

a. 제사장 사가랴가 예루살렘 성전에 들어가 제단 위에 분향할 때 가브리엘 천사가 그에게 나타났다.

누가복음 1:11 _____

b. 천사는 사가랴에게 아들을 낳을 것을 알리면서 그 아이의 이름을 미리 말해 주었다.

누가복음 1:13 _____

_____

c. 엘리사벳은 수태하지 못했고 그녀와 사가랴는 나이가 많았다(눅 1:7).

d. 사가랴는 들은 사실을 의심하면서 천사에게 물었다.

내가 이것을 어떻게 알리요 내가 늙고 아내도 나이가 많으니이다. (눅 1:18)

e. 그때 천사는 자신을 가브리엘이라고 알려 주었다.

누가복음 1:19 _____

_____

2. 사가랴는 가브리엘의 말을 의심했다(눅 1:20).

사가랴는 의심으로 말미암아 벙어리가 되어 요한을 낳아 이름 짓기 전까지 말하지 못했다. 가브리엘이 요한의 출생을 알릴 때, 사가랴는 하나님이 약속하신 모든 것을 능히 이루실 것이라는 사실을 의심하지 않아야 했다. 그러나 사가랴는 그것을 믿지 못했기 때문에 9개월 동안 말하지 못하는 어려움을 겪어야만 했다.

누가복음 1:20 _____

_____

사가랴가 성전에서 나올 때 그는 백성에게 말을 할 수 없었다.

그는 그의 집으로 돌아갔다(눅 1:23).

3. 엘리사벳이 잉태했다(눅 1:24).

잉태한 후에 엘리사벳은 5개월 동안 숨어 지냈다. 하나님이 부끄러움(수태하지 못함)을 제거해 주셨다. 그녀의 사촌이자 예수님의 어머니인 마리아가 엘리사벳을 방문했다. 그때 마리아는 가브리엘에게 사촌 엘리사벳의 잉태 소식을 들었다(눅 1:36).

4. 세례 요한의 출생(눅 1:57-59)

요한은 성경에서 기적 중에 태어난 아이들 가운데 하나이다.

구약에서 하나님이 사라와 함께하신 것과 같이 불가능했던 사가랴와 엘리사벳의 육체적 출산을 가능하게 하셨다. 때가 되매 엘리사벳은 아들을 낳았다(눅 1:57).

이웃과 친척들이 그녀의 일로 기뻐했다. 할례를 하는 8일이 되자 그들은 아이 이름을 그의 아버지를 따라 부르려고 했다(눅 1:59).

5. 그러나 사가랴는 아이 이름을 요한이라고 지어야만 했다(눅 1:60-64).

엘리사벳은 아이의 이름을 그의 아버지의 이름을 따라 지으라는 친구들의 제안을 받아들일 수 없었다.

그녀는 "그의 이름은 요한이라고 불릴 것이다"라고 말했다. 어떻게 그 이름을 지어야 하는지 이미 사가랴에게 나타내 보여 주었다. 그는 가브리엘이 그에게 말한 것을 정확히 썼다.

누가복음 1:63 _____

이후 사가랴는 다시 말하기 시작했다. 그는 하나님을 찬양하며 예언하기 시작했다(67-79절).

76, 78절에 밑줄을 그어라.

요한은 사해 서편 빈들에 은거하면서 성장했다(80절).

그는 "이스라엘에게 나타나는 날까지" 거기에 있었다는 데 주목해 보자.

6. 세례 요한은 전파하기 시작했다(눅 3:2-3, 마 3:1).

a. 요한은 담대하게 전파했다. 그는 4세기만에 최초로 이스라엘에 나타난 권위 있는 예언자였다.

그의 사역은 회개를 촉구하는 일이었다.

마태복음 3:2-3 _____

_____

b. 그는 새 시대인 하나님의 나라를 선포했다. 그는 그리스도를 영접하는 일에 백성을 준비시키며 예수님이 그리스도이심을 지적해 주기 위해 왔다(마 3:2, 6절, 요 1:15).

c. 그는 예수님을 현현(顯現)하신 하나님이라 선포했다(요 1:16-18).

요 1:18 _____

_____

16절에 밑줄을 그어라.

그 당시 백성은 요한이 메시아인지를 물었다. 요한은 단호히 대답하고 있다(요 1:19-23).

요 1:20 _____

그는 그 빛을 증거하기 위해 왔다. 그는 그 빛이 아니다(요 1:7-8).

7. 요한은 요단강에서 예수님에게 세례를 베풀었다(마 3:13-17).

a. 예수님이 요단강에 오셨을 때 요한은 예수님을 알아봤다. 어떻게 그분을 인식했을까? 단지 예수님은 무리 중 한 사람이셨다. 이 문제는 사복음서 기자들이 기록

한 글에서 서로 다른 점을 비교해 볼 때 해결될 것이다.

b. 상황은 기록되지 않았지만 요한은 예수님이 메시아이심을 구별할 수 있는 징조에 대해 이미 알고 있었다.

요한은 이렇게 말했다.

나도 그를 알지 못하였으나 나를 보내어 물로 세례를 베풀라 하신 그이가 나에게 말씀하시되 성령이 내려서 누구 위에든지 머무는 것을 보거든 그가 곧 성령으로 세례를 베푸는 이인 줄 알라 하셨기에 내가 보고 그가 하나님의 아들이심을 증언하였노라. (요 1:33–34)

c. 요한은 세관과 바리새인들을 독사의 자식이라고 책망하며, 회개의 세례를 베풀기 위해 그들에게 나아갔다.

요한은 갑자기 예수님을 보며 말했다.

내가 당신에게서 세례를 받아야 할 터인데 당신이 내게로 오시나이까. (마 3:14)

요한이 예수님의 말씀에 따라 예수님에게 세례를 베풀자 즉시 예언된 표적이 나타났다. 요한은 하나님의 영이 비둘기같이 내려와 그분(Him) 위에 임하는 것을 봤고, 하늘로부터 임하는 "이는 내 사랑하는 아들이요 내 기뻐하는 자라"(마 3:17)라는 소리를 들었다. 요한은 "나는 그를 알지 못하였으나"(요 1:31)라고 말했다. 그러나 이제는 그가 하나님의 아들이었다는 사실을 알았고 보았으며 기록했다(요 1:34).

d. 예수님이 세례를 받으실 때 삼위일체 하나님이 처음으로 나타나셨다(마 3:16–17).

- 성자 예수님은 물 가운데 계셨고,
- 성령님은 비둘기같이 강림하셨으며,
- 성부 하나님은 하늘에서부터 말씀을 주셨다.

8. 예수님을 만나기 전 요한의 메시지와 그분을 만난 후 요한의 메시지(마 3:2, 요 1:29)

예수님을 만나기 전의 메시지와 그분을 만난 후의 메시지가 다르다.

회개하라 천국이 가까이 왔느니라. (마 3:2)

보라 세상 죄를 지고 가는 하나님의 어린양이로다. (요 1:29)

경건한 유대인들에게 "하나님의 어린양"이라는 용어는 완전한 희생 제물이라는 생각을 갖게 해 주었다. 수천 마리의 양이 죽임을 당했지만 그 피는 죄를 "덮을" 뿐이었다. 요한은 유대인의 관심을 끌기 위해 유대인들이 좋아하는 말을 사용하곤 했다. 피를 흘리는 "하나님의 어린양"은 단번에 죄의 용서와 구원을 이룰 것이다.

요한은 가장 중요한 한 가지 확신을 가지고 있었다.

요한복음 3:30 _____

9. 가까이에서 본 세례 요한의 모습(요 3:31-34)

요한은 자기 영광을 구하지 않았다. 요한은 아무 기적도 행하지 않았다(요 10:41)
그가 예수님에 대해 말한 모든 것이 진실이다. 평범한 사람이던 요한은 그의 의지
를 하나님의 영의 인도하심에 맡기고 영적인 사람이 되었다. 그는 태어나기 전에 이
미 예수 그리스도의 선구자로 택하심을 받았다. 그는 메시아를 증거하는 데 결코 자
기 입술을 다물지 않았다. 그의 삶은 그의 메시지와 함께 전개되었다.

10. 세례 요한에게 돌아간 최고의 찬사(마 11:9-13)

예수님은 마태복음 11:11에서 말씀하셨다. _____

_____

예수님은 세례 요한에게 위대한 명예를 주심으로 이전의 어떤 사람들과도 요한을
구별하셨다. 9절에서는 그의 선지적 사역에 대해 칭찬을 아끼지 않으셨다. 예수님은
세례 요한에 대해 "선지자를 보기 위함이었더냐 옳다 내가 너희에게 이르노니 선지
자보다 더 나은 자니라"라고 말씀하셨다.

같은 성경 구절에 해당하는 누가복음 7:24-29을 읽어 보자.

11. 세례 요한의 죽음(막 6:14-29)

헤로디아의 증오심이 요한의 죽임을 야기했다. 헤롯이 자기 동생의 아내를 취했
을 때, 세례 요한은 헤롯에게 그의 잘못을 지적했다.

마가복음 6:18 _____

_____

헤로디아는 그의 딸을 설득해서 그녀의 춤으로 헤롯을 기쁘게 하고 세례 요한의
머리를 요구하도록 했다.

마가복음 6:26에 밑줄을 그어라.

헤롯은 그 요구를 수락했다. 그래서 세례 요한의 머리는 그 딸에게 주어졌고 그녀
는 그것을 헤로디아에게 주었다(막 6:28). 요한의 제자들이 그의 몸을 가져다가 무
덤에 장사했다(29절).

요한의 공생애는 1년도 되지 않는 짧은 기간이었지만, 요한이 모든 사람에게 끼친
영향력은 대단했다. 그의 사역은 왕에서부터 평민에 이르기까지 사회 모든 부분에
미쳤다. 요한만큼 큰 영향력을 행사한 선지자는 예전에 없었다. 예수님은 그를 여자
가 낳은 자 중에 가장 큰 자라고 칭찬하셨다.

V. 구약성경은 세례 요한에 관해 어떻게 말하고 있는가?

1. 누가복음 1:17은 말라기 4:5을 참고한다.

_____

_____

2. 마태복음 17:10-13을 읽고 말라기 3:1과 비교해 보자.

마태복음 17:12-13을 써 보라.

_____

_____

3. 마태복음 3:3은 이사야 40:3의 성취이다.

_____

_____

4. 누가복음 3:5-6은 이사야 40:4-5의 성취이다. 밑줄을 그어 보라.

5. 요한복음 1:29은 이사야 53장에 근거하고 있다. 7절은 특별히 중요하니 적어 보라.

_____

_____

6. 요한복음 1:21에 나오는 "네가 그 선지자냐"라는 질문에 대한 대답을 신명기 18:15에서 찾을 수 있다.

_____

_____

세례 요한에 대해 구약성경은 많은 것을 알려 준다. 그러나 우리는 몇 가지만 살펴봤다.

VI. 이번 주에 배울 수 있는 교훈은 무엇인가?

1. 요한의 외모는 거칠고 말끔하지 못했지만, 그는 백성의 마음을 회개로 촉구하는 일에 분명한 확신을 가지고 있었다.

2. 그는 메시아를 증거했고 전파했다.

그리스도인이 할 수 있는 최고의 일은 그리스도의 말씀을 증거하는 것이며 그분의 가르침에 따라 진실하게 살아가는 것이다.

3. "그는 흥하여야 하겠고 나는 쇠하여야 하리라"라는 말이 우리의 신앙고백이 되어야 할 것이다.

4. 그리스도인과 교회의 역할은 잃은 자들을 우리 자신이 아닌 예수님에게 인도하는 데 있

어야 한다.

　그들이 우리와 우리 교회 안에서 그리스도를 볼 수 있다면 그들은 마음을 열 것이다.

　5. 세례 요한의 위대한 점은 그의 메시지에 있었다.

　그는 백성이 예수님을 만날 수 있게 준비시켰다. 그의 메시지는 쉬워서 누구나 다 알아들을 수 있었다.

　6. 요한은 진지한 성품을 가진 사람이었다.

　세상은 거짓을 나타냈으나 요한의 마음 중심은 늘 진실했다.

복습

1. 세례 요한의 출생에서 특별한 점은 무엇인가?

2. 누가 그에게 이름을 지어 주었는가?

3. 그가 사역을 시작했을 때 그는 구약의 어떤 선지자를 인용했는가?

4. 예수님은 세례 요한에 대해 어떻게 말씀하셨는가?

5. 세례 요한은 구약의 어떤 사람과 비교될 수 있는가?

6. 그의 공적 사역은 얼마 동안이었나?

예습

1. 성경 읽기

마태복음 1–2장, 누가복음 1–2장, 마가복음 6장, 요한복음 19:25–27, 사도행전 1:14.

2. 다음 주에는 예수님의 어머니 마리아에 대해 연구할 것이다.

3. 세례 요한에 관해 연구한 것을 복습해 보자.

4. 새롭게 깨달은 성경 구절에 표시해 보자.

Note

Week 38
예수님의 어머니 마리아

Ⅰ. 이름의 뜻

마리아는 "괴로움, 슬픔"이라는 의미이다. 미리암의 헬라어식 이름이다(실제로 마리아는 괴로운 일을 많이 경험했다).

Ⅱ. 중요한 성경 구절

마태복음 1-2장, 누가복음 1-2장, 마가복음 6장, 요한복음 19:25-27, 사도행전 1:14.

Ⅲ. 가족 배경

마리아에 관한 자료는 성경에 충분히 있다. 다른 자료가 거의 필요하지 않다. 왜냐하면 그녀의 이름을 중심으로 많은 신화가 있기 때문이다. 하나님은 우리에게 말씀 안에서 그녀와 그녀의 이름을 알려 주셨다. 마리아는 유다 지파와 다윗의 혈통에서 출생했다. 마태복음에서 요셉의 족보에 그녀가 언급되어 있다.

야곱은 마리아의 남편 요셉을 낳았으니 마리아에게서 그리스도라 칭하는 예수가 나시니라. (마 1:16)

마태복음 1:17을 보면 아브라함부터 그리스도까지 42대이다. 누가복음에는 마리아의 계보가 나온다. 누가복음 3:23에서 예수님부터 시작해 아담까지 거슬러 계속된다. 누가복음 3:23을 유의해서 보라.

예수님은 "요셉의 아들이니 요셉의 위는 헬리요"(눅 3:23). 요셉은 마리아의 부친 헬리의 사위이다. 그것은 헬리가 요셉을 직접 낳지 않았음을 알려 준다. 헬리는 다윗의 자손이었다(마태복음에서는 요셉이 예수님을 낳았다고 말하지 않는다). 마리아는 갈릴리 지방 나사렛에서 살았다. 그녀의 가정생활이나 배경은 전혀 알려지지 않았다.

IV. 신약성경은 예수님의 어머니 마리아에 관해 어떻게 말하고 있 는가?

1. 마리아는 동정녀였다(눅 1:26-27, 마 1:23).

a. 예수님의 어머니 마리아는 나사렛에서 살았다. 그때 세례 요한은 잉태 6개월이었다. 천사 가브리엘은 하나님으로부터 보내심을 받아 요셉과 정혼한 처녀에게 나타났다(눅 1:26-27).

b. 마태도 이 사실을 기록했다. 마태복음 1:18, 23, 24, 25절을 보라. 이 모든 구절은 마리아가 처녀였음을 주장한다.

마태복음 1:25 _____

c. 마리아는 남자를 알지 못했다. 그녀는 이렇게 말했다.

누가복음 1:34 _____

d. 바울은 마리아의 순결성을 다시 증거한다.

갈라디아서 4:4 _____

동정녀 탄생은 기독교의 중요한 교리 중 하나이다.

2. 예수님의 어머니 마리아는 지극한 은총을 받았다(눅 1:28, 30절).

a. 가브리엘은 하나님의 특별한 계획을 위해 하나님을 보좌하는 천사이다. 그는 마리아에게 여인들 중에서 큰 은혜를 받았다는 사실을 알려 주었다(눅 1:28).

b. 가브리엘은 두려워하는 그녀를 안심시켰다. 그녀는 하나님의 은총이 함께하심을 깨달았다.

누가복음 1:30 _____

c. 마리아를 예배의 대상으로 만들어서는 절대 안 된다.

그녀는 아담으로부터 이어받은 다윗의 후손이기 때문이다.

로마서 1:3을 써 보라. _____

마리아에 대한 예수님의 말씀 그 어디에서도 그녀에게 예배해야 된다는 사실을 암시해 주시지 않았다.

한 가지 예로 요한복음 2:3-4을 찾아보자(다른 실례들도 찾아보자).

3. 예수님의 어머니로 선택함을 받았다(눅 1:31-33, 35절).

a. 가브리엘은 잉태 사실과 그 아이의 이름을 알려 주었다.

누가복음 1:31 _____

마태복음 1:21도 같은 내용이다. 21절에 밑줄을 그어라.

b. 메시아의 오심을 알려 주고 있다(눅 1:32-33, 35절).

그가 큰 자가 되고. (32절)

지극히 높으신 이의 아들이라 일컬어질 것이요. (32절)

주 하나님께서 그 조상 다윗의 왕위를 그에게 주시리니. (32절)

영원히 야곱의 집을 왕으로 다스리실 것이며. (33절)

그 나라가 무궁하리라. (33절)

성령이 네게(마리아) 임하시고. (35절)

지극히 높으신 이의 능력이 너를 덮으시리니. (35절)

이러므로 나실 바 거룩한 이는 하나님의 아들이라 일컬어지리라. (35절)

c. 기이한 일에 대한 마리아의 겸손과 복종이 누가복음 1:38에 나타난다.

주의 여종이오니 말씀대로 내게 이루어지이다. (눅 1:38)

4. 마리아의 찬양 노래(눅 1:46-56)

a. 그녀의 사촌 엘리사벳이 찾아왔을 때 마리아는 하나님에게 찬양과 감사를 드렸다. 이 내용은 "찬양의 송가"라는 의미로서 "마리아의 송가"(Magnificat)라고 불린다. 마리아의 노래는 가장 훌륭한, 시적이며 예언적인 문학작품 중 하나이다.

마리아의 내적 기쁨과 장차 오시는 메시아에 대한 그녀의 신앙이 노래 속에서 표현되어 있다. 특별히 누가복음 1:46-47을 유의해서 보라.

_____

55절_____

b. 마리아는 세례 요한이 태어나기 전에 나사렛으로 돌아왔다. 마리아는 엘리사벳이 잉태한 지 6개월이 되었을 때 그곳에 가서 3개월 동안 머물렀다. 마리아의 태아의 선구자가 곧 출생할 예정이었다.

누가복음 1:56_____

5. 꿈을 통해 받은 요셉의 계시(마 1:18-21)

가난한 요셉은 마리아에게 상처 주기를 원하지 않았으므로 조용히 그녀와의 관계를 끊어 선하게 해결하리라고 생각했다. 그러나 천사는 그에게 그녀와 결혼할 것과 아이를 예수라 부를 것을 직접 말했다. 마태복음 1:20-21에 밑줄을 그어라(우리는 다음 주에 요셉에 대해 자세히 살펴볼 것이다).

6. 예수님의 탄생(눅 2:1-20)

a. 잘 아는 이야기이기 때문에 오히려 그런 탄생의 중요성을 종종 잊어버릴 수 있다. 마리아는 요셉과 함께 나사렛을 떠나 호적을 등록하기 위해 베들레헴에 갔다.

요셉은 유대인이었으므로 아구스도(총독)의 명령을 따라 호적을 올려야 했다. 그들은 "갈릴리 나사렛 동네에서 유대를 향하여 베들레헴이라 하는 다윗의 동네로"(눅 2:4) 오게 되었다. 이곳은 약 128km 떨어진 거리이다.

b. 그곳에서 메시아이신 예수님이 탄생하셨다(눅 2:7).

이것은 우연한 일이 아니었다. 미가는 메시아가 탄생할 장소를 미리 예언했다. 처녀가 아들을 낳았다!

c. 진정한 예배의 모습을 누가복음 2장 후반부에서 발견하게 된다.

- 주의 천사들(13-14절)
- 시므온(25-35절)
- 목자들(8절)
- 안나(36-38절)

거기에는 간구나 고백은 없고 오로지 찬양만 있었다.

d. 시므온은 그가 죽기 전에 메시아를 볼 수 있을 것이라 믿었다(눅 2:26).

마리와와 요셉이 예수님을 성전에 계신 하나님에게 데려갔을 때 시므온이 성령의 보내심을 받아 거기에 있었다.

시므온은 예수님을 팔에 안고 메시아의 오심을 기뻐했다.

누가복음 2:30 _____

시므온은 마리아가 장차 예수님에게 일어날 일 때문에 큰 슬픔을 당할 것이라고 예언했다.

누가복음 2:35 _____

_____

모든 기적적인 일에 대한 마리아의 반응이 누가복음 2:19에서 발견된다.

누가복음 2:19 _____

e. 마리아는 죄가 없었는가? 누가복음 2:22-24과 레위기 12:8을 읽어 보자. "그녀가 자신이 깨끗케 되기 위한" 제물을 드렸음을 강조하고 있다.

7. 애굽의 재난(마 2:13-21)

요셉은 꿈에 천사의 경고를 받아 마리아와 예수님을 데리고 애굽에 갔다. 헤롯이 예수님을 죽이려고 찾아다녔기 때문이다. 그들은 헤롯이 죽기까지 애굽에 머물러 있었다.

그 후 그들은 이스라엘의 나사렛 동네로 돌아왔다. 그곳에서 예수님은 성장하셨다(마태만이 이 사건을 기록했다).

8. 주님을 위한 마리아의 봉사(눅 2:40−52)

a. 예수님은 성장하면서 영과 지혜가 강해지셨고 하나님의 은혜가 그분(Him) 위에 머물러 있었다(눅 2:40).

b. 마리아와 요셉은 예수님을 데리고 예루살렘 성전에 갔다(눅 2:41−50).

예수님이 성전에서 요셉과 계실 때 마리아는 예수님에게 그들과 함께 있지 아니함을 알지 못하고 성전을 떠났다.

예수님은 율법사들에게 질문도 하고 듣기도 하셨다.

47절_____

그들이 성전에서 예수님을 찾았을 때 예수님이 대답하신 말씀은 공생애를 시작하실 때까지 우리에게 주신 유일한 말씀으로 기록되고 있다.

49절을 써 보라._____

_____

c. 마리아는 예수님이 말씀하신 것을 모두 이해하지 못했으나 이 모든 말을 마음속에 두었다 (51절).

d. 그녀는 예수님을 양육하고 돌보고 사랑했다.

이것에 대한 내용이 52절에 요약되어 있다.

9. 마리아의 가정(마 13:55−56, 막 6:3).

예수님은 마리아의 첫아들이었다. 후에 그녀는 요셉에게서 네 아들과 여러 명의 딸을 낳았다.

마가복음 6:3을 써 보라._____

_____

어떤 사람은 마가복음 6:3의 이름을 예수님의 사촌들, 즉 알패오의 아내 마리아의 아들들이라고 말하면서 마리아의 영구한 처녀성을 가르치고 있다.

우리는 이 학설을 배격하며 기록된 성경만을 믿는다. 성령으로 잉태된 예수님이 탄생하신 후, 성경에 기록된 자녀들은 마리아와 요셉이 낳은 친자식이었다.

10. 아들을 따랐던 마리아(요 2:1−10, 막 3:31−35)

a. 예수님의 공생애 초기에 마리아가 성경에 나타난다. 그녀는 가나 혼인 잔치에 있었다. 그녀는 아들의 행동을 주시하는 데 힘쓰고 있었다. 그리고 예수님에게 존경의 말씀을 듣기도 하

며 단호한 책망도 받았다. 요한복음 2:3-5을 보자.

b. 마가복음 3:31-35과 마태복음 12:46-50에도 비슷한 내용이 언급되고 있다.

마리아는 예수님을 하나님의 아들로 여기고 복종했다. 그녀는 그분이 메시아이심을 믿었다. 그분은 육신을 입으신 하나님이시다. 예수님의 형제들은 그분의 공생애 기간 중에도 그를 믿지 못했다.

예수님의 죽음과 부활 후에 그분의 형제들은 믿는 자가 되었다. 그들은 오순절을 기다리며 다락방에 있었다(요 7:5, 행 1:13-14).

c. 마리아가 가장 고통스러웠던 때는 그녀가 십자가의 발 앞에서 있을 때였다.

그녀는 예루살렘의 마지막 행로까지 예수님을 따랐다. 그녀는 예수님의 십자가 죽으심을 목격했다. 예수님은 고난당하는 시간에 그녀에게 말씀하셨다. 요한복음 19:26-27을 보라.

사랑하는 제자 요한은 그녀를 자기 집으로 모셨다.

11. 마리아의 슬픔(눅 2:34-35)

시므온은 마리아가 아들에게 일어나는 모든 일 때문에 큰 아픔을 당할 것이라 예언했다.

그녀는 이러한 모든 일을 그리스도의 생애 가운데 봤다. 그녀는 그를 하나님에게 맡겨 메시아가 되시도록 해야만 했던 것이다. 시므온의 예언이 그대로 이루어졌다.

12. 마리아에 대한 마지막 언급(행 1:14)

마리아는 사도들이 기도하는 다락방에 함께 모였다. 이것이 마리아에 대한 성경의 마지막 언급이다.

우리는 그녀의 죽음에 대한 시기나 모습조차 알 길이 없다.

Ⅴ. 구약성경은 예수님의 어머니 마리아에 관해 어떻게 말하고 있는가?

1. 누가복음 1:31은 이사야 7:14의 성취이다.

2. 누가복음 1:32은 이사야 9:6-7의 성취이다.

3. 누가복음 2:4은 미가 5:2의 성취이다.

_____

_____

4. 마태복음 1:23, 25절과 누가복음 1:55은 창세기 3:15에 있는 약속된 여인의 후손과 셋과 셈, 아브라함과 이삭, 야곱과 유다와 다윗에 관한 말씀의 성취이다.
갈라디아서 3:16을 써 보라. _____

_____

5. 누가복음 1:55은 창세기 17:19의 성취이다.

_____

_____

우리가 지난 주까지 공부한 모든 내용이 이번 주에서 결실을 맺게 되었다. 구약의 모든 것이 구속자, 후손, 왕, 임마누엘에 대해 말하고 있기 때문이다.

VI. 이번 주에 배울 수 있는 교훈은 무엇인가?

1. "괴로움"이라는 의미를 가진 마리아의 이름은 그녀가 자기 아들에게 장차 일어날 일들 때문에 큰 슬픔을 겪는 것으로 성취되었다. 보통 우리의 어머니들도 다소간 그와 비슷한 일을 겪고 있다. 그러나 마리아처럼 그것이 자신을 주님에게로 더 가까이 나아가게 하는 계기가 되어야 한다.

2. 마리아는 성령님에게 복종했다. 우리는 항상 성령 안에서 생활해야 한다.

3. 마리아는 일어날 일을 이해할 수 없었으나 "마음에 지켜 생각"했다. 우리는 이해하지 못하는 일까지도 항상 주님을 의지해야 한다.

4. 창세기에서 약속된 후손은 남자의 후손이 아닌 여인의 후손이었다. 그러므로 우리는 예수님의 동정녀 탄생을 믿어야 한다.

5. 마리아는 결코 자신을 드러내지 않고 오직 주님만 나타냈다. 우리는 예수님 이외의 어떤 사람도 찬양해서는 안 된다.

6. 마리아는 아담의 혈통에서 태어났다. 그녀는 하나님에게 은혜를 입어 구세주의 어머니가 되었다. 그녀는 "내 영혼이 하나님 내 구주를 기뻐했다"라는 송가(Magnificat)에서 자신의 부족함을 인식하고 있다.

복습

1. 사복음서 중 어떤 복음이 마리아의 계보를 말해 주는가?

2. 예수님은 _____의 후손이다.

3. 마리아의 송가는 무엇인가?

4. 마리아는 무죄한가? 당신은 어떻게 생각하는가?

5. 누가 하나님의 아름다운 소식을 알렸는가?

6. 마리아에 대해 가장 인상 깊은 내용은 무엇인가?

예습

1. 성경 읽기

마태복음 1–2장, 누가복음 1–4장, 요한복음 1장; 6장, 마태복음 27:57–60, 요한복음 19:38–42.

2. 다음 주에는 마리아의 남편이며 예수님을 양육한 요셉에 대해 공부할 것이다.

3. 예수님의 어머니 마리아에 대한 연구를 복습해 보자.

4. 새롭게 깨달은 성경 구절에 표시해 보자.

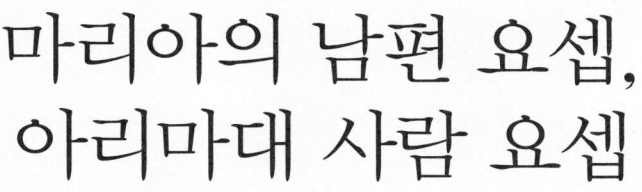

Week 39

마리아의 남편 요셉,
아리마대 사람 요셉

Ⅰ. 이름의 뜻

요셉이라는 이름은 "하나님이 더하시리라"라는 의미이다.

Ⅱ. 중요한 성경 구절

마태복음 1–2장, 누가복음 1–4장, 요한복음 1장; 6장, 마태복음 27:57–60, 요한복음 19:38–42.

Ⅲ. 가족 배경

두 사람의 요셉이 그리스도와 관계가 있는데 한 사람은 그리스도의 탄생과 관련이 있고 다른 한 사람은 그리스도의 죽음과 관련이 있다는 것이 특이하다.

허버트 로커 박사는 그의 책 *All the men of bible*에서 "이 두 사람 모두 예수님을 위해 최선을 다했다"라고 말하고 있다.

우리는 이번 주에 두 사람에 대해 간단하게 살펴보려고 한다.

마리아의 남편 요셉은 다윗의 자손이다(마 1:20).

그는 나사렛에서 살았고 직업은 목수였다. 아리마대 사람 요셉은 부유한 유대인이었으며 공회라고 알려진 산헤드린의 회원이기도 하다. 우리는 짧은 성경 구절 속에서 알려 주는 것 외에는 그에 관해 아는 바가 없다.

IV-1. 신약성경은 마리아의 남편 요셉에 관해 어떻게 말하고 있는 가?

1. 예수님의 어머니 마리아의 남편 요셉(마 1:16, 눅 3:23).

대부분의 사람은 요셉이 그렇게 평범한 칭호로만 불리는 것을 유감으로 생각할 지도 모른다.

그는 두 성경 구절에서 "마리아의 남편"으로 소개되어 있다.

요셉은 예수님의 탄생 이야기 속에서 "잊혀진 사람"이며 별로 중요한 인물로 등 장하지 않는다. 그러나 그는 우리 주님의 탄생과 생애 속에서 중대한 인물이었다.

마태복음 1:16을 써 보라. _____

_____

누가복음 3:23에 밑줄을 그어라.

2. 의로운 사람 요셉(마 1:19)

마리아가 요셉과 정혼했을 때 그녀는 그리스도를 잉태하고 있었다. 이것은 요셉 으로서는 이해하기 어려운 일이었다. 요셉은 의롭고 분별력 있는 사람이었다. 그는 마리아의 일을 밖으로 드러내지 않고 은밀하게 그녀와의 관계를 끊으려고 결심했다.

요셉은 모든 평범한 사람들과 같은 감정을 가진 자였다. 그가 진심으로 신뢰한 마 리아가 아이를 잉태했다는 사실을 고백했을 때 그가 받은 충격과 감정을 당신은 상 상할 수 있는가? 요셉의 아이가 아님에 틀림없다! 요셉과 마리아는 그녀의 사촌 엘 리사벳을 보기 위해 헤브론으로 내려가기로 했다(마 1:19과 눅 1:39-56을 비교해 보자).

마리아는 세례 요한을 잉태한 엘리사벳의 가정에 가서 용기를 얻었다. 사가랴는 전혀 말할 수 없었다. 그래서 두 여인은 유익한 대화의 시간을 가졌다.

3. 요셉의 꿈(마 1:20-21)

마리아가 헤브론에 있는 동안 요셉은 홀로 있었다. 그는 성급히 행동하지 않았다. 그는 인내의 사람이었다. 여호와는 요셉에게 신실하셨다. 여호와가 잠자는 요셉에 게 꿈에 천사를 보내셨다.

마태복음 1:20-23에서 그 꿈을 살펴보자.

• 요셉은 "다윗의 자손 요셉"으로 알려져 있다(20절).

• "아들을 낳으리니 이름을 예수라 하라 이는 그가 자기 백성을 그들의 죄에서 구 원할 자이심이라"(21절). 그때 요셉은 마리아가 메시아를 잉태했다는 사실을 깨달

았다.

4. 예언의 성취(마 1:22-23)

요셉은 천사의 말을 어떻게 이해했는가?(20-21절)

그가 구약성경을 알았기 때문이다. 그는 오실 메시아에 대한 예언을 알고 있었다.

그가 믿는 일이 바로 그 꿈에서 주의 천사로 말미암아 이루어졌다.

천사는 이사야 7:14의 말씀을 언급했을 뿐이다.

요셉은 자신이 메시아의 생애의 한 부분을 수종 들어야 할 것을 알았다.

5. 요셉의 순종(마 1:24-25)

그 꿈 후에 요셉은 어떤 모습으로 우리에게 나타났는가? 그는 천사가 자기에게 전해 준 하나님의 말씀을 들었다. 마리아는 순결했다. 그녀는 아들 예수님의 어머니가 될 자이다. 대부분의 주석가들은 마리아가 그때까지 헤브론에 있었을 것으로 추측하면서 요셉이 마리아에게 가서 좋은 소식을 말했을 것이라고 믿고 있다.

그는 마리아를 자기 아내로 맞이했다.

마태복음 1:24를 써 보라. _____

그는 여호와의 가르침에 순종했다.

마태복음 1:25를 써 보라. _____

"이름을 예수라 하니라"라는 마지막 구절에 주목해 보라.

6. 요셉의 두 번째 꿈(마 2:13-15)

그는 자기 가족을 보호했다.

헤롯은 아기 예수님을 죽이려고 음모를 꾸몄다. 마태복음 2:1-12에서 그 내용을 읽어 보자. 하나님이 경고하심으로 요셉과 마리아는 헤롯의 땅으로 돌아가지 않고 다른 길로 가려고 떠났다. 천사가 두 번째로 요셉에게 나타났다. "일어나 아기와 _____

_____"(13절).

14절에서 요셉은 천사가 그에게 지시하는 대로 정확히 행했다. 그들은 헤롯이 죽기까지 애굽에 머물렀다.

이것은 또 다른 예언의 성취였다(15절).

7. 목수 요셉(마 13:55, 막 6:3)

요셉은 나사렛 지방의 목수였다. 그는 목수 일을 예수님에게도 가르쳤다. 마가복음 6:3에서 그 사실을 확인할 수 있다. _____

마가복음 6:3을 통해 예수님을 세 가지 신분으로 말할 수 있을 것이다.

- 그분은 목수였다.
- 그분은 마리아의 아들이었다.
- 그분은 네 형제를 두고 있었으며, 자매들도 있었다. 물론 이들은 육신의 형제 자매였다.

8. 예수님을 돌본 요셉(눅 2:51-52).

예수님은 부모에게 순종했다. 요셉은 양육하는 아버지로서 예수님에게 일을 가르쳤으며, 그분과 함께 예배하러 갔고, 예수님의 지혜와 키가 자라도록 돌봤다.

9. 요셉은 무대에서 사라진다.

예수님의 공생애 초기까지는 요셉이 살아 있었을 것이다.

요한복음 6:42을 써 보라. _____

_____

요셉은 사라지고 더 이상 성경에서 언급되지 않는다. 그리스도가 십자가에 못 박혀 죽으실 때도 그 옆에 없었다. 그러므로 그는 그리스도의 죽음 전에 이미 죽었다고 전해지고 있다. 어떤 학자들은 마리아가 과부가 되었기 때문에 예수님이 사랑하는 제자 요한에게 마리아를 부탁하셨다고 말한다(요 19:26-27). 요셉이 살아 있었다면 예수님은 마리아를 부양하는 것에 직접 관여하지 않으셨을 것이다.

IV-2. 신약성경은 아리마대 요셉에 관해 어떻게 말하고 있는가?

1. 그는 나타나지 않았던 제자였다(요 19:38).

이 요셉은 산헤드린 출신이며 부자였다. 그는 "유대인들을 두려워했기 때문에" 은밀히 예수님을 따른 자였다.

요한복음 19:38에 밑줄을 그어라.

다른 구절에서 밤중에 처음으로 예수님에게 찾아온 또 다른 사람이 있다. 그 사람은 니고데모이다. 요한복음 3장에 새롭게 내용이 나온다.

여기서 그는 새롭게 변화되었다.

2. 그는 예수님을 십자가에 못 박아 죽이는 일에 찬성하지 않았다(눅 23:50-51).

요셉은 산헤드린공회의 일원이며 의롭고 선한 사람이었다. 그는 그들이 예수님에게 행한 것들에 결코 동의하지 않았다.

누가복음 23:50에 밑줄을 그어라.

3. 그는 예수님의 시신을 달라고 간청했다(마 27:57–58).

요셉은 예수님의 몸을 돌보기를 원했다. 요셉은 예수님이 살아 계신 동안에는 그리스도이심을 알지 못했고 그분의 죽음 후에야 알게 되었다. 그 당시 주위 사람들이 원하면 십자가에 못 박혀 죽은 시체를 취해 가는 것은 보통 있는 일이었다. 그러나 원하지 않으면 시체는 내버려졌다.

마태복음 27:58을 써 보라. _____

4. 그는 자기 무덤을 예수님에게 드렸다(요 19:39–42).

요한은 예수님의 시신 처리와 무덤 속에 안치되신 것과 관련된 사실을 마태보다 더 자세히 기록하고 있다.

39–42절에서 니고데모는 예수님의 시신을 준비하기 위해 물품(향품)을 가져왔다.

요한복음 19:39을 보고 밑줄을 그어라.

40절을 써 보라. _____

_____

41절에 밑줄을 그어라. 그 동산은 십자가에 죽으셨던 장소가 가까운 곳에 있었다. 그 동산 안에 새 무덤이 있었다. 42절에서 "그들은 예수님을 거기에 모셨다."

마태복음 27:60은 그 장면을 보여 준다.

_____

사복음서 기자들은 모두 이 요셉에 대해서 기록하고 있다.

V. 구약성경은 두 사람의 요셉에 관해 어떻게 말하고 있는가?

1. 구약성경에는 요셉이란 이름이 직접 소개되어 있지 않으나 두 사람 모두 구약성경의 예언이 성취되는 데 도움을 주었다.

2. 첫째로 마리아의 남편 요셉

a. 마태복음 1:22–23은 이사야 7:14의 성취이다.

_____

_____

b. 마태복음 2:15은 호세아 11:1의 성취이다.

_____

_____

3. 둘째로 아리마대 사람 요셉

a. 마태복음 27:60은 이사야 53:9의 성취이다.

b. 마태복음 27:60과 다니엘 6:17을 비교해 보자.

VI. 이번 주에 배울 수 있는 교훈은 무엇인가?

1. 하나님은 우리가 마리아의 남편 요셉이 행한 것처럼 하나님을 믿고 기다린다면 그 인내를 갚아 주신다.

2. 그리스도는 인자로 오셨으나 결코 사람의 아들이 아니시다.

3. 우리는 사랑하는 자들을 보호하고 그들에게 필요한 것을 공급함으로 그들을 돌봐야 한다.

4. "잊혀진 사람" 요셉은 우리 주님의 생애에 위대한 영향력을 행사했다. 그리스도를 위한 우리의 영향력은 실제로 나타날 수 있다.

5. 아리마대 사람 요셉은 예수님의 죽음 전까지는 은밀한 제자였다. 예수님은 살아 계신다. 그러므로 그분에 대한 우리의 믿음은 은밀해져서는 안 된다.

6. 두 사람 모두 예수님을 위해 최선을 다했다. 우리는 생의 모든 영역에서 최선을 다해 그분을 섬겨야 한다.

복습

1. 마리아의 잉태에 대한 요셉의 반응은 어떠했는가?

2. 어떻게 마리아에 대한 요셉의 마음이 달라졌는가?

3. 하나님은 예수님을 어떻게 헤롯에게서 보호하셨는가?

4. 요셉은 예수님의 어린 시절에 어떻게 영향을 끼쳤는가?

5. 아리마대 사람 요셉에 관해 당신의 마음속에 뚜렷하게 떠오르는 것은 무엇인가?

6. 예수님을 장사(葬事) 지내기 위한 준비를 누가 도왔는가?

예습

1. 성경 읽기

마태복음 26:6–13, 마가복음 14:3–9, 누가복음 10:38–41, 요한복음 11–12:3.

2. 다음 주에는 베다니 지방의 마리아와 마르다에 관해 공부할 것이다.

3. 그리스도의 생애에서 두 요셉에 관해 중요한 점들을 복습해 보자.

4. 새롭게 깨달은 성경 구절을 표시해 보자.

Week 40
베다니의 마리아, 마르다

I. 이름의 뜻
마르다라는 이름은 "숙녀, 여주인"이라는 의미이며, 마리아는 "고통, 슬픔"이라는 의미이다.

II. 중요한 성경 구절
마태복음 26:6-13, 마가복음 14:3-9, 누가복음 10:38-41, 요한복음 11-12:3.

III. 가족 배경
한 주석가에 의하면 마르다와 마리아는 함께 일했다고 한다. 그러나 마리아와 마르다는 각각 자신의 일을 갖고 있었다. 그러므로 어느 한 사람을 다른 사람보다 낮게 봐서는 안 된다. 대부분의 사람들은 예수님이 첫째로 마르다, 그 다음에 마리아, 마지막에 나사로로 순서를 뒀다는 식으로 말하고 있다.

그들은 감람산 정상 동쪽 1.6km에 있는 베다니에서 살았다. 베다니에 있는 집은 예수님이 사랑하시는 장소였다.

어떤 주석가들은 마르다를 문둥이 시몬의 딸이나 혹은 아내, 아니면 가까운 친척으로 보고 있다.

마르다가 마리아나 나사로보다 나이가 더 많았기 때문에 시몬이 죽었을 때 그 집은 그녀의 것이 되었다.

성경에 이런 내용을 확증하기 위한 분명한 증거가 있다(마 26:6, 막 14:3).

세 사람, 즉 마르다, 마리아, 나사로는 베다니에서 함께 살았다. 우리는 이번 주에 마르다와 마리아만을 공부할 것이다. 또한 다음 주에는 나사로를 연구하게 될 것이다.

Ⅳ. 신약성경은 마르다와 마리아에 관해 어떻게 말하고 있는가?

1. 마르다는 예수님을 자기 집으로 영접했다(눅 10:38).

마르다는 대접하는(섬기는) 은사를 가지고 있었다. 성경은 그 집이 마르다의 소유였음을 암시해 준다.

그녀는 주님을 정성과 마음을 다해 모셨다. 그녀의 섬김은 주님에게 은혜롭고 따뜻한 인상을 주었다. 우리는 예수님이 나사렛 지방에서 그분의 가정을 떠나신 후에 안식과 휴식을 위해 다시 나사렛으로 가신 적이 없다는 사실을 기억해야만 한다. 그분은 나사렛에 오셔서 가르치셨으나 배척을 받았다.

예수님은 "선지자가 자기 고향과 자기 집 외에서는 존경을 받지 않음이 없느니라"고 말씀하셨다(마 13:57).

예수님은 그곳에 살고 있는 세 사람을 사랑하셨기 때문에 베다니에 있는 이 집을 가끔 방문하셨다.

예수님은 그 가정에서 따뜻하고 사랑이 넘치는 환대를 받으셨다. 거기에서 예수님은 쉴 수 있으셨다.

2. 또 한편 마리아는 예수님의 발 앞에 앉았다(눅 10:39).

우리는 마리아는 예수님의 발아래에서 그녀의 겸손에 대해 칭찬받는 사람인 반면 마르다는 시기심과 세속적인 마음을 가진 사람으로 이해하고 있다.

KJV 영어성경의 누가복음 10:39에서 "also"(또 한편)라는 말이 매우 중요하다. 마르다와 마리아가 모두 그분의 발아래 앉았고 주 되신 선생님께 배웠다. 마르다와 마리아가 39절에 나오는 대로 모든 일을 함께했다는 사실을 암시해 준다.

"also"(또 한편)라는 말에 밑줄을 그어라(한글 성경에는 이 말이 없다).

3. 마리아는 예수님을 영접하며 음식 대접하는 일을 도왔다(눅 10:40).

마르다는 그 집의 주인이므로 영적으로 봉사하는 것만큼 실제로도 봉사하기를 원했다. 마르다는 주님을 위해 음식을 준비하고 있었다. 마르다의 말속에서 그녀가 마리아에게 어떤 일을 지시하면서 가끔 감독했던 것으로 보인다.

주여 내 동생이 나 혼자 일하게 두는 것을 생각하지 아니하시나이까. (눅 10:40)

이것은 마리아가 예수님에 대한 식사 준비와 대접을 도왔다는 사실을 제시하고 있다. 마리아가 예수님의 발아래에서 시간을 보냈을 때 마르다도 그분의 발아래에서 배웠고 그분을 위해 실제적인 봉사를 하도록 감동을 받은 것이다. 그러나 마르다에게는 행하는 것이 가만히 있는 것보다 더 중요한 것이 되었다.

"마르다는 많은 일로 근심했다." "근심했다"라는 말은 "마음이 혼란했다"는 것을 의미한다. 그녀도 역시 그분의 발아래 있기를 원했다.

그러나 그녀는 음식을 준비해야만 했기 때문에 심히 분주했던 것이다.

4. 대표적인 가족들의 불평(눅 10:40)

40절에서 당신은 가족들의 전형적인 불평을 읽게 된다. 마르다가 말하기를(의역해 보자) "주여 나는 모든 것을 다 행하고 있음으로 당신이 말씀하시는 모든 것들을 다 들을 수가 없습니다. 우리는 좋은 음식을 주님께 드려야만 하는데 마리아도 그 모든 것을 행하도록 해야 합니다. 그녀에게 말씀하셔서 나를 돕도록 해 주세요." 허물없는 사이에 할 수 있는 친밀한 말이 아닌가?

두 자매는 모두 주님을 사랑했고 신실한 신자들이었다. 마르다는 예수님에게 그녀의 의견을 말했지만 마리아는 그렇게 하지 않았다.

5. 예수님의 대답(눅 10:41-42)

a. 41절을 써 보라. _____

_____

예수님은 온유하게 대답하셨다. 그분은 마르다의 질문을 받으시고 그것으로 어떤 진리를 가르치는 데 사용하셨다.

그분은 가르쳐 말씀하시기를 "너는 많은 일로 염려하고 근심한다"고 하셨다.

b. 마르다와 마리아는 그분을 이해했다.

누가복음 12:22 _____

누가복음 12:26 _____

c. 예수님이 마르다에게 말씀하신 내용을 의역하는 것은 이해하는 데 도움을 줄 것이다. "마르다야 마르다야. 너는 간단한 음식이면 충분한데도 너무 많은 음식을 준비하기에 부산하구나. 나의 제자들은 나에게 먹을 것을 말했다. 그러나 나는 나를 보내신 이의 뜻을 양식으로 삼았다."

요한복음 4:31-32절, 34을 보라. 당신이 받은 느낌을 적어 보라.

_____

_____

_____

누가복음 10:42을 써 보라. _____

_____

　d. 마르다는 실제적으로 한 가지 일만 해도 되는 때에 많은 일로 염려하고 근심했다. 즉 영혼을 위한 음식이 몸을 위한 음식보다 더 중요한 것이다. 영혼의 양식은 그녀에게서 빼앗을 수 없는 "좋은 것"이다(눅 10:42).

　6. 마르다와 마리아의 두 번째 초대(요 11:20-29)

　우리는 두 번째로 예수님이 베다니에 초대받으심을 읽게 된다. 마르다와 마리아는 주님이 오시도록 사람을 보냈다.

　그들의 오라버니가 앓고 있으므로 그들은 주님이 필요했다.

　예수님이 베다니에 가기로 결심하셨을 때 두 여인의 행동을 유의해서 보자. 먼저 마르다와 그 다음에 마리아의 모습을 알 수 있다.

　요한복음 11:20 _____

_____

　요한복음 11:28-29 _____

_____

_____

　예수님은 마르다와 마리아, 나사로를 사랑하셨다(요 11:5).

　7. 예수님은 마르다에게 중요한 진리를 선포하셨다(요 11:25-26).

　예수님이 마르다를 통해 보여 주신 것은 성경에서 가장 핵심 되는 말씀 중 하나인 그분의 신성과 능력과 권세에 관한 것이었다.

　요한복음 11:25 _____

_____

　26절에서 예수님은 "무릇 살아서 나를 믿는 자는 영원히 죽지 아니하리라"는 초대를 하셨다. 그것은 마르다와 마리아와 당신과 모두를 포함하고 있다. "누구든지"는 모든 사람을 포함하고 있다.

　8. 마르다의 신앙 고백(요 11:27-29)

　예수님은 26절에서 마르다에게 물으셨다. "이것을 네가 믿느냐?" 그때 마르다는 놀라운 신앙고백을 선언했다.

　주여 그러하외다 주는 그리스도시요 세상에 오시는 하나님의 아들이신 줄 내가 믿나이다. (요 11:27)

　마르다는 즉시 마리아를 "은밀히" 불러 말하기를 "주님이 오셔서 너를 부르신다"라고 했다.

마리아의 응답이 29절에 나타난다.

9. 마르다와 마리아에 대한 예수님의 마지막 방문(요 12:1-7)

a. 유월절 엿새 전에 예수님은 베다니에 이르셨다.

예수님을 위한 잔치가 마련되었다. 요한복음 12:2을 유의해서 보라.

―――――――――――――――――――――――――――――――――――――

"거기서 예수(Him)를 위하여 잔치할새 마르다는 일을 하고"라는 말을 유의해서 보라. 마리아는 평소와 같이 하던 일로서 식사 준비하는 것을 돕고 있었다.

b. 이때 마리아는 향내가 나는 향유를 예수님에게 부었다. 그것은 매우 비싼 것으로, 132달러에 해당하는 가격이었다(1975년 달러 가치).

요한복음 12:3을 써 보라. ――――――――――――――――――――――――

―――――――――――――――――――――――――――――――――――――

c. 가롯 유다는 그 잔치에 있었다. 평상시와 같이 그의 내면의 인격과 탐심이 나타나고 있다.

요한복음 12:5 ――――――――――――――――――――――――――――――

―――――――――――――――――――――――――――――――――――――

예수님의 반응은 요한복음에도 나타나 있으나 마태복음 26:12에는 좀 더 자세한 내용이 나온다.

d. 그런데 예수님은 세상 어디든 복음이 전파되는 곳마다 마리아의 사랑과 헌신의 행동도 전해 기념할 것이라 말씀하셨다(마 26:13).

예수님은 베다니를 떠나 그 다음 날 예루살렘에 승리의 입성을 하셔야 했다(요 12:12).

e. 마르다와 마리아는 장차 일어날 일이 무엇인지를 알고 있었다. 그들의 집은 마지막 날 밤에 조용했다. 마르다는 아무 말도 하지 않았다. 마리아 역시 그러했다. 단지 유다에 대한 몇 마디 말과 예수님의 응답이 그날 저녁의 대화 내용이었다.

V. 구약성경은 마르다와 마리아에 관해 어떻게 말하고 있는가?

1. 구약에는 마르다와 마리아라는 이름을 찾아볼 수 없다.

이 자매가 믿고 의지해 살았던 중요한 진리는 구약성경에서 나온 진리들이었다.

2. 누가복음 10:42의 마르다에게 필요한 한 가지 일과 시편 27:4에 나온 다윗의 서술을 비교해 보자.

_____

_____

3. 예수님은 요한복음 11:25에서 위대한 진리를 선포하셨다.

하나님을 믿는 구약의 성도들은 마르다와 같이 믿었다.

욥기 19:25-26_____

_____

다니엘 12:2_____

_____

4. 요한복음 12:3에서 마리아는 예수님에게 기름을 붓는다.

그리스도라는 이름은 "기름 부음을 받은 자"라는 의미가 있다.

이사야 61:1을 써 보라._____

_____

VI. 이번 주에 배울 수 있는 교훈은 무엇인가?

1. 행복한 사람은 마르다의 실제적인 면과 마리아의 영적인 면을 모두 가진 인격의 소유자이다.

2. 교회는 두 가지 형태를 필요로 한다. 마르다와 같은 면과 마리아와 같은 면이 주님의 사역에서 모두 필요한 것이다.

3. 주님을 섬기며 순종하는 일은 모든 그리스도인의 의무이다. 마르다와 마리아는 이 모든 일을 감당했다.

4. 마르다와 마리아는 예수님의 발아래 앉아서 배웠다. 우리는 기도와 예배를 통해 배워야 한다.

5. 마리아는 주님의 십자가 사건을 미리 알고 있기 때문에 예수님에게 자신이 해야 할 최선을 다했다. 주님이 사망과 무덤을 정복하셨으므로 우리는 영원한 생명을 믿어야 하며 항상 우리의 최선을 다해야 한다.

복습

1. 왜 예수님은 베다니에 가는 것을 즐기셨는가?

2. 마르다와 마리아 사이에 다른 점이 무엇이었는지 당신의 말로 표현해 보자.

3. 마리아와 마르다의 행동 속에서 마리아는 마르다를 얕보고 있는가?

4. 예수님이 마르다에게 보여 주신 중요한 진리는 무엇인가?

5. 마르다의 반응은 어떠했는가?

6. 언제 예수님이 마지막으로 그들을 방문하셨는가?

예습

1. 성경 읽기

요한복음 11장; 12:1-17.

2. 다음 주에 다룰 인물은 육신적으로 두 번 죽었던 자, 나사로이다.

3. 마르다와 마리아에 관해 중요한 점들을 복습해 보자.

4. 새롭게 깨달은 성경 구절을 표시해 보자.

Week 41
다시 살아난 나사로

Ⅰ. 이름의 뜻

나사로라는 이름은 "하나님이 도우신다"라는 의미이다.

Ⅱ. 중요한 성경 구절

요한복음 11장; 12:1-17.

Ⅲ. 가족 배경

나사로는 베다니에 사는 마르다와 마리아의 오빠였다. 그는 예수님이 즐겨 오셔서 안식하고 교제를 나누셨던 그 집의 식구였다. 예수님은 그 가정의 마르다와 마리아와 나사로 모두를 사랑하셨다.

알렉산더 와이티는 그의 저서 *Bible Characters*에서 이렇게 이야기했다. "베다니의 나사로는 평범하게 죽을 수밖에 없었으나 인격과 그의 봉사와 또한 그의 특별한 체험에서 나사렛 예수님과 가까워졌다. 정한 때가 되어 병들어 앓아 죽었다가 하나님의 영광을 위해 죽은 자 가운데서 다시 일으킴을 받게 될 때까지, 나사로의 이름은 신약성경에 전혀 언급되지 않았다. 나사로는 침묵을 좋아한다. 그는 자신이 발견되기를 좋아하지 않았다. 그는 무명인으로 살기를 힘썼다." 나사로는 오직 봉사하는 것만을 원했고 칭찬에 대해서는 상관하지 않았다. 요한만이 예수님이 사랑하신 이 사람의 이야기를 기록했다는 것은 놀라운 일이다.

요한복음만이 유일무이한 그의 기록을 가지고 있는 것은 성령이 예수님이 사랑하신 사도 요한에게 예수님이 사랑하신 베다니의 사람에 대해 쓰도록 영감과 권위를 부여하셨기 때문이다.

IV. 신약성경은 나사로에 관해 어떻게 말하고 있는가?

1. 나사로는 병들었다(요 11:1-3).

2절에서 마리아는 특별하게 예수님에게 기름 부었던 자로 간주되고 있다. 많은 여인이 그 이름을 가지고 있었으나 요한은 그녀가 바로 그 인물임을 확신하고 있다. 마르다와 마리아의 오빠 나사로는 여동생들이 걱정할 만큼 중병에 걸려 있었다.

그의 여동생들은 예수님이 어디에 계시는지를 알았고 그들이 먼저 떠오른 생각은 예수님이었다.

그들은 예수님에게 특별한 전갈을 보냈다.

3절에서 보여 주는 말씀은 다섯 마디의 말뿐이다.

주여 보시옵소서 사랑하시는 자가 병들었나이다. (요 11:3)

예수님은 "요단강 저편"에 계셨다(요 10:40).

2. "이 병은 하나님의 영광을 위함이요"(요 11:4).

예수님이 언급하신 가장 인상적인 말씀들 중의 하나가 4절에서 발견되고 있다.

요한복음 11:4을 써 보라. _____

_____

_____

예수님의 말씀이 단호함을 알 수 있다.

이 병은 죽을 병이 아니라 하나님의 영광을 위함이요 하나님의 아들이 이로 말미암아 영광을 받게 하려 함이라. (4절)

주님은 예수님을 사랑하는 자들이 병들었을 때 위대한 사역을 행하실 수 있다. 그분의 가르침에서 병이 항상 나쁜 것이라는 인상을 가져서는 결코 안 된다. 병을 부정적으로만 생각하는 선입관을 버리자. 즉, 병도 하나님의 영광을 위하는 것이 될 수 있다.

예수님은 나사로의 생애를 통해 하나님의 영광을 위해 깜짝 놀랄 만한 일을 계획하고 계셨다.

3. 예수님은 베다니에 늦게 도착하셨다(요 11:6-16).

a. 예수님은 베다니 나사로에게 늦게 오심으로 나사로를 위해 더 많은 일을 행하시는 기회로 삼으셨다. 예수님이 즉시 가서 나사로를 고쳐 주셨다면 많은 사람을 위해 더 많은 일을 하실 수 없었을 것이다.

그분은 크고 깜짝 놀랄 만한 기사를 베풀기 위해 의도적으로 이틀이나 지체하셨다.

b. 7절에서 예수님이 "유대로 다시 가자"라고 말씀하셨을 때, 그분의 제자들은 그분이 방금 겪은 위험한 상황을 예수님에게 말씀드렸다(8절). 이러한 제자들의 말을 듣고 예수님은 그들과 우리에게 필요한 진리의 말씀을 가르쳐 주셨다. 9–10절을 읽어 보자.

사람이 낮에 다니면 이 세상의 빛을 보므로 실족하지 아니하고 밤에 다니면 빛이 그 사람 안에 없는 고로 실족하느니라. (요 11:9–10)

예수님은 장차 자신에게 일어날 일을 알고 계셨다. 나사로를 위해 당장 행하시려는 일이 산헤드린의 분노를 가져올 것이라는 사실도 그분만이 알고 계셨다.

c. "나사로가 잠들었도다"(11절).

이 말을 듣고 제자들은 나사로가 완쾌되어 잠을 잘 자게 될 것이라는 말씀으로 생각했다. 그들은 예수님의 말씀의 의미를 정확히 판단하지 못했다. 바울은 육신적 죽음을 잠자는 것으로 말하고 있다(살전 4:13–14).

d. 예수님이 "나사로는 죽었다"라고 선언하셨다(요 11:4).

죽음에 대한 놀라운 선언 후 15절 말씀으로 이어지고 있다.

내가 거기 있지 아니한 것을 너희를 위하여 기뻐하노니 이는 너희로 믿게 하려 함이라. (요 11:15)

예수님은 그분이 당장 이행하시려는 기적이 제자들이 지금까지 봐 왔던 어떤 것보다 주님의 능력에 대한 더 큰 확증이 될 것이라는 사실을 알 때까지 기다리셨다.

e. 도마는 대담한 말을 했다(16절).

도마 혹은 디두모("쌍둥이"라는 의미가 있음)라 하는 자가 말하기를 "우리도 주와 함께 죽으러 가자"라고 했다.

그리스도를 반대하는 유대인들의 사악함을 알고 있으면서도 그리스도와 함께 죽으려는 의지를 나타냈다.

도마는 그들이 나사로와 함께 죽을 것이라는 의미로 말하지 않았다. 그는 오직 주님만을 위한 염려를 가졌다. 이것은 사랑을 표현하는 그의 방법이었다.

4. 예수님은 베다니 근처에 도착하셨다(요 11:17–37).

a. 예수님은 처음부터 베다니에 들어가지 않으셨다(30절).

예수님이 베다니 근처에 도착하셨을 때, 나사로가 나흘 동안 무덤 속에 있었다는 사실을 알 수 있다(17절).

마르다가 그분의 오심을 듣고 예수님을 만나기 위해 갔다. 그때 마리아는 집에 머물고 있었다(20절).

그녀는 즉시 하나님 안에 있는 자신의 믿음과 예수님의 능력을 확신했다(21–22절).

그녀는 믿음과 단순한 신앙을 갖고 예수님을 만났다.

b. 마르다의 신앙(23–27절)

마르다를 사랑하시는 예수님은 "네 오라비가 다시 살아나리라"라고 말씀하셨다 (23절).

이때 예수님은 가장 위대한 말씀을 선포하셨다.

25절을 써 보라. _____

_____

예수님이 말씀하시기를 "이것을 네가 믿느냐"(26절)라고 하셨다.

마르다는 말하기를 "주는 그리스도시요 세상에 오시는 하나님의 아들이신 줄 내가 믿나이다"(27절)라고 했다.

그녀가 예수님이 그리스도이심을 믿는다면, 그분이 부활과 생명이심을 믿는 그녀에게는 어떤 어려움도 없을 것이다.

c. 마르다는 마리아를 은밀히 불렀다(28–35절).

그녀는 유대인들이 마리아와 함께 슬퍼하면서 그 집에 있었기 때문에 마리아를 조용히 불렀다. 유대인들은 예수님의 친구가 아니었다. 마리아는 황급히 와서 예수님의 발아래 엎드렸다(29, 31–32절). 그녀의 평소 자세는 "그분의 발아래" 있는 것이다. 예수님은 마르다와 마리아의 슬픔에 심히 민망하셨다. 33절에 말하기를 "예수께서 심령에 비통히 여기시고"라고 했다. 성경에서 가장 짧은 구절이지만 예수님이 어떻게 느끼셨는지를 잘 표현하고 있다.

35절을 써 보라. _____

5. 무덤 곁에 계신 예수님이 나사로를 죽은 자들 가운데서 일으키셨다(요 11:38–44).

a. 이 사건은 주님이 예루살렘에 들어가시기 전에 유대인들을 각성시키기 위한 주님의 마지막 이적이 될 것이다. 예수님은 나사로를 단 나흘 만에 영광스러움에서 다시 불러내셨다. 아마도 예수님은 그 사실 때문에 우셨는지도 모르겠다.

b. 나사로의 육체에서 냄새가 나기 시작했다.

39절을 읽고 밑줄을 그어라.

c. "네가 믿으면 하나님의 영광을 보리라"(40절).

예수님이 마르다에게 중요한 믿음의 내용을 다시 상기시키셨다. 40절에 밑줄을 그어라. 그리고 돌이 무덤에서 굴러 내려졌다(41절).

d. 예수님은 모든 사람이 다 들을 수 있도록 기도하셨다(41–42절).

예수님은 사람들이 이해할 수 있도록 소리를 내어 기도하셨다. 즉, 무덤가에 서 있는 사람들이 믿을 수 있도록 기도하셨음을 알 수 있다.

e. 기적은 일어났다. 나사로는 무덤에서 나왔다(43–44절).

예수님은 세 마디 말씀(원문)으로 말씀하시기를 "나사로야 나오라"라고 하셨다.

44절을 써 보라. _____

_____

나사로는 수의에 감겨 있었다. 요한복음 20:5–7과 비교해 보자.

6. 많은 유대인이 구원을 얻었다(요 11:45–46).

45절을 써 보라. _____

_____

예수님이 나사로를 일으키셨다는 말이 바리새인들에게 펴져 나갔다.

7. 예수님을 죽이려는 음모(요 11:47–57)

"공회"라는 말은 산헤드린을 의미한다. 그들은 예수님이 그들의 추종자들에게 위협이 되기 때문에 예수님을 죽이기로 공모했다. 예수님이 나사로를 일으키심으로 그들은 많은 공모자들을 얻게 되었다.

53절 _____

_____

8. 나사로는 베다니에서 열린 잔치에 참석했다(요 12:2, 9, 17–18절).

a. 다시 살아난 나사로는 예수님과 함께 잔칫상에 앉았다.

마르다 역시 평소처럼 봉사했다(2절).

b. 나사로의 나타남은 흥분을 자아내는 것이었다. 많은 유대인이 예수님뿐만 아니라 나사로를 보기 위해 베다니에 왔던 것이다(9절).

c. 10–11절을 읽고 밑줄을 그어라. 대제사장은 나사로의 일어남으로 예수님을 믿는 유대인이 많아졌기 때문에 나사로를 죽이려고 다시 모의했다.

d. 나사로가 무덤에서 나온 것을 본 백성이 예수님을 증거하므로 듣고 많은 사람이 구원을 얻었다.

예수님이 고난을 당하고 십자가에 못 박혀 죽으시기 위해 예루살렘에 들어가셨을 때, 많은 백성이 예수님을 만났다.

V. 구약성경은 나사로에 관해 어떻게 말하고 있는가?

1. 요한복음 11:11에서 예수님은 육체적인 죽음을 "잠을 잔다"라는 용어로 사용하셨다. 구약성경에서 유래된 이 용어는 제자들에게 아주 친숙한 용어였다.

사무엘하 7:12 _____

_____

열왕기상 1:21 _____

_____

열왕기상 2:10 _____

_____

신명기 31:16에서 "이르시되 너는 네 조상과 함께 누우려니와"라고 했다.

시편 13:3 _____

_____

2. 요한복음 11:24은 욥기 19:25-26과 관련되어 있다.

시편 49:15 _____

_____

3. 요한복음 11:25은 욥기 14:13에 대해 말한다. 밑줄을 그어라.

VI. 이번 주에 배울 수 있는 교훈은 무엇인가?

1. 나사로가 육체적으로 죽었던 것과 마찬가지로 우리 주위에 있는 많은 사람이 영적으로 죽어 있다.

2. 나사로는 예수님이 그 이름을 부르셨기 때문에 다시 일으킴을 받았다. 어거스틴은 "예수님이 나사로의 이름을 부르지 않으셨다면 주위에 있던 죽은 자들 모두가 그분의 목소리를 듣고 모두 살아서 나왔을 것이다"라고 했다.

3. 예수님은 죽은 자들을 다시 일으키시는 것을 결코 중단하지 않으신다. 그분은 말씀하셨다. 생명은 지금도 그분의 말씀을 통해 나오고 있다.

4. 나사로는 그리스도의 능력에 대한 증인이었고 그 능력으로 그리스도가 기적을 베푸셨다. 사람은 어느 때든지 영원한 생명을 얻을 수 있다.

영원한 생명의 소유자들은 예수님의 능력의 증인이 되어야 한다.

5. 나사로가 살아났다는 소식은 예수님을 대적하는 자들에게 그분을 죽일 방도를 찾게 하는 원인이 되었다.

6. 성경에서 나사로는 한마디의 말조차 묵묵히 주님에게 순종했다. 누구든지 예수님을 위해 영향을 끼치는 자는 자신을 내세워서는 안 된다.

복습

1. 오직 한 사람만이 나사로에 대해 기록했다. 그는 누구인가?

2. 나사로의 사건이 왜 한 복음서에만 기록되었는지 생각해 보자.

3. 예수님은 왜 마르다와 마리아 돕는 일을 지체하셨는가?

4. 병도 하나님의 영광을 위해 사용될 수 있는가?

5. 왜 나사로의 부활이 예수님에게 그렇게도 특별한 것이었을까?

6. 살아난 나사로를 보고 유대인들은 어떻게 했는가?

예습

1. 성경 읽기

마태복음 10:2-6; 26:14-25, 47-50절; 27:3-10, 요한복음 6:70-71, 12:3-8; 13:21-35, 사도행전 1:16-19.

2. 다음 주에는 가룟 유다에 대해 공부할 것이다.

3. 나사로에 대한 교훈들을 음미해 보자.

4. 새롭게 깨달은 성경 구절에 표시해 보자.

Week 42
가룟 유다

Ⅰ. 이름의 뜻

유다는 "하나님의 찬양"이라는 의미가 있다.

가룟인이라는 말은 "그리욧(Kerioth) 사람"이라는 뜻이다.

Ⅱ. 중요한 성경 구절

마태복음 10:2-6; 26:14-25, 47-50절; 27:3-10, 요한복음 6:70-71; 12:3-8; 13:21-35, 사도행전 1:16-19.

Ⅲ. 가족 배경

유다는 흔한 이름이었으며, 유다가 그 이름을 파멸시킬 때까지는 중요한 의미를 지니고 있었다. "하나님의 찬양"이라는 의미를 지닌 그 이름이 배신이나 변절과 영합하는 이름이 되어 버렸다. 유다(Jubas)는 히브리식 유다(Judha)라는 이름의 헬라어식 이름이다.

유다는 가룟인 시몬의 아들이다(요 6:71). 가룟인은 그의 별명이며 그것은 열두 제자들 중에 유다라는 이름을 가진 다른 제자와 구별된다. 가룟인이라는 말은 단순히 "그리욧의 아들" 혹은 "그리욧의 주민"이라는 의미이다.

이곳은 선지자 아모스가 태어난 지역으로, 예루살렘 남쪽 작은 마을 출신이라는 사실을 말해 준다.

아모스는 드고아 출신이며 그리욧은 유다의 최남단 지역에 위치한 곳이다(수 15:21, 25절). 가룟 유다는 다른 열한 제자들과는 전혀 다른 배경을 가지고 있다. 유다가 유대(Judea) 지역 출신인 반면 열한 제자들은 모두 갈릴리 지방 출신이었다.

그는 어느 정도 교육을 받은 자였다.

그래서 우리는 그를 "도시 사람"이라고 부를 수 있을 것이다. 그러나 다른 제자들은 정상적인 교육을 제대로 받지 못한 농부, 어부, 노동자 출신이었다.

Ⅳ. 신약성경은 가룟 유다에 관해 어떻게 말하고 있는가?

1. 그는 복음서에서 열두 제자들 중에 마지막으로 나열되어 있다(마 10:4, 막 3:19, 눅 6:16).

참고한 세 구절 모두 유다를 마지막으로 기록하고 있다. 복음서 기자들은 그를 가장 적당한 위치에 놓았다.

2. 예수님은 유다를 마귀와 관련시키셨다(요 6:70).

a. 예수님은 가룟 유다가 그분을 팔아 버릴 자임을 알고 계셨다.

요한복음 6:70을 유의해서 보고 밑줄을 그어라.

71절을 써 보라. _____

_____

b. 요한복음 13:2 _____

_____

누가복음 22:3 _____

3. 누가복음은 유다를 반역자로 기록하고 있다(눅 6:16).

누가복음은 열두 제자들을 나열하면서 유다를 반역자로 말하고 마지막에 기록했다.

4. 요한복음은 유다를 도둑이라고 표현했다(요 12:6).

유다는 열두 제자와 예수님을 위해 돈 가방을 관리하는 자로 지명되었다.

요한복음 12:6에 따르면 그는 도둑이었다.

_____

요한복음 13:29에도 그렇게 말하고 있다.

5. 예수님도 유다를 "멸망의 자식"으로 부르셨다(요 17:12).

우리를 위한 주님의 기도에서 예수님은 성부 하나님이 자신에게 주신 모든 자 중 한 사람을 제외하고는 잃어버리지 않았다고 말씀하셨다.

12절을 써 보라. _____

_____

6. 가룟 유다는 대제사장들과 작당해 "음모"를 꾸미고 있었다(마 26:14-16).

예수님은 베다니의 마리아를 비난하는 유다를 꾸짖으셨다. 후에 유다는 예수님에게 분개하고 있었다. 마리아만이 값비싼 향유를 예수님에게 부어 드렸다. 유다는 그 향유를 팔아서 "가난한 자들을 돕도록" 하는 것이 더 낫겠다고 했다.

예수님은 그녀가 주님의 장사를 예비하는 것임을 유다에게 말씀하셨다(마 26:6-13). 유다는 메시아가 로마를 정복해 이스라엘의 모든 적을 분쇄하고 국가적 독립을 회복하며 메시아 왕이 되실 것을 소원했다.

그는 예수님이 말씀하시는 메시아 되심에 관한 사상들을 이해할 수 없었다. 예수님은 자신이 메시아이심을 한 번도 직접 말씀하신 적이 없었다.

그러나 그분이 부인하신 것은 결코 아니었다(막 8:29-30). 유다는 예수님이 굉장한 능력을 소유하고 계셨음을 알았다. 왜 예수님은 자기 민족을 다스리시는 데 그것들을 사용하시지 않으셨을까? 유다는 예수님의 통치를 원했으나 예수님은 고난에 대해 말씀하셨다. 예수님은 가시면류관을 말씀하시는데 유다는 칼과 통치의 면류관을 원하고 있었다. 유다는 예수님의 말씀대로 되기를 원치 않았다. 그는 대제사장에게 말하기를 작정했고 예수님을 그들의 손에 "넘겨줄" 것을 제안했다.

반역자는 일을 착수했다. 유다는 자기가 행한 일에서 도피할 길을 모색하면서 돈을 요구했다.

마태복음 26:14-15을 써 보라. _____

_____

그가 그때부터 예수를 넘겨 줄 기회를 찾더라. (16절)

7. 예수님은 그의 배반을 예언하셨다(요 13:21-27).

a. 사복음서 모두 이 사건을 기록하고 있다.

• 마태복음 26:20-25

• 마가복음 14:17-21

• 누가복음 22:21-22

• 요한복음 13:21-27

사복음서 기자들이 같은 내용의 말씀을 전해 준다.

그러나 사복음서는 서로 다른 말을 사용했다. 이들을 비교해 보자.

b. 마지막 유월절에 예수님이 열두 제자 중 한 사람이 주님을 팔아넘길 것이라고 말씀하셨다. 주님은 그 사람이 누구인지 알고 계셨다. 마가복음은 예수님의 말씀을

가장 강하게 기록하고 있다. 마태복음 26:24, 마가복음 14:21을 찾아보자. 예수님은 "그 사람은 차라리 태어나지 아니하였더라면 제게 좋을 뻔하였느니라"라고 말씀하셨다.

c. 예수님은 요한복음 13:26-27에서도 유다를 반역자로 말씀하셨다.

_____

_____

_____

d. 마태복음 26:25에서 유다는 "랍비여 나는 아니지요"라고 물었다. 예수님은 "네가 말하였도다"라고 하셨다. 그 말은 "그렇다"라는 의미였다.

e. 예수님은 유다에게 그가 행하려고 하는 것을 신속히 행하라고 말씀하셨다(요 13:27). 열한 제자들은 유다에게 하신 예수님의 말씀을 필요한 물건들을 구매하거나 혹은 가난한 자들을 돕기 위해 가라고 하신 것으로 잘못 알고 있었다(요 13:28-29).

f. 유다는 즉시 그들을 떠났다. 요한복음 13:30을 써 보라.

_____

그가 밤에 떠났다는 사실에 유의해서 보자.

8. 겟세마네 동산에 계신 예수님(마 26:36-46)

a. 최후의 만찬을 끝내신 후에 예수님은 열한 제자들과 함께 떠나 감람산에 가셨다. 그곳은 겟세마네라고 불리는 장소이다. 다락방에서 동산까지 오는 길에 예수님은 우리에게 가르침 몇 가지를 알려 주셨다.

요한복음 14장부터 17장에 이르는 모든 말씀은 기도의 장소에 오시기 직전과 오시는 동안에 말씀하신 것이다.

b. 요한복음 14장부터 17장까지 예수님은 그들에게 다시 오실 것을 가르치셨다. 기도의 특권, 포도나무와 가지, 성령의 역사, 예수님의 죽음과 부활, 재림, 우리를 위한 위대한 중보기도를 가르쳐 주셨다. 네 장 속에 이 모든 것이 간략하게 설명되어 있다(네 장 전체를 읽어 보자).

c. 예수님은 동산에 도착하시자 베드로, 야고보, 요한만을 데리고 가셨다. 나머지 제자들은 동산 기슭에 앉아 있었다. 예수님은 세 사람보다 좀 더 멀리 떨어져서 기도하시기 시작했다. 예수님이 그들에게로 돌아오셨을 때 세 사람이 잠자고 있는 것을 세 번이나 발견하셨다.

세 번째에 예수님은 그들에게 말씀하셨다.

마태복음 26:45 _____

_____

46절에 밑줄을 그어라.

9. 가롯 유다는 예수님을 배반했다(마 26:47-50).

a. 유다는 검과 몽치를 가지고 있는 수많은 무리와 함께 서 있었다. 그들은 예수님을 잡기 위해 거기에 있었다. 유다도 그들 앞에서 있었다. 3년 동안 그리스도와 함께 있었던 유다가 그분을 팔아넘기려 준비하고 있었다.

b. 유다가 그 무리에게 주었던 암호는 "입맞춤"이었다.

마태복음 26:48 _____

_____

유다는 예수님을 향해 걸어와 "랍비여 안녕하시옵니까"라고 하면서 "입을 맞추었다"(49절). 예수님의 말은 선생으로서의 대답이었다.

친구여 네가 무엇을 하려고 왔는지 행하라. (마 26:50)

c. 그때 무리가 다가와 예수님을 잡았다.

예수님은 십자가를 향해 당신의 길을 걸으셨던 것이다.

10. 유다의 후회(마 27:3-10)

a. 다음 날 아침에 예수님이 잡히신 것을 보았을 때 그는 고요한 중에 큰 느낌을 가졌다. 그는 이미 저질러 놓은 일을 취소하려고 애를 썼다. 3절을 유의해서 보라.

스스로 뉘우쳐 그 은 삼십을 대제사장들과 장로들에게 도로 갖다 주며. (마 27:3)

b. 그가 말한 것을 유의해서 보라.

마태복음 27:4 _____

_____

c. 유다는 은 삼십을 성전에 던져 버리고 나가서 스스로 목을 매어 죽었다(5절). 대제사장들이 은을 취했으나 그것을 성전고에 넣을 수 없었기 때문에 토기장이의 밭을 사서 나그네의 묘지로 삼았다(6-8절).

9절에 있는 내용은 우리가 보는 바와 같이 예레미야 18:1-4과 19:1-3에 있는 말씀보다 스가랴 11:13이 더욱더 명확하게 알려 준다.

유다의 참혹한 죽음에 대한 자세한 묘사는 사도행전 1:18에도 나타난다.

11. 왜 유다는 열두 제자 중 한 사람으로 선택되었는가?

거기에는 한 가지 대답밖에 없다.

그 대답은 마태복음 26:56에서 발견된다.

_____

한 걸음 더 나아가서 왜 우리는 선택되었는가? 예수님을 믿는 모든 신자에게 속한 자유의지와 선택은 창세 전에 이미 주어졌다(엡 1:4).

V. 구약성경은 가룟 유다에 관해 어떻게 말하고 있는가?

1. 다윗의 시대를 알려 주는 시편 109:5-8 말씀은 사도행전 1:16과 20절에서 성취되었음을 발견하게 된다. 두 성경 구절을 비교해 보자.

2. 마태복음 26:23은 시편 41:9의 성취이다.

_____

_____

3. 마태복음 26:15은 스가랴 11:12의 성취이다.

_____

_____

4. 마태복음 26:31은 스가랴 13:7의 성취이다. 성경에 밑줄을 그어라.

5. 마태복음 26:45은 시편 69:20의 성취이다. 두 성경 구절을 비교해 보라.

6. 마태복음 26:39은 시편 40:8을 인증하고 있다.

_____

_____

7. 마태복음 27:5, 9-10절은 스가랴 11:13에 대한 직접적인 입증이다.

_____

_____

예레미야는 마태복음 27:9에서 언급되고 있다. 그 참고 구절은 예레미야 18:1-4과 관련되어 있다. 예레미야에 대한 관주[KJV역]는 스가랴 11:13로 연결된다).

VI. 이번 주에 배울 수 있는 교훈은 무엇인가?

1. 당신을 능가하는 그리스도의 길을 받아들일 수 없기 때문에 그리스도를 부인하는 것은 가장 큰 죄이다.

2. 배반은 유다에게만 일어난 일이 아니다. 지금도 여전히 일어나고 있다. "그리스도를 따르는 자들"이라고 증거한 우리가 종종 무정함과 잔인성과 참지 못함과 교만을 나타내 보이고 있다.

3. 유다는 육신의 옷을 입은 마귀가 되었다.

예수님은 "너희 중의 한 사람은 마귀니라"(요 6:70)라고 말씀하셨다.

사탄은 늘 하던 방법대로 지금도 역사하고 있다.

4. 유다는 자신의 길로 갔다(행 1:25).

유다는 죄로 인해 자신이 하고자 했던 일을 진행했다. 그것은 유다의 선택이었다. 마지막까지 유다에게 기회를 주셨던 그리스도는 예수님을 죽음에 넘기는 마지막 유다의 입맞춤 전에 그를 "친구"라고 부르기까지 하셨다.

5. 죄의 길은 항상 나쁜 데서 더욱더 나쁜 길로 인도한다.

그 속도는 빨라지며 점점 더 아래로 내려간다.

6. 말씀을 들으며 삶 속에서 그분의 능력을 증거하는 것은 가능하다. 그러나 예수님을 모셔 들이는 것과 예수님에게 우리의 삶을 드리는 것을 거절한다면 우리는 버림받게 될 것이다.

복습

1. 유다와 열한 제자들 사이에서 구별되는 점은 무엇인가?

2. 성경 어디에 유다는 열한 제자들과 함께 나열되어 있는가?

3. 예수님은 가룟 유다를 무엇이라고 부르셨는가?(두 가지 이름)

4. 언제 예수님은 자신의 위대한 가르침을 알려 주셨는가?

5. 유다의 입맞춤에 대한 예수님의 응답은 무엇이었는가? 그때 예수님은 그를 무엇이라고 부르셨는가?

6. 중요한 질문 : 가룟 유다는 멸망당했는가?

예습

1. 성경 읽기

마태복음 10:1–6, 요한복음 11–16장; 14:1–6; 20:19–31; 21:1–2, 사도행전 1:13.

2. 다음 주에는 "의심한 도마"였다는 사실 외에 별로 알려지지 않는 인물인 도마에 대해 공부하게 될 것이다.

3. 가룟 유다에 대한 것을 복습해 보자.

4. 새롭게 깨달은 성경 구절에 표시를 해 보자.

Note

Week 43
도마

Ⅰ. 이름의 뜻

디두모라고 불리는 도마는 "쌍둥이"라는 의미이다.

디두모는 도마("쌍둥이")와 같은 의미를 지닌 헬라어식 이름이다.

Ⅱ. 중요한 성경 구절

마태복음 10:1-6, 요한복음 11:1-16; 14:1-6; 20:19-31; 21:1-2, 사도행전 1:13.

Ⅲ. 가족 배경

도마(히브리어식)와 디두모(헬라어식)는 "쌍둥이"라는 의미를 갖고 있다.

창세기 25:24에서도 리브가는 태중에 쌍둥이가 있음을 알았다. 히브리어로는 "토민"(thomin)
이라고 한다.

아마도 도마는 쌍둥이였으나 형제 쌍둥이인지 혹은 남매 쌍둥이인지에 대해서는 전혀 알려
진 바가 없다.

도마는 갈릴리 지방 출신이며 직업은 어부였다.

성경에는 그의 부모나 어린 시절에 대해 기록된 것이 없다.

제4복음서에 기록된 것이 전혀 없었다면 도마는 오직 이름 한 번 나오는 것에 불과했을 것이
다. 앞의 세 복음서는 그에 대한 자세한 설명을 주고 있지 않다. 우리가 그에 대해 아는 것은 요한
복음에 있는 내용이다. 그의 이름이 사도들과 함께 나타났다(마 10:3, 막 3:18, 눅 6:15, 행 1:13).

Ⅳ. 신약성경은 도마에 관해 어떻게 말하고 있는가?

1. 도마는 감정에 따라 움직이는 자였다(요 11:16).

a. 예수님이 죽은 나사로를 일으키기 위해 베다니에 다시 가시려는 의도를 말씀하실 때 도마는 그것이 그리스도에게 무슨 의미를 내포하는지 바로 알았다.

도마는 반대하는 유대인들이 거기 있을 것이며, 예수님이 피할 수 없는 절박한 위험을 당하게 될 것을 알았다.

b. 다른 제자들과 달리 도마만이 예수님을 권해 유대 땅 베다니에 가시지 않도록 하는 일에 동조하지 않았다.

요한복음 11:8 _____

_____

c. 도마는 그의 친구 제자들에게 감정적으로 호소했다.

요한복음 11:16 _____

_____

어떤 성경 주석에는 그들이 가서 나사로와 함께 죽어야 함을 도마가 깨달았다고 해석하고 있다.

그 문맥에서는 그 의미를 올바르게 가르쳐 주지 못하고 있다.

2. 도마는 호기심이 많은 인물이었다(요 14:5).

a. 무조건 도마는 예수님에게 반박했다.

주님은 큰 위로의 말씀을 주셨다. 주님이 그들에게 이렇게 말씀하셨다.

너희는 마음에 근심하지 말라 하나님을 믿으니 또 나를 믿으라 내 아버지 집에 거할 곳이 많도다 그렇지 않으면 너희에게 일렀으리라 내가 너희를 위하여 거처를 예비하러 가노니 가서 너희를 위하여 거처를 예비하면 내가 다시 와서 너희를 내게로 영접하여 나 있는 곳에 너희도 있게 하리라 내가 어디로 가는지 그 길을 너희가 아느니라. (요 14:1-4)

b. 도마는 그 길을 알아야 한다는 예수님의 말씀을 듣고도 예수님에게 질문했다.

요한복음 14:5 _____

_____

c. 그는 택함 받은 열두 제자들에게 주시는 주님의 가르치심을 듣지 못했는가? 그는 귀머거리인가? 그는 주님이 배신을 당하실 것과 죽음과 부활에 대한 그분의 가르침을 잊었는가? 도마도 다른 제자들처럼 세상 왕국을 꿈꾸고 있었다. 예수님이 떠나가시며 그들과 함께하신다고 말씀하실 때 그들은 실제로 히브리적 상상으로 돌아가고 있었다. 그들은 단지 예수님이 어떤 도시에 가시는 것으로만 알고 있었다. 거기에서 왕으로 기름 부으심을 받고 이스라엘 왕국을 회복시키시라고 기대했던 것이다.

이것이 그들이 기대하고 원하는 바였다.

c. 예수님은 선한 스승으로서 두 가지 질문에 대답하셨다. "주께서 어디로 가시는지 우리가 알지 못합니다." 그것이 그의 첫 번째 질문이었다.

그런데 두 번째 질문은 "그 길을 어찌 알겠사옵나이까"라는 것이었다. 아마도 당신이 기억하고 있는 말씀으로서 대답은 이러했다.

요한복음 14:6 _____

_____

3. 도마는 의심이 많고 회의적인 성품을 가진 자였다(요 20:24-25).

a. 도마는 "의심 많은 도마"로 알려지고 있다. 그러나 그는 의심하는 사람으로 머물러 있지 않았음이 틀림없다.

그렇지 않았다면 그의 이름이 열두 제자의 이름에 들지 못했을 것이다. 예수님은 십자가 죽으심 후에 도마에게 주님의 사역을 맡기고 수행하도록 하셨다.

b. 그는 3년 동안 주님과 가깝게 생활했다.

그는 예수님의 성품에서 감화를 받았고 그분의 가르침을 들었다. 도마는 최후의 만찬에 참석했다(마 26:26-29). 그는 겟세마네 동산 기슭에 있었다(마 26:36). 도마는 단지 의심만 하는 자로 기억해서는 안 된다. 성령님이 그런 가르침에 대해 다르게 말씀해 주실 것이다.

c. 예수님이 부활하신 후 처음으로 제자들에게 나타나셨을 때 도마는 그곳에 있지 않았다.

요한복음 20:24 _____

_____

성령은 그의 부재에 대한 이유를 말하지 않는다. 만일 우리가 도마와 같은 상황에 있었다면, 우리는 어떻게 행동했을 것인가를 이야기해 보라.

그는 무덤 안에 있는 예수님의 시신을 봤다. 그는 슬퍼하며 비통해했다. 그는 깊은 슬픔을 지닌 채 홀로 있기를 원했다. 주님을 잃은 후 부활에 대해 의심을 품은 도마는 자기 연민에 빠지게 되었다.

d. 제자들이 도마에게 "우리가 주님을 봤다"라고 할 때 도마가 그들에게 말한 것을 유의해서 보라.

요한복음 20:25을 써 보라.

_____

_____

이것이 그 당시 그에게 "의심 많은 도마"라는 이름이 주어지게 된 설명문이다. 도마는 부활의 증거를 믿기 전에 부활하신 자를 눈으로 보고 피부로 느껴야만 했다.

e. 어떤 회의론자들은 믿으려고 하지 않았다. 도마는 진지하고 심각했다. 그는 실제로 예수님을 다시 보기 원했고 그분이 죽지 않으셨음을 알기 원했다.

4. 도마는 의심을 버렸다(요 20:26-29).

a. 의심과 실망 가운데 있던 도마는 7일 동안 제자들과 함께 머물러 있으면서 그들이 말한 것이 실제로 사실이었는지 알기 원했다. 예수님이 다시 그들을 만나 주시는 데 일주일이 지체되었다. 다른 제자들에게는 즐거운 일주일이었지만 도마에게는 근심의 일주일이었다.

b. 그는 그들과 함께 있어야 함을 느꼈으므로 그 무리와 같이 있었다.

아직은 예수님이 가르치신 모든 것을 잊어버릴 만한 시간이 아니었다. 예수님은 도마가 다른 제자들과 함께 있을 때까지 그에게 나타나지 않으셨다.

마태복음 18:20 _____

c. "그때 예수님이 오셨다." 예수님이 인자하신 모습으로 예루살렘에 돌아오셨다. 유대인들은 두려워하므로 문들을 닫고 있었다. 예수님이 나타나셔서 "평강이 있을 지어다"(요 20:26)라고 말씀하셨다.

요한복음 20:26을 써 보라. _____

_____

_____

d. 예수님은 특별히 도마에게 말씀하셨다. 요한복음 20:27을 유의해서 보라.

_____

_____

예수님은 도마가 말하는 것과 생각하고 있는 것이 무엇인지를 알고 계셨다. 그러나 예수님은 도마 한 사람에게까지 찾아와 주셨다. 예수님은 아버지에게로 돌아가서 하나님의 보좌 가운데 계실 수도 있었을 것이다. 예수님은 도마에게 하신 것처럼 우리의 유익을 위해 지체하시며 주님이 원하시는 그룹을 방문하신다. 예수님은 한 사람의 영혼을 가치 있게 보신다.

e. 도마는 그의 신앙을 고백했다.

요한복음 20:28 _____

도마는 그리스도의 부활의 진리에 관해 아주 만족해했다. 그의 인간적 회의와 더

디 믿었던 것이 우리에게 두 가지 진리를 이해하는 데 도움을 준다. 첫째는 대부분의 사람이 육신적이며 의심한다는 것이고, 둘째는 주님의 은혜가 우리에게 계속적으로 찾아와서 "그분에게 나아가도록" 한다는 것이다. 도마는 부활하신 주님을 보고 믿었다!

5. 인자하신 예수님은 도마를 꾸짖으셨다(요 20:29).

예수님은 도마에게 기독교의 근본 진리를 상기시켜 주셨다. 그 진리는 믿음이었다.

29절을 주목해 보라. _____

_____

예수님은 도마를 통해 참믿음은 보이는 증거를 요구하지 않는다는 사실을 배울 수 있기를 원하셨다.

진실한 신앙은 볼 수 없는 것과 만질 수 없는 것을 믿는다. 주님은 도마를 사랑하셔서 그에게 자신을 보여 주시기 위해 다시 찾아오셨다. 그 과정에서 주님은 신앙이란 증거가 필요치 않다는 진리를 남겨 놓으셨다.

"우리도 가서 그분과 함께 죽어야 한다"고 했던 도마와 그리스도가 무덤에서 나와 부활하셨음을 믿지 못하고 눈으로 봐야겠다고 한 이는 동일인이다. 도마에 대해 비판적인 태도를 버리자. 그는 우리 대부분의 모습을 보여 주고 있다.

V. 구약성경은 도마에 관해 어떻게 말하고 있는가?

1. 요한복음 20:25은 스가랴 12:10을 참고한 것이다.

_____

_____

2. 요한복음 20:28에서 "나의 주님이시요 나의 하나님이시니이다"라는 표현은 그리스도의 신성을 보여 준다.

그의 신성이 표현된 성경 구절

• 시편 2:2-9

• 이사야 7:13-14

• 이사야 9:6-7

VI. 이번 주에 배울 수 있는 교훈은 무엇인가?

1. 우리는 믿기 위해 봐야만 하는 자들보다 차라리 믿는 것으로만 기뻐하는 제자들이 되어야 한다.

2. 도마와 같은 입장에 있는 자들이 교회 안팎에 많이 있다. 의심은 또 다른 의심을 불러일으키기 때문이다.

3. 예수 그리스도의 실제적 부활에 대한 의심은 아주 중요한 신앙 교리들에 대한 의심을 불러일으킨다.

4. 세상은 "보고 난 후에 믿으라"고 말한다. 그러나 주님은 "믿고 난 후에 보라"고 말씀하신다.

5. 낙심, 자기 연민, 근심, 괴로움은 그때 도마의 상황이었으며 그것들은 마음속에 의심을 일으킨다. 우리 모두가 그 같은 상황에 있었으나 그런 형편에 결코 머물러 있어서는 안 된다.

6. 히브리서 11:1은 우리에게 믿음의 실상을 말해 준다.

7. 베드로전서 1:8은 믿는 모든 자에게 귀한 말씀이다.

예수를 너희가 보지 못하였으나 사랑하는도다 이제도 보지 못하나 믿고 말할 수 없는 영광스러운 즐거움으로 기뻐하니. (벧전 1:8)

복습

1. 도마라는 이름은 무슨 의미가 있는가?

2. 도마는 그의 동료 제자들에게 무엇으로 용감성을 나타내 보였는가?

3. 예수님이 우리를 위한 장소를 예비하심에 대해 말씀하셨을 때, 도마가 예수님에게 제기한 두 가지 질문은 무엇인가?

4. 예수님이 첫 번째로 제자들에게 나타나셨을 때 도마는 왜 거기에 있지 않았는가?

5. 진실된 신앙은 무엇을 요구하는가?

6. 당신은 도마와 같은 상황에 있어 봤는가?

(참고 : 도마는 주님을 위해 능력 있게 사용되었다. 그는 페르시아(이란)에 교회를 설립했고, 인도에도 "동부교회"(The Church of the East)를 설립했으며, 위대한 사업을 이룩했다. "동부교회"에 속하는 앗수르교회, 네르토리안교회, 갈대아교회를 설립했다. 도마는 인도에서 순교했다. 그는 인도 마라폴(Mylapore)에 묻혔다. 그곳에 끼친 그의 영향력은 많은 책에 기록되어 있다. 그중 한 작품은 A. M. Mundadan이 1960년에 독일대학에서 박사 학위 논문으로 쓴 "성도마 그리스도인들의 전통"이다.)

예습

1. 성경 읽기

요한복음 1:40-42, 마태복음 4:18-25; 16:13-23; 26:69-75, 요한복음 20:1-8; 21:1-22, 마태복음 28:16-20, 사도행전 1-12장; 15장, 베드로전서 전체, 베드로후서 전체.

2. 다음 주에는 사도 베드로에 대해 연구하게 될 것이다.

3. 도마에 관해 배운 바를 복습해 보자.

4. 새롭게 깨달은 성경 구절에 표시해 보자.

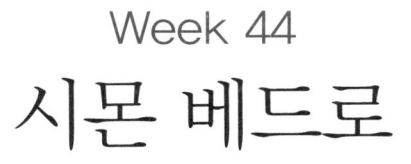

Week 44
시몬 베드로

I. 이름의 뜻

시몬은 베드로의 본래 이름으로 "듣고 있는 것"이라는 의미이다. 베드로는 그리스도가 지어 주신 이름으로 "돌"이라는 의미가 있다. 베드로는 아람어식 이름이 헬라어 형태로 바뀐 것이다. 게바는 "돌"이라는 히브리어이다.

II. 중요한 성경 구절

요한복음 1:40-42, 마태복음 4:18-25; 16:13-23; 26:69-75, 요한복음 20:1-8; 21:1-22, 마태복음 28:16-20, 사도행전 1-12장; 15장, 베드로전서 전체, 베드로후서 전체.

III. 가족 배경

시몬은 요나(요한)의 아들이었으며, 그와 그의 형제 안드레는 갈릴리 바다의 어부였다(마 4:18). 세베대의 아들들인 야고보와 요한은 그들과 동업자의 관계였다(눅 5:10).

그는 "고기 잡는 집"이라는 뜻을 지닌 벳세다 지방 출신이다(요 1:44). 후에 그는 가버나움에서 살았다(마 8:5, 14절).

14절에서 우리는 베드로가 기혼자였음을 알 수 있다. 지금도 이스라엘에 가면 가버나움에 있는 베드로의 집터를 찾아볼 수 있다. 주님은 갈릴리 지방에서 활동하시는 동안 가끔 시몬 베드로와 함께 머무르셨다.

IV. 신약성경은 시몬 베드로에 관해 어떻게 말하고 있는가?

1. 시몬 베드로는 그의 형제 안드레에 의해 그리스도에게로 인도되었다(요 1:40-42).

a. 안드레와 이름이 밝혀지지 않은 세례 요한의 또 다른 제자는 세례 요한이 "보라 하나님의

어린양이로다"(요 1:29)라고 외치는 것을 들었다. 그들은 그때 예수님을 봤고 예수님의 말씀을 들었으며 예수님을 좇은 것이다.

요한은 메시아를 위해 준비된 자였다. 요한의 제자들은 예수님의 부르심을 듣고 예수님과 함께 시간을 보냈다(요 1:35-39).

b. 안드레는 그의 형제 시몬을 주님에게로 인도했다(요 1:41). 안드레도 예수님과 6-8시간 정도 함께 이야기한 후 복음을 전해야만 했다.

요한복음 1:41을 유의해서 보라. _____

_____

다음 구절의 첫 번째 문장은 모두에게 교훈을 준다. 41-42절에서 "그가 먼저 자기의 형제 시몬을 데리고 예수께로 오니"라고 했다. 그러므로 이들은 예수님이 첫 번째 추종자들이 되었다.

2. 예수님은 시몬에게 또 다른 이름을 주셨다(요 1:42).

a. 예수님이 시몬을 처음 만나셨을 때 시몬에게서 어떤 특유한 점을 발견하셨다. 예수님은 시몬을 부르면서 그에게 또 다른 이름을 주셨다.

네가 요한의 아들 시몬이니 장차 게바(베드로)라 하리라. (42절)

b. 왜 예수님은 그에게 또 다른 이름을 주셨는가? 시몬이란 이름은 태어났을 때부터 가진 그의 이름이다. 그는 사람의 아들이었다. 자기 아버지의 성품과 육정과 죄성을 가진 인간인 시몬이었다. 그래서 예수님은 말씀하시기를 "너는 장차 게바(베드로)라 하리라"라고 하셨다.

이 이름은 새사람에 대한 새 이름이었다. 이 새 이름에 대한 약속은 베드로가 마태복음 16:16에서 신앙고백을 한 뒤에 성취되었다.

3. 시몬 베드로의 고백(마 16:16-18)

a. 시몬 베드로는 예수님을 그리스도라고 고백했다.

마태복음 16:16 _____

_____

b. 예수님은 현재형으로 말씀하셨다.

바요나 시몬아 네가 복이 있도다 이를 네게 알게 한 이는 혈육이 아니요 하늘에 계신 내 아버지시니라 또 내가 네게 이르노니 너는 베드로라. (마 16:17-18)

현재형을 사용하셨음을 유의해서 보라.

c. 예수님은 그에게 그가 아직도 시몬이었다는 것을 상기시키셨다. 예수님에 대한 그의 고백은 시몬 자신의 이성에서 나온 것이 아니라 하늘에 계신 아버지의 계시였다. "혈육"은 아무것도 계시할 수 없다. 즉, 옛 성품(시몬)은 신앙고백을 하는 데 아무런 도움을 주지 못하고 하나님의

초자연적 능력으로만 가능하다.

d. 예수님은 그의 신앙고백을 실제적인 방법으로 적용시키시며 베드로에게 본질적인 것을 말씀해 주셨다.

"처음 출생은 아담의 후손인 혈과 육이다. 지금 너는 믿음으로 내 안에서 하나님의 아들, 내 아버지의 자녀가 되었다. 네 이름이 아직은 시몬이지만 너의 새 이름은 베드로이다. 지금 너는 두 종류의 사람이니 시몬으로서는 자연인이며 죄인이다. 또는 베드로로서는 신령한 사람이다. 너는 시몬 베드로니 옛것과 새것 두 성품을 가지고 있다. 육과 영 사이에 다툼이 있으니 거기에는 타협이 있을 수 없다."

e. 베드로는 옛사람 시몬의 모습을 결코 벗어날 수가 없다. 그러나 시몬이 새사람 베드로가 되는 데는 시몬의 모습이 없어서는 안 됨을 하나님에게 감사하자. 모든 기록으로 봐서 그의 이름은 여전히 시몬 베드로로 남아 있다.

때때로 우리는 옛사람 시몬을 본다. 그리고 다시 우리는 새사람 베드로를 본다.

4. 시몬 베드로는 장차 제자와 사도가 되도록 부르심을 받았다(마 4:18-20; 10:2).

a. 시몬 베드로는 예수님의 제자(배우는 자, 따르는 자)가 되었다. 마태복음 4:18을 유의해서 보고 밑줄을 그어라.

19절을 써 보라. _____

b. 그는 열두 사도들 중 한 사람이었다. 마태복음 10:2을 찾아보고 성경에 밑줄을 그어라. 사도는 주님으로 말미암아 "보내심을 받고" 선택된 자임을 기억하자. 사도는 예수님을 봤고 부활의 목격자였다.

c. 그는 사도들의 이름 중 첫 번째로 불리고 있다(마 10:2, 막 3:16, 눅 6:14).

d. 예수님과 가장 가까웠던 세 제자들의 다정한 모임에서도 그의 이름이 첫 번째로 나온다. 예수님은 항상 베드로, 야고보, 요한과 함께하셨다(마 17:1, 막 5:37; 9:2; 13:3; 14:33, 눅 8:51; 9:28). 이 구절들을 찾아보자.

5. 예수님은 시몬 베드로를 통해 처음으로 교회에 대해 언급하셨다(마 16:18).

a. 예수님은 "너는 베드로라"라고 말씀하신 후 또 "내가 이 반석 위에 내 교회를 세우리니"(18절)라고 하셨다. 이것은 성경에서 교회에 대해 최초로 언급한 것이다.

b. 예수님은 교회가 시몬 베드로 위에 세워질 것임을 의미하지 않으셨다. 예수님이 그에게 주신 이름은 베드로였다. 그 이름은 헬라어로는 "페트로스"(petros)이며 "작은 바위 혹은 돌"이라는 의미이다.

18절의 "반석"이라는 말은 헬라어로는 "페트라"(petra)라고 하는데, "힘센 바위"(a mighty rock)라는 의미이다. 우리의 구원과 반석이신 예수님이 그 위에 교회를 세우셨으니 그 교회는 "에클레시아", 즉 "부르심을 받은 자들"이라는 의미이다.

c. 교회는 그리스도 위에 세워졌다. 18절은 "너는 베드로(작은 돌)라 이 페트라(힘센 반석 즉 그리스도) 위에 내가 나의 교회를 세울 것이다"라고 번역해 읽어야 한다.

그 구절에 대한 진리를 확증해 주는 성경 구절이 많이 있다. 고린도전서 10:4에서 바울은 말하기를 "그 반석은 곧 그리스도시라"라고 했다. 고린도전서 3:9-11에서 바울은 예수님이 기초가 되심을 확증한다.

11절을 써 보라. _____

_____

에베소서 2:20 _____

_____

베드로는 그가 반석이 아님을 잘 알고 있었다.

베드로전서 2:1-6에서 그는 말하기를 "교회는 예수 그리스도 위에 세워질 것이라"고 했다. 베드로전서 5-6절에 밑줄을 그어라.

6. 예수님은 시몬 베드로에게 천국 열쇠를 주셨다(마 16:19).

a. 거기에는 적어도 베드로에게 위임된 3개의 열쇠가 있었다(이것들은 교회의 열쇠가 아니고 하늘나라의 열쇠이다).

b. 첫째로 유대인에게 복음의 문을 열었던 열쇠이다(행 2장). 그 열쇠의 첫 번째 사용은 오순절에 있었다.

베드로는 유대 민족에게 복음을 처음 제시해야 하는 하나님의 그릇이었다. 이것은 하나님의 계획된 경륜 가운데 "예루살렘에서" 시작되었다(행 1:8, 눅 24:47).

c. 두 번째 열쇠는 사마리아에게 복음의 문을 여는 데 사용되었다(행 8:4-25). 스데반의 죽음과 핍박이 있은 후에 복음을 증거하는 집사 빌립이 사마리아에 내려가서 살아 있는 하나님의 말씀을 증거했다.

사도행전 8:14에서 요점을 써 보라. _____

_____

베드로는 오순절에 소유했던 것과 같이 그 문을 열기 위한 열쇠를 갖고 있었다. 믿는 자들에게는 성령이 내주하신다.

사도행전 8:25에 밑줄을 그어라.

d. 세 번째 왕국 열쇠는 복음의 문이 이방인들에게 열리게 하는 데 사용되었다(행 10장).

사도행전 7장에서 이스라엘 백성은 스데반이 증거하는 그리스도에 대한 메시지를 거절했다. 사도행전 8장에서 그 메시지는 사마리아로 갔다. 사도행전 9장에서 사울 (바울)은 회심해 "땅 끝까지" 주님의 사역을 담당하기 위해 준비하고 있었다.

사도행전 10장에서 유대인이었던 베드로는 "부정한" 이방인들에게 복음이 전파되는 것을 강하게 반대하는 모습을 볼 수 있다.

사도행전 10:14-15을 읽어 보자.

이방인 고넬료는 사람을 보내 베드로를 가이사랴에 오도록 해 그들에게 복음을 전해 줄 것을 부탁했다. 그때 베드로는 성령으로 지시하심을 받았다.

사도행전 10:20 _____

_____

베드로의 복음 전파의 결과는 사도행전 10:44-45에 나타난다.

e. 베드로가 예루살렘과 사마리아와 가이샤랴에 복음의 문을 열어 놓음으로써 그의 선교는 성취되었다.

그의 메시지는 변화되었다. 왜냐하면 "회개하라 천국이 가까이 왔느니라"(마 3:2)라는 메시지는 더 이상 유대인만을 위한 것이 아니기 때문이다.

새로운 메시지는 은혜의 메시지요, 주를 믿는 모든 자 안에 거하시는 성령님의 메시지였다. 새로운 메시지는 증거되었고 지금도 "주 예수를 믿으라 그리하면 너와 네 집이 구원을 받으리라"(행 16:31)라고 증거되고 있다.

7. 시몬 베드로의 마지막 활동(행 15:7-10, 벧전 전체, 벧후 전체)

a. 시몬 베드로는 항상 "고기 잡는 어부"로만 알려져 있다.

이 사람에 대해 시간이나 지면상의 제약으로 모두 소개할 수는 없을 것이다. 그러나 누가복음 5:1-11에 보면 감격적인 장면이 나온다. 이 내용에서 우리는 천성적인 인간 시몬을 본다. 그때 예수님은 베드로와 함께 계셨다. 3절에서 예수님은 시몬의 배 위에 오르셨고, 4절에서 시몬에게 말씀하셨다. 5절에서는 시몬이 대답했으며, 8절에서 고백하는 그를 누가가 시몬 베드로라고 불렀다. 예수님이 말씀하시기를 "무서워하지 말라 이제 후로는 네가 사람을 취하리라"(10절)라고 하셨다. 예수님은 그를 본래의 이름인 시몬이라고 부르셨다. 그가 자연인으로서 행동하고 있었기 때문이다.

b. 복음이 이방인들에게 열린 후 베드로는 예루살렘 안에 있는 유명한 예루살렘

공회에서 발언권을 얻었다(행 15:7-10). 7절과 10절에 밑줄을 그어라.

    c. 베드로는 이방 지역에서 두 서신을 기록했다.

    이 서신들은 복음이 모든 백성에게 개방되는 베드로의 위대한 선교 후에 쓰인 것이다.

    베드로전서는 고난과 핍박을 받은 그 당시 성도들을 위로하고 세우기 위해 쓰였다. 우리가 읽을 때 그것은 인내하는 데 보석과 같은 것이 될 것이다.

    베드로후서는 베드로의 "백조의 노래"이다. 그는 배교자와 거짓 교사들에 대해 경고하기 위해 이 책을 썼다.

    베드로는 "소망의 사도"로서 알려져 있다. 그의 짧은 두 서신에서 그는 그리스도인의 삶을 위한 근본 진리들을 제시해 준다. 베드로전후서를 읽어 보자.

    d. 베드로는 예수님이 요한복음 21:19에서 예언하신 대로 죽었다. 장소와 때는 말씀하지 않으셨다.

    예수님은 그가 십자가에 못 박혀 죽을 것임을 암시하셨다. 전설에 따르면, 그는 자신이 예수님처럼 죽을 만한 가치가 되지 않는다고 생각해서 십자가에 못 박는 자들에게 자신을 거꾸로 십자가에 못 박아 줄 것을 간청했다고 한다.

Ⅴ. 구약성경은 시몬 베드로에 관해 어떻게 말하고 있는가?

1. 요한복음 1:39은 시편 27:8과 관계가 있다.

_____

_____

2. 마태복음 16:19은 이사야 22:22과 관계가 있다.

_____

_____

3. 사도행전 2:16-18은 오순절에 베드로가 한 설교의 일부분이며 요엘 2:28-29을 인용하고 있다. 밑줄을 그어라.

4. 사도행전 2:25은 시편 16:8을 인용한 것이다.

_____

_____

5. 사도행전 10:14은 에스겔 4:14을 참조하고 있다.

_____

_____

6. 사도행전 10:34은 신명기 10:17을 참조하고 있다. 밑줄을 그어라.

7. 사도행전 10:44-45은 시편 68:18을 인용한 구절이다.

8. 베드로전서 2:4은 시편 118:22과 관계가 있다.

9. 베드로전서 2:6은 이사야 28:16과 관계가 있다. 밑줄을 그어라.

10. 베드로후서 2:15은 민수기 22:5과 관련되어 있다. 시몬 베드로의 모든 가르침은 구약성경과 예수님이 그에게 가르쳐 주신 것에 그 뿌리를 두고 있다.

VI. 이번 주에 배울 수 있는 교훈은 무엇인가?

1. 우리 모두는 다른 사람들에게 우리가 주 예수 그리스도를 만나 그분을 영접했다는 사실을 단순하게 말할 수 있다. 시몬 베드로는 그의 형제 안드레로 말미암아 그리스도에게 인도되었다.

2. 우리가 예수 그리스도를 영접할 때 우리는 "그리스도 안에 있는 새로운 피조물"이 되는 것이다. 자연인 시몬이 영적 사람 베드로가 되었다.

3. 시몬 베드로는 그리스도인으로서 두 가지 성품을 소유했다. 그는 우리에게 자연인인 죄의 성품 즉 아담의 성품과 거듭난 성품인 신령한 성품을 갖고 있다는 것을 가르쳐 주고 있다.

4. 교회는 베드로나 어떤 다른 사도들의 위에 세워지지 않는다. 반석이신 예수님이 교회의 근원이시며 기초이시다.

베드로는 (그가 자신의 서신에서 말한 것처럼) "신령한 집으로 세워지는 산 돌들"(벧전 2:5)중 작은 돌에 불과했다.

5. 시몬 베드로는 왕국 열쇠를 소유했고 복음은 모든 사람 즉 우리 세대까지 전달되었다. 유대인과 사마리아인과 이방인의 순서대로 말씀을 받았다.

6. 우리가 무심코 받아들인 새로운 소망의 메시지는 놀랄 만한 계시이다. 새로운 메시지는 예루살렘 교회를 놀랍게 성장시켰다. 이와 같은 메시지를 우리가 성실하게 가르치고 전파하고 그대로 살아간다면 지금도 사람들은 그리스도를 영접하게 될 것이다.

복습

1. 다음에 나오는 이름 시몬, 베드로, 게바가 주는 의미는 각각 무엇인가?

2. 시몬 베드로와 함께 고기 잡는 일을 한 자는 누구인가?

3. 시몬 베드로는 두 가지 측면에서 인간의 모습을 설명해 준다. 두 가지 측면의 모습을 이름으로 적어 보자.

4. 예수님이 그의 이름을 베드로라고 적용하신 것은 언제인가?

5. 시몬 베드로는 제자요 사도였다. 이 둘의 차이점은 무엇인가?

6. 시몬 베드로는 당신에게 어떠한 인상을 주었는가?

예습

1. 성경 읽기

사도행전 6:5; 8장; 21:8.

2. 다음 주에는 사도가 아닌 평신도이며 일곱 집사 중 한 사람인 빌립에 대해 공부하게 될 것이다.

3. 시몬 베드로에 대해 복습해 보자.

4. 새롭게 깨달은 성경 구절에 표시해 보자.

(참고 : 시몬 베드로에 대해 이 책에서는 그의 생애 전체를 다루지 않았고 또 다룰 수도 없었다. 그리스도를 부인한 사건은 좋지 못한 특징으로 너무 잘 알려져 있기 때문에 생략했다.)

Week 45
빌립 집사

Ⅰ. 이름의 뜻
빌립이란 이름은 "용사" 혹은 "말을 사랑하는 자"라는 의미이다.

Ⅱ. 중요한 성경 구절
사도행전 6:5; 8장; 21:8.

Ⅲ. 가족 배경
평신도 전도자인 빌립 집사는 교회 행정에서 사도들을 돕기 위해 7명 중 한 사람으로 지명되었다. 그의 배경이나 가족에 대한 성경 기록은 전혀 없다.

성경의 설명은 오직 선택된 7명의 자격에 관한 것들뿐이다. 이것으로 보아 그는 사람들 사이에서 좋은 신망을 얻고 있었다.

선택된 일곱 사람들은 모두 헬라화된 유대인들, 혹은 헬라어를 하는 유대 사람들이었다. 일곱 집사를 뽑게 된 것은 헬라어를 하는 유대인들과 아람어를 말하는 유대인들 사이에 교회적인 문제 때문이었다. 그 문제를 해결하기 위해 열두 사도들은 교인들로 하여금 일꾼을 선택하도록 했다.

오늘날 모든 주석에서 이들 일곱 사람은 "집사"라고 불리고 있는데, "종, 메신저"라는 뜻을 갖고 있다. 이들 중 스데반이 제일 먼저 소개되고 두 번째로 빌립의 이름이 나온다.

Ⅳ. 신약성경은 빌립에 관해 어떻게 말하고 있는가?
1. 빌립은 일곱 집사 중 한 사람으로 임명되었다(행 6:1-7).

a. 교회 안에 문제가 생겼기 때문에 사도들은 도움이 필요했다. 교회의 문제로 팔레스타인 지

방 밖에서 태어난 헬라파 유대인 신자들과 아람어를 말하는 팔레스타인 지방의 히브리파 유대인 신자들 사이에 갈등이 생겼다(행 6:1).

b. 사도들은 그런 갈등 속에서 보이지 않은 더 큰 문제들을 발견했다. 그래서 그들은 믿는 교인들을 불러 모아 그 문제를 그들 앞에 내놓았다.

사도행전 6:2을 유의해서 보라. _____

_____

사도들의 할 일은 하나님의 말씀을 전하는 것과 기도하는 일이었다. 그들이 말씀을 제쳐 놓고 "공궤(재정 출납)를 일삼는 것"은 마땅하지 않은 일이었다. 성경 주석가 매튜 헨리(Matthew Henry)는 말하기를 "일곱 사람이 하는 일은 공궤를 일삼는 것이어야 한다"라고 했다.

c. 사도들은 교인들이 선택한 일곱 집사의 자격을 말했다(행 6:3). "너희 가운데서 일곱을 택하라." 교인들은 일곱 명을 추천해야만 했다. 일곱 사람은 세 가지 자격을 구비해야 했다.

- 칭찬 듣는 사람 : 스캔들이 없고 사람들에게 정직하다고 인정받는 사람
- 성령 충만 : 성령으로 채워진 사람
- 지혜 충만 : 성령의 지혜를 가진 사람

사도들은 선택받은 7인을 임명하고 교회의 문제들을 돌봐야 했다. 그들은 그 후 사도로서 하나님이 그들을 부르신 바에 따라 자신들을 온전히 드릴 수 있었을 것이다.

사도행전 6:4을 써 보라. _____

d. 일곱 명은 교인에 의해 피택되었다. 7인 모두가 헬라어를 하는 유대 신자들(헬라파 유대인)이었다. 7인의 이름이 소개될 때 빌립은 두 번째로 나온다. 5절을 유의해서 보자.

교인들이 사도들 앞에 7인을 세웠다.

6절을 써 보라. _____

사도들은 기도하고 일곱 사람에게 안수했다.

이 원리는 오늘날 교회에서 찾아볼 수 있는 좋은 실례가 된다. 기독교 안에서 일어난 첫 번째 다툼은 금전 문제에 대한 것이었다. 한 그룹이 다른 그룹보다 더 많이 받은 것이 문제였다. 교인들 앞에 제기된 문제는 사도들을 돕기 위해 선택된 경건한 사람들로 말미암아 해결되었다. 그 후 열두 사도는 기도하고 말씀을 연구하며 하나님의 진리만을 전파할 수 있었다. 오늘날 목회자들에게도 이 같은 협력자들이 필요하다.

e. 7절에서 그 후의 결과를 보자. _____

_____

2. 빌립은 해외에 흩어져 나간 교회의 일원이었다(행 8:1-4).

a. 스데반 집사의 순교로 예루살렘교회는 흩어졌다. 사도행전 11:19을 보라.

b. 교회에 대한 큰 핍박은 사도들을 제외한 신자들을 유대와 사마리아로 흩어 놓았다(행 8:1).

사도행전 8:4을 써 보라. _____

사도들은 그들이 필요한 곳을 돕기 위해 준비하며 예루살렘에 계속 머물렀다(행 10:23–35).

3. 빌립은 사마리아에 가서 그리스도를 전파했다(행 8:5).

a. 흩어진 모든 신자가 말씀을 전파했고, 빌립은 그리스도를 전파하기 위해 사마리아로 내려갔다(5절).

순교와 재난과 핍박 중에서도 복음은 퍼져 나가기 시작했다. 사마리아인들은 혼혈 유대 민족(half-Jewish)이었다.

b. 헬라어를 하는 유대인들은 유대 밖에서 살던 자들이었다. 사마리아인들은 유대인들을 경멸과 증오의 대상으로 봤다. 예루살렘 대제사장은 사마리아 안에서는 사법권이 없었다.

빌립이 사마리아로 갔을 때 그는 그들에게 그리스도를 전파할 기회를 가졌다. 그는 헬라화된 유대인이었기 때문에 사마리아인들에게 호감을 살 수 있었다.

c. 예수님도 사마리아에서 복음을 전하셨기 때문에 빌립도 역시 성공적으로 전했다.

요한복음 4:4을 써 보라. _____

예수님이 야곱의 우물가에서 사마리아 여인에게 복음을 전파하셨다. 그 결과 많은 사람이 그녀의 증거를 듣고 믿었다. 요한복음 4:39을 읽어 보라.

4. 따르는 표적과 이적으로 하나님의 말씀이 더 전파되었다(행 8:6–8).

a. 거기에는 빌립이 전파하는 진리를 확증해 주는 하나님의 표적들이 있었다.

b. 빌립은 사탄의 능력을 깨뜨려 버렸다.

6–7절을 써 보라. _____

_____

이 구절에서 말하기를 "빌립의 말도 듣고 행하는 표적도 보고"(6절)라고 했다. 어떤 자는 표적을 믿지 않는다. 7절에서 "더러운 귀신들이 크게 소리를 지르며 나갔다." 큰 소리를 지른다는 말인 "boao"는 "괴로움의 부르짖음"을 뜻할 수도 있다. 그러나 첫 번째 의미는 "기쁨과 구원의 외침"이라는 뜻이다. 헬라어의 "큰 소리로"(megale)라는 말은 "크고 강한" 소리를 뜻한다. 그래서 빌립은 더러운 귀신들에게 붙잡혀 있는 자들, 즉 욕망에 사로잡힌 자, 미워하는 자, 우상 숭배자에게 그리스도를 전파했다. 그들이 구원을 받게 될 때 구원의 즐거움을 외쳤다.

이것이 "무리가 표적도 보고"라는 구절을 뒷받침해 준다. 그들은 구원받아 옛 습관에서 건짐을 받았고 사탄의 올무에서 벗어났다.

c. 육신의 병 고침은 빌립의 복음 전파에 도움을 주었다. 아마도 죄로 병든 많은 심령을 고치는 것보다 절름발이, 중풍병자들을 고치는 것이 더 인기가 있었을 것이다.

하나님은 사도 시대에 하나님의 사역을 항상 확증시키셨다. 모든 병 고침은 전에도 있었고 지금도 있다.

병 나음이 기도나 의약품, 적당한 간호나 의사 혹은 여러 가지 다른 방법을 통해 이루어지고 있으나 그것은 오직 하나님의 치료하심으로 되는 것이다. 이 모든 방법은 단지 육체를 도와주는 것뿐이다. 궁극적으로 하나님이 고치시는 것이다.

d. "그 성에 큰 기쁨이 있더라"(행 8:8).

크리스웰(W. A. Criswell) 박사는 그의 저서 *Sermons on Acts*에서 이렇게 말했다. "헬라어 신약성경 안에 명사 어미 변화로 파생되는 단어들이 있다. 예를 들면 '카라'란 '기쁨'이란 뜻이고 '카리스'란 '은혜'라는 의미가 있다. '카리스마'는 '은사'라는 의미를 지닌다. '카리스마타'는 복수형이다. '카라'에 대한 의미들 중 하나는 '주 안에서 승화된 기쁨'이다. '은혜'(카리스)의 의미들 중 하나는 '아름다운 정신과 태' 혹은 '놀랍도록 흘러넘치는 애정'이란 의미가 있다. 메가레(격렬한 기쁨), 즉 '그 성의 해방과 구원의 기쁨'(8절)을 말한다."

5. 빌립은 사도들의 복음 사역의 길을 예비해 놓았다(행 8:14-17).

a. 만일 당신이 시몬 베드로에 관한 연구를 회상해 보면 빌립의 사역은 천국 열쇠 사용에 대한 가르침을 다시 확인해 주는 것이 된다. 하나님은 항상 당신의 일을 목적과 계획에 따라 행하신다. 사도행전은 새 시대를 여는 입문서이다. 사도행전은 유대인들에게서 이방인들에게, 유대주의에서 기독교로, 유대 지역에서 땅 끝까지, 율법에서 은혜로 전환되는 것에 대한 이야기이다.

마태복음 16:18-19에서 당신은 하나님의 계획을 발견한다. 마태복음 18:18에서 사도들에게 "매는 것과 푸는 것"이 같은 일임을 말씀하셨다(이번 주 공부 마지막에 있는 "참고"를 보라).

사도행전 1:8에서 주님은 그들의 일의 진행 방향을 제시해 주셨다. 주님이 말씀하시기를 "너희가 예루살렘과 온 유대와 사마리아와 땅 끝까지 이르러 내 증인이 되리라"라고 하셨다.

여기서 모두(both)라는 말은 유대인들에게는 종족적인 의미를 포함한다. 예루살렘과 유대는 하나로 되어 있다. 유대인이 우선일 것이며 그 다음에는 사마리아인이다.

b. 빌립이 전파할 때 그는 그리스도를 전했으며 백성은 믿었다. 시몬 베드로와 요한이 사도들의 보냄을 받아 사마리아로 내려갔을 때 사마리아인들은 성령을 받았다. 이것이 천국 열쇠의 두 번째 사용이었던 것이다.

사도행전 8:15-16에 밑줄을 그어라.

17절을 써 보라. _____

25절을 써 보라. _____

_____

6. 빌립은 에디오피아인에게 예수님을 전했다(행 8:26-40).

a. 빌립은 주의 사자의 인도하심을 받아 예루살렘을 떠나 가사(Gaza) 광야 길로 가야 했다. 26절의 부르심을 유의해서 보라.

b. "일어나 가서 보니"(27절). 빌립은 하나님의 부르심에 순종했다.

27절을 써 보라. _____

_____

그 사람은 에디오피아 여왕 간다게의 국고를 맡은 고급 관리이며 큰 권세를 지니고 있는 내시였다.

c. 그 사람은 예배하러 예루살렘에 왔다가 자기 집으로 돌아가는 도중에 이사야 53장을 읽고 있었다. 빌립은 거기에서 성경을 해석해 주었다.

사도행전 8:35을 써 보라. _____

d. 빌립은 완전한 순종과 그리스도에 대한 공적 신앙고백을 표명한 에디오피아인에게 세례를 베풀었다.

사도행전 8:36절을 읽어 보자. 성경 밑에 있는 "37절(없음)의 설명"을 보라. 세례를 위한 전제 조건은 주 예수 그리스도에 대한 신앙과 신뢰, 그리고 믿음이다. 37절의 설명에서는 세례에 대해 정확한 설명을 해 주고 있다.

e. 주님은 빌립을 이끌어 가셨다. 그곳에는 구약성경을 들고 있는 새로운 그리스도인이 남겨졌다. 빌립을 향한 기적적인 이끄심은 내시에게 하나님의 능력을 체험케 했다.

내시는 기쁘게 길을 가므로 그를 다시 보지 못하니라. (행 8:39)

7. 빌립은 가이사랴에 도착할 때까지 모든 성에서 전파했다(행 8:40).

a. 빌립은 아조투스(Azotus)에 있었다. 지금은 "아스돗"이라고 부르는 장소이다.

이곳은 그가 내시와 작별한 곳에서 48km 떨어져 있다.

　　d. 그는 돌아오는 길에서도 복음을 전파했다. 모든 성에서 사람들에게 예수님을 증거했다. 마침내 그는 가이사랴에 도착했다.

　　c. 바울은 빌립의 집을 방문했다(행 21:8). 사도행전 21:8-9을 찾아서 밑줄을 그어라. 여기서 말하는 곳은 바닷가에 있는 가이사랴로, 빌립보 지방에 있는 가이사랴는 아니다.

　　d. 이것은 충성스러운 집사이며 전도자인 빌립에 대한 마지막 언급이다. 평신도의 증거가 이렇게도 놀랍던가!

Ⅴ. 구약성경은 빌립에 관해 어떻게 말하고 있는가?

　　1. 사도행전 6:3은 출애굽기 18:21의 가르침이다. 21절에 밑줄을 그어라.

　　2. 사도행전 8:27을 시편 68:31과 비교해 보라.

　　3. 사도행전 8:32-33은 이사야 53:7-8과 관계가 있다.

이사야 53:7을 써 보라. _____

_____

　　4. 사도행전 8:39을 열왕기하 2:11과 비교해 보라.

　　5. 사도행전 8:39을 에스겔 8:3과 비교해 보라.

Ⅵ. 이번 주에 배울 수 있는 교훈은 무엇인가?

　　1. 하나님은 주님께 생명을 바치고 뜻을 따르는 자를 사용하실 수 있다.

　　2. 교회의 목회자는 세속적인 일들과 결부되어서는 안 된다. 주 안에서 말씀을 연구하고 기도하고 전파할 수 있도록 보호받아야 한다.

　　3. 우리는 교회 지도자를 지위와 출신에 따라서 택해서는 안 되며 그들이 하는 일에 전심전력하는 자를 선택해야 한다.

　　4. 집사 혹은 교회의 사역자들은 말씀을 언제나 전파할 수 있고 "말씀을 잘 가르쳐야" 한다. 빌립은 훌륭한 평신도 전도자였다.

　　5. 성령님이 빌립과 함께하심과 같이 우리를 인도하실 때, 우리는 "일어나 가라"는 지시하심에 대답하고 있는가? 우리는 가끔 그 부르심에 순종하지 못하고 있다. 우리가 응답하지 않으므로 선교지에서는 고난을 겪고 있다.

　　6. 복음은 어떤 곳이든지, 어느 때이든지, 사막까지라도 증거될 수 있다. 사탄은 우리가 단지 어떤 특정한 사람에게만 그리스도를 전파하도록 시간을 끌고 있다.

복습

1. 일곱 사람의 세 가지 자격은 무엇이었는가?

2. 왜 사도들은 교인들로 하여금 일곱 사람을 선택하도록 했는가?

3. 핍박이 교회에 다가왔을 때 그것은 주님의 일을 도왔는가, 그렇지 않으면 방해했는가?

4. 사마리아인들이 빌립을 받아들일 수 있었던 이유는 무엇인가?

5. 어떻게 빌립이 에디오피아인을 떠나게 되었는가?

6. 빌립은 가족이 있었는가? 어떻게 알 수 있는가?

예습

1. 성경 읽기

사도행전 6:5-15; 7장; 8:1-3; 11:19; 20:20.

2. 다음 주에는 일곱 집사 중 한 사람이며 최초의 기독교 순교자인 스데반에 대해 공부할 것이다.

3. 빌립에 대한 연구를 다시 음미해 보자.

4. 새롭게 깨달은 성경 구절에 표시해 보자.

(참고 : 마태복음 18:18의 "매는 것과 푸는 것"에 대한 주제는 마태복음 16:18-19과 매우 혼동되고 있다. 이해를 돕기 위해서는 요한복음 20:21-23을 읽어 보자. 이 권한은 베드로에게만 주어진 것이 아니고 사도들과 교회에 주어진 것이다. 마태복음 18:15-18의 문맥은 교회를 포함하고 있음을 보여 준다. "매는 것과 푸는 것"은 무엇을 의미하는가? 사도들이나 오늘날의 목회자들이 복음을 전파할 때 매는 것과 푸는 것은 믿는 자들에게 그들의 죄를 사해 줄 수 있다는 뜻이며 또한 예수님에 대한 메시지를 거부하는 자들에게는 죄를 그대로 지니게 한다는 뜻으로 쓰인다. 바울은 고린도후서 2:15-16에서 그 문제를 명백히 밝히고 있다.)

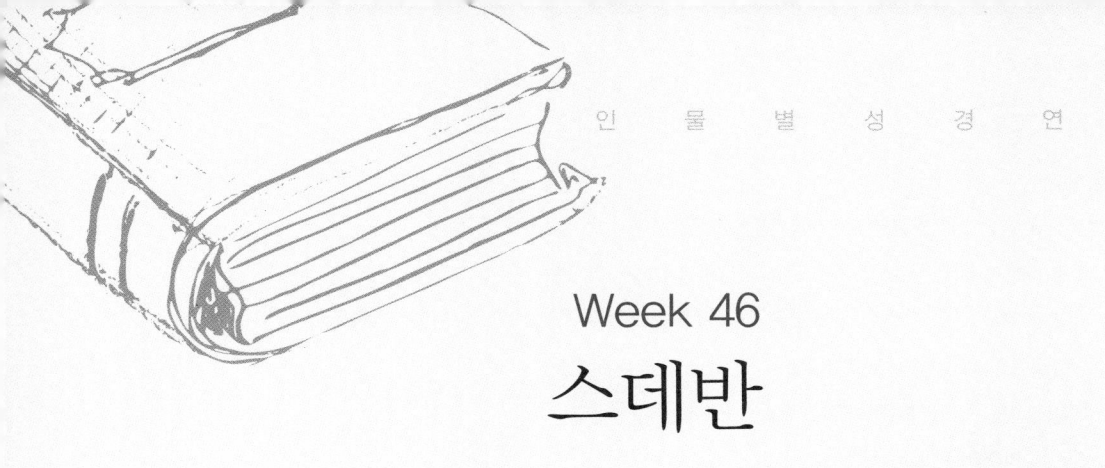

Week 46
스데반

Ⅰ. 이름의 뜻
스데반은 "면류관"이라는 의미이다.

Ⅱ. 중요한 성경 구절
사도행전 6:5-15; 7장; 8:1-3; 11:19; 20:20.

Ⅲ. 가족 배경
스데반은 사도들을 돕기 위해 교인들에 의해 선택된 일곱 사람 중 한 사람이다. 성경에는 그의 가족 배경에 대해 아무런 기록이 없다. 그러나 우리는 사도행전에 나타난 내용들을 통해 그의 인격을 확인할 수 있다. 스데반은 헬라화된 유대인이었다. 그는 사도들과는 다른 유형의 인물이었다. 사도들은 갈릴리 사람들이었으며, 거칠고 교육도 제대로 받지 못한 자들이었다.

스데반은 좋은 평판과 높은 교양을 지니고 있는 인물이었다. 스데반은 사도는 아니었다. 그리고 목회자나 기름 부음을 받은 교역자도 아니었다. 그는 평신도이자 집사, 혹은 "청지기"에 불과했다. 복음을 해석하는 그의 모습은 하나님에게 붙들린 평신도의 능력을 보여 준다. 그는 사마리아인들과 이방인들에게 복음을 전파하는 데 자기 생명을 바칠 정도로 책임 있게 선포했다.

Ⅳ. 신약성경은 스데반에 관해 어떻게 말하고 있는가?
1. 그는 믿음과 성령과 능력이 충만한 자였다(행 6:5, 8절).

스데반은 선택된 일곱 집사 중 한 사람이었다. 성경은 말하기를 "믿음과 성령이 충만한 사람 스데반"이라고 했다.

사도행전 6:8을 살펴보면 "은혜와 권능이 충만하여"라는 내용을 보게 된다. 믿음으로 하나님

의 능력이 그에게 주어졌다. 그는 빌립이 행한 것처럼 큰 기사와 이적을 행했다. 이
것으로 예루살렘에 있는 헬라파 유대인들 사이에 큰 소동이 일어났다.

  2. 산헤드린 공회 앞에 선 스데반(행 6:9-14)

  a. 스데반은 길리기아 사람들의 회당에서 그의 반대자들과 변론했다(사울[바울]은 길리기아의 중심 도시이자 로마 행정 수도인 다소 출신이었다. 각처에서 모여 온 유대인들은 예루살렘에 각각 그들의 회당을 소유하고 있었다). 스데반은 길리기아인들의 회당 안에 서서 예수 그리스도의 말씀을 전파했다. 회당의 교사들과 지도자들이 스데반의 설교를 논박했다(9절).

  b. 스데반은 학자이며 지혜와 성령이 충만하므로 유대 지도자들은 자신들의 논리로 당해 낼 수도 없고 그에게 대답할 수도 없었다.

  10절을 써 보라. _____

  c. 스데반과 그의 메시지를 반박하는 이들은 하나님의 능력을 소유한 스데반과는 대결이 되지 않았다. 그래서 그들은 증인들을 매수해 스데반이 모세와 하나님을 거슬러 말했다고 거짓 맹세를 하게 했다(11절).

  d. 매수된 증인들과 스데반을 논박하는 자들이 백성과 장로들과 서기관들을 충동질했다. 그들은 그를 산헤드린 공회 앞에 데리고 갔다(12절). 당신이 13절과 14절에서 볼 수 있는 것과 같이 그의 죄목은 위조된 것이었다.

  3. 스데반의 표정과 복음에 대한 그의 변호(행 6:15-7:50)

  a. 스데반에 대한 거짓 고소는 그에게 하나님의 능력과 임재하심을 보여 주는 기회가 되었다.

  사도행전 6:15을 써 보라. _____

_____

  그들은 그가 모세를 거슬러 참람한 말들을 했다고 말했다. 그러나 하나님은 그곳에 함께하셔서 스데반의 얼굴을 모세가 성산(聖山)에서 나올 때의 얼굴과 천사의 얼굴처럼 보이도록 하셨다. 산헤드린 공회 의원들은 빛나는 모습으로 나타난 스데반을 향해 그 고소가 사실인지를 물어야만 했다(행 7:1).

  b. "이것이 사실이냐"(행 7:1)라는 대제사장의 질문은 스데반의 입술에서 능변(masterpiece)을 하도록 만들어 주었다.

  그는 유대주의와 기독교 사이에 충돌을 피했으나 충돌은 불가피한 것이었다. 스데반은 기독교의 근본적 자유에 대한 요점을 말했다.

c. 스데반은 유대 민족을 취급하시는 하나님의 모든 역사를 개괄해 변증했다. 대략적인 이스라엘 역사의 요점을 살펴보자.

• 하나님은 족장들을 선택해 이스라엘을 인도하셨다(행 7:2-22). 스데반은 처음부터 그 사실을 들춰냈다. 하나님은 이스라엘을 분명한 목표로 인도하신다. 그 목표는 아브라함의 후손으로부터 이루어질 것이다.

• 스데반은 하나님을 향한 이스라엘의 계속된 배반에 대해 모세를 세우셔서 계획을 이루신 하나님을 증거했다(행 7:23-43).

37절을 유의해서 보라. _____

_____

이 구절은 예수 그리스도와 관련되어 있다.

• 이스라엘 백성은 장막과 성소를 지었으나 하나님은 그곳에 임시적이고 의례적으로 계신 분이 아니었다(행 7:44-50).

49절을 써 보라. _____

_____

이것은 이사야 66:1-2에서 인용한 구절이다.

4. 스데반의 변증과 고소(행 7:51-53)

a. 얼마나 대단한 용기인가! 스데반의 말을 (의역해서) 살펴보자.

"당신들은 아브라함에게 주어진 많은 할례 의식을 행하면서 마음과 영혼에는 할례를 받지 못했습니다. 그리고 당신들은 성령을 거스르고 있습니다. 당신들의 조상이 행한 것을 당신들이 그대로 행하고 있습니다"(51절).

b. "당신들은 조상들이 선지자들을 죽인 것같이 의로운 자 예수님을 죽였소"(52절).

c. "당신 조상들은 천사들로 말미암아 전해진 율법을 받았으나(갈 3:19) 그 율법을 지키지도 아니하고 지키려는 노력도 하지 않았습니다"(행 7:53).

d. 그의 책망은 찌르는 것과 잘라 내는 것 같았다. 그는 용기를 가지고 두려움 없이 담대히 증거해야 하는 그리스도인답게 증거했다.

e. 스데반은 그의 설교에서 모든 유대인의 예배는 일시적인 성격을 지닌 것임을 말했다. 메시아를 거절했던 유대인들은 모세가 그들에게 내려 준 제도와 의식이 영원한 것(절대로 변하지 않는 것)인 줄로 믿고 있었다. 스데반은 유대인과 이방인 모두 예수 그리스도 안에서 회개해야 한다고 설교했다.

예수님도 그들에게 한 번 말씀하신 적이 있다.

마태복음 23:27 _____

5. 스데반은 그의 신앙 때문에 순교했다(행 7:54-60).

a. 듣는 자들은 격렬히 분노했고, 잔인무도함을 드러냈다. 스데반을 향해 이를 가는 그들은 미친 개들처럼 보였다(54절).

b. 스데반은 그때 전혀 다른 어떤 것을 봤다.

미친 무리 앞에 서 있을 때 그는 눈을 들어 하늘을 향했다가 하늘 문이 열리는 것을 봤다.

55절을 써 보라. _____

_____

이 절은 성경에서 유일하게 승천하신 주님이 서 계신 곳을 보여 주고 있다. 성경 도처에는 주님이 하나님 우편에 앉아 계심을 보여 준다. 주 예수님은 첫 순교자를 영접하기 위해 서 계셨다. 주님은 사도나 어떤 유명한 사람이 아닌, 성령 충만한 평신도에 불과한 사람에게 나타나셨다.

c. 스데반은 그가 영광 중에 본 것을 산헤드린 의원들에게 말했다. 그는 그가 본 것을 모든 사람이 들을 수 있도록 말했다(56절).

d. 군중의 반응은 한결같이 분노뿐이었다. 그들은 기독교 평신도인 스데반의 말을 듣는 것을 더 이상 참을 수가 없었다.

57-58절을 유의해서 보라.

그들의 분노는 매우 컸다. 그들은 로마 정부는 물론이고 어떤 법정 기관과 의논도 하지 않았다. 그들은 스데반을 체포해 그를 성 밖으로 끌고 나와서 유대 관습에 따라 처형했다. 지금은 기드론 골짜기 동편에 있는 그곳을 성 스데반의 문이라고 부르고 있다. 거기서 그들은 그에게 돌을 던져 높이 약 3.6m 정도의 돌무더기를 만들어 놓았다. 그 무리는 범죄자에게 크고 작은 돌을 던질 수 있는 기회를 갖고 있었다. 그것은 그들의 관습이었으며 스데반은 그 방법으로 죽임을 당했다.

e. 범죄자들에게는 기드론 골짜기에 던져지기 전에 그들의 범죄를 고백하는 기회가 주어졌다.

그들은 스데반의 고백을 중단시켰으나 59절에 있는 그의 또 다른 고백을 들었다.

59절 _____

그를 거짓 고소한 증인들은 사울이라는 청년의 발 앞에 그 옷을 두었다. 이 사건은 중요하다.

f. 스데반의 마지막 말은 증언이었으며 확신에 찬 말이었다.

60절을 써 보라. _____

_____

그는 자기를 죽이는 자를 위해 기도하고 "잤다."

"잤다"는 말은 육체적 죽음을 설명하는 기독교적 표현법이다. 우리는 스데반과 같이 예수님 안에서 잠들 것이다.

6. 스데반의 모습은 결코 사라지지 않고 영향을 끼쳤다(행 8:1, 3절; 22:19-20).

a. 스데반을 죽이는 현장에 참석한 자 중 사울이라는 청년이 있었다.

사도행전 7:58을 보라.

사도행전 8:1을 써 보라. _____

b. 사도행전 8:3은 사울이 교회를 핍박하는 데 앞장선 자였음을 암시해 준다. 그러나 스데반의 죽음에 대한 결과로 이상한 일이 일어났다. 사울은 그의 죽음을 마땅히 여겼으나 성령은 그를 책망하셨다. 그가 홀로 있을 때마다 그의 머릿속에는 스데반의 모습이 떠올랐다. 사도행전 9장에서 예수님은 사울에게 말씀하셨다.

나는 네가 박해하는 예수라. (행 9:5)

c. 사울은 스데반처럼 그렇게 죽는 인간을 결코 보지 못했다. 사도행전 22:19-20에서 바울은 그의 회심을 다시 말한다. 스데반에 대한 말을 유의해서 보라. 19-20절에 밑줄을 그어라.

d. 스데반은 장사되었고 그를 사랑하는 자들은 크게 슬퍼했다.

사도행전 8:2을 써 보라. _____

_____

그의 증언과 더불어 그의 생애는 복음을 사마리아와 이방인들에게 전파하는 데 영향을 미쳤다. 스데반의 죽음과 증거 때문에 사울(바울)은 예수님을 믿고 사도가 되었다. 그(바울)는 위대한 전도자일 뿐 아니라 바울 서신들의 저자이다.

V. 구약성경은 스데반에 관해 어떻게 말하고 있는가?

1. 사도행전 6:8과 미가 3:8을 비교해 보자.

2. 사도행전 6:15은 출애굽기 34:30을 배경으로 한다.

_____

_____

3. 사도행전 7:3은 창세기 12:1을 배경으로 한다.

_____

_____

4. 사도행전 7:2-50은 구약에서 그 배경을 더듬어 볼 수 있다.

5. 사도행전 7:33은 출애굽기 3:5과 여호수아 5:15을 배경으로 한다. 여호수아 5:15을 써 보라.

_____

_____

6. 사도행전 7:37은 신명기 18:15에 대해 설명한다.

_____

_____

신명기 18:18도 역시 같은 설명이다. 밑줄을 그어 보라.

7. 사도행전 7:49은 이사야 66:1-2을 설명하고 있다. 이사야의 중요 사상을 적어 보라.

_____

_____

VI. 이번 주에 배울 수 있는 교훈은 무엇인가?

1. 믿음이 충만한 사람은 스데반과 같이 하나님의 능력을 소유할 수 있다.

2. 하나님의 말씀을 잘 아는 것은 "종교가"(宗敎家)에게까지도 확신을 가져다줄 수 있다. 스데반은 사도행전 7장에서 암시된 바와 같이 말씀에 능통했다.

3. 순교당한 평신도는 복음을 확산시켰다.

스데반의 신실한 증거 덕분에 우리는 오늘날 바울의 서신들을 읽을 수 있다.

4. 우리는 그리스도를 위해 비난이나 핍박까지도 결코 두려워해서는 안 된다. 비난은 주님의 사역에서 확실한 성공의 표시이다.

5. 인격은 사람이 죽을 때 같이 죽지 않는다. 그 영향은 계속 살아 있는 것이다. 스데반은 오늘날까지 우리와 함께 하나님의 말씀 안에서 그의 신앙 내용을 읽는 수백만의 독자들과 함께 살아가고 있다.

6. 그는 사도나 교황이나 전도자도 아닌 평신도였지만 최초의 기독교 순교자가 되었다. 예수님은 그를 영접하기 위해 하나님 우편에 서 계셨다.

얼마나 큰 영광인가!

예수님은 평신도들의 사역을 중요하게 여기신다.

복습

1. 헬라파 유대인은 누구를 말하는가?

2. 스데반의 특이한 점은 무엇인가?

3. 무엇이 회당의 지도자들을 그토록 광분하게 만들었는가?

4. 스데반은 사도들과 같은 직분이었는가?

5. 주님은 어떻게 스데반에게 나타나셨나?

6. 스데반에 대해 당신이 지금 받은 인상은 무엇인가? 당신의 느낌을 기록하라.

예습

1. 성경 읽기

사도행전 9–28장, 로마서 7:15–25, 고린도후서 4장, 갈라디아서 1:10–24; 3장, 에베소서 4장, 디모데후서 4장.

모두 읽을 시간이 허락되지 않는다면 사도행전은 꼭 읽어야 한다.

2. 다음 주에는 사도 바울에 대해 공부하게 될 것이다.

3. 스데반에 대해 중요한 점들을 공부해 보자.

4. 새롭게 깨달은 성경 구절에 표시해 보자.

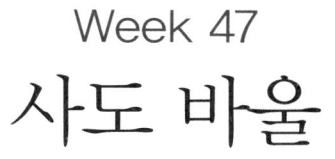

Week 47
사도 바울

I. 이름의 뜻

바울은 "작다"(이방인 이름)라는 의미이다.

사울은 "요구하다"(유대인 이름)라는 의미가 있다.

II. 중요한 성경 구절

사도행전 9-28장, 로마서 7:15-25, 고린도후서 4장, 갈라디아서 1:10-24; 3장, 에베소서 4장, 디모데후서 4장.

III. 가족 배경

사울은 유대인의 이름이다. 사도행전 13:9까지 사울로 불리다 이후 바울이라는 이름으로 불린다. 그 이유를 어떤 이는 로마 식민지인 구브로 지방의 총독 서기오 바울의 개종 때문이었을 것이라고 생각한다.

그러나 그는 대부분의 유대인들처럼 두 가지 이름을 처음부터 마지막까지 지니고 있었을 것이다. 누가는 그의 사역이 이방인들 가운데서 시작되었을 때 그의 이방 이름인 바울을 소개했다. 이것은 그의 개종에 있어서 중요한 사실이 된다.

바울은 헬라어를 말하는 유대인이었다. 그는 길리기아의 수도인 다소에서 출생했다(행 21:39). 그는 베냐민 지파 출신이다(빌 3:5). 또 히브리 신앙의 엄격한 규율 안에서 성장했다. 그는 바리새인 중에 바리새인이었다(행 23:6). 그는 로마 시민으로 태어났기 때문에 주님의 사역에서 중요한 부분을 차지하게 되었다(행 22:25-30).

바울은 어린 시절에 예루살렘에 가서 학식이 탁월한 스승 가말리엘의 문하생으로 공부했다. 그는 조상들의 엄격한 율법에 따라 가르침을 받았다(행 22:3). 가말리엘은 랍비의 교훈으로 유명하다. 그는 바리새인으로 헬라 문화를 어느 정도 이해하고 있었고 젊은 바울의 스승으로서 이상적인 사람이었다. 바울은 열렬한 바리새인으로 성장했고 부활과 천사 그리고 그 밖에 신앙의 근본적인 것들을 믿고 있었다.

바리새주의는 수년간 내려오면서 어떤 독특한 것이 되어 버렸다. 그것은 형식상의 종교가 되었다. 바리새인들은 모세가 기록한 것들을 고치고 첨가해 바로 주님이 책망하셨던 "전통"(tradition)이란 것을 만들었다(마 15:1-7).

청년 바울은 특별한 배경을 갖고 태어났다. 그는 로마 시민권을 가지고 있는 유대인이며, 베냐민 지파에 속한 자로서 바리새인이었다. 그는 예루살렘에서 엄격한 종교적 훈련을 받았고 언약 관계의 한 부분으로서 할례를 받았다. 그는 천막을 제조하는 직업을 가지고 있었고 그의 모든 배경은 그의 전 생애를 통해 큰 영향을 주었다.

IV. 신약성경은 바울에 관해 어떻게 말하고 있는가?

(저자의 말 : 이렇게 광대한 주제를 한 주에 모두 취급하는 것은 유리잔에 대양을 쏟아붓는 것과 같을 것이다. 우리는 바울의 생애에서 요점만 취급할 것이며 바울에 대한 더 깊은 연구는 독자들이 개인적으로 해 줄 것으로 믿는다.)

1. 바울은 스데반의 순교 현장에서 첫 번째 나타나고 있다(행 7:58; 8:1-3).

a. 그는 스데반에게 돌을 던지는 현장에 있었다(행 7:58). 바울은 스데반의 죽음에 동의했고 그의 죽음을 지켜봤다(행 7:59-8:1). 바울에게 스데반은 유대교 신앙을 거스르는 큰 적이었다. 바울은 마음속으로 스데반의 순교가 마땅한 일이라고 생각했다. 그는 지금까지 스데반이 죽는 것과 같이 사람이 죽는 것을 보지 못했다. 스데반은 자기를 죽이는 자들을 용서해 달라고 하나님에게 기도하면서 죽었다. 이것이 바울의 마음과 양심 속에 남아 있었다.

b. 그는 교회를 핍박하는 앞잡이였다(행 8:1, 3절). 바울은 그리스도인들을 핍박하는 일이 자기의 의무라고 생각했다.

사도행전 8:3을 써 보라. _____

_____

사도행전 26:9-11에 밑줄을 그어 보라. 바울 자신의 말들이 기록되어 있다.

2. 바울이 회심해 예수님을 믿는 자가 되었다(행 9:3-19).

a. 바울은 그리스도인을 없애기 위해 다메섹으로 가는 도중에 하늘로부터 오는 큰 빛을 봤다. 그는 땅에 엎드러졌다. 그때 그는 "사울아 사울아 네가 어찌하여 나를 박해하느냐"라는 음성을 들었다(4절). 5절에서 예수님은 바울에게 자신을 소개하시며 "나는 네가 박해하는 예수라"

라고 말씀하셨다. 바울은 스데반의 죽음에서 본 일과 여러 그리스도인이 죽음 가운
데서도 그들의 신앙을 지키는 것을 보고 양심의 찔림을 받았다. 그것은 예수님도 5
절에 말씀하신 것이다.

b. 그의 생애의 전환점이 사도행전 9:6에 나타난다.

"주님, 저에게 무슨 일을 행하실 것입니까?" 마침내 그의 완악한 심령이 깨어져 새
롭게 변화되었다. 그때 그는 실제로 눈이 멀었으며 그의 조력자들도 거기에 있었다.
주님은 그에게 다메섹으로 내려가서 거기에서 지시를 받을 것이라고 말씀하셨다.

c. 그는 3일 동안 소경이 되었으며 아무것도 먹지 못했다(9절).

d. 주님은 바울에게 아나니아를 보내셨으며 그는 순종했다. 바울은 고침을 받고
세례를 받아 하나님의 영으로 충만했다(10–19절). 특히 15절을 유의해서 보라.

바울은 회심의 경험을 반복해 말하고 있다(행 22:1–16; 26:9–18). 세 가지 설명
을 모두 읽어 보라.

3. 바울은 사도로서의 사역을 시작했다(행 9:15, 고전 15:8–9).

a. 그는 즉시 다메섹에서 전도하기 시작했고, 큰 성과를 거두었다. 유대인들은 그
를 죽이려고 했으나 그의 제자들이 광주리에 그를 담아 탈출하게 했다(행 9:20–25).
사도행전 9:20을 유의해서 보라.

b. 그는 그리스도를 봤기 때문에 사도가 되었다(고전 15:8–9). 바울은 "그 당시에
인정받는" 사도였다.

9절을 써 보라.

c. 예루살렘에 가는 대신 그는 아라비아에 갔다가 다시 다메섹으로 돌아왔다(갈
1:17). 다메섹으로 돌아와 베드로를 만나기 위해 예루살렘에 올라가서 15일 동안 머
물렀다(갈 1:18, 행 9:26–29). 예루살렘에 있는 그리스도인들은 그의 과거 생활 때문
에 그를 두려워했다. 바나바는 바울을 신뢰했고 그를 사도 베드로와 야고보에게 데
려가서 그들에게 바울의 회심에 대해 말했다. 그리고 바울은 예루살렘 안에 있는 그
의 옛 친구들인 헬라파 유대인들에게 복음을 전파했다. 갈라디아서 1장과 사도행전
9장에 있는 설명은 사건들을 순서대로 볼 수 있게 해 준다.

4. 하나님의 계획이 바울에게 계시되었다(행 22:17-21; 11:19-26).

a. 바울은 예루살렘에 있는 동안 그의 전도가 이방인들에게 행해질 것이라는 사실을 알려 주는 환상을 봤다(행 22:17-21). 그가 20절에서 스데반의 죽음에 관해 말하고 있음을 유의해서 보라.

사도행전 22:21절. 그의 선교 : _____

_____

b. 그의 선교는 예루살렘 교회가 바나바를 안디옥에 파송할 때부터 시작되었다. 스데반의 순교 후에 흩어진 자들이 전파하기 시작했다. 안디옥에도 도움이 필요했다. 바나바는 바울을 만나기 위해 다소로 갔다. 그들은 안디옥에 가서 1년간 전파하고 가르쳤다(행 11:19-26). 26절을 유의해서 보라.

"제자들이 _____

(참고 : 위의 안디옥은 시리아에 있고 또 다른 안디옥은 비시디아에 있다.)

c. 바울을 향한 하나님의 뜻은 지시된 바와 같이 이방인들에게 복음을 전파하고 땅 끝까지 복음을 확산시키는 데 있었다.

d. 기독교 역사의 가장 위대한 출발이 안디옥에서 일어났다. 처음으로 복음이 직접 헬라 우상 숭배자들에게 전파되어 그들이 구원을 받았다.

5. 바울의 소명과 그의 첫 번째 전도 여행(행 13:2-14:28)

a. 성령의 부르심이 사도행전 13:2에서 발견된다.

_____

_____

b. 첫 번째 전도 여행은 백성에게 가서 교회들을 세우는 것이었다. 바나바와 바울은 시리아 안에 있는 안디옥에서 실루기아(안디옥의 항구 도시, 행 13:4)에 내려가 거기서 배를 타고 구브로(그들은 구브로 지방의 살라미와 바보에서 전파했다, 5-6절)로 갔으며, 또 밤빌리아에 있는 버가(13절)에 갔다. 마가 요한은 그곳에서 그들을 떠났다. 이후 비시디아에 있는 안디옥에 이르렀으며 그곳은 그들이 많이 전파한 곳이다(14-50절).

이고니온(행 13:51)에서는 무리가 나뉘었다(행 14:4). 더베(행 14:6)에서 루스드라(행 14:8-19)에 왔다. 그 후 더베와 루스드라와 이고니온(행 14:20-21)으로 돌아가서 비시디아, 버가로 갔다. 모든 교회가 그 사람들(바울과 바나바)을 주님에게 부탁했다(행 14:23-25). 그 후에 그들은 그들의 출발지인 시리아 안에 있는 안디옥에 이르렀다(행 14:26-28).

c. 예루살렘 회의(행 15:1-35)

이 회의는 문제 해결을 위해 예루살렘에서 열렸다. 그 문제는 "사람이 예수님만 신뢰하므로 그리스도인이 될 수 있는가 그렇지 않으면 할례와 같은 모세의 율법을 지켜야 하는가"라는 것이었다(1, 5절).

베드로는 하나님의 뜻을 알고 바울과 바나바를 변호해 주었다. 그는 그리스도인의 자유에 관해 말했다(7-11절). 야고보는 그 회의를 주재하면서 결정을 내렸다(19-27절). 그 결정은 이방인들은 율법 아래 있는 것이 아니라는 것이었다. 이방인들은 경건한 유대인을 방해하지 않으면서 은혜를 나타내야 한다(28-35절). 그 결정은 갈라디아서 2:7-9에 자세히 기록되어 있다. 베드로와 야고보와 요한은 유대인들에게, 바울과 바나바는 이방인들에게 전파할 사명이 있었다.

갈라디아서 2:9을 써 보라. _____

_____

_____

6. 바울의 두 번째 전도 여행(행 15:36-18:22)

a. 바울과 바나바는 제2차 여행 때 마가 요한을 데리고 가는 일로 불화를 겪었다. 바나바는 마가를 데리고 구브로에 갔다. 대신 바울은 실라를 데리고 갔다(행 15:36-41).

b. 이 여행을 통해 바울은 복음 전파와 아울러 교회도 설립했다. 수리아와 길리기아를 거쳐(행 15:41) 더베와 루스드라에도 이르렀고 브루기아와 갈라디아 땅으로 다녀가 드로아로 내려갔다. 그때 드로아에서 바울의 환상 중에 한 사람이 나타나 마게도냐로 건너올 것을(행 16:9) 그들에게 요청했다. 누가는 사도행전 16:10에서 "우리"라는 말을 사용해 그들을 하나로 연결한다. 그들은 네압볼리로 가서(지금은 유럽 지경, 행 16:11) 빌립보에 이르러 교회를 세웠고 핍박도 받았다(행 16:11-40). 그들은 데살로니가에도 갔다(행 17:1-9). 누가는 빌립보에 머물렀다. "그들"을 살펴보자. 그들은 베뢰아로 갔고(행 17:10-14) 바울은 아덴과(행 17:15-34) 고린도에 가서(행 18:1-22) 그곳에서 교회를 세우고 재판을 받기도 했다(그는 고린도에서 데살로니가인들에게 두 차례의 서신을 썼다).

c. 이 여행의 결과로 유럽에 기독교가 전파되었다. 이것은 사도행전 1:8에 나오는 주님의 말씀을 성취시켰다.

7. 바울의 세 번째 전도 여행(행 18:23-21:14)

a. 바울은 갈라디아교회를 방문하고 난 후 에베소에 갔다. 거기서 그는 3년을 보

냈다. 에베소까지 가는 그의 여행으로 로마 식민지인 아시아 전역이 하나님의 말씀을 들었다(행 19장). 에베소에서 만난 폭동은 그를 떠나게 했고 그는 2차 전도 여행 때의 교회들을 다시 방문하게 되었다. 그가 에베소 남쪽 항구 밀레도에 도착했을 때 그는 교회 장로들을 불러 그들에게 중요한 교리적 진리들을 말해 주었다(행 20:17-38). 특별히 21, 27-28, 31-32절을 유의해서 보라.

b. 성령은 바울에게 예루살렘에 가지 말 것을 경고하셨다. 그래서 그는 빌립의 집에서 지체했다(4-9절). 그는 두 번째 예루살렘으로 가지 말라는 말씀을 들었다(10-13절). 그러나 그는 예루살렘으로 올라갔다(14-17절). 이것은 그의 전도 여행을 끝마치게 했다.

왜 바울은 이렇게 여행했는가? 만일 바울이 이 여행을 이렇게 하지 않아서 유럽과 아시아에 복음이 전해지지 않았다면 서양인들은 서부 세계 안에서 지금과 같은 교회들을 소유할 수 없었을 것이다.

8. 바울의 고난은 우리에게 교훈을 주었다(행 21:27-28:31).

a. 그는 예루살렘에도 복음을 변증해야만 했다(행 21:27-23:11). 그는 복음 전파를 위해 산헤드린에 갔고 거기에서 그는 바리새인들과 사두개인들 사이에 서로 다툼이 일어나도록 했다(행 23:1-9).

사도행전 23:11을 써 보라.

_____

_____

b. 바울은 가이사랴에 보내져서 벨릭스 앞에 서게 되었다(행 23:24; 24:27). 그는 2년 동안 감옥에 갇혔고 베스도는 로마에 지방 장관으로 벨릭스 뒤를 잇게 되었다.

c. 바울은 베스도와 헤롯 아그립바 2세와 버니게 앞에 나타났다(행 25:6-26:32).

바울은 베스도와 아그립바 왕 2세(아그립바 1세는 야고보의 목을 베었다. 행 12장) 앞에서 그의 처지를 진술해야만 했다. 그는 다시 그의 증거를 들어 복음의 메시지를 전파했다.

사도행전 26:28을 유의해서 보라.

_____

_____

d. 그는 로마에 보내졌다(행 27-28장).

주님은 바울에게 로마에서 주님의 증거를 감당해야 할 것을 말씀하셨다(행 23:11). 로마에 이미 있던 그리스도인들은 압비오 광장에서 그를 만났다(행 28:15). 이 감옥에 있는 동안 바울은 빌립보서를 기록했다. 그는 또한 빌레몬서와 골로새서와 에베소서를 기록했다.

e. 2년 후에 그는 자유롭게 되었을 것이 확실하다. 어떤 이는 목회서신들인 디모데전후서와 디도서를 사도행전 안에 둘 수 없다고 한다. 로마에서 바울이 자유롭게 된 후에 그는 에베소로 돌아갔고 그곳에 디모데를 남겨 두고 떠났다(딤전 1:3). 그는 그레데에 갔고 디도를 남겨 두고 떠난 후에 달마디아 부근에서 다시 체포되어 로마로 이송되었다. 권력과 자기 환락에 빠져 있던 네로는 그리스도인들을 죽이고 있었다. 어떤 이는 바울이 로마 안에 있는 마메르티노 감옥에 갇혔다고 전한다. 우리는 바울이 죽기 직전에 로마에서 디모데후서를 쓴 것으로 알고 있다. 전설에 따르면 그는 참수형을 당했다고 전해진다.

f. 바울 서신들은 우리에게 우리 주님의 사역과 말씀에 대한 교리적 해석을 준다. 그는 하나님 아버지에 의해 그리스도의 속죄를 근거해 죄인에 대한 칭의 안에서만 구원이 있다는 성경의 근본적 교리를 제시하고 있다. 구원받은 자는 모든 신령한 축복의 참여자가 되는 것이다.

그의 신학은 은혜의 신학이다. 그는 이방 세계에 히브리 사람의 메시아를 전했다. 그는 다음의 성경을 기록했다.

서신명	기록 장소	주제
로마서	고린도	그리스도 안의 칭의
고린도전서	에베소	그리스도 안의 성화
고린도후서	빌립보	그리스도 안의 위안
갈라디아서	고린도	그리스도 안의 자유
에베소	로마	그리스도 안의 찬미
빌립보	로마	그리스도 안의 기쁨
골로새서	로마	그리스도 안의 완성
데살로니가전서	고린도	그리스도 안의 변화
데살로니가후서	고린도	그리스도 안의 권고

목회서신에서 그는 우리에게 교회를 어떻게 조직하고 지도해야 할지 말해 준다. 히브리서는 철저하게 히브리인들에게 쓴 서신이다. 저자는 확실치 않으나 성경적 증거와 서신 내용을 미루어 보아서 평이하게 바울의 영향과 저작권을 알 수 있다.

히브리서 10:34; 13:24, 18-19절을 보라.

9. 말로 표현할 수 없는 바울의 사역(딤후 4장)

당신은 어떻게 바울의 엄청난 사역을 설명하겠는가? 수많은 여행과 지리를 다 알 수 있을까? 그는 가서 수일간 또는 수개월간 복음을 전파하고 빌립보와 데살로니가에 있는 교회들처럼 왕성한 교회들을 세워 두고 떠나야 했다. 우리 믿음의 교회에도 선교사들이 있다. 그들은 한 장소에서 수년간 혹은 일평생을 두고 수고한다. 그들은 한 영혼이나 천 명의 영혼을 구원하고자 교회와 학교를 세워야 한다. 특수한 상황을 설명하기에는 어려운 것이다. 거기에는 말로 설명할 수 없는 하나님의 주권과 선택적인 의지가 있다. 하나님은 원하실 때 그분의 종들과 함께 그분의 방법 안에서 일을 행하신다. 그래서 그분은 바울을 택하셨다. 유일한 설명은 사도행전 9:15에서 발견된다. 디모데후서 4장은 바울의 생애를 요약해서 말해 준다.

V. 바울이 인용한 구약성경 구절

1. 그의 모든 서신이 구약성경 구절로 채워져 있다.

바울은 가말리엘의 문하생으로 공부했다. 그는 베냐민 지파에 속한 히브리인이었다. 그는 구약을 알고 있었으며 예수 그리스도와 하나님의 은혜를 해석하는 데 구약을 적절하게 사용했다.

2. 바울의 편지들 중 그가 구약성경을 사용한 깊이와 방법을 보기 위해 하나만 예를 들어보자. 갈라디아서를 보더라도 서신 안에 얼마나 깊고 얼마나 귀한 진리들이 담겨 있는지를 발견하게 된다.

VI. 이번 주에 배울 수 있는 교훈은 무엇인가?

1. 바울은 히브리인 중의 히브리인이다. 주님은 바울을 택한 그릇으로 삼으셨다. 신자 된 우리 모두가 바울과 같이 선택되었다. 우리가 선택되었다는 사실은 예수님을 우리 마음에 영접한 자유 의지에 기초를 두고 있다.

2. 스데반의 죽음처럼 용기 있는 증거는 믿지 않는 사람에게 깊은 인상을 준다.

3. 바울은 즉시 전파하기 시작했다. 우리는 가끔 우리의 봉사와 증거를 미룬다. 교회에 대한 사탄의 가장 큰 무기는 "늦추라, 연기하라, 기다리라"라는 말들이다.

4. 바울은 여행하면서 유럽과 아시아에 교회들을 세우기 시작했다. 그는 이방인들의 사도였다. 미국은 그의 이름을 존경해야만 할 것이다. 왜냐하면 그는 이방인들에게 가도록 하나님의 도구가 되었기 때문이다.

5. 하나님의 은혜에 대한 바울의 가르침과 교리는 그가 기록한 서신들 속에서 발견된다.

6. 하나님의 주권적 의지와 목적은 인간의 용어로는 설명하기가 어렵다. 그러나 신령한 눈으로 보면 알 수 있다.

복습

1. 바울의 배경은 어떠했는가?

2. 무엇이 바울을 특별히 하나님을 위해 선택된 그릇으로 만들었는가?

3. 무엇이 바울을 사도로 만들었는가?

4. 누가 바울의 첫 번째 동료였는가?

5. 예루살렘회의에서 결정한 내용은 무엇인가?

6. 바울은 그의 마지막 날들을 어디에서 보냈으며 그때 무엇을 행했는가?

예습

1. 성경 읽기

사도행전 4:32-37; 11-15장, 갈라디아서 2:1-18.

2. 다음 주에는 바울의 생애에 큰 영향을 준 바나바에 대해 공부할 것이다.

3. 바울에 대한 연구를 복습해 보자.

4. 새롭게 깨달은 성경 구절에 표시를 해 보자.

Week 48
바나바

Ⅰ. 이름의 뜻

바나바는 "예언의 아들 혹은 훈계"라는 의미이다.

Ⅱ. 중요한 성경 구절

사도행전 4:32–37; 11–15장, 갈라디아서 2:1–18.

Ⅲ. 가족 배경

바나바는 구브로에 살았던 레위인이다. 그는 구브로에 땅을 소유했다. 오늘날로 말하면 그는 부요하고 영향력 있는 사람이었을 것이다. 구브로는 포도와 기름과 무화과와 꿀과 밀이 생산되는 비옥한 지역이다. 성경은 그가 레위인이라는 사실 외에 그의 배경이나 가족에 대한 언급이 없다.

Ⅳ. 신약성경은 바나바에 관해 어떻게 말하고 있는가?

1. 바나바는 마음이 관대한 사람이었다(행 4:32–37).

a. 오순절의 역사를 체험한 많은 자가 그리스도인이 되었다는 감격과 행복에 젖어 자기들의 소유물을 가져다가 사도들에게 내놓았다(34–35절).

b. 바나바는 사도들이 지어 준 이름이다. 사도행전 4:36에 밑줄을 긋고 37절을 써 보라.

_____

_____

복음 확장에 대한 그의 넓은 관대함은 그의 신앙의 성품을 말해 준다. 그는 사도들의 사역을 돕기 위해 그가 소유한 모든 것을 기꺼이 내놓았다.

2. 바나바는 바울을 신뢰했고 그의 회심을 변호해 주었다(행 9:26-29).

a. 예루살렘에 있는 제자들은 바울을 두려워했고 마음에 예수님을 영접한 바울을 믿을 수가 없었다.

사도행전 9:26 _____

_____

그들은 다소 사람 사울이 예수 그리스도의 제자라는 사실을 믿을 수가 없었다. 바울의 과거 모습들이 그들의 기억에 생생했다. 그 당시 바울은 믿는 자들을 핍박했기 때문에 온 예루살렘 안에서 가장 두렵고 증오에 찬 사람으로 알려져 있었다.

b. 그때 바나바만이 바울 편이 되어 바울을 도와주었다. 모든 믿는 자 중에서 바나바만이 다메섹 도상에서 회심한 바울의 간증을 믿은 것이다. 그는 자신과 다른 믿는 자들처럼 바울도 동일한 구원의 은혜를 체험한 사람이라는 사실에 기뻐했다. 바나바를 설명하는 가장 중요한 성경 구절은 사도행전 9:27이라고 할 수 있다.

c. 바나바는 바울을 사도들에게 인도했고 그들에게 바울의 회심을 말해 주었다. 바나바가 이렇게 행하지 않았다면 그는 우리의 감사와 존경을 받을 만한 가치가 없다. 바나바는 바울을 믿었고 그와 함께 우정을 나누었기 때문에 제자들과 사도들로 더불어 복음의 사역을 감당할 수 있었다. 결국 바울은 가정에서나 공식 모임에서 존경받는 귀인이 되었다. 바나바는 자신의 마음을 먼저 열고 바울을 도왔다.

3. 바울은 베드로의 집을 방문했다(갈 1:18-19).

바나바는 바울을 사도들에게 데리고 가서 사도들이 바울을 영접할 때까지 함께 머물렀다. 갈라디아서 1:18의 기록에 따르면 바울은 베드로와 함께 15일을 머물렀고, 거기서 야고보도 만났다.

4. 안디옥교회로 보냄을 받은 바나바(행 11:19-23)

a. 이제 이야기는 수리아에 있는 안디옥으로 옮겨 간다. 스데반의 순교로 인해 흩어져야 했던 믿는 자 몇 명이 증거하기 위해 예루살렘을 떠났다. 그들은 안디옥에 도착했다. 안디옥은 로마제국에서 세 번째로 큰 도시이며 수리아의 로마 총독이 거주했던 곳이다.

b. 사도행전 11:19에서 포에니시아(현재로는 레바논)와 구브로와 안디옥에 갔던 사람들은 복음을 유대인에게만 전파했다. 19절에 밑줄을 그어라.

c. 그러나 구브로와 구레네 사람들 몇이 헬라어로 전파했다(여기서 우리는 그들이 헬라파 유대인들이 말하는 것보다 더 순수한 헬라어를 구사했음을 알 수 있다). 안

디옥에는 유대 식민지인이 많이 살고 있었다. 그러나 그 도시는 원래 이방인의 도시였으며 헬라 문화권이었다. 새로 도착한 사람들은 이방인들에게 복음을 직접 전파했다. 그들은 믿고 하나님에게 돌아왔다.

사도행전 11:20-21을 써 보라. _____

_____

_____

새로 회심한 자들은 결코 유대인들이 아니었다. 그들은 헬라 우상 숭배를 했던 이방인들이었으나 구원을 얻었다.

d. 이렇게 시작한 복음 전파는 성공적이어서 예루살렘교회는 바나바를 택해 안디옥에 보내 그곳의 상황을 주시하고 있었다. 그들이 바나바를 택한 것은 바나바를 높이 평가했기 때문이다. 사도행전 11:22에 밑줄을 그어라.

베드로와 요한이 사마리아 안에서 새로운 하나님의 일을 감당했던 것처럼 바나바는 그 일을 안디옥에서 잘 해내고 있었다(행 14-17장).

e. 바나바는 새로운 신자들이 믿음에 굳게 서도록 그들에게 권고와 용기를 주었다(행 11:23). 그의 이름이 가진 뜻은 훈계의 은사를 소유하고 있음을 암시해 준다.

5. 바나바는 안디옥에서 큰 사역을 감당해 냈다(행 11:24-30).

a. 바나바에게는 세 가지 은혜가 주어졌다. 그중 통찰력과 신령한 지혜는 바나바의 중요한 은혜였다.

사도행전 11:24 _____

_____

하나님의 은혜가 언급된 후에 "큰 무리가 주께 더하여지더라"라고 했다.

b. 바나바는 안디옥 안에서 일어나는 성령의 역사에 영적으로 보조를 맞추기 위해서는 자신이 모두 감당할 수 없음을 알게 되었다. 그리스도를 영접한 많은 사람으로부터 생기는 교회적인 문제를 모두 처리하는 일은 한 사람의 힘으로는 너무나 과중한 업무였다. 바나바는 안디옥에서 이러한 힘든 일을 감당해 낼 수 있는 한 사람을 찾았다. 그 사람은 바울이었다. 그래서 바나바는 다소에 가서 바울을 만났다.

사도행전 11:25 _____

"제자들이 안디옥에서 비로소 그리스도인이라 일컬음을 받게 되었더라"(26절)라는 말에 유의해서 보라.

c. 바나바는 바울을 찾아 안디옥으로 데려왔다. 그곳에서 그들은 1년 동안 같은 교회에서 활

동하며 새로운 그리스도인들에게 하나님의 말씀을 가르쳤다.

사도행전 11:26을 써 보라. _____

_____

_____

d. 안디옥교회는 흉년으로 어려움을 겪고 있는 예루살렘교회를 돕기 위해 사람을 보냈다. 이 일에 바울과 바나바가 헌금을 가지고 안디옥교회를 대표해 예루살렘으로 갔다(행 11:27-30). 두 사람은 마가 요한과 함께 안디옥으로 돌아왔다(행 12:25).

6. 바나바와 바울은 성령으로 말미암아 따로 세워졌다(행 13:1-3).

a. 안디옥교회는 특별한 일을 위해 바나바와 바울을 각각 세우라는 지시를 받았다.

사도행전 13:2 _____

_____

b. 교회는 소명을 인식하고 그들이 기도하면서 두 사람을 따로 세웠고 그들은 소위 "1차 전도 여행"이라고 알려진 일에 참여했다(행 13:3). 사도행전 13장 전체를 읽어 보라. 특히 46-52절을 유의해서 보라.

7. 예루살렘 회의에 보냄을 받은 바나바와 바울(행 15:1-35)

a. 예루살렘교회는 바울과 바나바의 메시지를 들었다. 그 메시지는 이방인들에게로 향한 것이었다. 그것은 은혜의 메시지였다. 예루살렘 교회의 어떤이는 "할례와 율법을 지키는 것"이 교회에서 반드시 허용되어야 한다는 사실을 주장했다. 그들은 이방 백성도 그리스도를 믿음으로 구원을 받을 수 있다는 것을 믿지 못했다. 이와 같이 예루살렘 회의는 그 문제를 해결하기 위해 소집된 것이었다(행 15:1-5).

b. 사도 베드로는 은혜의 복음을 주장했다(행 15:7-11). 7절에 있는 베드로의 말에 유의해 보고 밑줄을 그어라.

c. 바나바와 바울은 이방인들 중에 일어난 성령의 역사에 대해 말했다(행 15:12).

d. 예루살렘 회의를 주재한 야고보는 회의의 결정을 내렸다(행 15:13-35). 야고보는 이방인들도 해방되었다는 사실을 선언했다.

사도행전 15:19을 써 보라. _____

_____

사도행전 15:24을 찾아서 밑줄을 그어라.

갈라디아서 2장에서 바울이 제시한 설명은 예루살렘 회의 결과에 대한 내면적인 내용 해설이다. 갈라디아서 2:9이 핵심 구절이다.

_____

_____

_____

바나바와 바울은 예루살렘에서 안디옥으로 돌아갔다.

8. 바나바와 바울의 불화(행 15:36-41)

a. 바울은 2차 전도 여행을 가자고 제의했다(행 15:36). 바나바는 1차 전도 여행 중 그들이 소아시아 내륙에 도착했을 때 그들을 떠났던 마가 요한을 같이 데려가기를 원했다. 그는 그때 안디옥으로 다시 돌아갔다. 바울은 쉽게 변하는 것을 좋아하지 않았기 때문에 마가 요한을 데리고 가는 것을 거절했다(37-38절).

b. 이 일로 그들 사이에 다툼이 일어났다(행 15:39). 바나바와 바울은 의견을 달리했다. 바나바는 마가를 데리고 구브로로 항해했다. 바울은 실라를 택해 2차 전도 여행을 시작했다(40-41절). 마가 요한은 바나바의 조카임을 기억하라(골 4:10).

9. 바나바와 바울의 애정은 중단되지 않았다.

a. 바울은 그의 세 서신에서 바나바를 말하고 있다. 그들을 하나로 묶어 놓은 띠는 그리스도이다. 이런 개인적인 문제에도 바나바에 대한 바울의 존경심은 사라지지 않았다. 고린도전서 9:6을 유의해서 보라.

갈라디아서 2:1을 찾아보자. _____

_____

갈라디아서 2:9을 다시 찾아보자.

b. 바울은 불화의 요인이었던 마가 요한에 대해 선하게 말하고 있다.

디모데후서 4:11을 유의해서 보라. _____

_____

바나바가 그의 여생을 어떻게 보냈는지는 우리에게 알려져 있지 않다. 그 후 그는 성경에 다시 나타나지 않는다.

V. 구약성경은 바나바에 관해 어떻게 말하고 있는가?

1. 사도행전 11:26은 이사야 62:1-2과 관계된다.

_____

_____

2. 사도행전 13:46-47은 이사야 42:6과 관계된다.

3. 사도행전 15:1은 레위기 12:3을 설명해 준다. 성경에 밑줄을 그어라.

4. 사도행전 15:16-17은 아모스 9:11-12을 설명해 준다.

5. 바나바와 바울은 이스라엘을 통해 이루시는 하나님의 뜻을 설교할 때 그들의 요점을 설명하면서 구약성경을 사용했다. 사도행전 13장은 전체가 좋은 본보기이다.

VI. 이번 주에 배울 수 있는 교훈은 무엇인가?

1. 바나바는 주님의 사역을 위해 앞으로 나아갈 필요가 있을 때 관대했다.

2. 그는 자기를 미워하는 자, 즉 바울에게 자신의 마음과 행동으로 호의를 표시했다. 이것이 실천적인 그리스도인의 모습이다.

3. 바나바는 제자들과 사도들 앞에 서 있는 바울에게 자신의 호평을 양보하고 있다. 그는 호의를 바울에게 돌렸다.

4. 그는 예의 바른 그리스도인의 자격을 갖추고 있었다. 그는 "착한 사람이요 성령과 믿음이 충만한 사람"(행 11:24)이었다.

5. 그는 바울과 함께하시는 하나님의 손길을 봤고 바울에게 찾아가 바울이 자기의 지도자 위치에 서 주기를 원했다. 바나바가 그 한 가지 일을 함으로 바울은 신앙의 거성이 되었다.

6. 바나바는 결코 시기하지 않았다. 그는 질투심을 전혀 가지지 않았다. 그는 뒤로 물러서서 바울이 그 길을 인도하게 했다. 이 모든 것은 진실된 그리스도인의 생활 특성들이다. 우리는 그것들을 배워야 한다.

복습

1. 바나바는 _____ 출신이다.

2. 바나바는 주님을 위해 자신의 헌신된 모습을 어떻게 나타냈는가?

3. 모든 사람이 달아나거나 등을 돌릴 때 바나바는 바울을 위해 무엇을 행했는가?

4. 바나바를 우리 마음속에 생생하게 떠오르게 하는 위대한 일은 무엇인가?

5. 그의 장점들 중에는 어떤 것이 있는가?

6. 무엇이 바나바와 바울 사이에 불화를 낳았는가? 그 불화는 계속되었는가?

예습

1. 성경 읽기

사도행전 16–17장; 20장, 데살로니가전서 3:1–8, 디모데전서 1장; 4:14, 디모데후서 1장; 3–4장, 고린도전서 4:17, 고린도후서 1:1, 19절.

2. 다음 주에는 바울의 믿음의 아들 디모데에 대해 공부할 것이다.

3. 바나바에 대한 연구를 복습해 보자.

4. 새롭게 깨달은 성경 구절에 표시해 보자.

Week 49
디모데

Ⅰ. 이름의 뜻

디모데란 이름은 "하나님을 경외함"이란 의미이다.

Ⅱ. 중요한 성경 구절

사도행전 16-17장; 20장, 데살로니가전서 3:1-8, 디모데전서 1장; 4:14, 디모데후서 1장; 3-4장, 고린도전서 4:17, 고린도후서 1:1, 19절.

Ⅲ. 가족 배경

디모데는 루스드라에서 자랐다. 그는 유대 여인 유니게의 아들이며 아버지는 헬라인이었다 (행 16:1). 그의 아버지는 아마도 디모데가 아주 어렸을 때 세상을 떠난 것 같다. 그는 가정에서 성장하면서 어머니 유니게와 할머니 로이스를 사랑했다. 이 두 여인 모두 유대 그리스도인들이다. 디모데는 루스드라에서 호평을 받고 있었고 그곳의 형제들이 그를 좋은 사람으로 인정했다. 바울은 디모데에게 자기 사역의 한 부분을 맡아 줄 것을 원했다.

Ⅳ. 신약성경은 디모데에 관해 어떻게 말하고 있는가?

1. 디모데의 어린 시절에 영향을 준 사람들(딤후 1:5; 3:14-17)

a. 바울은 어린 디모데의 배경을 알고 있다. 우리는 바울이 믿음의 아들 디모데에게 보낸 서신 중에서 그의 어린 시절에 받은 영향에 대해 대강 이야기하고 있다.

디모데후서 1:5을 찾아보자._____

_____

_____

b. 디모데는 어린 시절부터 어머니와 할머니에게 성경을 배웠다. 디모데후서 3:14을 읽고 밑줄을 그어라.

15절을 써 보라. _____

_____

c. 디모데는 어린아이 때부터 성경을 배웠다. 바울은 그의 유명한 성경 구절 디모데후서 3:16에서 젊은 디모데에게 성경 배우는 것의 중요성을 강조하고 있다.

디모데후서 3:16 _____

_____

2. 디모데는 바울의 믿음의 아들이다(딤전 1:2).

a. 바울은 2차 전도 여행 중에 디모데를 만났고, 자기와 함께 사역에 참여할 것을 디모데에게 요청했다.

디모데의 부친이 헬라인이었기 때문에 바울은 디모데를 알고 있는 많은 유대인을 침묵시키기 위해 그에게 할례를 베풀었다. 이런 면에서도 디모데는 바울의 신실한 조력자였다.

b. 그는 바울의 믿음의 아들이었다.

디모데전서 1:2에서 암시하고 있다.

_____

_____

디모데후서 1:2 _____

_____

3. 디모데는 목회자로 임명되었다(딤전 4:14).

a. 디모데는 따로 세워져서 복음의 사역자로 부름을 받았다. 디모데전서 4:14에 밑줄을 그어라.

디모데후서 1:6을 써 보라. _____

_____

b. 그는 전도의 은사를 소유했다.

디모데후서 4:5을 써 보라. _____

_____

4. 디모데는 바울의 사역 가운데 그와 함께 동행했다(행 17:14).

a. 디모데는 루스드라를 떠나(행 16:4-5) 갈라디아를 거쳐 베뢰아까지 바울과 동행했다. 사도행전 17:14을 찾아보라. 그 다음 구절에서 바울은 실라와 디모데에게 아덴까지 자기를 따르

도록 전갈을 보냈다. 그 후에 그는 디모데를 데살로니가에 보냈다.

　b. 데살로니가전서 3:1-2에서 바울은 데살로니가교회에 디모데를 보낸다는 사실을 전하고 있다. 2절을 보라.

———————————————————————

디모데는 바울이 고린도에 도착하기까지는 바울과 합류하지 못했다. 바울은 아덴을 떠난 후 고린도에 갔다. 그곳에서 실라와 디모데는 그와 함께했다(행 18:5).

　c. 디모데는 고린도에서 바울과 함께 머물렀다.

데살로니가전서 1:1을 찾아보자.

———————————————————————

데살로니가후서 1:1 _____

———————————————————————

이런 구절들은 바울이 데살로니가교회를 위해 쓴 것이라고 말할 수 있다. 그러나 그것들은 고린도에서 쓴 것이다. 바울은 자기와 함께 있는 쉴비루스(실라)와 디모데를 언급한다.

　d. 디모데는 고린도교회 내의 문제들을 해결하기 위해 보냄을 받았다. 이 일은 바울이 에베소에서 목회한 3년 동안에 일어났다. 그래서 디모데가 다시 보냄을 받게 된 것이다. 그 일은 다루기 힘든 과제였다.

　고린도전서 4:17을 찾아보자. _____

———————————————————————

만일 당신이 디모데가 직면하고 있는 문제들을 알기를 원한다면 고린도전서 4-5장을 계속 읽어 보라.

　e. 사도행전 20:4에서 디모데는 3차 여행부터 예루살렘을 향해 돌아가는 바울을 호위하는 무리 중 한 사람으로 언급되고 있다. 성경은 디모데가 바울과 함께 예루살렘에 갔다는 사실을 암시해 주지 않는다. 성경에서 침묵하는 것은 더 큰 소리로 말해 주는 것이다. 디모데는 그 당시 바울의 박해를 알고 보고 이해하기 위해 예루살렘에 있었던 것으로 보인다.

　f. 바울이 가이사랴 감옥에 있던 동안이나 로마 항해 중에는 디모데에 대한 언급

이 없다.

5. 디모데는 바울이 처음 감옥에 갇혔을 때 그와 함께 로마에 있었다(빌 1:1, 골 1:1).

a. 디모데는 분명히 로마까지 바울을 뒤따랐다.

그는 바울과 가장 가까운 친구였기 때문에 디모데는 어떤 방법으로든 거기에 있었다. 우리는 바울이 기록한 두 편의 옥중서신에서 이 사실을 알게 된다.

b. 빌립보서 1:1을 찾아보자. _____

_____

로마에서 쓴 빌립보서는 디모데가 바울과 함께하고 있다는 사실을 말하고 있다. 우리는 어떻게 그들이 로마에 가게 되었으며 감옥에 갇혀 있는지를 아는가?

빌립보서 4:22을 찾아보고 밑줄을 그어라. 가이사의 집안에까지 그리스도인들이 있었다. 바울과 디모데도 거기에 있었다.

c. 빌립보서 2:19-22을 찾아보고 중심 되는 진리를 써 보라.

_____

_____

d. 골로새서 1:1을 찾아보자. _____

_____

바울이 이 서신을 기록할 때 디모데는 그와 함께 있었다. 그런데 바울은 그의 기록에서 "우리"와 "우리에게"라는 말을 사용한다. 골로새서 4:18을 유의해서 보라. 당신은 "나의 매인 것을 생각하라"라는 내용을 읽게 된다. 이 말들은 골로새서 4:3에서와 같이 바울이 어디에 있었는지를 우리에게 말해 준다.

골로새서 4:3 _____

_____

6. 디모데는 두 개의 목회서신을 받았다(디모데전·후서).

a. 바울이 디모데에게 첫 번째 서신을 기록할 때, 디모데는 에베소교회를 섬기고 있었다(딤전 1:3). 이것은 지금도 젊은이들에게 주는 큰 책임의 지표가 될 수 있다.

디모데전서 4:12을 찾아보자. _____

_____

(이것은 젊은이들을 위한 훌륭한 교과서이다).

b. 바울은 디모데에게 교회의 질서에 대해 교훈하고 있다. 첫 서신의 핵심은 디모데전서 3:15에서 발견하게 된다.

바울은 디모데에게 거짓 교사에 대해 경고하고 교회 안에서 예배하는 자들에 관해 교훈을 주었다. 교회 직원들의 자격과 목회자의 길과 생활에 대해서도 말해 주고 있다. 이 모든 것이 과거나 현재에 살아 계신 하나님의 교회를 위한 기록이다.

c. 개인적 훈계들은 오늘날 교회를 가르친다.

디모데전서 4:16과 5:21을 찾아서 밑줄을 그어라.

디모데전서 6:11을 써 보라. _____

d. 디모데에게 주어진 책임은 막중했다. 그는 교회의 질서를 유지해야 했다. 디모데전서 6:20을 찾아 밑줄을 그어라. 본서는 디모데후서 그리고 디도서와 함께 오늘날 교회에게 표준과 안내를 주고 있다. 더욱더 많은 교회가 이 세 가지 책을 거듭 반복해 가르쳐야 할 것이다.

e. 디모데에게 보낸 두 번째 서신은 바울이 죽기 직전 로마에서 기록한 것이다. 디모데후서 1:2의 "사랑하는 아들 디모데에게"라는 말을 유의해서 보자. 이것은 바울이 지금까지 기록한 풍부한 진리의 서신 가운데 몇 가지에 관한 것으로, 지극히 개인적인 책이다. 디모데후서 2:1-2을 유의해 보고 2절을 써 보라.

_____

f. 마지막 서신에서 바울은 배교(거짓 가르침)에 대해 다시 경고한다. 3장에서 바울은 교회에 대한 가장 강력한 경고를 기록하고 있다. 1절에서 7절까지와 11절에서 17절까지를 읽어 보자. 16절에 밑줄을 그어 보자.

g. 위대한 믿음의 사람에 의해 기록된 것, 즉 바울의 마지막 말들이 디모데후서 4장에 있다. 당신의 반이나 그룹이 1절에서 9절까지를 한 목소리로 읽으며 옥에 갇혀 죽을 각오가 되어 있는 가운데 그런 걸작을 쓰고 있는 바울을 상상해 보라.

7. 디모데는 중요한 교회 진리들을 잘 받아들인 자이다.

a. 디모데에게 쓴 두 서신은 오늘날 교회에 중요한 것이다. 이 서신이 없다면 교회의 질서와 조직은 끊임없는 문제로 남아 있게 될 것이다.

b. 이 서신들 안에 있는 교훈은 다음과 같다.

• 주님이 바울을 택한 그릇으로 지명하셨다.

- 주님은 디모데를 바울과 함께하도록 하셨다.
- 바울은 디모데에게 교회를 어떻게 보살펴야 하는지 가르쳤다.
- 바울은 디모데에게 교리를 가르쳤고 거짓 교리를 어떻게 책망해야 하는지 가르쳤다.
- 바울은 디모데에게 배교(거짓 가르침)에 관한 것을 가르쳤다.
- 주님은 우리에게 성경의 귀한 진리들을 주시기 위해 주님의 주권적 의지를 통해 선택받은 인간을 사용하셨다. 디모데는 주님의 특별한 인물들 중 한 사람이다.

V. 디모데가 인용한 구약성경 구절

1. 바울과 디모데는 구약성경을 잘 알고 있었다. 그들은 교회를 주요 관심사에 놓고 취급하고 있다. 우리는 바울이 디모데에게 몇 개의 구약성경 구절을 사용한 것을 찾아볼 수 있다.

2. 디모데전서 3:4은 시편 101:2에 관해 말한다.

_____

_____

3. 디모데전서 3:6은 잠언 16:18에 대해 언급한다.

_____

_____

4. 디모데전서 4:14은 신명기 34:9에 관해 설명한다.

_____

_____

5. 디모데전서 5:18은 신명기 25:4에 대해 말한다. 밑줄을 그어라.

VI. 이번 주에 배울 수 있는 교훈은 무엇인가?

1. 모든 아이가 아주 어린 시절부터 하나님의 말씀으로 가르침을 받아야 한다.
2. 하나님에게 헌신된 젊은이는 조력자의 위치에서 섬길 때 큰 도움과 영향력을 받을 수 있다.
3. 디모데는 행함과 듣는 것과 살피는 것과 성령의 지도하심을 알았다.
4. 오늘날에는 신실한 충성을 찾아보기 힘들다. 디모데는 지금까지도 훌륭한 본보기이다.
5. 고난과 책망은 주님을 신실하게 섬기는 그리스도인에게는 의미 있는 것이 될 수 있다. 하나님은 우리를 믿음 안에서 더 강하게 만드시려고 이런 것들을 사용하실 수 있다.
6. 하나님은 항상 사람을 통해 일하신다. 디모데는 젊은 사람이나 늙은 사람에게 말할 수 있는 주님의 인격을 소유한 자였다. 그의 생애와 사역을 주장하신 하나님에게 감사하자.

복습

1. 디모데의 할머니와 어머니의 이름을 열거해 보라.

2. 디모데의 국적은 어디인가?

3. 디모데전·후서를 쓴 목적은 무엇인가?

4. 디모데가 당신에게 남겨 준 인상은 무엇인가?

5. 그의 탁월한 은사들은 무엇인가?

6. 디모데는 바울의 _____ 이라고 불렸다.

예습

1. 성경 읽기

빌레몬서 전체, 골로새서 전체.

2. 다음 주에는 빌레몬에 대해 공부할 것이다.

3. 디모데에 대해 공부한 것을 복습해 보자.

4. 새롭게 깨달은 성경 구절에 표시해 보자.

Week 50
빌레몬

Ⅰ. 이름의 뜻

빌레몬은 "애정 깊은" 혹은 "유익한"이란 의미이다.

Ⅱ. 중요한 성경 구절

빌레몬서 전체, 골로새서 전체.

Ⅲ. 가족 배경

빌레몬은 골로새 지방에 살던 부자였으며 권세 있는 사람이었다. 그는 바울로 말미암아 주님을 영접한 그리스도인이다. 빌레몬서를 통해 우리는 죄를 지은 가련한 한 노예에게 베푸시는 하나님의 선하심과 자비로운 모습을 볼 수 있다. 빌레몬서는 그 노예를 품위 있고 섬기는 자로 회복시켜 주신다는 사실을 말하고 있다. 이 서신은 목회자들이 모든 그리스도인에 대해 불쾌하게 여기거나 잘못 판단해서는 안 된다는 사실과 그들의 생활 상태에 무관심해서도 안 된다는 것을 가르쳐 준다. 빌레몬서는 바울이 로마에 첫 번째로 수감되어 있는 동안 기록한 것이다. 빌레몬서는 실제로 가질 수 있는 의와 형제간의 우애와 그리스도인의 예의와 사랑을 다루고 있기 때문에 한마디 한마디의 말씀이 주옥같이 귀한 것이다.

Ⅳ. 신약성경은 빌레몬에 관해 어떻게 말하고 있는가?

1. 바울이 친애하는 동역자 빌레몬(몬 1장)

a. 바울은 빌레몬에게 서신을 보내면서 그를 "우리의 사랑을 받는 자요 동역자"라고 불렀다. "우리"라는 용어는 바울이 디모데와 함께 있었기 때문에 사용한 것이다.

b. 바울은 또한 빌레몬의 가족들에게도 문안하고 있다(2절). 압비아는 빌레몬의 아내이다. 아

킵보는 그의 아들이며 또한 골로새교회의 목회자였다.

골로새서 4:17을 찾아 보자. _____

_____

c. 빌레몬의 집에서 교회가 모였다(몬 2절).

d. 바울은 "은혜와 평강"이라는 친밀한 말로 빌레몬에게 넘쳐흐르는 은혜를 베풀고 있다(3절). 이 말들은 바로 여호와가 민수기 6:24-26에서 이스라엘 자손들에게 사용하신 사랑스러운 말씀들이다.

이 기도는 성경의 위대한 축도들 가운데 하나이다.

민수기 6:25-26 _____

_____

2. 빌레몬을 위한 칭찬과 기도(몬 4-7절)

a. 바울은 중보기도의 생활을 하고 있었다. 4절은 그가 가볍게 무심코 한 말이 아니다. 바울은 골로새교회를 위해서도 이와 같은 중보기도를 썼다. 골로새서 1:3을 찾아보자.

b. 빌레몬서 5절에 쓰인 말들을 보라.

골로새서 1:4 _____

_____

c. 빌레몬의 신앙은 그리스도가 그를 통해 행하신 것에 대한 간증이다(몬 6절).

d. 믿는 자들의 마음은 빌레몬의 간증으로 더 새로워졌다(7절).

3. 한 노예를 위한 중재(intercession)가 시작되었다(8-16절).

a. 바울은 사교술이 능한 그리스도인이었다. 그는 이미 빌레몬과 그의 가족을 위해 중재를 하고 있다. 즉, 주 예수님을 위한 그의 신앙과 사랑이 충만해 완전하게 했고 빌레몬에게 그의 간증에 대해 말했다. 또 그의 헌신으로 믿는 자들이 새로워졌으므로 바울 자신과 디모데가 빌레몬의 사랑 안에서 소유한 기쁨에 대해서도 그에게 말했다.

b. 그런데 바울은 말하기를 "이러므로"라고 하면서 노예인 오네시모를 위해 그의 중재를 시작했다(8절). 바울은 그리스도 안에서 자신의 담대함(그리스도인이 지니는 좋은 특성)을 말했다.

오네시모는 빌레몬의 집에서 도적질을 해 로마로 갔다.

그는 빌레몬을 떠나 바울의 지도 아래에 있었다.

c. 바울은 그의 요구를 위해 세 가지 이유를 제시했다(9절).

• "사랑으로써" : 바울을 위한 빌레몬의 사랑

• "나이가 많은 바울" : 바울이 받은 고난과 핍박이 그를 늙게 했다.

• "예수 그리스도를 위해 갇힌 자" : 실제로 로마 감옥에 속박되어 있다.

d. 빌레몬에게 보내는 오네시모를 위한 바울의 청원(10절)

바울은 오네시모를 "갇힌 중에 낳은 아들"이라고 불렀다.

"유익한"이란 의미를 지닌 오네시모의 이름을 잊어서는 안 된다.

e. 바울은 그 이름의 의미를 알고 빌레몬에게 "전에는"과 "이제는"이라는 말을 사용했다(11절). "전에는 네게 무익하였으나 이제는 나와 네게 유익하므로"라고 했다. 오네시모는 그리스도를 영접했기 때문에 빌레몬과 바울 그리고 그리스도에게 유익할 것이다.

f. 바울은 오네시모를 빌레몬에게 다시 돌려보내야 했다(12–14절). 바울은 오네시모와 함께할 수도 있을 것이다. 그러나 그는 그것은 빌레몬 편에서 결정해야 할 문제로 생각했다. 바울은 말하기를 "네가 나의 심복인 것처럼 그를 영접하라"고 했다(12절). 성경은 그가 영접되었다는 것을 보여 준다.

골로새서 4:9 _____

_____

오네시모는 골로새와 에베소에 편지를 가지고 갔던 두기고와 함께 골로새에 되돌아갔다.

g. 바울은 노예였던 오네시모가 그리스도인이 되었기 때문에 빌레몬과 새로운 관계가 되었음을 강조했다(몬 15–16절).

16절을 써 보라. _____

_____

오네시모는 자신이 그리스도를 영접했기 때문에 "사랑받는 형제"가 되었다.

4. 전가(轉嫁)에 대한 바울의 영광스러운 예시(예증)(17–18절)

a. 바울은 빌레몬에게 그가 바울 자신을 영접한 것처럼 오네시모를 영접하라고 편지를 썼다. 이 간청은 그리스도를 구주로 신뢰하는 죄인들을 위해 아버지에게 구하는 그리스도의 탄원의 모습이었다. 죄인들도 다른 사람과 똑같이 그리스도를 영접할 수 있다.

b. 18절에서 바울은 "그가 만일 네게 불의를 하였거나 네게 빚진 것이 있으면 그것을 내 앞으로 계산하라"라고 말했다. 이것은 전가에 대한 예증이다.

"전가하다"라는 말은 "어떤 사람이 받을 비난이나 책임을 다른 사람에게 부담시키는 것" 즉 "양도자가 책임지는 것"임을 의미한다(webster 사전). 영적으로 "전가하다 혹은 전가"라는 것은 하나님이 행하시는 일로 말미암아 그리스도 안에 있는 믿는 자에게 속한 의로움을 책임져 주신다는 뜻이다. 그리스도는 믿는 자들의 죄를 담당하셨다. 우리의 죄가 육신의 옷을 입은 그리스도에게 덧입혀져서 그리스도가 우리 대신 죗값을 지불하셨다. 그러므로 그 믿음 때문에 "우리의 의로움이 전가되는 것이다."

야고보서 2:23을 찾아보자. _____

_____

_____

5. 바울은 빌레몬이 그리스도인으로서 응답해 올 것을 기대하고 있다(몬 19-21절).

a. 바울은 친필로 그 빚을 자기가 대신 지불할 것이라고 편지를 썼다. 이 글에서 바울은 빌레몬으로 하여금 그가 바울에게 받은 모든 은혜를 상기시킨다. 바울은 그의 에베소 사역에서 빌레몬을 주님에게로 인도했다(행 19:10). 이 일로 "사랑하는 형제의 영혼과 생명"이 달라지므로 빌레몬은 바울에 대해 심사숙고해서 처신해야만 할 것이다(몬 19절).

b. 바울은 빌레몬 안에서 그리스도의 사랑의 열매를 볼 수 있다면 주 안에서 기쁨을 얻을 것이다. 바울은 로마에 갇혀 있기 때문에 빌레몬으로부터 그 기쁨과 평안을 얻기를 원했다(20절).

c. 바울은 빌레몬이 순종할 것이며 기대 이상의 것을 실천하리라 기대하며 확신을 가지고 있었다. 그는 21절에서 매우 솔직하게 말하고 있다.

6. 빌레몬에 대한 바울의 마지막 요구(22-25절)

a. 바울은 옥에서 풀려날 것을 기대했다. 빌레몬과 다른 사람들의 기도를 통해 바울은 그의 친구들에게 자신의 방문을 예비하라고 말했다(22절).

b. 마지막 세 절은 다른 이들을 위한 문안과 빌레몬을 위한 기도이다(23-25절).

V. 빌레몬이 인용한 구약성경 구절

1. 빌레몬서 4절은 찬양을 나타낸다. 모든 찬양은 역대상 29:13-14에서와 같이 하나님에게 돌려야 하는 것이다.

_____

2. 빌레몬서 10절은 찾은 바 되고 구원 얻은 바 된 오네시모에 대해 말하고 있다. 이사야 65:1을 찾아보자.

_____

_____

_____

3. 빌레몬서 15절은 창세기 45:5-8과 관련되어 있다. 창세기 45:7을 써 보라.

_____

_____

4. 빌레몬서 17-18절은 창세기 15:6과 연관되고 있다.

_____

_____

VI. 이번 주에 배울 수 있는 교훈은 무엇인가?

1. 오네시모가 그렇게 놀라운 은혜를 받은 것은(골 4:9) 빌레몬과 교회가 그의 모든 과거를 용서해 주었기 때문이다.

우리는 한 사람의 과거에 무관심한 마음을 가져서는 안 된다.

2. 우리는 세속적인 물질에 치우쳤던 종의 모습에서 변화된 그를 통해 그리스도인의 사랑과 관심의 결과를 보게 된다.

3. 주님은 우리가 전가의 행동을 실제 방법과 예를 통해 배울 수 있도록 이 작은 책을 성경 안으로 들어오도록 하셨다.

4. 이 서신은 마음이 올바르게 될 때 사회적 문제들이 바르게 해결된다는 중요한 교훈을 가르쳐 준다.

5. 우리는 잘못했기 때문에 도망했던 한 사람의 노예의 의미를 배워야 한다. 그는 하나님이 섭리하셔서 바울에게로 인도되었고 그의 가치는 그리스도 안에서 회복되었다.

6. 이 작은 책은 노동과 경영과 사업 관계에 대한 기독교적인 원리를 가르쳐 주며 일반적으로 모든 것에 대한 사랑과 정의의 정신을 가르쳐 준다.

복습

1. 빌레몬서는 실제적으로 우리에게 무엇을 가르치는 성경인가?

2. 빌레몬의 사회적 생활의 지위는 어떠했는가?

3. 빌레몬은 골로새 출신이며 그는 _____교회에 있었다.

4. 바울은 빌레몬에게 글을 쓰면서 어떻게 외교적 수완을 보였는가?

5. 전가(imputaion)란 무엇인가?

6. 오네시모는 누구인가? 그는 무엇을 했는가?

7. 당신은 이번 주에 그리스도인의 삶에 대해 무엇을 배웠는가?

예습

1. 성경 읽기

마태복음 13:55–57, 마가복음 6:1–6, 사도행전 1:13–14; 15:13–23, 고린도전서 15:7, 갈라디아서 1:19; 2:9–12, 야고보서 1–5장, 유다서 1장.

2. 다음 주에는 주의 형제 야고보에 대해 공부하게 될 것이다.

3. 빌레몬에 대한 중요한 사항들을 복습해 보자.

4. 새롭게 깨달은 성경 구절에 표시해 보자.

Note

Week 51
예수님의 동생 야고보

Ⅰ. 이름의 뜻

야고보는 야곱과 동일한 이름으로서 "약탈자"라는 의미가 있다(야고보는 히브리어 야곱을 영어로 표현한 이름이다.)

Ⅱ. 중요한 성경 구절

마태복음 13:55-57, 마가복음 6:1-6, 사도행전 1:13-14; 15:13-23, 고린도전서 15:7, 갈라디아서 1:19; 2:9-12, 야고보서 1-5장, 유다서 1장.

Ⅲ. 가족 배경

야고보는 요셉과 마리아의 아들이다. 이 이름은 신약성경에 약 40여 번 나오는데 세 사람의 동명인이 나온다.

이번 주에는 예수님의 "형제"들 중 한 사람인 야고보에 관해 다루게 될 것이다. 이 야고보에 대한 논쟁은 많이 일어났다. 어떤 학자들은 그가 알패오의 아들이자 예수님의 사촌인 야고보라고 생각한다. 이것은 대개의 경우 마리아의 영구적 처녀성을 주장하는 데서 오는 논쟁이다. 신약성경은 예수님이 야고보와 요셉과 유다와 시몬과 여러 자매들을 둔 가정에서 성장하셨음을 가르쳐 준다(자연히 이들은 육신적으로 반[半] 형제자매들이다).

우리 주님의 가족 중 한 사람인 야고보가 이번 주에 우리가 연구의 대상으로 삼고 있는 야고보이다.

Ⅳ. 신약성경은 야고보에 관해 어떻게 말하고 있는가?

1. 야고보는 예수님의 형제들 가운데 한 사람이다(마 13:55).

a. 예수님은 옛 고향인 나사렛 동네에 오셨을 때도 다른 장소에서 행하신 것처럼 그들을 가르치셨다. 그러나 "주님의 고향"에서는 의심을 받았다. 무리는 예수님에게 말하기를 "이는 그 목수의 아들이 아니냐 그 어머니는 마리아라 하지 않느냐"(55절)라고 했다.

b. 마태복음 13:55-56을 찾아 보자. _____

_____

_____

예수님의 형제들의 이름이 나와 있고 그분의 자매들도 언급되어 있다. 이 성경 구절의 야고보는 세베대나 알패오의 아들이 아니고 마리아와 요셉의 아들이다.

c. 마가는 또한 예수님의 가족에 대해 마태와 같은 기록을 했다. 예수님의 형제자매들에 대해 기록하는 것이 마가에게는 매우 중요한 것이 되고 있다. 마가는 사실적인 인물을 간단명료하게 기록했다. 그는 자세히 기록할 시간이 없었다. 오직 필요한 사실만 기록했다.

마가복음 6:1-6을 찾아보고 그 구절을 유의해서 보라.

3절을 써 보라. _____

_____

_____

2. 야고보는 예수님의 살아생전에는 믿는 자가 아니었다(마 13:57-58).

a. "형제들"(예수님의 네 형제를 나타내는 이름)이 주님이 살아 계실 동안에 그분이 메시아임을 믿지 못했다는 것이 이상하게 보인다.

마태복음 13:57을 유의해서 보라. 예수님이 말씀하시기를 "선지자가 자기 고향과 자기 집 외에서는 존경을 받지 않음이 없느니라"라고 하셨다.

다음 구절인 58절을 써 보라.

_____

b. 요한복음 7:5을 찾아보자. _____

요한복음 7:1-10의 전체 문맥을 읽어 보자. 예수님을 불신하는 모습을 강조하고 있음이 전체 구절 안에서 발견된다.

c. 야고보는 예수님의 선하심과 인격을 목격했다. 그는 한집에서 예수님과 함께 살았다. 야고보에게 끼친 예수님의 영향은 야고보가 예수님을 메시아로 믿기까지는 나타나지 않는다.

3. 야고보는 그리스도의 부활의 증인이다(고전 15:7).

a. 야고보가 변화된 것은 부활하신 예수님의 특별한 나타나심 때문이었다.

고린도전서 15:7을 찾아보자. _____

예수님은 열두 제자에게 보이시고 그 후에 오백여 형제에게 일시에 보이셨고 그 후에 "야고보에게 보이셨으며" 맨 나중에 "만삭되지 못해 난 자 같은 내(바울)게도" 보이셨다(고전 15:5-8). 바울은 자기가 사랑하고 존경한 한 사람 야고보에 대해서만 알고 있었을 것이다. 사도행전에 유력한 인물로 등장하는 야고보는 바울이 회심한 후에 예루살렘에서 봤던 바로 그 야고보였다.

갈라디아서 1:19절을 찾아보자. _____

그 구절에서 바울은 야고보를 "주의 형제"라고 부른다.

b. 예수님의 부활 후 야고보가 주님을 봤을 때 그는 제자와 믿는 자로 변화되었다.

c. 주님의 형제 야고보는 사도는 아니었다.

4. 형제들과 마리아는 다락방에서 사도들과 함께 있었다(행 1:13-14).

a. 이 성경 구절에서 우리는 예수님의 형제들이 그들의 형제 마리아와 함께 다락방에 있었음을 알게 된다.

사도행전 1:14을 써 보라. _____

_____

참고 : "예수의 어머니 마리아와 예수의 아우들과 더불어"(행 1:14). 당신은 그와 같은 형제들을 성경에서 또 발견하게 될 것이다(마 12:46-50, 막 3:31-35, 눅 8:19-20, 요 2:12; 7:3-10).

b. 부활하신 주님을 보았던 야고보와 "형제들"은 마리아와 함께 다락방에서 많은 믿는 자들 중에 기다리고 있었다. 야고보는 즉시 가서 그들에게 주 예수님에 대해 말했다.

5. 야고보는 예루살렘교회의 기둥이 되었다(행 12:17; 15:13-34; 21:18, 갈 2:9-12).

a. 최초의 예루살렘교회의 조직에서 야고보는 우두머리요, 지도자요, 수석 장로요, 목회자로 나타난다. 사도행전 12:17을 찾아 밑줄을 그어라.

b. 야고보는 유명한 예루살렘 회의를 관장했다.

사도행전 15:13을 찾아보자. _____

_____

그는 확정된 회의 결과를 선언했다(행 15:19-34).

19절을 써 보라. _____

_____

c. 야고보는 장로들의 머리였다.

사도행전 21:18 _____

d. 야고보는 베드로와 요한과 함께 예루살렘교회의 기둥이었다.
갈라디아서 2장 9절과 12절을 유의해서 보라.
12절을 써 보라. _____

_____

_____

e. 야고보의 업적은 사도행전 15:13에서 언급된 것처럼 그도 바울과 같은 믿음의 기초 위에 서 있었다는 것이다. 바울이 모든 자에게 보내졌기 때문에 모든 자에 맞게 모든 형편에 처했던 것처럼 야고보도 유대인들에게는 유대인다운 그리스도인이 되었다. 그는 이방 신자들이 유대인들의 감정을 상하게 하는 것이 지혜로운 일이라고 생각하지 않았다. 사도행전 15:19을 다시 읽어 보자.

6. 야고보는 야고보서의 저자이다(약 1:1).

a. 야고보는 유대 그리스도인들에게 서신을 썼다.
야고보서 1:1을 써 보라. _____

_____

이 구절에서 야고보는 자신을 주 예수님의 형제라 하지 않고 종이라고 말한다. 그는 각지에 "흩어져 있는 열두 지파에게"(1절) 기록했다.

b. 야고보서는 아마도 신약성경 중 첫 번째 쓰인 서신으로, 야고보가 서기 45년쯤에 쓴 것으로 보인다.

7. 야고보는 목회자로서 글을 기록했다(약 1–5장).

a. 야고보는 실제적이며 경험적으로 글을 썼다. 그는 유대 그리스도인들에게 "너희가 여러 가지 시험을 당하거든 온전히 기쁘게 여기라"(약 1:2)라고 말하면서 이 서신의 서두를 시작하고 있다. 믿음의 시련이 인내를 만든다(3절). 우리가 지혜를 구하면 하나님이 구하는 모든 자들에게 주신다(5–6절).

b. 야고보는 "너희는 말씀을 행하는 자가 되고 듣기만 하여 자신을 속이는 자가 되지 말라"(약 1:22)라고 했다. 이것은 각 사람에게 거울을 주는 것이다. 이 거울은 하나님의 말씀이며, 자유(liberty)를 준다(23–25절).

c. 야고보서 2:1–13은 신자들의 신앙 태도를 다루고 있다. 우리는 교회에서 부자와 가난한 사람을 차별하지 않아야 한다.

d. 야고보는 믿음은 행함으로 시험받는다고 선언했다(약 2:14-26). 그는 아브라함을 일례로 들어서 말했다. 이 설명이 행함에 대한 오해를 방지해 주고 있다. 믿음으로 인한 아브라함의 의(창 15:6)는 언약의 인침인 할례 전에 있었다(창 17:10). 이삭을 번제로 드린 일도 20여 년 후에 있었던 일이다(창 22장). 행함으로 의롭다 하심을 받은 사람은 이미 20여 년 동안 믿음으로 의롭다 함을 받은 것이다. 그래서 믿음은 사람을 의롭게 하며 행함은 믿음을 의롭게 한다(약 3:5-10).

e. 야고보는 또다시 실제적인 문제로 혀에 대해 말하고 있다(약 3:5-10). 혀는 믿음으로 말미암아 통제되고 하나님에게 영광을 돌리기 위해 사용해야 하며 주님을 저주하는 데 사용해서는 안 된다.

f. 야고보는 세상에 대한 그리스도인의 자세를 말했다(약 4:1-10). 야고보서의 주제는 "그런즉 너희는 하나님께 복종할지어다 마귀를 대적하라 그리하면 너희를 피하리라"이다(7절). 이 말씀은 성경 중에서 가장 실천적인 부분이다.

g. 기도에 관한 야고보의 가르침은(약 5:13-16) 실제적이며 근본적인 가르침이다.

참고 : 야고보서를 이렇게 요약하는 의도는 우리들이 책을 읽고 야고보가 얼마나 위대한 목회자이며 전도자였는가를 발견하는 데 있다. 그의 작품에 그의 성품과 인격이 나타난다.

8. 주님의 형제 야고보에 대한 일반적인 역사 자료

a. 요세푸스는 야고보에 대해 글을 쓰면서 말하기를 예루살렘의 대제사장이며 통치자였던 안나스가 이 경건한 야고보를 죽였을 때 예루살렘 백성은 격분해 안나스를 폐위시켰는데 그는 단 3개월 만에 통치자 자리에서 물러났다고 한다. 야고보는 그리스도 때문에 순교를 당했다.

b. 야고보는 기독교 1세기에 위대한 인물이었다. 사도 요한과 베드로와 바울은 야고보에게 존경과 경의를 나타냈다.

Ⅴ. 구약성경은 야고보에 관해 어떻게 말하고 있는가?

1. 요한복음 7:2-3은 레위기 23:34, 느헤미야 8:14, 18절 관계가 있다.

_____

_____

2. 요한복음 7:3-5은 시편 69:8의 성취이다.

_____

_____

3. 사도행전 15:5은 레위기 12:3에 대해 설명한다.

4. 사도행전 15:29은 창세기 9:4에 관해 언급한다.

5. 야고보서 1:10−11은 이사야 40:8에 대해 설명한다.

이런 몇 가지 실례들을 통해 구약성경이 신약성경을 어떻게 설명하는지 알 수 있다.

VI. 이번 주에 배울 수 있는 교훈은 무엇인가?

1. 예수님은 정상적인 가정에서 출생해 성장하셨다. 주님은 형제자매들과 어머니, 그리고 길러 주신 부친이 있는 가정을 가지셨다. 주님은 인간이시면서 육신 안에 거하시는 하나님이시다.

2. 당신이 야고보의 입장에 있었다면 예수님에게 다르게 반응을 보일 수 있었겠는가?

3. 인간의 영향력은 친척보다는 우연히 알게 된 사람에게 더욱 효과적일 수 있다. 그렇다. 어떤 이들은 그들의 고향에서 명예를 얻지 못한다. 왜 그럴까? 사람들은 항상 그 사람을 "대단치 않은 어린 시절이나 어떤 다른 기억을 되살리면서" 보기 때문이다.

4. 예수님의 가족 모두는 야고보가 부활하신 그리스도를 증거했을 때 믿게 되었다. 아마도 그들은 육신상의 형님을 하나님의 아들 메시아로 받아들이는 것이 심리적으로 어려웠을 것이다.

5. 야고보는 유대인들을 기독교로 건너가게 하는 다리의 역할을 함으로써 예루살렘교회의 지도자가 되었다. 그는 초대 기독교회에서 중요한 위치에 있었다.

6. 야고보는 실천적인 전도자요 저술가였다. 야고보서는 믿는 자들에게 실제적이고 경험적인 교훈으로, 신약의 잠언서이다.

복습

1. 우리가 연구한 야고보는 누구였는가?

2. 야고보는 언제 최종적으로 자기 형님을 메시아로 믿게 되었는가?

3. 야고보는 _____이 되었다.

4. 야고보는 _____을 주재했다.

5. 야고보는 어떤 유형의 전도자였는가?

6. 야고보는 사도였는가?

예습

1. 다음 공부를 위한 예습은 좀 어렵고 특별하다.

성경 읽기

갈라디아서 전체, 에베소서 전체, 빌립보서 전체, 골로새서 전체.

2. 다음 주에는 "모든 이름 위에 계신 예수 그리스도"에 대해 공부할 것이다. 위의 목록 전체를 통해 예수님에 관해 무엇을 말하고 있는지 읽고 스스로 찾아보자.

3. 야고보에 대한 중요한 점들을 복습해 보자.

4. 새롭게 깨달은 성경 구절에 표시해 보자.

Week 52

예수 그리스도

이번 주에 여태까지와는 다르게 인물에 접근할 것이다. 지금까지처럼 일정한 형식에 따라 그 내용을 구성하지 않을 것이다.

예수님은 구약과 신약의 주제이다. 이번 연구에서는 예수님에 대한 완전한 신학적 연구를 의도하질 않는다. 단지 평신도들과 젊은이들을 위한 간단하고 기초적인 연구에 불과하다. 많은 성경 구절을 찾는 것이 필수적이며 그렇게 함으로써 당신은 이번 주에 중요한 진리들을 깨닫게 될 것이다.

Ⅰ. 예수 그리스도의 이름들

예수님을 가리켜서 사용된 이름들은 200개 이상이 된다. 그중에서도 주로 세 가지 이름이 사용되었다.

예수란 그분의 인격적인 이름으로, "그가 자기 백성을 그들의 죄에서 구원할 자"라는 의미이다(마 1:21).

그리스도란 이름은 "기름 부음 받은 자"라는 뜻으로 예수님의 칭호이며(눅 2:11), 히브리어로는 메시아(기름 부음을 받은 자)에 해당되는 말이다. 주님이란 그분의 주권과 위엄과 능력을 말한다. 주님을 마음과 생활에 받아들이기 전에는 아무도 그분을 소유할 수 없다.

Ⅱ. 예수 그리스도의 선재(先在)

1. 예수님은 아기 예수님으로 인간의 형상을 입으시고 베들레헴으로 오시기 전에도 존재하셨다. 성경을 통해 이 사실은 충분히 증명된다.

2. "태초에 말씀(예수님)은 곧 하나님이시니라"(요 1:1).

요한복음 1:2을 써 보라. _____

요한복음 1:3 _____

3. 예수님은 아버지와 함께 가졌던 영광을 선포했다.

요한복음 17:5을 찾아보자. _____

_____

4. 예수님은 우리를 위해 자신을 낮추셨다. 빌립보서 2:5-8을 찾아서 예수님이 영광을 버리고 낮아지신 7단계에 밑줄을 그어라.

그는 근본 하나님의 본체시나 하나님과 동등됨을 취할 것으로 여기지 아니하시고. (빌 2:6)

오히려 자기를 비워. (7절)

종의 형체를 가지사. (7절)

사람들과 같이 되셨고(사람의 모양으로 나타나셨으매). (7절)

자기를 낮추시고. (8절)

죽기까지 복종하셨으니. (8절)

곧 십자가에 죽으심이라. (8절)

이 구절들에서 바울은 예수님의 선재와 그분이 사람의 모양으로 세상에 오신 이유를 말하고 있다. 예수님은 우리의 죄를 친히 담당하기 위해 오셨다.

5. 예수님은 만물이 있기 전부터 계셨다. 그는 성부 하나님과 함께 계신 창조자이시다. 골로새서 1:15-19를 찾아보고 16절에 밑줄을 그어라.

17절을 써 보라. _____

III. 예수 그리스도의 초림에 대한 예언들

1. 그리스도에 대한 최초의 직접적인 예언은 창세기 3:15에 나타난다.

이 구절은 중요한 구절이다. 하나님이 사탄(뱀의 모양으로 됨)에게 "네가 속였던 여인의 후손이 너의 머리를 상하게 할 것이며 사탄은 그 후손의 발꿈치만을 상하게 할 것이다"라고 말씀하셨다. 여인은 씨(후손)를 소유하지 못하기 때문에 이것은 성경에서 가장 특별한 일들 중의 하나이다. 씨는 남성의 것이다. 이 용어는 예수 그리스도를 설명하는 데만 사용되었고 지금까지 태어나 다른 사람에게는 사용된 적이 없다. 예수님은 여인의 후손이 되셔야만 했다. 그분은 최후에 사탄을 패배케 하실 것이다. 당신은 당신 아버지의 씨(후손)이다. 그의 씨가 당신의 생명을 출발시켰고 당신의 피를 흐르게 하며 당신에게 이름을 주었다. 예수님만이 여인의 후손이시다.

2. 하나님은 그 씨(후손)를 생산할 수 있는 민족을 선택하셨다.

창세기 9:26과 11:10은 최초의 실마리를 풀어 준다. 그분은 셈의 자손이 될 것이다. 창세기 11:10, 24-26절을 살펴보자. 그 민족은 히브리 민족이 될 것이며 후에는 이스라엘이라 불릴 것이다. 창세기 12:3과 14:13을 살펴보자. 그분은 최초의 히브리 사람인 아브라함의 후손이 될 것이다.

3. 그 후손(예수님)은 이삭을 통해 오실 것이다(창 17:19).

4. 그분은 야곱(이스라엘)의 자손이 될 것이다(창 28:10-15).

민수기 24:17을 찾아보자.

_____

_____

_____

5. 그분은 유다 지파를 통해 오실 것이다(창 49:10).

6. 그분은 다윗의 집에서 태어나실 것이며 다윗의 보좌를 계승하실 것이다(삼하 7:12-15).

이사야 9:7을 찾아보고 당신의 성경에 밑줄을 그어라.

7. 미가 5:2은 그분이 베들레헴에서 탄생하실 것을 예언했다.

8. 이사야 7:14과 미가 5:3은 동정녀 탄생을 예언했다.

9. 이사야 53:3은 그분이 자기 백성에게 배척받게 될 것을 예언했다.

10. 시편 22:1-21, 이사야 50:6; 53:1-12, 스가랴 13:7은 십자가 위의 그분의 고난과 죽으심에 대한 예언들이다.

11. 이사야 53:9은 그분의 무덤에 관한 것이다.

12. 이사야 16:9-10, 요나 1:17은 그분의 죽음과 부활을 예언했다.

13. 시편 8:5-6; 110:1은 그분의 승천을 묘사하고 있다.

이 구절들은 오로지 그분의 오심과 죽음과 부활에 대한 예언들이다. 구약에 나타난 하나님의 사람들의 순수한 예언이다.

IV. 예수 그리스도의 성육신, 동정녀 탄생

1. "성육신"이란 말은 "육신 안에" 혹은 "육신의 형태로"라는 뜻이다.

예수님은 영광스러움에서 인간의 육신을 입고 오셨다. 예수님은 하나님의 아들, 즉 여인의 후손으로 오셨다.

2. 예수님은 하나님이면서 사람이셨다. 육신이 되심으로 자신의 영광을 내어 놓

으셨다.

그러나 예수님이 그분의 신성을 내어 놓으셨다는 뜻은 결코 아니다. 그분은 하나님이시면서 사람이셨다.

3. 예수님은 동정녀에게서 탄생하셨다(눅 1:30-31, 마 1:18, 25절).

4. 말씀이신 예수님이 화육하셨다. 요한복음 1:14을 찾아보자.

5. 예수님은 구약의 선지자들이 선포한 그대로 세상에 오셨다.

갈라디아서 4:4은 (요 1:14과 함께) 그분의 성육신에 대한 중요한 성경 말씀 중 하나이다.

갈라디아서 4:4을 써 보라. _____

_____

6. 예수님은 요한복음 16:28에서 자신의 성육신을 선포하셨다.

성경 구절에 밑줄을 그어라.

7. 화육은 "하나님이 육신 안에서 나타내 보이셨다"는 뜻이다(딤전 3:16).

8. 하나님의 영광의 안전한 계시와 예수님은 그분의 인격과 동일한 형상이었다(히 1:3).

9. 예수님의 성육신은 구약 예언자들의 예언을 성취시켰다.

이것은 Ⅲ의 1번-8번까지 기록된 예언에 대한 대답이다.

• 창세기 3:15은 갈라디아서 4:4을 성취시켰다.

• 창세기 9:26; 11:10은 누가복음 3:36을 성취시켰다.

• 창세기 12:3; 14:13은 마태복음 1:1을 성취시켰다.

• 창세기 17:19은 누가복음 3:34을 성취시켰다.

• 창세기 28:10-15은 마태복음 1:2을 성취시켰다.

• 창세기 49:10은 마태복음 1:2을 성취시켰다.

• 미가 5:2은 누가복음 2:4-7을 성취시켰다.

• 이사야 7:14은 누가복음 1:30-31을 성취시켰다.

이 성경 구절들은 "예언은 언제든지 사람의 뜻으로 낸 것이 아니요 오직 성령의 감동하심을 받은 사람들이 하나님께 받아 말한 것임이라"(벧후 1:21)라는 사실을 입증해 준다.

Ⅴ. 예수 그리스도의 몸인 교회

1. 예수님이 십자가에 죽으시기 전에 예수님의 교회를 세우실 것이라고 예언하셨다(마 16:18).

교회는 헬라어로 "에클레시아"("부르심을 입은 자들"이라는 의미가 있음)라고 한다.

2. 바울은 말했다.

너희는 사도들과 선지자들의 터 위에 세우심을 입은 자라 그리스도 예수께서 친히 모퉁잇
돌이 되셨느니라. (엡 2:20)

에베소서 2:21-22에 밑줄을 그어라.

3. 교회는 구약의 선지자들로부터 감추어진 비밀이었다.

바울은 에베소서 3:1-10에서 비밀을 드러내고 있다. 5, 9-10절을 읽고 밑줄을
그어라.

4. 교회는 그리스도의 몸이다. 교회는 신부이며 예수님은 신랑이다.

바울은 교회와 그리스도와의 관계를 아내와 남편의 관계로 비교했다.

에베소서 5:21-33을 읽어 보자.

33절을 써 보라. _____

5. 모든 믿는 자는 하나님의 제사장이다(벧전 2:5, 9-10절).

몸의 모든 지체는 살아 있는 돌이다. 예수님은 모퉁잇돌과 머릿돌이시다.

베드로전서 2:6을 찾아서 밑줄을 그어라.

10절을 써 보라. _____

제사장의 중요한 특권은 중보자이신 예수 그리스도를 통해 하나님에게 나아가는
것이다(딤전 2:5). 예수님은 우리의 대제사장이시다(히 4:14).

VI. 십자가 죽음

1. 예수님은 세상 죄를 위해 희생을 당해 죽으셨다. 그분은 우리의 구속자가 되셨
다(구속은 "건져 내는 것 혹은 값을 지불하므로 구원하는 것"이라는 의미가 있다). 마
가복음 10:45, 고린도전서 6:20, 에베소서 1:7을 찾아보라. 베드로전서 1:18-19과
갈라디아서 3:13에 밑줄을 그어라.

2. 예수님이 죽으심으로 우리 죄를 담당하셨고 죄를 대신할 수 있는 값을 지불하
셨다(벧전 2:24-25; 3:18, 고후 5:21).

로마서 5:6을 써 보라. _____

로마서 5:8도 써 보라. _____

3. 인간은 십자가에서 죽으신 그리스도를 영접함으로 의롭다 하심을 받는다. "칭의"는 하나님이 예수 그리스도에 대한 신앙을 근거로 죄인을 의롭다고 선언하시는 것이다. 로마서 3:24, 26, 28절을 찾아보자.

24절을 써 보라. _____

_____

VII. 예수 그리스도의 부활

1. 예수 그리스도의 부활은 기독교 신앙의 모퉁잇돌이다. 그것은 예수님의 신성을 증명한다(행 2:24).

2. 부활은 죄와 사망을 이기는 승리이다(고전 15:54-57).

3. 그리스도는 부활하시어 교회의 머리가 되셨다(엡 1:20-23).

4. 예수님은 우리의 의롭다 하심을 위해 일으킴을 받으셨다. 로마서 4:24-25을 찾아보고 25절을 써 보라. _____

_____

5. 부활은 우리의 믿음과 예수님 안에 있는 우리의 궁극적 승리를 보증해 준다(고전 15:14, 17, 25-26절). 17절을 써 보라. _____

_____

6. 예수님은 항상 자신의 죽으심에 대해 말씀하실 때 부활에 대해서도 말씀하셨다. 마태복음 16:21에서 이것을 유의해 보라.

_____

_____

마태복음 17:22-23을 써 보라. _____

_____

누가복음 9:22, 마태복음 20:19, 마가복음 9:30을 유의해 보라.

7. 예수님의 부활에 대한 증거(고전 15:6)

성경에는 그리스도가 부활하신 후 적어도 17번 나타나셨다고 기록되어 있다. 예수님은 많은 사람에게 자신의 모습을 보여 인식시키셨고, 사람들과 대화하셨다. 단지 몇 개의 성경 구절만을 제시해 본다.

마태복음 28:9-10, 마가복음 16:12-14, 누가복음 24:34, 36-43절, 요한복음 20:11-17, 26-29절; 21:1-23, 고린도전서 15:5-7.

VIII. 예수 그리스도의 승천

1. 예수님은 자신의 승천에 대해 말씀하셨다(요 14:2-3).

예수님은 열한 제자에게 "내가 너희를 위하여 거처를 예비하러 가노니 가서 너희를 위하여 거처를 예비하면 내가 다시 와서 너희를 내게로 영접하여 나 있는 곳에 너희도 있게 하리라"라고 말씀하셨다. 같은 장에서 예수님은 제자들에게 위로 없이 그들을 떠나지 않을 것이라고 말씀하셨다. 성령은 아버지로 말미암아 예수님의 이름으로 보내심을 받을 것이다(16-17, 26절). 또다시 28절에서 예수님은 자신이 떠나실 것을 말씀하셨다.

2. 승천은 예수님의 세상에서의 마지막 일을 표시하는 것이다(막 16:19, 눅 24:50-51, 행 1:9-11). 다음 구절을 보라.

(그가) 올려져 가시니. (행 1:9)

구름이 그를 가리어 보이지 않게 하더라. (9절)

올라가실 때에. (10절)

하늘로 올려지신. (11절)

8절에서 예수님은 그들에게 성령의 권능을 약속하셨다.

3. 예수님은 우주의 주재자이신 하나님 우편에 계신다(행 7:55-56).

에베소서 1:20을 찾아보자. _____

_____

골로새서 3:1을 찾아 밑줄을 그어라. 영광 중에 계신 예수님의 지위에 관한 참고 구절로는 히브리서 1:3; 10:12, 베드로전서 3:22이 있다.

4. 예수님이 현재 하나님 아버지의 우편에서 하시는 일(롬 8:34)은 우리의 대제사장이 되어 주시는 것이다(히 8:1). 예수님은 믿는 자들을 위해 거기에 계신다. "그가 항상 살아 계셔서 그들을 위하여 간구하심이라"(히 7:25).

히브리서 2:17을 찾아보자. _____

_____

우리는 "예수님의 이름으로" 기도한다. 예수님은 아버지에게 우리를 위해 중재해 주신다. 그분은 우리의 변호자이시다.

로마서 8:34을 써 보라. _____

_____

5. 세상을 향하신 예수님의 현재 사역은 많은 성경 구절에서 암시해 준다. 예수님은 당신의 교회 안에서 역사하시고 "세상 끝 날까지" 당신의 교회와 항상 함께하신다. 마태복음 28:19-20, 요한복음 10:10; 14:18, 20절을 찾아보자. 예수님의 현재 사역은 그분의 몸인 교회를 이루시기 위해 백성을 불러내시는 일이다.

IX. 예수 그리스도의 재림(요 14:3)

1. 하늘로 올라가신 바로 그 예수님이 다시 오실 것이다. 사도행전 1:11을 찾아보자.

2. 예수님은 떠나가시지만 다시 오실 것이라고 말씀하셨다(요 14:3).

3. 예수님은 자신의 신부를 위해 오실 것이다(살전 4:13-18).

16절을 써 보라. _____

_____

문자적으로 "주님 자신이" 친히 오신다는 사실을 주목해 보라.

4. 예수님은 구름 속으로 올라가신 것과 같이 구름을 타고 오신다.

요한계시록 1:7을 써 보라. _____

_____

또한 데살로니가전서 4:17을 찾아보고 밑줄을 그어라. 그분은 하나님의 옷을 입으실 것이다.

5. 예수님은 왕으로 오실 것이다(마 25:31, 34절).

31절에 지시된 바와 같이 예수님은 그분의 영광의 보좌 위에 앉으실 것이다.

6. 예수님은 능력과 영광 중에 오실 것이다(마 24:27-31).

마태복음 24장 전체를 읽고 연구해야 할 것이다. 구약의 예언 그대로 그분의 승천과 부활과 죽음이 있었다. 예수님의 오심도 예언대로 이루어질 것이다.

7. 우리는 예수님의 나타나심을 바라봐야 한다(딤후 4:8).

디도서 2:13을 찾아보자. _____

_____

8. 그때 요한계시록 22:20이 성취될 것이다.

_____

주 예수여 오시옵소서. (계 22:20)

X. 예수님의 다른 이름들

예수님에 대한 이름들이 많이 있다. 이런 이름들은 대부분의 사람에게 가장 친근한 이름들이다. 우리가 성경 인물들에 대한 연구를 끝마치면서 얻은 예수 그리스도에 대한 지식이 당신의 가슴을 부풀게 했을 것이다. 창세기 3:15의 예수 그리스도에 대한 첫 번째 예언에서 시작해 요한계시록 22:20에 이르기까지의 최고 목적은 하나님이 하나님의 의지와 목적을 이루시기 위해 백성을 어떻게 사용하시는지를 나타내는 데 있다. 우리는 첫 번째 아담에 대한 연구로 시작해 둘째 아담으로 결론을 맺었다. 오직 그 두 사람만이 죄 없이 창조되었다.

첫 번째 사람은 "세상에 속한 자"요, 둘째 사람은 "하늘에 속한 자"이셨다. 이 두 사람 사이에서 우리는 인간의 죄에 대한 하나님의 증언과 둘째 아담 되신 하나님의 아들을 통해 모든 이에게 제공되는 하나님의 구원 계획을 발견한다.

전체 52주 과정을 통해 총 61명의 인물을 취급하면서 당신은 하나님이 인생들과 국가들에게 신비로운 방법으로 역사하시는 것을 봤다. 당신이 주님 몸의 지체라면 당신은 섬김의 준비 태세를 갖추어야 한다. 만일 당신이 지금 그리스도인이 아니라면 구원은 구속자에 대한 인격적인 영접에 달려 있다.

하나님이 자기를 사랑하는 자들을 위하여 예비하신 모든 것은 눈으로 보지 못하고 귀로 듣지 못하고 사람의 마음으로 생각하지도 못하였다. (고전 2:9)

Note

Note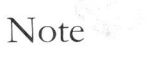